il libro dei Nomi

DALLA A ALLA Z

Realizzato da ARTEMISIA progetti editoriali, Genova

A CURA DI: *Elena Parodi*
REDAZIONE: *Donatella Bergamino*
Francesca Bignotti
Mariangela Bisanti
Francesca Massa
Marco Scuderi

Finito di stampare nel mese di ottobre 2015
presso Webprint S.r.l. Milano (MI)

Il libro dei Nomi

DALLA A ALLA Z

A CURA DI
Elena Parodi

*"Ogni cosa ha un nome
che le è proprio e che
gli conviene per natura.
Questo nome non è un segno
convenzionale formato dai suoi
articoli, ma presenta una proprietà
di termine naturale che identifica
l'essere o l'oggetto nominato".*

PLATONE

PREMESSA

Anticamente si pensava che il nome, qualsiasi nome, fosse una specie di vibrazione energetica che investiva chi lo portava condizionandone magicamente il destino. Tali credenze ai giorni nostri sono considerevolmente cambiate, ma la scelta del nome per il nascituro rimane una decisione importante e non priva di responsabilità, perché comunque il nostro nome di battesimo, legato al nome familiare, rappresenta una sorta di biglietto di presentazione con cui il mondo esterno impara a conoscerci; anche perché è innegabile che esiste una relazione tra il nome proprio e alcune caratteristiche psicologiche di coloro che lo portano. In passato si aveva la tendenza a tramandare, di generazione in generazione, una rosa di tre o quattro nomi: sempre gli stessi che si rincorrevano e ritornavano nel corso degli anni. Attualmente questo non succede praticamente più; i genitori moderni si fanno piuttosto influenzare dai nomi dei divi e degli eroi dei tempi moderni.

Questo manuale vuole offrire alcuni spunti per una scelta così importante. Ogni nome avrà un breve sunto caratteriale, con le attitudini principali caratterizzanti coloro che adottano il nome in questione. Insieme a ciò ci saranno le informazioni etimologiche, per scoprire cosa significa e da dove deriva il nostro nome o quello che vorremmo dare ai nostri figli. Inoltre verranno segnalati sia le date degli onomastici sia, quando presenti, delle piccole curiosità.

Se dobbiamo scegliere il nome del nostro bambino sforziamoci di scegliere un nome che non soltanto piaccia a noi in questo momento, ma che potrebbe piacere al nostro bimbo quando sarà grande; un nome che non lo faccia sentire in imbarazzo perché troppo antico o perché impronunciabile, un nome che evochi la felicità perché il suono è armonioso e cristallino e magari che si leghi bene con il cognome di famiglia.

Da parte nostra abbiamo cercato di fornire, accanto ai nomi tradizionali e a quelli più diffusi, un'ampia scelta di nomi stranieri in modo da offrire una panoramica il più vasta possibile.

Vi auguro una buona lettura.

Elena Parodi

Introduzione

Nomina sunt omina...

Con questa sentenza i latini esprimevano la convinzione secondo la quale il nome, qualsiasi nome, è un presagio, perché è il ponte sonoro tra l'uomo e la realtà. Quando ognuno di noi pronuncia il nome di un oggetto, per esempio, *albero*, immediatamente nella nostra mente e nella mente di coloro che ci stanno ascoltando si formano e si codificano la conoscenza e l'immagine dell'oggetto evocato, nonché tutte le sensazioni, le emozioni e i pensieri che vi sono stati associati nel corso dei secoli. Il nome, nella sua origine primordiale, è energia che l'uomo organizza ed esprime attraverso il veicolo fonico.

La funzione religiosa dei nomi

Nella maggior parte dei culti, la nominazione di una cosa corrisponde alla sua nascita. Nel libro della *Genesi*, Dio crea gli oggetti del mondo semplicemente nominandoli: attraverso la pronuncia di parole sacre, quindi, si dà sostanza a ciò che ancora non esiste. Egualmente nel *Brhadaranyaka Upanishad*, uno dei testi sacri dell'Induismo, il dio della morte Mrtyu, crea con un atto del pensiero il suo corpo, e poi: *Cantando inni d'adorazione, si mosse. Mentre cantava, sorsero le acque. Allora egli disse: "Mentre cantavo, si è prodotta l'acqua!"* [...] *Allora dalla parola e da se stesso produsse tutto questo che esiste, il Rgveda, il Yajurveda, il Samaveda, i metri degli inni, i sacrifici, gli uomini, gli animali.* Anche in questo caso l'espressione vocale serve alla creazione. Ciò che è definibile, che ha un nome, che può essere indicato, finisce con l'esistere e acquisire una sua realtà che altrimenti non avrebbe.

La *Quabbalah*, ovvero la scienza esoterica ebraica che ricerca nelle scritture i nomi segreti di Dio, degli Angeli e del creato, si fonda sulla parola come simbolo di potenza: ciò che il pensiero formula, la parola estrinseca, perché il Signore creò la realtà semplicemente pronunciando i nomi delle sue componenti.

Da sempre, quindi, e in tutte le culture, si pensa che nella parola sia nascosto un grande potere, così come nei nomi propri può nascondersi il destino di chi lo porta. Non è un caso, infatti, che la conversione a una nuova religione presupponga il cambiamento del proprio nome; con questo atto simbolico si nasce a una nuova realtà, a una nuova vita.

Cosa nasconde un nome

Molti nomi personali, oggi come ieri, hanno un'origine ebraica. Sono nomi che sono stati tramandati attraverso i testi sacri dell'ebraismo, e che sono stati tradotti prima in greco e poi in latino. Una seconda importante porzione è costituita dai nomi dell'antichità classica, greca e romana, che furono di gran moda specialmente durante il Rinascimento, in seguito alla riscoperta del periodo classico. Infine vi sono nomi dettati da circostante assolutamente incidentali, che si sono diffusi solo dopo che la circostanza ha assunto un posto nella storia: nomi politici, legati all'immaginario collettivo, letterario e cinematografico, o semplicemente di origine straniera.

Impartire un nome nel passato

Se la maggior parte dei nomi attuali ha un'origine antichissima, con quale criterio veniva assegnato il nome a un nuovo nato?

• IN GRECIA, innanzitutto, il nome veniva imposto al neonato tra il quinto e il decimo giorno di vita. Se primogenito, il bambino veniva chiamato come il padre o come un antenato rigorosamente paterno; i greci infatti non avevano nessuna considerazione per le donne, che venivano ritenute niente di più che semplici incubatrici. Dal secondo figlio in poi, la nominazione avveniva attingendo a due categorie:

- dai nomi degli Dei. Si poteva impartire il nome di un Dio oppure fare derivare il nome da quello della divinità. A questa categoria appartengono i nomi come Artemisia, Teodoro, Demetra ecc.
- nomi augurali per un futuro di felicità, ai quali si faceva spesso seguire il nome del padre o quello della regione o città di provenienza.

• A ROMA si impartivano tre ordini di nomi:

- il *praenomen*, corrispondente più o meno al nostro nome proprio, veniva dato il nono giorno successivo nascita, chiamato, per questa ragione, *dies nominalis*. L'impartizione del nome avveniva secondo un preciso rituale.
- il *nomen*, indicante la *gens* di appartenenza.
- il *cognomen*, indicante la *famiglia*. Questo veniva impartito nel caso di una *gens* suddivisa in molte famiglie.

• GLI EBREI, specialmente per i figli maschi, avevano la tendenza a imporre nomi che contenessero la radice EL, ovvero l'appellativo con cui si chiamava il Signore, dal momento che il nome per intero era ed è impronunciabile.

• LE POPOLAZIONI GERMANICHE davano ai propri discendenti nomi con riferimenti guerreschi e che esprimevano le qualità della forza, del coraggio e dell'audacia.

Come vedrete la maggior parte dei nomi proposti proviene da uno di questi ceppi e noterete come ogni nome abbia un significato preciso. In passato quindi c'era una corrispondenza precisa tra il significato del nome stesso e le caratteristiche fisiche e psicologiche di colui al quale era stato impartito. Ma è il nome che influenza la personalità dell'individuo, oppure succede il contrario?

Un nome, un destino

Ogni nome racchiude una storia, un personaggio, un mito, un aneddoto, perché ogni nome possiede un preciso significato, e si porta dietro sentimenti, sensazioni e pensieri che ha raccolto nel corso dei secoli. Ogni volta che verrà pronunciato quel nome, verrà, contemporaneamente, evocato un mondo. L'occultismo chiama questi processi *forme di pensiero* e riconosce loro grande forza e potere. Secondo questa teoria, più un nome è abusato perché legato a un mito o a un evento particolarmente conosciuto, a un personaggio famoso o a un archetipo importante, insomma più riesce a evocare nell'immaginario di una pluralità di persone lo stesso pensiero (o ricordo o immagine) tanto più è potente ed eserciterà su chi lo porta un condizionamento pesante e pressante. La persona, per l'effetto delle forme di pensiero e per un continuo condizionamento psicologico tenterà inconsciamente di attenersi o distaccarsi il più possibile dal modello di riferimento.

Sempre secondo questa teoria delle "Forme di pensiero" sarebbe opportuno quindi evitare di scegliere nomi che riconducano a qualche afflizione sia psicologica, come Dolores per esempio, sia fisica, come Claudio che significa zoppo e preferire invece nomi dalle qualità solari, come Allegra per citare un esempio. Ogni volta che si pronuncia un nome, infatti, si nomina il suo significato profondo, si evocano gli archetipi sottostanti, si dà vita a immagini precise. La ripetizione perpetua di tutto ciò determina ordini che agiscono sull'inconscio e creano una realtà ben precisa. Dolores di conseguenza avrà la tendenza a sorridere poco, perché il suo nome evoca il dolore e quindi la tristezza. Nessun genitore si augura l'infelicità dei propri figli, o il loro dolore, e quindi anche la scelta del nome può essere importante per creare un atteggiamento psicologico positivo, fondamentale per affrontare la vita con gioia e fiducia.

Un nome, un'eredità

E che dire dell'usanza esistente da sempre, in ogni cultura e in ogni ceto sociale, di tramandare, di generazione in generazione, sempre lo stesso nome? Nata come il bisogno di tramandare il ricordo dei propri antenati, in alcune zone del mondo e in alcuni ambienti culturali si è trasformata in un obbligo sociale a cui è necessario attenersi.

Secondo le teorie esoteriche brevemente esposte qui sopra, con questa pratica si tramandano alle generazioni future non solo il nome di un avo ma anche il suo bagaglio di esperienze negative e positive. Il nome costituirà un legame tra una vita ormai trascorsa e una tutta da inventare, costringendo quest'ultima a essere solo un ricalco di antichi e non sempre fortunati passi.

Cercando inconsapevolmente di mantenere in vita una persona molto amata si rischia di ricercare nel giovane omonimo gli stessi atteggiamenti, le stesse caratteristiche del caro estinto, ma nello stesso tempo si condanna il nuovo nato a farsi carico anche dei difetti e del destino del compianto. Questo meccanismo coercitivo sarà sempre più marcato e potente nel caso in cui il nome tramandato ricorra più e più volte nel corso di un albero genealogico. L'induzione sottile e inconscia presente nell'etimologia del nome sarà allora molto potente e l'invito potenzialmente gentile a conformarsi a una determinata caratteristica insita nel nome diventerà un imperativo terribile.

Si consiglia perciò molta cautela se avete la necessità assoluta di dare al vostro bimbo il nome di un caro estinto. Considerate attentamente e obiettivamente il carattere, le attitudini, i difetti e la vita complessiva di colui o colei che volete ricordare e perpetuare e poi tirate le vostre somme e prendete le vostre decisioni. Tenete anche presente che una nuova vita ha il diritto ad avere un destino libero da condizionamenti e che merita un nome nuovo di zecca, che aiuterà chi lo porta a differenziarsi e a distaccarsi in maniera sana ed equilibrata dalla famiglia di provenienza.

Il nome e il cognome

Nella questione dell'abbinamento del nome con il cognome la scienza esoterica e il buon senso comune non si trovano affatto d'accordo.

Georges Muchery, famoso studioso di esoterismo, afferma che la massima fortuna spetterà a coloro il cui nome e cognome abbiano per lo meno la stessa iniziale, ma è preferibile il caso in cui l'uno comprenda l'altro, come Franco Franchi per esempio.

Di conseguenza saranno più stabili e felici le coppie in cui le iniziali dei nomi sono le medesime e ancor di più quando il nome è lo stesso, come Francesca e Francesco per esempio.

Parimenti fortuna deriva nei casi in cui l'iniziale del nome della donna corrisponda all'iniziale del cognome dell'uomo; ma è garantita ottima riuscita anche quando il nome e cognome di entrambi possiedano parecchie lettere in comune.

Ma la vita reale, fortunatamente, è un'altra cosa. È importante infatti evitare spiacevoli cacofonie prodotte dall'abbinamento di nome e cognome, come è preferibile evitare i giochi di parole che risulterebbero imbarazzanti. In nostro aiuto ci sono delle regole semplici e fondamentali:

- LA SILLABA INIZIALE del cognome non dovrebbe coincidere con la sillaba iniziale del nome e viceversa. A esempio: *La*ura *La*mbertini.

- UN COGNOME CORTO può essere compensato da un nome importante; ma un nome lungo ha bisogno di un cognome breve.

- SE IL COGNOME È COMUNE cercate pure un nome inedito e particolare.

- UN COGNOME ESOTICO può essere sostenuto solo da un nome straniero.

- UN NOME STRANIERO dovrebbe essere sia armonioso nella nostra pronuncia sia con poche consonanti, che renderebbero difficile la vita al vostro bimbo, alle sue insegnanti e a coloro che avranno a che fare con lui.

L'onomanzia

Esiste una branchia della *Quabbalah* che si occupa di individuare quale destino corrisponda ai singoli nomi. Anche se le seguenti considerazioni oggi possono apparire curiose e forse anche un po' forzate, secondo l'onomanzia nell'universo esiste un'armonica rete di nessi che collega ogni cosa: il numero all'astro, la pietra alla pianta, l'animale alla stagione, il colore ai giorni e così via. Di conseguenza lettere, numeri, stelle, pianeti, colori, pietre, piante e tutti gli elementi del cosmo sono collegati in un'armoniosa rete di corrispondenze e tutti concordano a determinare il destino dell'individuo. Secondo questa teoria il nome proprio è, contemporaneamente:

- VIBRAZIONE, perché prima di tutto consiste di suoni;
- IMMAGINE, data dal significato recondito racchiuso in esso;

• NUMERO, perché l'insieme delle lettere corrisponde a delle cifre; questo è particolarmente evidente negli alfabeti antichi. Come esempio citiamo il latino, dove i numeri non erano altro che lettere dell'alfabeto stesso. La medesima situazione si ritrova presso i greci e gli ebrei.

Per giocare con i nomi...

Secondo alcune teorie sarebbe la prima lettera del nome di battesimo a influenzare il comportamento e il carattere di un individuo. Un po' per gioco, un po' sul serio, riportiamo una tabella in cui a ogni lettera dell'alfabeto corrispondono una qualità e un breve sunto psicologico. E il vostro nome, con quale lettera inizia?

• A = FECONDITÀ

Sa apprezzare la vita e la natura, ed è abituato ad agire da solo. Si tratta di un individuo attivo e creativo, molto indipendente che tende ad accettare i consigli solo se coincidono con ciò che già pensa e crede. Possiede un notevole slancio vitale, tanta iniziativa e coraggio. Crede nel libero arbitrio e s'impone con grande determinazione contro i capricci del destino. Suscita l'interesse del prossimo tramite una grande intelligenza e idee originali. Ha buone possibilità in ogni campo, e riesce a dare il meglio di sé nei momenti difficili. Per conquistarlo si deve andare subito al sodo.

• E = DIFESA

È irrequieto, ricco di risorse ed eccezionale sotto ogni punto di vista. Possiede una sorprendente apertura mentale ed è, inoltre, generoso, leale, franco e devoto; infatti non tradisce mai né in amicizia né in amore. Possiede la perseveranza necessaria per realizzare tutti i suoi sogni, e ottenere una certa notorietà. Avrà quindi successo economico e contemporaneamente saprà costruirsi un equilibrio interiore che gli permetterà di avere il controllo delle proprie facoltà.

• I - J - Y = IO

Emotivo, romantico, ipersensibile, ricerca l'ordine e l'equilibrio. Ha la tendenza ad agire più con il cuore che con la testa, rischiando così di mettersi nei guai. Inoltre difficilmente possiede il senso pratico, e questo lo fa indugiare in riflessioni spesso inutili. Ha una salute di ferro e sprizza energia da tutti i pori, ma è soggetto a improvvisi sbalzi d'umore.

• O = PERFEZIONE

Rigoroso e determinato, spesso sorretto da un'ambizione fortissima, difficilmente ammette deroghe alle norme e, di conseguenza, non è disposto a modificare i suoi piani. Nonostante sia molto responsabile e abbia un forte autocontrollo, è una persona entusiasta e capace di lasciarsi andare ai moti del cuore. Per conquistarlo è consigliabile un corteggiamento tradizionale.

- U = PRUDENZA

Nonostante l'intelletto tenda ad avere il predominio sui sentimenti è una persona molto socievole, espressiva e intuitiva. La lode, il riconoscimento dei suoi meriti, l'adulazione, sono tutte strade che portano al suo cuore. Cerca di non vivere nel passato e dimentica in fretta le eventuali delusioni. Ha felici intuizioni, che gli permettono di realizzare tutto ciò che desidera.

- B = CASA

Sempre incerto e bisognoso d'affetto, di compagnia, d'incoraggiamento e di stima è normalmente un gregario anziché un capo. Possiede una grande intelligenza e ottime idee, supportate da fantasia e intuito ma, pigro e mutevole come è, conclude meno di quanto promette. Dietro una facciata composta e impassibile cela un mondo interiore intenso ed esplosivo.

- C - K = SAPIENZA

Determinato e orgoglioso, intelligente e brillante, dotato di una formidabile capacità di sintesi, è anche creativo e ricco d'immaginazione. L'ambizione lo porta lontano, anche se la sua grinta nasconde spesso una certa insicurezza, derivata da una scarsa autostima. Ama le cose molto belle, ed è un amico sincero e un compagno premuroso, affettuoso con il coniuge e con i figli.

- D = ATTENZIONE

Persona equilibrata, paziente, stabile e con una forte volontà. Lavora con costanza, si adatta facilmente alle situazioni e brilla per praticità e organizzazione. Ama la *routine* quotidiana, tende a dominare le sue emozioni ed è assai ostinato.

- F = PREGHIERA

Dotato di una personalità focosa, impetuosa, fortissima e spesso eccessiva. Non è una persona che passa inosservata: sincero, fedele, molto responsabile, ama circondarsi di armonia. Possiede buone qualità innate, sostenute e potenziate dall'intelligenza e dal ragionamento.

- G = TENACIA

È una personalità solitaria dotata di un forte senso pratico. Ha la tendenza a rimuginare un po' troppo sulle situazioni rischiando così di non godersi ciò che ha. Possiede però due qualità infallibili: una è l'astuzia, che fa di lui un vincente, e l'altra è l'ostinazione, che gli consente di ottenere tutto ciò che desidera spesso con molta fatica, ma con certezza.

- H = PROTEZIONE

Prudente e pantofolaio, non è proprio un chiacchierone; infatti parla soltanto per elargire consigli, del resto sempre azzeccatissimi. Gli piace osservare e maturare le proprie riflessioni in silenzio. Negli affari è abile e capace perché fondamentalmente è un ambizioso. Ama lo sport e la vita all'aria aperta.

- L = SPIRITUALITÀ

Ama muoversi e comunicare, tuttavia tende ad attaccarsi molto alle cose e alle persone. Non ama ricevere ordini; innamorato dell'amore, ne fa spesso una ragione di vita. Ha un carattere espressivo, creativo, con buone capacità letterarie. Ama trasmettere tutto ciò che sa agli altri. Può essere impulsivo e ribelle a ogni forma di costrizione fisica e morale.

- M = GIOIA

È un tipo sereno, ottimista, sempre pronto al sorriso, affettuoso e disponibile. Desidera ardentemente l'amore, cosicché si accosta con autenticità a qualsiasi esperienza: dall'avventura più fugace a tutti i rapporti della quotidianità.

- N = SILENZIO

Paziente e astuto quanto basta per arrivare dove vuole senza bisogno di farsi notare, pensa sempre due volte prima di parlare e tre prima di agire. La fortuna gli sorride e il mistero lo affascina: scruta volentieri tra le stelle e non disdegna i segreti della magia. Socievole, un po' irrequieto, dotato di un'attività mentale che non s'arresta mai, può a volte ricadere negli stessi errori. Sta bene in compagnia.

- P = STABILITÀ

Autosufficiente, selettivo, curioso verso tutto ciò che non conosce. La sua grande sensibilità può essere d'ostacolo alla realizzazione pratica delle cose. A volte può rivelarsi chiuso, portato a timori e ansie senza fondamento.

- Q = APPRENDIMENTO

Dolce e simpatico, è una vera e propria fornace di idee. Inoltre è molto intuitivo, tanto che potrebbe fare dell'esoterismo una vera e propria professione.

• R = COMANDO

Possiede tutti i numeri per arrivare a posizioni di potere, perché ha bisogno di emergere sugli altri. Nonostante ciò è molto comprensivo ed emotivo. Attraverso lo sforzo personale costante riuscirà a conquistare la libertà del proprio spirito.

• S - X = ISPIRAZIONE

Ha un temperamento focoso, istintivo ma solido, perché ancorato a saldi principi. È un creativo e un intuitivo, con un percorso di vita in genere segnato da molte lotte. I suoi punti deboli sono il nervosismo, la possessività e una certa ingenuità.

• T = SAGGEZZA

È nato con la camicia, almeno per quanto riguarda i rapporti familiari, le amicizie, gli amori. Anche in ambito professionale, e soprattutto con le finanze, non se la passa male. È permaloso ma portato a perdonare. È lento nell'azione e bisognoso d'affetto, perché un po' troppo insicuro.

• V - W = ADATTAMENTO

È socievole con una notevole capacità d'adattamento, che lo rende abile nel superare gli ostacoli e nel fare le cose in grande. Intuitivo, sente la necessità di lavorare in compagnia e si attende risultati immediati. Dotato di viva intelligenza, intuizione ed elevazione spirituale, è un po' troppo impressionabile.

• Z = CORAGGIO

Dimostra fin da piccolo una stoffa eccezionale in tutti i campi, compresa l'arte di combinare guai. Abile nel fare le cose presto e bene, ama la casa e la famiglia. Adora misurarsi contro le difficoltà per il gusto di vincerle. Ricerca le emozioni forti che spezzino la routine, ma quando deve assumersi delle responsabilità fa un balzo indietro e si trasforma in un bambino un po' immaturo.

Concludendo...

E questo è veramente tutto. Sperando che questo manuale possa risultarvi piacevole e forse anche un pochino utile, auguriamo, a quanti di voi sono in dolce attesa, di avere un bimbo sano e bello che riesca a affrontare ciò che la vita gli riserverà, sempre con il sorriso sulle labbra.

I Nomi

DALLA A ALLA Z

A

ABBONDANZA

📖 ONOMASTICO - *L'onomastico si festeggia il 10 luglio, in occasione della Madonna dell'Abbondanza che è patrona di Cursi (Le).*

ORIGINE E SIGNIFICATO - Nome che deriva dalla parola latina *abundantiam*, che significa "ricchezza di beni"; era inoltre il nome della dea romana che personificava l'abbondanza e fu usato in seguito in ambiente cristiano per augurare alla nuova nata di possedere grande ricchezza di doti spirituali e di virtù.

PERSONALITÀ - Abbondanza è una persona molto diretta, che dice chiaramente ciò che pensa, anche se lo fa sempre con tatto e discrezione. Ha un animo sensibile ai sentimenti altrui e per questo può scendere a compromessi con le proprie esigenze per evitare di ferire gli altri.

ABBONDIO

📖 ONOMASTICO - *L'onomastico è tradizionalmente festeggiato il 2 aprile in ricordo di sant'Abbondio, morto nel 469, patrono di Como, di cui fu vescovo durante la sua vita.*

ORIGINE E SIGNIFICATO - Deriva dal nome augurale latino *Abundius*, ripreso dall'aggettivo *abundus* ("ricolmo", "abbondante") che auspicava l'augurio di essere ricco di beni spirituali e di virtù.

PERSONALITÀ - Abbondio ha una spiccata umanità, apertura e disponibilità verso il prossimo. Per sua natura è portato a schierarsi sempre a favore dei perdenti e degli oppressi. Questo può attirare su di lui le ire dei potenti ma dall'altro lato non gli mancheranno mai gli amici.

CURIOSITÀ - *Diffusissimo nella diocesi comasca, fu scelto da Alessandro Manzoni per il personaggio del curato di campagna de* I Promessi Sposi, *che rifiuterà, sotto le pressioni del cattivo del paese, Don Rodrigo, di sposare Renzo e Lucia, divenendo da allora simbolo di pusillanimità e vigliaccheria.*

ABE

📖 ONOMASTICO - *Forma tronca di Abramo, la sua festa cade il 9 ottobre, nel giorno dedicato al padre dei popoli.*

ORIGINE E SIGNIFICATO - Deriva da Abraham, nome portato, nell'Antico Testamento, dal primo patriarca di Israele. Diffuso prevalentemente in Lombardia come nome quasi esclusivamente ebraico, è il simbolo della cieca obbedienza a Dio.

PERSONALITÀ - Abe mette in ogni aspetto della vita la stessa costanza che si aspetta dagli altri, tuttavia deve cercare di essere meno duro con se stesso quando gli capita di commettere qualche errore. Deve sforzarsi di gettare via la zavorra: i torti del passato possono essere troppo pesanti da sopportare.

ABELE

📖 ONOMASTICO - *L'onomastico è festeggiato il 5 agosto, in ricordo di sant'Abele, vescovo di Reims, morto nel 751.*

ORIGINE E SIGNIFICATO - Il nome deriva dal sumerico *ibila*, che significa figlio. È giunto a noi attraverso il latino *abel*, identico al greco *abel*, derivanti a loro volta dall'ebraico *hevel*, "spreco", in riferimento alla vita sprecata di Abele. La tradizione cristiana lega questo nome al secondogenito di Adamo ed Eva, ucciso per invidia dal fratello Caino. È forse per questo che gli etimologisti, soprattutto nel passato, vedevano in questo nome altri significati quali: il lutto, la vanità, l'afflizione e il pianto.

PERSONALITÀ - Abele è spesso una persona malinconica e solitaria. Nonostante sia caratterizzato da un equilibrio interiore molto forte, preferisce la compagnia di se stesso e rifugge il confronto con gli altri. Questo suo carattere schivo lo porta ad avere rapporti difficili anche con un eventuale partner.

ABIGAIL

📖 ONOMASTICO - *Si festeggia il 1° novembre, giorno di Ognissanti, perché non esiste un santo patrono.*

ORIGINE E SIGNIFICATO - Derivato da un termine ebraico che significa "Dio è la mia gioia", Abigail è un nome molto diffuso negli Stati Uniti e assai raro in Italia. In francese Abigael è un nome di donna suggesti-

vo, che ricorda le vicende alquanto burrascose della seconda moglie di Davide narrate nella Bibbia.
PERSONALITÀ - Abigail è divisa tra la tensione, che avverte irresistibile, verso il potere, il successo e la gloria e il ripiegamento su se stessa per ascoltare il suo lato più irrazionale e ipersensibile che la mette in diretto contatto con il mondo dell'occulto.

CURIOSITÀ - *Il suo fiore preferito è il girasole, che nel suo andare sempre alla ricerca del calore e della luce, bene rappresenta le caratteristiche più tipiche della sua personalità.*

ABRA

ONOMASTICO - *Poiché appartenente al ceppo di nomi derivanti da Abramo, per il suo onomastico si rimanda a quest'ultimo.*
ORIGINE E SIGNIFICATO - Forma femminile di Abraham, ha la stessa origine e lo stesso significato.
PERSONALITÀ - Abra è una leader nata che non esita ad abbattere le frontiere e a spingersi oltre i limiti prestabiliti. Spesso, proprio attraverso la forza della sua personalità, piuttosto che con gli ideali, riesce a ispirare gli altri. Amante dell'arte, ha un innato senso del bello, che sa trasferire in ogni ambito della vita.

ABRAMINA

ONOMASTICO - *Appartenente alla famiglia dei nomi derivanti da Abramo, il suo onomastico si celebra lo stesso giorno di quest'ultimo.*
ORIGINE E SIGNIFICATO - Forma femminile diminutiva italiana di *Abraham*, nome biblico portato, nell'Antico Testamento, dal primo patriarca di Israele, ne porta l'origine e il significato identici.
PERSONALITÀ - Abramina è una donna spirituale che rivela forze e segreti nascosti. Altruista per natura, si sente investita dalla missione di migliorare la vita degli altri, non dimenticando tuttavia i propri interessi.

ABRAMO

ONOMASTICO - *L'onomastico si festeggia il 9 ottobre in onore del santo progenitore della nazione ebraica. Patrono di albergatori, osti e bettolieri.*
ORIGINE E SIGNIFICATO - Il nome deriva dall'ebraico *avram*, che significa "padre". Secondo alcuni commentatori della Bibbia, il nome è stato utilizzato

per indicare un'onorificenza. È il nome portato, nell'Antico Testamento, dal primo patriarca di Israele, primo uomo che rifiutò l'idolatria. Guidò il popolo di Israele nella terra di Canaan ed è considerato il capostipite degli Ebrei per mezzo del figlio Isaac. All'età di novantanove anni Dio gli cambiò nome: da *Abram* "dal padre nobile, elevato" ad *Abraham* "padre della moltitudine, di molti popoli", destinandolo ad essere padre di molti credenti. In qualità di padre della fede viene infatti venerato anche da cristiani e musulmani.

PERSONALITÀ - Abramo è, solitamente, una persona imponente, sia nel fisico sia nell'animo. La sua calma e serenità sono un punto di riferimento per tutti coloro che ne condividono la vita. È un amico sincero e leale, che sa donarsi con gratuità quando qualcuno gli chiede aiuto. Per la grande saggezza che lo contraddistingue, rischia però talvolta di apparire presuntuoso e saccente.

ACANTHA

📖 ONOMASTICO - *Si festeggia il 1° novembre, giorno di Ognissanti, perché non esiste un santo patrono.*

ORIGINE E SIGNIFICATO - Di etimo oscuro, la sua diffusione si data alla fine del Settecento. Nella mitologia greca era una ninfa amata dal dio del sole e quando morì fu trasformata in questa pianta.

PERSONALITÀ - Acantha è una persona che si annoia facilmente, di conseguenza è sempre alla ricerca, consapevole o inconsapevole, di situazioni particolari e luoghi nuovi. Questa perenne insoddisfazione la porta a condurre una vita avventurosa, spesso in viaggio in luoghi sconosciuti e a contatto con persone sempre diverse. Anche per questo è inaffidabile in amore e in generale nei rapporti di lungo periodo.

CURIOSITÀ - *Per diretta derivazione del suo nome, la sua pianta preferita è l'acanto.*

ACCORSO

📖 ONOMASTICO - *L'onomastico è tradizionalmente festeggiato il 16 gennaio in ricordo del santo, protomartire in Marocco, dell'Ordine dei Minori, che venne ucciso con Adiuto, Berardo, Ottone e Pietro.*

ORIGINE E SIGNIFICATO - Dal latino *Accursius*, derivato da *accursus*, significa "accorso, arrivato". Usato anche nella forma *Accursio*.

PERSONALITÀ - Accorso è molto saggio e sa prendere la vita con filosofia. La lezione più grande che si può trarre da lui è quella di non essere troppo severi nei giudizi e di sapere accettare gli alti e i bassi e le difficoltà dell'esistenza. Capace di non dare mai nulla per scontato, sa apprezzare le piccole gioie di ogni giorno.

ACHILLE

ONOMASTICO - *L'onomastico si festeggia l'11 maggio in onore di sant'Achille, martire a Roma.*

ORIGINE E SIGNIFICATO - È il nome di un famoso eroe omerico dell'*Iliade.* Forse deriva da *akilleis,* che significa "scuro", oppure da *achilyos,* che vuol dire "lupo terribile".

PERSONALITÀ - Achille è allegro, simpatico e schietto. È un piacere stare in sua compagnia perché è in grado di trasformare ogni situazione in un momento indimenticabile. Raramente, infatti, permette alle situazioni di togliergli il buon umore e la voglia di scherzare. Le donne stravedono per lui e per la sua costante voglia di vivere.

CURIOSITÀ - *La mitologia greca ci insegna che Achille era un eroe greco, figlio di un mortale di nome Peleo e di una ninfa oceanina di nome Teti. Per renderlo immortale, la madre lo immerse nelle acque del fiume infernale Stige reggendolo soltanto per il tallone. E fu proprio lì che una freccia di Paride lo colpì uccidendolo. Da allora, il "tallone d'Achille", oltre a designare, in un'accezione più generica, qualsiasi parte debole di una persona, indica anche una vera e propria patologia del piede che colpisce esattamente il calcagno.*

ADA

ONOMASTICO - *L'onomastico si festeggia il 4 maggio in ricordo di sant'Ada, badessa di Soissons.*

ORIGINE E SIGNIFICATO - Il significato e l'origine di Ada sono incerti. Alcuni studiosi dicono che derivi dal germanico *athala,* "nobiltà di stirpe", e significherebbe quindi "nobile". Altri invece ritengono che sia un nome ebraico: nell'Antico Testamento la moglie di Esaù viene chiamata Adah, che in ebraico significa "adornata" dal Signore.

PERSONALITÀ - Ada è ottimista e allegra. Caratterizzata da un suo personale, delicato e dolcissimo mondo interiore, è un'attenta compagna di vita. Nel campo lavorativo, grazie alla sua sensibilità, è molto portata per le discipline artistiche.

CURIOSITÀ - *Era uno dei nomi più diffusi in Italia all'inizio del secolo benché negli ultimi decenni sia diventato un po' desueto. Divenne celebre nel 1923 grazie al romanzo di Italo Svevo* La coscienza di Zeno, *in cui una delle protagoniste femminili si chiama Ada. Ada è la più bella di tre sorelle che Zeno, protagonista del romanzo, tenterà invano di conquistare. Ada è anche il nome della protagonista del film* Novecento *di Ermanno Olmi, interpretata da Stefania Sandrelli.*

ADALGISA / ADALGISO

ONOMASTICO - *L'onomastico di Adalgisa viene festeggiato il 20 aprile in ricordo di santa Adalgisa vergine. Adalgiso, invece, si festeggia il 7 ottobre in ricordo di sant'Adalgiso, vescovo di Novara nel IX secolo.*

ORIGINE E SIGNIFICATO - È un nome di origine germanica; secondo alcune fonti è composto da *adal* che significa "nobile" e *gisal,* "ostaggio", secondo altre invece è composto da *adal,* "nobile", e *gisil,* "freccia", e significa, appunto, "nobile freccia" o "freccia che dà nobiltà"; secondo quest'ultima ipotesi nel Medioevo si diffuse anche la variante latinizzata *Adelchis* per il maschile e *Adelchisa* per il femminile. Adalgisa era molto diffuso in Italia nell'Ottocento grazie al successo del melodramma *Norma* di Bellini (1831), nel quale la protagonista era una sacerdotessa gallica innamorata del proconsole romano Pollione.

PERSONALITÀ - Adalgisa: è estremamente sensibile e gelosa della propria sfera privata. Possiede una grande fantasia, che può rappresentare un elemento di inestimabile valore per la sua carriera, ma solo se messa a frutto in maniera costruttiva. Adalgiso: è un ribelle, il suo insito bisogno di protesta è spesso accompagnato dal desiderio di cambiare le cose in positivo, almeno secondo il suo modo di vedere. Di fatto, anela a raggiungere il potere per promuovere i suoi ideali sociali e non per ragioni personali.

ADAM

ONOMASTICO - *Forma inglese dell'ebraico Adamah, si festeggia lo stesso giorno di Adamo.*

ORIGINE E SIGNIFICATO - L'origine è identica a quella di Adamo e, come tale, ne ha anche lo stesso significato.

PERSONALITÀ - Intraprendente e determinato, ogni tanto perde di vista i valori più importanti della sua vita, pur di raggiungere lo scopo prefissato, per poi pentirsene. Di aspetto gradevole e atletico, ama il contatto con la natura, in particolare con i paesaggi montani e lagunari, che gli infondono sicurezza e senso di pace.

ADAMO

📖 ONOMASTICO - *L'onomastico può essere festeggiato il 16 maggio in ricordo di sant' Adamo, abate del XIII secolo.*

ORIGINE E SIGNIFICATO - Come indicato nella Genesi, il nome deriva dall'ebraico *adhám*, che significa "uomo", e in senso lato "umanità". È collegato al termine *adhamáh*, che significa "nato dalla terra" o "fatto di terra", e indica l'umana creatura. È il nome del primo uomo come insegna la tradizione biblica.

PERSONALITÀ - Adamo è ottimista, socievole, adattabile e anche molto ordinato e preciso. Ama le buone letture ed è un appassionato di viaggi. Si diverte a pianificare la vita affettiva, per cadere poi vittima di passioni incontrollabili e, talvolta, dolorose.

ADARA

📖 ONOMASTICO - *Si festeggia il 1° novembre, giorno di Ognissanti, perché non esiste un santo patrono.*

ORIGINE E SIGNIFICATO - Ci sono due possibili origini per questo nome: potrebbe derivare dal greco con il significato di "bella", oppure dall'arabo con il significato di "vergine".

PERSONALITÀ - Adara è una persona vivace, a volte anche un po' petulante. Nella maggior parte delle situazioni la sua eccessiva esuberanza viene interpretata come arroganza. Sarà quindi opportuno per lei assumere un atteggiamento più pacato e mostrare una maggiore sensibilità verso le esigenze altrui. Le sue tante sfaccettature caratteriali la rendono particolarmente attraente agli occhi degli uomini molto più grandi di lei.

ADDA

📖 ONOMASTICO - *Per assonanza, si ritiene che Adda derivi da Ada, pertanto si richiama a quest'ultima per conoscerne l'onomastico.*

ORIGINE E SIGNIFICATO - Forma rafforzativa di Ada, trae da quest'ultima origine e significato.

PERSONALITÀ - Eccentrica e poco rispettosa delle convenzioni, la persona che porta questo nome ha un carattere orgoglioso e impulsivo.

Le sue azioni istintive la inducono spesso a cacciarsi nei guai, anche se Adda ha l'abilità di cadere sempre in piedi.

ADDOLORATA

🕮 ONOMASTICO - *Si festeggia il 15 settembre in onore dei "sette dolori della Madonna" dal 1423. È la patrona di Paroldo e Villanova Mondovì.*
ORIGINE E SIGNIFICATO - Il nome è nato dalla devozione cristiana in ricordo del dolore della Vergine Maria per la morte del Figlio.
PERSONALITÀ - Addolorata è una persona determinata che sa sempre ottenere il meglio da ogni situazione e sa come sfruttare fino in fondo le proprie capacità. Legata alle tradizioni e alla famiglia, è ottima madre e ottima moglie. Ama i bambini e se può ne ha almeno tre.

ADELA

🕮 ONOMASTICO - *Si celebra il 5 febbraio.*
ORIGINE E SIGNIFICATO - Variante del nome germanico Adelaide, o del nome Adele, significa "di nobile stirpe" oppure "di nobile aspetto".
PERSONALITÀ - Adela mette una grande grazia e disinvoltura in tutto ciò che fa. È eloquente più con i fatti che con le parole e il suo modo di fare persuasivo lascia chiaramente intendere quando fa sul serio.

ADELAIDE

🕮 ONOMASTICO - *Così si chiamava nel secolo decimo la moglie di Lotario, re d'Italia: Adelaide di Alsazia. Quando rimase vedova, sposò l'imperatore Ottone I da cui ebbe tre figli, tra cui il futuro imperatore Ottone II. Era una donna intelligente, religiosa e pia: aiutò anche il movimento di riforma benedettina dell'abbazia di Cluny e fondò numerosi monasteri. Per questi motivi venne proclamata santa, e la sua festa cade il 16 dicembre.*
ORIGINE E SIGNIFICATO - Il nome, molto antico, deriva dal tedesco *adal*, che significa "splendente per origine familiare e nobiltà". Conobbe il suo maggior successo in Francia alla fine del 1800. Gli inglesi chiamarono così anche una città dell'Australia in onore della regina Adelaide, moglie di Guglielmo IV. Si abbrevia in Ada, Adelina, Adelia, Adele.
PERSONALITÀ - Adelaide è intuitiva e coscienziosa allo stesso tempo. Purtroppo rischia spesso di venire fraintesa, specialmente in amore, perché è molto volubile e disponibile. Tra le professioni a lei più

congeniali, l'infermiera, l'ispettore di polizia o la segretaria di direzione.

ADELCHI

🕮 *ONOMASTICO* - Può essere la forma contratta del nome Adalgiso, prendendone quindi l'etimologia e la ricorrenza dell'onomastico, che è il 6 ottobre.

ORIGINE E SIGNIFICATO - Il nome è di origine germanica e significa "nobile freccia".

PERSONALITÀ - Adelchi ha una spiccata tendenza a provocare gli altri. Gli piace agitare le acque e spesso la sua presenza ha il potere di determinare un cambio di situazione. Viene spesso accusato di essere un attaccabrighe ma lui non si cura troppo di quello che la gente pensa e dice di lui.

CURIOSITÀ - *Deve la sua fama alla tragedia storica di Alessandro Manzoni (1822), che narra le vicende di Adelchi, re longobardo sconfitto da Carlo Magno nel 773-774.*

ADELE

🕮 *ONOMASTICO* - *Cade il 18 dicembre, quando viene festeggiata sant'Adele, principessa merovingia che prese il velo dopo la morte del marito.*

ORIGINE E SIGNIFICATO - Secondo alcune fonti è un diminutivo, di antica tradizione francone, del nome Adelaide; secondo altre fonti, invece, sarebbe nato come nome indipendente a partire dalla parola dell'antico germanico *adal.* Nel primo caso significherebbe "di nobile stirpe" oppure "di nobile aspetto", se derivasse dal germanico, invece, vorrebbe dire "nobile".

PERSONALITÀ - Adele ha una personalità carismatica che la porta a raggiungere velocemente il successo. Tuttavia deve evitare di assumere un atteggiamento di autocompiacimento che le potrebbe causare non pochi problemi.

ADELFIA / ADELFIO

🕮 *ONOMASTICO* - *Si festeggia il giorno 11 settembre, in ricordo di sant'Adelfio di Remiremont, monaco francese, vissuto nei Vosgi e morto verso il 670.*

ORIGINE E SIGNIFICATO - Forma variata del nome Adelfo, dal greco *adelphòs,* "fratello".

PERSONALITÀ - Adelfia: il tratto distintivo della sua personalità è l'orgoglio. Non chiede mai aiuto agli altri anche quando ha un profondo bisogno di affetto. Adelfio: ha un forte senso della lealtà ed è proprio per questo motivo che è circondato da un alone di onorabilità e rispettabilità a cui tiene moltissimo.

ADELINA / ADELINO

ONOMASTICO - *Adelina si festeggia il 28 agosto in onore di santa Adelina vedova. Diventò monaca e fondò un monastero a Mortain in Francia. Viene ricordata anche il 20 ottobre. Adelino, invece, si festeggia il 20 ottobre in ricordo di sant'Adelino, vescovo francese.*

ORIGINE E SIGNIFICATO - Variante vezzeggiativa di Adele o Adelaide, trae da queste ultime origine e significato.

PERSONALITÀ - Adelina: rivendica la propria sovranità in qualsiasi ambito, sia esso la famiglia o il lavoro. Adelino: possiede una grande influenza che riesce inevitabilmente a esercitare. Talvolta viene tacciato di egocentrismo e opportunismo. È amante del teatro e della musica.

ADELINDA / ADELINDO

ONOMASTICO - *Si festeggia il 23 novembre in ricordo di Santa Adelinda.*

ORIGINE E SIGNIFICATO - Il nome, di origine germanica, significa "scudo di legno di tiglio".

PERSONALITÀ - Adelinda: mostra spesso un'immagine esteriore dolce, che cela il lato più duro del suo carattere. Adelindo: nelle relazioni interpersonali si dimostra premuroso.

ADELMO

ONOMASTICO - *Si festeggia il 25 maggio in ricordo del santo e poeta Adelmo vescovo di Salisbury, morto nel 708.*

ORIGINE E SIGNIFICATO - Nome di origine germanica, sulla cui origine sono state fatte diverse ipotesi. Secondo alcune fonti è composto da *adal* "nobile", "nobiltà" e helm "elmo", "difesa", "protezione", e quindi "nobile protettore", "nobile elmo" oppure "protezione che deriva dalla nobiltà"; secondo altre fonti, la prima parte sarebbe invece *alda*, "anziano": quindi "anziano che protegge". Questo nome, documentato da epoca medievale, è attestato anche nel latino *Aldhemus* o *Aldelmus*, e si

diffuse con ogni probabilità grazie al culto per sant'Adelmo, scrittore e abate vescovo di Salisbury scomparso nel 708.
PERSONALITÀ - Adelmo percepisce il mondo attraverso l'intuito. L'imprevisto non lo spaventa, anzi, è quello che ci vuole per il suo carattere stimolante anche se talvolta è un po' incostante. Tra le sue grandi passioni ci sono l'alpinismo e la pesca subacquea.

ADENA

🕮 *ONOMASTICO - Si festeggia il 1° novembre, giorno di Ognissanti, perché non esiste un santo patrono.*
ORIGINE E SIGNIFICATO - Nome di origine incerta; potrebbe essere una variante del nome ebraico Adina oppure una forma femminile di Aden; se derivasse da Adina vorrebbe dire "voluttuosa" o "delicata"; il nome Aden invece è legato al periodo delle colonie italiane in Somalia ed Etiopia, e viene dal Golfo di Aden nell'oceano Indiano.
PERSONALITÀ - Adena talvolta risulta troppo arrendevole e accomodante. Il suo fascino è davvero inconfondibile, come pure la profondità e l'interesse per il mondo interiore. La fede e la spiritualità giocano un ruolo fondamentale nella sua vita.

ADINA

🕮 *ONOMASTICO - Si festeggia il 1° novembre, giorno di Ognissanti, perché non esiste un santo patrono.*
ORIGINE E SIGNIFICATO - Nome ebraico che significa "voluttuosa" oppure "delicata". Può essere usato anche come forma vezzeggiativa del nome Ada.
PERSONALITÀ - Adina è sicura di sé. Consapevole del proprio spazio e di ciò che le appartiene, oppone una strenua resistenza a chi cerca di soggiogarla. È una vera cultrice di cinema e arte classica, passioni a cui dedica ogni minuto libero del suo tempo.

ADISA

🕮 *ONOMASTICO - Essendo un nome esotico di matrice africana, si festeggia il 1° novembre, giorno di Ognissanti, perché non esiste un santo patrono.*
ORIGINE E SIGNIFICATO - Viene dallo Yoruba, lingua di un popolo nigeriano, e significa "persona chiara", "trasparente".

PERSONALITÀ - Adisa ama divertirsi con naturalezza e spontaneità. Talvolta viene accusata di sentimenti superficiali. Ciononostante, dietro quell'aspetto apparentemente freddo e distaccato, si nasconde un vero e proprio turbinio di emozioni che, una volta fatte emergere, rivelano una personalità passionale e carica di erotismo.

ADOLFO

📖 *ONOMASTICO* - *Si festeggia abitualmente il 17 giugno in memoria di sant'Adolfo, vescovo dei Paesi Bassi.*

ORIGINE E SIGNIFICATO - Deriva dal nome germanico *athavulf*, composto da *adal*, che significa "nobile", e da *wolf*, "lupo". Si fa derivare anche dal nome augurale di origine latina, "essere adornato", "arricchito", sia nel senso materiale che spirituale.

PERSONALITÀ - Adolfo è una persona iperattiva, portata al nervosismo e all'aggressività. È però dotato di un enorme carisma che lo rende molto affascinante. Nonostante tutte queste caratteristiche è incline alla malinconia, emozione che lo porta a vivere amori intensi ma sfortunati. La forma d'arte che più si avvicina alla sua sensibilità è la pittura.

ADONE

📖 *ONOMASTICO* - *Si festeggia il 16 dicembre in ricordo del beato Adone vescovo di Vienne in Francia, morto nell'875, autore di una* Cronaca Universale.

ORIGINE E SIGNIFICATO - Il nome deriva dall'ebraico *Adon*, a sua volta ripreso dalla parola fenicia *adon* che significa "signore".

PERSONALITÀ - L'espansività che lo contraddistingue e l'ottimismo non sempre giustificato lo mettono spesso nei guai, poiché l'inclinazione a sognare ad occhi aperti gli può conferire un grande fascino e magnetismo, ma anche una visione piuttosto irreale della vita.

ADONIA

📖 *ONOMASTICO* - *Derivante dal maschile Adone, può essere festeggiato lo stesso giorno di quest'ultimo.*

ORIGINE E SIGNIFICATO - Forma femminile del nome Adone, che deriva dal greco *Adon*, a sua volta ripreso dalla parola fenicia *adon* che significa "signore".

PERSONALITÀ - Nonostante dia l'impressione di vivere in un altro mondo, quando occorre si rivela energica e professionale. È estremamente diligente e persegue con tenacia i propri obiettivi, senza particolare ostentazione.

ADORA

🕮 ONOMASTICO - *Si festeggia il 1° novembre, giorno di Ognissanti, perché non esiste un santo patrono.*

ORIGINE E SIGNIFICATO - Variante breve del nome latino *adoracion*, "adorazione".

PERSONALITÀ - Adora è bravissima nel ruolo di intermediaria, infatti riesce non solo a riconoscere la validità di punti di vista diversi ma anche una maniera di conciliare due parti contrapposte. Esperta di arte culinaria, attrae amici e fidanzati con ghiotte cenette, a base di piatti sempre nuovi e frutto della sua grande creatività.

ADORNA / ADORNO

🕮 ONOMASTICO - *Si festeggia il 1° novembre, giorno di Ognissanti, perché non esiste un santo patrono.*

ORIGINE E SIGNIFICATO - Nomi augurali e affettivi nati in epoca medioevale, che esprimono al neonato l'augurio di essere "adorno di ogni virtù".

PERSONALITÀ - Adorno: sostiene con fermezza le proprie convinzioni e nel farlo non ricorre mai a stratagemmi che non sono all'altezza dei suoi principi etici. Adorna: infedele in amore, sa farsi perdonare grazie alla sua smisurata dolcezza.

ADRASTO

🕮 ONOMASTICO - *Si festeggia il 1° novembre, giorno di Ognissanti, perché non esiste un santo patrono.*

ORIGINE E SIGNIFICATO - Dall'aggettivo greco *adrastos*, significa "colui che fugge".

PERSONALITÀ - Adrasto è un altruista. Lo scopo principale della sua vita è quello di essere utile agli altri. Si realizza completamente dedicandosi al volontariato e all'assistenza dei più bisognosi. È quindi particolarmente adatto a professioni come l'infermiere, l'assistente sociale o lo psicologo.

CURIOSITÀ - *Nella mitologia greca questo nome fu portato dal re di Argo protagonista della spedizione dei Sette contro Tebe, da cui tornò unico superstite, e da un re frigio morto suicida le cui vicende furono narrate dallo storico greco Erodoto.*

ADRIA

ONOMASTICO - *Festeggiato il 2 dicembre in ricordo di santa Adria, che subì il martirio, con le sante Aurelia, Maria, Paolina, Martana e altri compagni, a Roma nel III secolo.*

ORIGINE E SIGNIFICATO - Deriva dal latino *Hatria*, nome di un antico insediamento umano nel Piceno, corrispondente all'attuale città che porta lo stesso nome.

PERSONALITÀ - Amante delle comodità, è profondamente legata al mondo materiale e dà un'enorme importanza alla sicurezza materiale.

ADRIAN

ONOMASTICO - *Derivante da Adriano, si festeggia lo stesso giorno di quest'ultimo.*

ORIGINE E SIGNIFICATO - Poiché appartiene allo stesso ceppo etimologico di Adriano, si rimanda a quest'ultimo per origine e significato.

PERSONALITÀ - Arrogante e un po' misogino, Adrian crede per davvero nella superiorità del sesso maschile e non esita pertanto a legarsi a donne disposte a compiacerlo di continuo e a sottomettersi a ogni suo volere. Goliardico e sempre pronto a divertirsi, è però un ottimo compagno di giochi; è per questo molto ricercato dagli amici, quasi tutti di sesso maschile, con cui ama condividere viaggi e sport.

ADRIANA / ADRIANO

ONOMASTICO - *L'onomastico si festeggia il 5 marzo in onore di sant'Adriano martire sotto Diocleziano. Patrono dei corrieri.*

ORIGINE E SIGNIFICATO - Deriva dal *cognomen* latino *hadrianus*, derivato, come etnico, dal nome *Hadria* di due città: le attuali Adria (RO) e Atri (Te). L'antica città di Adria, che all'epoca era importante, diede il nome al mare Adriatico. Invece da Atri proveniva probabilmente Adriano, imperatore romano dal 117 al 138.

PERSONALITÀ - Adriana: è una persona estremamente originale e creativa. Grazie alla sua buona adattabilità e al suo ottimismo, riuscirà quasi sempre ad avere successo nella vita, anche perché dotata di una buona dose di coraggio e combattività. Adriano: sembra che viva in un mondo tutto suo. Nonostante ciò, è una persona attiva e sincera, su cui si può contare. Purtroppo, a causa della sua bontà e semplicità, può ritrovarsi in situazioni difficili.

CURIOSITÀ - Hadriana *divenne, in età imperiale, nome unico, assunto soprattutto dalle schiave e dalle straniere affrancate dall'imperatore Adriano.*

ADRIANNA

ONOMASTICO - Discendente dal femminile Adriana, l'onomastico si celebra lo stesso giorno di quest'ultima.

ORIGINE E SIGNIFICATO - È una variante di Adriana, nome che deriva dal latino *hadrianus*, si rimanda quindi a quest'ultimo per origine e significato.

PERSONALITÀ - Adrianna è particolarmente sensibile alle critiche e, in situazioni di conflitto, preferisce nascondersi o andarsene se si sente fraintesa. Per questo suo atteggiamento viene accusata di avere un approccio ingenuo e infantile verso la vita, che non raramente, infatti, le regala delusioni in ambito sentimentale e non solo.

ADRIELE

ONOMASTICO - Si festeggia il 1° novembre, giorno di Ognissanti, perché non esiste un santo patrono.

ORIGINE E SIGNIFICATO - Dall'etimo oscuro, non si hanno notizie precise circa il suo significato che, solo per una parziale assonanza, potrebbe essere associato a quello di Adriana.

PERSONALITÀ - Le persone che portano questo nome tendono a utilizzare la grande capacità di intuizione e la vivace personalità come una sorta di maschera per nascondere le proprie insicurezze. Predisposte alla matematica e al calcolo, trovano in realtà la vera espressione della propria personalità nelle arti e, in maniera particolare, nella danza.

AFFIA

ONOMASTICO - Festeggiato il 22 novembre in ricordo di sant'Affia, martire in Gallia.

ORIGINE E SIGNIFICATO - Nome di origine celtica, la sua etimologia è incerta.

PERSONALITÀ - Affia è un combattente che non esita a lottare per ciò in cui crede. È sempre in costante e rapido movimento e non ama sprecare tempo in discussioni inutili. La rapidità che dimostra nei processi mentali rispecchia il suo stato di iperattività, che però talvolta si riflette in maniera negativa sul suo stato di salute, spesso vittima di emicranie e tensioni muscolari. Il lavoro che più gli si addice è quello di libero professionista.

AFRA

📖 ONOMASTICO - *Si festeggia tradizionalmente il 24 maggio in memoria di sant'Afra martire, detta "di Brescia", uccisa nel IV secolo. Viene anche onorata, in alcuni luoghi, il 4 maggio.*

ORIGINE E SIGNIFICATO - Deriva dal *cognomen* latino *Afra* o *Afer.*

PERSONALITÀ - Afra ha una personalità fuori dal comune; una delle cose che la soddisfa di più è stare assieme alle persone che la apprezzano e la capiscono veramente. Fermo restando che ha sempre bisogno di alcuni momenti in cui abbia la possibilità di rifugiarsi in luoghi solitari per riflettere e rilassarsi. Amante dei cani, sa essere molto affettuosa e giocherellona, ma solo con le poche persone di cui si fida ciecamente.

AFRODITE

📖 ONOMASTICO - *Si festeggia il 1° novembre, giorno di Ognissanti, perché non esiste un santo patrono.*

ORIGINE E SIGNIFICATO - Deriva dal greco *aphròs* che significa "spuma", "schiuma", con allusione alla nascita dalla schiuma del mare della dea che porta il suo nome, la dea greca dell'amore, dai Romani identificata con Venere.

PERSONALITÀ - Afrodite ha un notevole fascino che esercita sia nella sfera privata sia, più in generale, nella società. Raggiunge nella maniera più semplice e naturale quei riconoscimenti che gli altri, invece, conquistano con grande fatica. Ma proprio per questo la gente la ritiene superficiale e frivola, nutrendo invidia per i suoi successi conquistati senza fatica.

AGAMENNONE

📖 ONOMASTICO - *Si festeggia il 1° novembre, giorno di Ognissanti, perché non esiste un santo patrono.*

ORIGINE E SIGNIFICATO - Nome di origine greca che probabilmente significa "molto risoluto".

PERSONALITÀ - Agamennone manifesta un forte desiderio di primeggiare nella sfera sociale o professionale. Questa personalità lo porterà a fronteggiare grandi sfide ma senza mai sviare lo sguardo dalla meta prefissata. In amore è un po' infantile, ma sa essere anche un compagno dai grandi slanci di generosità e sempre presente.

CURIOSITÀ - *Nella mitologia greca Agamennone era fratello di Menelao; leggendario re di Micene e di Argo, guidò la spedizione a Troia per riprendere Elena, moglie del fratello: al ritorno fu assassinato dalla moglie Clitemnestra e dal suo amante Egisto.*

AGAPE

ONOMASTICO - *Si festeggia il 25 gennaio e in onore di sant'Agape, martire con Donato e Sabino.*

ORIGINE E SIGNIFICATO - Nome già usato dagli antichi greci, che può essere sia maschile sia femminile: viene dall'identica parola greca che significa "amore".

PERSONALITÀ - Agape è portato al perfezionismo ed esige sempre il massimo da se stesso; questo atteggiamento può essere dettato da un insoluto senso di inferiorità.

AGAPITO

ONOMASTICO - *Viene celebrato il 16 marzo in onore di sant'Agapito, vescovo e confessore a Ravenna.*

ORIGINE E SIGNIFICATO - Deriva dal greco *agapetos*, "amabile", "amorevole".

PERSONALITÀ - Caparbio fino all'ostinazione, deve imparare a non agire frettolosamente e ad aspettare il momento giusto. Affidabile nelle amicizie, sa essere grande ascoltatore e dispensatore di ottimi consigli.

AGATA

ONOMASTICO - *Festeggiato il 5 febbraio in ricordo di sant'Agata, vergine siciliana martire nel 251, patrona di Catania, delle balie, delle nutrici e dei tessitori siciliani.*

ORIGINE E SIGNIFICATO - Dal greco *agathé*, forma femminile dell'aggettivo *agathòs*, che significa "buono". La prima diffusione di questo nome in Sicilia è stata certamente greco-bizantina.

PERSONALITÀ - Agata è dolce, generosa e molto devota verso le persone che ama. È determinata e quando si pone un obiettivo non si lascia distrarre da nulla. Non è portata per le inutili frivolezze. Attenzione alla competitività: se eccessiva, soprattutto in ambito professionale, potrebbe causare qualche problema. È amante della famiglia e delle antiche tradizioni.

AGAVE

📖 *ONOMASTICO - Essendo un nome esotico di matrice africana, si festeggia il 1° novembre, giorno di Ognissanti, perché non esiste un santo patrono.*

ORIGINE E SIGNIFICATO - Dall'antico aggettivo greco *aguòs* significa "splendido", "meraviglioso"; nella mitologia Agave era la figlia del leggendario eroe greco Cadmo. In italiano la parola agave indica una pianta grassa ornamentale di origine messicana.

PERSONALITÀ - Attirata spesso da situazioni precarie, non sempre riesce a tenere in equilibrio la propria energia e corre così il rischio di crollare fisicamente. Poco propensa alla cura degli altri, è molto concentrata su se stessa, anche se mai soddisfatta dei risultati che riesce a raggiungere.

AGENORE

📖 *ONOMASTICO - Si festeggia il 1° novembre, giorno di Ognissanti, perché non esiste un santo patrono.*

ORIGINE E SIGNIFICATO - Dall'antico nome greco *Aghenor*, di interpretazione incerta; potrebbe essere composto da *aga-*, "molto", e da *aner*, "uomo", e significare "molto virile", "molto valoroso"; oppure potrebbe essere composto da *aghe-*, "guidare" e da *aner*, "uomo", "guerriero" e significare "capo dei guerrieri". Nella mitologia Agenore era figlio di Posidone e di Libia, re dei Fenici e capostipite della famiglia di Didone.

PERSONALITÀ - Per Agenore è importante riuscire a difendere la propria vita privata, perciò consente solo a poche persone di penetrare nel suo mondo interiore. Chi ci riesce, scoprirà però una persona dalle molte doti, tra cui spiccano su tutte la brillante ironia, la grande forza di volontà e uno spiccato senso del dovere.

AGESILAO

📖 *ONOMASTICO* - Si festeggia il 1° novembre, giorno di Ognissanti, perché non esiste un santo patrono.

ORIGINE E SIGNIFICATO - Dall'antico nome greco *Aghesilaos,* composto da *aghesi,* "che guida" e *laos,* "popolo": significherebbe quindi "guida di un popolo". Portò questo nome un leggendario re di Sparta del IV secolo a.C.

PERSONALITÀ - Romantico per natura, prende la vita come un romanzo cavalleresco, un'avventura al limite dell'eroismo. Quando è innamorato perde completamente ogni contatto con il mondo che lo circonda, si isola da amici e parenti pur di dedicare ogni minuto e ogni attenzione alla persona amata.

AGNESE

ONOMASTICO - *Viene commemorata il 21 gennaio in memoria di sant'Agnese, vergine tredicenne martire a Roma nel 304.*

ORIGINE E SIGNIFICATO - Dal nome greco *aghné,* che vuol dire "casta", "pura". Adattato in latino come *Agnes,* si affermò in ambienti cristiani per il richiamo alle virtù della purezza e della verginità.

PERSONALITÀ - Agnese è ordinata e precisa. Ama l'arte e aspira ad avere una famiglia felice e numerosa. Dal momento che ha un grande ascendente sulle persone deboli, avrà successo in tutti quei mestieri in cui bisogna prendersi cura degli altri.

CURIOSITÀ - *Il personaggio più noto della letteratura italiana con questo nome è senza dubbio la madre di Lucia nei* Promessi Sposi.

AGOSTINA / AGOSTINO

ONOMASTICO - *Agostino ricorre il 28 agosto in memoria di sant'Agostino, vescovo di Ippona. Agostina si festeggia il 17 ottobre in ricordo di due martiri ghigliottinati a Valenciennes nel 1794.*

ORIGINE E SIGNIFICATO - Continuazione, per tradizione semidotta o popolare, del nome familiare latino *Augustinus,* derivato da *Augustus,* diffusosi in tarda età imperiale anche come nome unico.

PERSONALITÀ - Agostina: ha la passione per l'organizzazione, caratteristica che a volte la rende un po' pedante. Agostino: la sua presenza è indispensabile quando si tratta di organizzare un viaggio: gli amici lo trovano imbattibile.

CURIOSITÀ - *Vescovo di Ippona, sant'Agostino fu uno dei più importanti filosofi del 400. Centrale nella sua odissea esistenziale-intellettuale è senza dubbio il problema del male, che affrontò legando inscindibilmente riflessione filosofica ed esperienza di vita, ricerca della felicità e ricerca della verità.*

AGRIPPA

📖 ONOMASTICO - *Si festeggia il 1° novembre, giorno di Ognissanti, perché non esiste un santo patrono.*

ORIGINE E SIGNIFICATO - Questo nome è di origine romana e veniva dato a quei bambini che, durante il parto, venivano alla luce dalla parte dei piedi e non dalla testa.

PERSONALITÀ - Agrippa è molto sincero nell'esprimere le proprie opinioni e raramente lascia adito a dubbi quando esprime un parere su un certo argomento, atteggiamento che di frequente viene scambiato per supponenza e arroganza.

CURIOSITÀ - *Uno dei più celebri personaggi con questo nome è Menenio Agrippa, console romano nel 503 a.C., vincitore dei Sabini e primo tra i consoli ad avere l'onore del trionfo. Quando avvenne la secessione della plebe sul monte Sacro, o sull'Aventino secondo la tradizione più antica, avrebbe indotto il popolo al ritorno in città grazie al famoso apologo del contrasto delle membra del corpo e dello stomaco.*

AGRIPPINA

📖 ONOMASTICO - *Si festeggia il 23 giugno in ricordo di sant'Agrippina vergine, martire romana.*

ORIGINE E SIGNIFICATO - Diminutivo di Agrippa, questo nome di origine romana ne conserva il significato medesimo.

PERSONALITÀ - Agrippina possiede una forte personalità, calma e moderata. Di fronte agli eventi inaspettati che la vita riserva conserva un perfetto *savoir-faire* e non si dimostra per nulla vulnerabile.

CURIOSITÀ - *Una Agrippina rimasta famosa è la madre di Nerone, la cui immagine giunse fino a noi sdraiata su una specie di canapé, con un solo bracciolo e un'alta spalliera, diventato appunto l'agrippina.*

AIDA

📖 ONOMASTICO - *Si festeggia il 31 agosto in onore di sant'Aidano, vescovo di Lindisfarne in Inghilterra morto nel 651.*

ORIGINE E SIGNIFICATO - Nome di origine egiziana, significa "essa è venuta" e si pronuncia Aìda. Si è affermato per la popolarità dell'opera lirica omonima di Giuseppe Verdi (1871), la cui protagonista è una schiava, figlia del re degli Etiopi Amonasro, innamorata del comandante egizio Radames e rivale della principessa Amneris.

PERSONALITÀ - Odia il caos e ama tenere le cose sotto controllo, quindi può rivelarsi intollerante e severa. Polemica e poco capace di ascoltare le posizioni altrui, ama dominare affetti e colleghi. Le professioni a lei più congeniali sono pertanto quelle legate all'ambito manageriale o dirigenziale.

'A'ISHA

📖 ONOMASTICO - *Essendo un nome esotico di matrice africana, si festeggia il 1° novembre, giorno di Ognissanti, perché non esiste un santo patrono.*

ORIGINE E SIGNIFICATO - Nome femminile di origine araba, era l'ultima moglie di Maometto e significa "la preferita".

PERSONALITÀ - Amante dell'umorismo pungente, utilizza l'ironia e la presenza di spirito come armi potenti da rivolgere contro i suoi avversari, oltre che come mezzo per dare forma alle proprie opinioni. Maliziosa e intraprendente, sa essere capace di grandi atti di generosità verso le persone che ama o stima.

CURIOSITÀ - *Esiste una celebre canzone in francese dal titolo Aisha, cantata dall'algerino Khaled.*

ALAIN

📖 ONOMASTICO - *Si festeggia l'8 settembre. La Chiesa ricorda il beato Alain de la Roche, morto in Olanda nel 1475, che diffuse nelle zone più settentrionali dell'Europa la devozione al sacro rosario.*

ORIGINE E SIGNIFICATO - L'etimologia di questo nome è duplice. Secondo alcuni deriverebbe dal nome di una popolazione germanica, gli Alani, sterminata nel V secolo dai Visigoti, che con il crollo dell'impero Romano invasero i territori di tutto l'Occidente e che, dopo parecchi decenni di scontri e conflitti con alterne fortune, si fusero poi con gli abitanti delle zone invase e con gli altri popoli barbari invasori. Secondo altri, invece, deriverebbe da *alaun*, aggettivo di origine indoeuropea, che significa "bello", "affascinante", "piacente". Molto in uso in Francia e negli Stati Uniti, ha anche la variante femminile Alina.

PERSONALITÀ - Alain è persona affascinante, con un'aria simpaticamente pericolosa. Ha una grande capacità dialettica, che lo rende un abile e imbattibile venditore. Sempre circondato da persone, cerca spesso rifugio tra le pareti domestiche.

CURIOSITÀ - *Tra gli Alain celebri spiccano senz'altro Alain Delon, fascinoso e seducente attore francese, e il regista americano Alan Parker.*

ALAN

ONOMASTICO - *Come Alain si festeggia l'8 settembre.*

ORIGINE E SIGNIFICATO - Ci sono tre diverse ipotesi sull'origine di questo nome: potrebbe derivare dal gaelico irlandese *alain*, "bello", "splendente"; dall'indoeuropeo *alun*, "bello"; o potrebbe essere di origine bretone e significare "pietra".

PERSONALITÀ - Ha un carattere dinamico e impulsivo. Se dal punto di vista sentimentale la sua vita è un vero successo, perché ama ed è amato con una grande passionalità, professionalmente non si può dire lo stesso. Avrebbe le doti e l'ambizione necessarie per riuscire ma la sua sete di novità, l'indomabile e impellente curiosità e il bisogno di esperienze diversificate lo rendono un vero e proprio nomade.

ALARICO

ONOMASTICO - *Si festeggia il 29 settembre in ricordo del beato Alarico, vissuto in Svizzera nel X secolo.*

ORIGINE E SIGNIFICATO - Nome che deriva dal sassone *alh-ric*, "re di tutti", oppure dal germanico *adal-ric*, "re nobile".

PERSONALITÀ - Dal temperamento forte e coraggioso, Alarico è un individuo che oltre ad avere grandi doti di pianificatore è anche una persona d'azione. La responsabilità è un tema importante nella sua vita. Appassionato di danza classica e di giochi con le carte, sa circondarsi di amici sinceri che lo riempiono di affetto e attenzioni.

CURIOSITÀ - *Il più noto Alarico fu il primo re e condottiero dei Visigoti, che lottò contro l'Impero Romano di Oriente e di Occidente, invase a più riprese l'Italia e saccheggiò Roma nel 410.*

ALBA

ONOMASTICO - *È il 17 gennaio in onore di santa Alba, martire in Africa.*

ORIGINE E SIGNIFICATO - Nome latino derivato da *albus*, "bianco", "biondo", il nome viene anche usato insieme a Maria (Alba Maria) e a Rosa (Rosalba).
PERSONALITÀ - Alba segue uno stile di vita essenziale, caratterizzato da piaceri semplici. Per questo motivo cerca di creare attorno a sé un ambiente piacevole, anche se modesto, in cui vivere.

CURIOSITÀ - *È molto dolce e si comporta come una bambina: sognatrice e capricciosa. È molto intuitiva, fino ad arrivare, in alcune circostanze, alla preveggenza. Per queste sue caratteristiche non è portata per le attività commerciali.*

ALBANO

ONOMASTICO - *È ricordato il 24 maggio in memoria di sant'Albano, martire britannico del III secolo.*
ORIGINE E SIGNIFICATO - Nome latino derivato da *albus*. Indicava gli abitanti di Alba Longa, città che sorgeva sui Colli Albani e che fu la capitale dei primi re romani.
PERSONALITÀ - Albano possiede una natura emotiva che riflette il suo acume negli affari. È estremamente attento a evitare ogni genere di turbamento o coinvolgimento pericoloso, per quanto allettante possa essere.

ALBERICO

ONOMASTICO - *Si festeggia il 26 gennaio in memoria di sant'Alberico abate di Citeaux, morto nel 1109.*
ORIGINE E SIGNIFICATO - Il termine deriva dallo scandinavo *alf* e *rich* e vuol dire "re degli Elfi" o "re dei monti", personaggi benigni della mitologia nordica che impersonavano le forze della natura.
PERSONALITÀ - Possiede una grande forza di immaginazione che deve essere messa a frutto in maniera costruttiva, altrimenti ciò rischia di sopraffarlo. Questo aspetto della sua personalità può essere talmente complesso da risultare difficilmente comunicabile agli altri.

ALBERT

ONOMASTICO - *Viene festeggiato due volte, il 15 novembre e il 7 agosto: nella prima ricorrenza viene commemorato sant'Alberto Magno, deceduto nel 1280, che papa Pio XI nominò dottore della Chiesa univer-*

sale e papa Pio XI consacrò patrono dei cultori delle scienze naturali. Il 7 agosto invece si ricorda sant'Alberto degli Abati da Trapani, predicatore carmelitano del XIII secolo, patrono di Erice e di Revere.

ORIGINE E SIGNIFICATO - La sua forma originaria è Adalberto, composto dal tedesco *adal*, "nobiltà" e *berth*, "illustre", quindi il suo significato è "uomo di illustre nobiltà".

PERSONALITÀ - Sapiente e riflessivo, Albert è un uomo che sa sempre quale direzione dare a parole e azioni. Energico, scattante, capace di fronteggiare ogni difficoltà senza perdersi d'animo, è un amico fidato e un compagno protettivo e affettuoso.

CURIOSITÀ - *Nome europeo per antonomasia, è diffuso in tutto il continente (Alberto in Italia, Albrecht in Germania). Il suo nome è immediatamente associato a quello del più grande scienziato e genio i tutti i tempi, Albert Einstein, teorico tedesco della relatività.*

ALBERTA / ALBERTO

ONOMASTICO - *Alberta viene festeggiata il 6 ottobre in memoria di sant'Alberta di Agen martire del III secolo. Alberto, invece, ricorre il 15 novembre in onore di sant'Alberto Magno, maestro di Tommaso d'Aquino.*

ORIGINE E SIGNIFICATO - Ci sono pareri discordi sull'etimologia di questo nome. Per alcuni deriverebbe dal nome germanico *adalberth*, composto da *adal*, cioè "nobile", e da *berth*, ovvero "illustre". Il significato complessivo sarebbe, quindi, "illustre per nobiltà". Per altri invece il nome *Alberth* (da cui Alberto discende) esisterebbe già completo e derivante da *ala*, cioè "tutto", unito a *berth*. Il significato del nome sarebbe in questo caso "tutto illustre". Secondo altri, invece, quest'ultima ipotesi potrebbe significare "che rompe tutto", perché il significato scherzoso di *brecht* è "rompere". Al femminile è più usata la forma Albertina.

PERSONALITÀ - Alberta: è una persona amabile e premurosa, fin dal primo momento in cui la si conosce. Forse è un po' troppo suscettibile e curiosa, ma devota a coloro che ama. Alberto: persona apparentemente fredda e calcolatrice, la sua vera natura è simpatica e sincera. Purtroppo rivela tardi le sue doti, forse perché da bambino è stato un po' troppo capriccioso. Dispotico e presuntuoso, ama imporre le proprie idee e le proprie scelte a chi gli sta intorno. In amore è un marito fedele e comprensivo.

ALBINA / ALBINO

📖 ONOMASTICO - *Albina ricorre il 6 dicembre in onore di sant'Albina vergine martirizzata nel 250 a Formia. Albino, invece, si festeggia il 1° marzo in onore di sant'Albino di origine inglese, vescovo di Angers in Francia, morto nell'anno 560.*

ORIGINE E SIGNIFICATO - Il nome deriva dalla forma latina *albus*, "bianco".

PERSONALITÀ - Albina: è animata da un forte desiderio di interpretare numerosi ruoli diversi nel corso della vita. Non è comunque una persona volubile, anzi soppesa attentamente ogni cambiamento per ridurre al minimo il rischio di insuccesso. Albino: può apparire estroverso, in rari casi esibizionista, ma un tale atteggiamento esterno maschera spesso una personalità solitaria.

ALCANTARA

📖 ONOMASTICO - *Si festeggia il 1° novembre, giorno di Ognissanti, perché non esiste un santo patrono.*

ORIGINE E SIGNIFICATO - Etimo dall'origine sconosciuta, si ipotizza una sua derivazione dal siciliano, in ricordo dell'omonima zona nel messinese.

PERSONALITÀ - Alcantara ha un forte senso del proprio potere. Pretende di essere ascoltata quando parla e non ammette in nessun caso di essere ignorata. Se è un'imprenditrice è dispotica e lunatica nei confronti dei suoi dipendenti e fa loro subire i suoi scompensi emotivi. Abile nelle arti grafiche, può diventare un grande architetto o una stilista di moda. In amore è possessiva e capricciosa, sempre bisognosa di attenzioni e cure.

ALCESTE

📖 ONOMASTICO - *Si festeggia il 1° novembre, giorno di Ognissanti, perché non esiste un santo patrono.*

ORIGINE E SIGNIFICATO - Questo nome, femminile, viene usato anche al maschile e deriva dal greco *alkè*. Alceste era il nome della moglie di Admeto, re di Tessaglia, che si sacrificò per amore del marito, da cui il significato di "sacrificio all'amore coniugale".

PERSONALITÀ - Abilissimo nell'arte della diplomazia e della politica, è invece stranamente insensibile, in certi casi, alle esigenze e ai desideri di chi gli vive accanto. Amante dei bambini, sa divertirli con sorprese e giochi sempre nuovi.

ALCIDE

📖 ONOMASTICO - *Si festeggia il 1° novembre, giorno di Ognissanti, perché non esiste un santo patrono.*

ORIGINE E SIGNIFICATO - Nome che deriva dal greco *alceys*, "robusto". È uno dei soprannomi di Ercole.

PERSONALITÀ - Ha sempre il coraggio di essere se stesso e di portare a compimento i suoi progetti e le proprie idee. Anche se non teme l'opposizione degli altri o il fatto di dover combattere per affermare il proprio modo di vita, non cerca mai il confronto.

CURIOSITÀ - *Tra gli Alcide nostrani, il più famoso è senz'altro Alcide De Gasperi, uno dei più importanti uomini politici degli anni Cinquanta: democratico cristiano e presidente del Consiglio dal 1945 al 1953, dedicò le sue energie alla ricostruzione del Paese dalle rovine della guerra.*

ALCINA

📖 ONOMASTICO - *Si festeggia il 1° novembre, giorno di Ognissanti, perché non esiste un santo patrono.*

ORIGINE E SIGNIFICATO - Questo è un nome di origine letteraria: è, infatti, un personaggio dell'*Orlando Furioso* di Ludovico Ariosto, una maga che, grazie alla sua bellezza e ai suoi sortilegi, riesce ad adescare l'eroe cristiano Ruggero e a tenerlo lontano dai combattimenti.

PERSONALITÀ - Alcina è una di quelle persone che passa gran parte del proprio tempo parlando dei propri ideali e dei propri sogni. Coloro che le vivono accanto devono essere molto pazienti per sopportare tutto questo idealismo! Facile alle delusioni, soprattutto sentimentali, trova rifugio nelle sue fantasie e nelle indissolubili amicizie.

ALDA / ALDO

📖 ONOMASTICO - *Alda viene festeggiata il 18 novembre in onore di santa Alda, vergine di Parigi. Aldo, invece, ricorre il 10 gennaio in memoria di san Aldo eremita a Pavia nel VII secolo.*

ORIGINE E SIGNIFICATO - Nome di origine tedesca, potrebbe derivare sia da *ald*, che significa "vecchio", sia da *waldan*, che vuol dire "comandante"; o

ancora da *adal*, nel senso di "nobile" o da *aldius*, termine con cui si indicano gli uomini in una posizione intermedia tra lo schiavo e l'uomo libero.
PERSONALITÀ - Alda: è una donna indipendente ed energica. La sua totale devozione alla famiglia può farla sembrare una persona sottomessa, ma così non è, perché è lei che in ogni occasione guida il compagno. Aldo: è un bambino curioso e vivace, caratteristiche che conserva anche nella vita adulta. Dotato di grande fantasia, grazie alla quale ha una visione del mondo felice e positiva, ha forse un grosso difetto: la vanità.

CURIOSITÀ - *Soltanto da poco tempo Aldo è riconosciuto come nome proprio. In origine era un diminutivo di altri nomi come Arnaldo, Ubaldo, Baroaldo, Teobaldo, Ildebrando, Rinaldo, ecc.*

ALDERICO

ONOMASTICO - *Si festeggia il 10 ottobre in ricordo di san Alderico, morto nell'836. Nelle tradizioni popolari è invocato per ottenere la guarigione dalle congestioni cerebrali.*
ORIGINE E SIGNIFICATO - Nome di origine ostrogota. Si diffuse in Toscana e prese la forma di *alderigo*, che significa "sovrano potente".
PERSONALITÀ - La modestia è uno dei tratti principali della personalità di Alderico. Tuttavia è un grande errore ritenerlo per questo una persona passiva; di fronte a un'opposizione difficilmente si lascia abbattere e dimostra una grande forza d'animo. Ottimo cuoco ma anche grande buongustaio, inventa ogni giorno nuove gustose prelibatezze, preferibilmente esotiche, per amici e parenti.

ALDOBRANDO

ONOMASTICO - *È solitamente ricordato il 22 agosto in memoria di sant'Aldobrando da Bagnoregio, vissuto nel IX secolo.*
ORIGINE E SIGNIFICATO - Il nome deriva dall'antico sassone *aldibrand*, che vuol dire "esperto nella spada".
PERSONALITÀ - È energico e produttivo e qualunque cosa faccia, ama farla alla grande; poiché però è anche molto versatile, finisce spesso logorato dall'ansia di fare troppo e troppo spesso. È adatto alle professioni che mettono a frutto la sua inesauribile creatività. In amore è incostante e prepotente, si circonda spesso di donne frivole e superficiali, con le quali può permettersi solo relazioni leggere e poco impegnative.

ALDORA

📖 *ONOMASTICO - Vista l'assonanza con Alda, l'onomastico può festeggiarsi lo stesso giorno di quest'ultimo.*

ORIGINE E SIGNIFICATO - Potrebbe essere una variante femminile del nome Aldo, che ha origine germanica e viene dall'antico *alda*; significa "anziano", "saggio", "esperto".

PERSONALITÀ - Aldora è costantemente protesa a conoscere quanto più possibile del mondo: non sorprende, dunque, che sia particolarmente interessata alla natura e agli animali. Grande viaggiatrice, non riesce a stare ferma nello stesso posto troppo a lungo, ma talvolta spreca le energie verso mete che, più che viaggi, sembrano avere il sapore di vere e proprie fughe.

ALEANDRO

📖 *ONOMASTICO - L'onomastico si celebra lo stesso giorno di Alessandro, da cui ha origine.*

ORIGINE E SIGNIFICATO - Derivando da Alessandro, si richiama a quest'ultimo per origine e significato.

PERSONALITÀ - Sempre bisognoso di stimoli nuovi, Aleandro è un uomo che soffre la noia e la solitudine. Ha una spiccata intelligenza ma riesce a metterla in pratica solo se ha una forte consapevolezza di sé. Coraggioso e intraprendente, si prende a volte un po' troppo sul serio, ma in amore rivela un animo molto sensibile e delicato.

ALEARDO

📖 *ONOMASTICO - Si festeggia il 1° novembre, giorno di Ognissanti, perché non esiste un santo patrono.*

ORIGINE E SIGNIFICATO - Deriva dal germanico *alhard* o *adelhard*, composto da due elementi: il primo potrebbe essere *ala-*, "del tutto", "molto", oppure *athala-*, "nobilità di stirpe"; il secondo dovrebbe essere *hardhu*, "forte", "duro", "valoroso".

PERSONALITÀ - La praticità non è certo il suo forte, mentre è davvero un maestro quando si tratta di comprendere o esprimere sistemi e idee astratte. Vanitoso e un po' troppo pieno di sé, fatica a lasciarsi andare nei sentimenti, preferendo ad essi relazioni di poco valore e di breve durata.

ALESSANDRA / ALESSANDRO

🕮 ONOMASTICO - *Alessandra si festeggia il 20 marzo, in onore di sant'Alessandra martire; Alessandrina invece viene ricordata il 22 aprile in ricordo di santa Alessandrina vergine martire in Gallia. Alessandro ricorre il 26 agosto in memoria di san Alessandro martire, patrono di Bergamo.*

ORIGINE E SIGNIFICATO - Deriva dal greco: nome composto da *alexo*, che vuol dire difendere, e *aner* che, nella sua forma declinata *andro*, significa "uomo". *Alexandros* significa, quindi, "difensore di uomini".

PERSONALITÀ - Alessandra: è presuntuosa, vanitosa e molto suscettibile. Di contro, i suoi maggiori pregi sono la bontà e il coraggio. Ma deve stare attenta, perché spesso queste qualità non riescono a emergere e mostra di sé solo la parte negativa. Alessandro: è intelligente e generoso, e, come la sua controparte femminile, è ostacolato nei rapporti con il prossimo dall'eccessiva presunzione.

CURIOSITÀ - *Il nome è molto antico: si ricordano infatti due re dell'Epiro, tre re di Macedonia, due re di Siria, un imperatore romano, otto papi, oltre quaranta santi, tre re di Scozia, tre imperatori di Russia.*

ALESSIA / ALESSIO

🕮 ONOMASTICO - *Alessia si festeggia il 9 gennaio in onore di santa Alessia vergine, martire francese. Alessio viene festeggiato il 17 luglio in ricordo di sant'Alessio confessore, nobile romano, morto nel 412 a Costantinopoli, patrono dei pellegrini e dei viaggiatori.*

ORIGINE E SIGNIFICATO - Il nome Alessio, e il corrispettivo femminile Alessia, derivano dal latino *alexius*, a sua volta derivante dal greco *alexio*, che significa "difensore".

PERSONALITÀ - Alessia: è curiosa, vitale e ottimista. È un piacere vivere accanto a lei, anche se a volte è molto capricciosa; questo è merito o colpa del fatto che non si riesce mai a dirle di no. Alessio: è timido e coraggioso nello stesso tempo. È affascinante, altruista e dotato di una memoria eccezionale. Come la sua controparte femminile, è attivo, vivace e attento a ciò che lo circonda.

ALEX / ALEXIA

🕮 ONOMASTICO - *Traduzione inglese di Alessio e Alessia, festeggiano l'onomastico negli stessi giorni.*

ORIGINE E SIGNIFICATO - Si richiama ad Alessio per origine e significato.
PERSONALITÀ - Alex: debole di salute e pertanto un po' ipocondriaco, l'uomo che porta questo nome tende a chiudersi in se stesso, a mettersi in pantofole, sia in senso fisico che metaforico: amante della tv e dei libri, adora trascorrere il tempo libero comodamente adagiato sulla poltrona di casa. Per questo scarso spirito di iniziativa, rischia di uccidere nella noia tutti i suoi rapporti sentimentali che, infatti, dopo il primo idillio alla "due cuori e una capanna", si frantumano contro il suo muro di pigrizia e inattività. Alexia: è una donna tutta pepe; allegra e frizzante, adora tutto ciò che è festoso: cene, balli, giochi, scherzi, viaggi improvvisati. Talvolta questa sua esuberanza viene scambiata per superficialità, ma così non è: nei momenti in cui occorre maturità, Alexia sa essere seria e persino molto saggia.

ALFEA

🕮 *ONOMASTICO - Si festeggia il 1° novembre, giorno di Ognissanti, perché non esiste un santo patrono.*
ORIGINE E SIGNIFICATO - Deriva dal latino *alphaeus*, che a sua volta proviene dal greco *alphaios*, che ancora rimanda a un nome più antico, aramaico, di origine incerta: era il nome di due personaggi del Nuovo Testamento, il padre dell'evangelista Matteo e di Giacomo il Minore, e di sant'Alfeo, martire in Palestina durante le persecuzioni di Diocleziano.
PERSONALITÀ - È una persona molto sensibile e intuitiva che spesso dimostra sentimenti di forte comprensione nei confronti dei propri simili, mostrando una tendenza marcata all'altruismo e all'umanitarismo. Ama la buona tavola casalinga, le serate piovose attorno al camino, i bambini e i gatti.

ALFIA / ALFIO

🕮 *ONOMASTICO - Si festeggia il 10 maggio in memoria di santo Alfio martire a Lentini con i fratelli Cirino e Filadelfio, nel 251.*
ORIGINE E SIGNIFICATO - Secondo alcuni studiosi il nome Alfio deriverebbe dal greco *alphios*, che significa "bianco". Altri credono che sia un nome tipicamente italiano, derivante dal latino *albium*. Il significato resta però lo stesso.
PERSONALITÀ - Alfia: è una persona suscettibile che non tollera nessun tipo di ipocrisia; infatti il suo comportamento verso il prossimo è sempre

leale e rispettoso. In amore è molto dolce, piena di premure e amante delle sorprese. Alfio: è saggio e prudente. È un ottimo amico e confidente, ideale compagno di viaggio e amante dell'avventura, sempre alla ricerca di nuovi stimoli e novità. Sul lavoro o nello studio soffre una certa difficoltà a concentrarsi per lunghe ore, distratto dalla sua fervida fantasia e insofferente ai luoghi chiusi.

ALFONSA / ALFONSO

ONOMASTICO - *Assieme al più frequente Alfonsina, Alfonsa festeggia l'onomastico il 31 luglio, in ricordo di Alfonsa Eppinger. Alfonso viene festeggiato, invece, il 1° agosto in ricordo di santo Alfonso Maria de' Liquori, morto nel 1787.*

ORIGINE E SIGNIFICATO - Il nome deriva dall'antico tedesco *hindefuns*, e compare in Spagna introdotto dai Visigoti. È composto da *funs*, che vuol dire "pronto", e da *athal*, che significa "nobile", "valoroso". Il suo significato si può quindi riassumere: "pronto alla battaglia".

PERSONALITÀ - Alfonsa è poco tollerante nei confronti degli altri e propensa a dare giudizi frettolosi, dovrebbe cercare di limare questa sua caratteristica per non incorrere in dolorose esperienze. Alfonso: è buono, ottimista e dalla facile battuta. Forse non ha molta volontà e questo lo porta a cambiare spesso interessi e direzioni di vita.

CURIOSITÀ - *Fu molto usato dai re: tredici sul trono delle Asturie, di Leon e di Castiglia, cinque re di Aragona, tre re di Portogallo, due re aragonesi di Napoli.*

ALFRED

ONOMASTICO - *Derivante da Alfredo, festeggia il proprio onomastico il 14 agosto.*

ORIGINE E SIGNIFICATO - Etimo su cui sono ancora in corso varie interpretazioni, trae comunque origine e significato da Alfredo.

PERSONALITÀ - Perspicace e acuto osservatore, preferisce ascoltare e studiare i comportamenti altrui, prima di esporsi con giudizi propri. Il suo guardare un po' tutti dall'alto in basso prima di dare confidenza è dettato forse più dalla timidezza che dalla presunzione, ma ciò non toglie che resta un tipo di uomo molto consapevole di se stesso e di conseguenza un po' superbo.

CURIOSITÀ - *Il termine, di derivazione molto antica, è stato usato da molti nobili inglesi.*

ALFREDA / ALFREDO

ONOMASTICO - *Le donne che portano questo nome festeggiano l'onomastico il 2 agosto, in ricordo di santa Alfreda o Alfrida vergine inglese, figlia di Offa, re dei Merci, morta nella palude di Croyland nell'834. Alfredo invece ricorre il 14 agosto in memoria di sant'Alfredo martire vescovo di Hildesheim nel IX secolo.*

ORIGINE E SIGNIFICATO - Questo nome ha un'etimologia controversa. Quel che è certo è che è stato introdotto in Italia dai Franchi. Secondo alcuni studiosi proviene da *aelf*, riferito agli elfi, e da *raed*, ovvero "consiglio"; il suo significato completo sarebbe quindi "consigliato dagli elfi". Secondo altri, invece, sarebbe composto da *ala*, ovvero "tutto", e da *frith*, che significa "pace"; quindi il significato completo sarebbe "nobile nella pace".

PERSONALITÀ - Alfreda: è un'intellettuale dal fascino sottile e discreto. Alfredo: possiede un enorme equilibrio interiore e un grande senso della responsabilità. È molto pratico e concreto.

ALÌ

ONOMASTICO - *Di origine araba, si festeggia il 1° novembre, giorno di Ognissanti, perché non esiste un santo patrono.*

ORIGINE E SIGNIFICATO - Nella tradizione islamica è il successore di Maometto.

PERSONALITÀ - Privo della tensione necessaria a farsi avanti nel mondo, può avere bisogno di uno stimolo che lo spinga a fare di più nella vita. Dotato di grande spiritualità, sa darsi agli altri con altruismo, ma spesso non riceve in cambio ciò che spera.

CURIOSITÀ - *Secondo gli Sciiti, alla morte del Profeta Maometto, il califfato spettava ad Alì perché questa era la volontà di Muhammad espressa in un* hadith *ignorato dai Sunniti. Narra questo hadith che, dopo il "pellegrinaggio da Dio", mentre Muhammad faceva ritorno a Medina si fermò a Gadir Khumm per annunciare una rivelazione. Prendendo la mano di Alì, Muhammad disse: "Non sono io più caro ai credenti che la loro stessa vita?". Tutti risposero "Sì, inviato di Dio". Allora egli dichiarò "Chiunque riconosce me come suo maestro, riconoscerà Alì come suo maestro".*

Per il suo valore simbolico, è un nome scelto frequentemente dagli occidentali che si convertono all'Islam. Il caso più noto è quello del leggendario campione americano di pugilato Cassius Clay, vincitore della medaglia d'oro alle Olimpiadi di Roma nel 1960 e del titolo dei pesi massimi nel 1979 oltre che sostenitore della "protesta nera" guidata da Malcolm X. La conversione alla fede islamica lo portò infatti a cambiare il nome in Muhammad Alì al posto di quello "da schiavo" Clay.

ALICE

📖 ONOMASTICO - *Si festeggia il 13 giugno in ricordo di sant'Alice di La Cambre, morta nel 1250.*

ORIGINE E SIGNIFICATO - Deriva dal germanico *adalhaid*, composto dai termini *adal*, "nobile", e *heid*, "aspetto". Il significato completo sarebbe quindi "di nobile aspetto". Esiste anche una seconda ipotesi che farebbe risalire il nome Alice dal greco *alikea*, derivante a sua volta da *aletzeia*, che significa "verità".

PERSONALITÀ - Alice è sognatrice e, al contempo, molto sicura di sé. La sua anima è dolce e gentile. In amore è intrigante e affascinante, ma non deve avere la sensazione di essere oppressa e incatenata, perché fuggirebbe.

CURIOSITÀ - *Il nome ebbe grande diffusione dopo il 1865, con l'uscita del romanzo* Alice nel paese delle Meraviglie *di Carroll.*

ALIDA

📖 ONOMASTICO - *Si può festeggiare il 26 aprile in ricordo di santa Alida, vergine e martire in Normandia nel III secolo.*

ORIGINE E SIGNIFICATO - Il nome ha un'origine quasi sicuramente germanica, che può derivare da *hildjo* "combattimento", "battaglia" oppure da *athala*, "nobiltà di stirpe", con i due significati di "combattente" e di "nobile". Unendo i due termini di derivazione il nome potrebbe anche significare "colei che combatte per la nobiltà".

PERSONALITÀ - Alida è spesso preoccupata del proprio aspetto fisico e perciò tende a cadere vittima di diete, interventi di chirurgia estetica, estenuanti sedute nei centri di bellezza o nelle palestre. Solo se saprà accettarsi con il passare del tempo potrà trovare l'equilibrio tanto desiderato.

ALINA

📖 ONOMASTICO - *Si può festeggiare il 19 giugno in onore di santa Alina*

vergine e martire nel 640.
ORIGINE E SIGNIFICATO - Esistono due possibili origini per questo nome: potrebbe derivare dall'arabo o dal russo; se derivasse dall'arabo significherebbe "nobile"; se derivasse dal russo significherebbe "bella".
PERSONALITÀ - Ama teorizzare su tutto in generale ed è per questo che per lei è molto importante avere una visione d'insieme su ogni cosa. Inoltre influenzare il pensiero altrui è qualcosa che le dona una sensazione piacevolissima, perché la fa sentire potente.

ALISEA / ALISEO

🕮 ONOMASTICO - *Si festeggia il 1° novembre, giorno di Ognissanti, perché non esiste un santo patrono.*
ORIGINE E SIGNIFICATO - Il nome deriva da quello dei venti alisei.
PERSONALITÀ - Alisea: vagabonda e curiosa per natura, è dotata di un temperamento ribelle e libero. Per sentirsi viva è sempre alla ricerca di nuovi stimoli e nuovi incontri. Aliseo: raramente mette radici, ma chi riesce a tenerlo fermo in un posto o in una relazione, scoprirà in lui doti di grande tenerezza e dedizione.

ALLAN

🕮 ONOMASTICO - *Si celebra il 25 novembre, in memoria di sant'Alano, abate di Lavar, vissuto nel VII secolo.*
ORIGINE E SIGNIFICATO - L'etimologia è incerta, ma proviene secondo molti da una potente famiglia della Sarmazia. È per questo associato, anche per assonanza, al più comune Alan.
PERSONALITÀ - Volitivo e un po' rigido nelle sue posizioni, la caratteristica che più emerge nell'uomo che porta questo nome è senz'altro la forza, sia in senso fisico che caratteriale: spesso è di corporatura massiccia e di alta statura, amante del body building e del muscolo in bella vista.

ALLEGRA / ALLEGRO

🕮 ONOMASTICO - *Si festeggia il 1° novembre, giorno di Ognissanti, perché non esiste un santo patrono.*
ORIGINE E SIGNIFICATO - È un nome di origine italiana, in uso fin dal Medioevo come benedizione affinché i bambini che lo portano possano crescere sereni e fiduciosi. Da benedizione generica divenne presto un nome vero e proprio.

PERSONALITÀ - Allegra: è la rappresentazione migliore del nome che porta. È solare e schietta, con un sorriso meraviglioso. In amore è una compagna fedele, anche se un po' civetta. Allegro: sul lavoro sa farsi apprezzare per le sue doti da organizzatore e diplomatico. Il suo più grande difetto: è un eterno ritardatario.

ALLISON

📖 ONOMASTICO - *Si festeggia il 1° novembre, giorno di Ognissanti, perché non esiste un santo patrono.*

ORIGINE E SIGNIFICATO - Nome di origine ed etimologia incerta.

PERSONALITÀ - Paziente e riflessiva, la donna con questo nome è la calma fatta a persona: difficilmente la si vede alterata con qualcuno o agitata per qualcosa. Sa sempre dare la giusta misura alle cose e questo la rende particolarmente amabile tra gli amici, che la cercano spesso per mediare discussioni accese o portare serenità in situazioni difficili. Questa innegabile dote può però trasformarsi in difetto quando viene accusata di non sapersi lasciare andare ai sentimenti e alle emozioni forti.

ALMA

📖 ONOMASTICO - *Si festeggia il 1° novembre, giorno di Ognissanti, perché non esiste un santo patrono.*

ORIGINE E SIGNIFICATO - Nell'antichità, *alma* era l'epiteto con cui si indicavano numerose divinità femminili. Taluni vogliono che derivi dal latino *alere*, che significa "nutrire". Alma sarebbe quindi "colei che nutre e ristora", ma secondo alcune fonti potrebbe anche significare, con origine sempre latina, "anima". Altri, invece, lo riconducono al tedesco *helm*, "difendere".

PERSONALITÀ - Alma è una donna passionale, che ama la vita profondamente. Molto coraggiosa e altruista, è capace di grandi gesti, per dimostrare ciò che prova. È, però, molto gelosa e, a scapito del compagno, è capace di inscenare veri e propri drammi teatrali.

ALMIRA

📖 ONOMASTICO - *L'onomastico viene festeggiato il giorno 11 settembre in memoria di sant'Almiro, detto anche "Almero", vissuto tra il VI e il VII secolo.*

ORIGINE E SIGNIFICATO - Il nome è quasi certamente di origine germanica; potrebbe essere una variante di *adelmira*, che significa "illustre per nobiltà" o "saggia e illustre", oppure potrebbe derivare da *athala-*, "nobiltà" e *maru*, "famoso", "eccellente" con il significato di "che eccelle per nobiltà di stirpe".

PERSONALITÀ - Dal carattere non proprio facile, Almira non ama prendere ordini dagli altri, semmai è lei a impartirli. È una donna forte e autoritaria capace di dimostrare il suo lato più femminile solo in rare occasioni.

ALONSO

📖 *ONOMASTICO - Si festeggia il 2 agosto, in occasione di sant'Alfonso Maria de' Liguori, vissuto nel Settecento.*

ORIGINE E SIGNIFICATO - Forma portoghese di Alfonso, la sua origine è germanica; il nome è formato da due elementi: il primo potrebbe essere *ala*, "del tutto" (e quindi "molto valoroso"), *athala*, "nobiltà" (e quindi "nobile e valoroso") oppure *hathus*, "battaglia" (e quindi "pronto in battaglia", "valoroso nel combattere"); il secondo, *funza*, significa "pronto", "veloce", "valoroso".

PERSONALITÀ - La sua ambizione e l'innato senso di sfida lo spingono a realizzare grandi imprese. Atletico e sportivo, ama stare all'aria aperta, a contatto con la natura: i suoi sport preferiti sono l'alpinismo e il windsurf. Sentimentalmente non è predisposto a relazioni di lungo periodo: preferisce storie poco impegnative, in cui riesce a conciliare il suo inestinguibile bisogno di libertà e autonomia.

ALTEA

📖 *ONOMASTICO - Si festeggia il 1° novembre, giorno di Ognissanti, perché non esiste un santo patrono.*

ORIGINE E SIGNIFICATO - Il nome è di origine greca. Altea indica anche, dal latino *althàia*, il nome di una pianta dai grossi fiori vistosi.

PERSONALITÀ - Altea è una bimba solitaria, che diventerà una donna affascinante e misteriosa. Non ama confidarsi con il prossimo ma è, piuttosto, una persona molto portata ad ascoltare gli altri. Sembra sempre un po' fuori dal tempo, e si può considerare il prototipo della donna eterea. In amore si lascia conoscere e scoprire a poco a poco, ma solo con molta dolcezza. Quando è innamorata si dà completamente al suo uomo e forma con lui una grande famiglia.

CURIOSITÀ - *Nella mitologia è una donna che si uccise dopo essere stata l'artefice della morte del figlio Melegrao che aveva ucciso tutti i fratelli di sua madre.*

ALVA

ONOMASTICO - *Si festeggia il 1° novembre, giorno di Ognissanti, perché non esiste un santo patrono.*

ORIGINE E SIGNIFICATO - Variante abbreviata di *Alvara*, nome germanico, che significa "che si difende bene dai nemici" oppure "che difende tutti", "che protegge tutti".

PERSONALITÀ - Alva ha un carattere mite e dolce. Ha uno spiccato senso materno ed è per questo motivo che si sente completamente realizzata nel matrimonio e nella famiglia, dove riesce ad esprimere tutta la sua creatività, soprattutto nella cura della casa e dei figli, che vizia con giochi, dolci e mille attenzioni. Ama le tradizioni, le cene con i parenti e le feste in casa.

ALVARO

ONOMASTICO - *Può essere festeggiato l'11 giugno in ricordo di sant'Alvaro di Cordova.*

ORIGINE E SIGNIFICATO - Deriva dal visigotico *allwars*, che significa "prudentissimo", "molto vigile".

PERSONALITÀ - Può essere un amico piacevole e divertente. Sebbene possieda anche un lato serio, per lui è estremamente importante divertirsi e, in effetti, è come se prendesse la vita sempre con il sorriso sulle labbra. Particolarmente adatte a lui sono le professioni a contatto con il pubblico. Nei sentimenti rischia di passare per farfallone e superficiale, ma è in realtà un uomo capace di grandi slanci d'amore.

ALVINA / ALVINO

ONOMASTICO - *Le ragazze che portano il nome Alvina festeggiano il loro onomastico il 16 dicembre in ricordo di santa Alvina o Albina, vergine e martire. Alvino si celebra il 26 maggio.*

ORIGINE E SIGNIFICATO - Il nome deriva dalla forma latina *albus*, "bianco".

PERSONALITÀ - Alvina: di natura generosa e premurosa, talvolta può privare gli altri del suo affetto senza avvertirli. Questo per un'inquietudine di fondo che la accompagna sempre e che talvolta la spinge a preferire situazioni di isolamento. Alvino: è molto sensibile e affettuoso con le persone a cui vuole bene.

ALYSSA

📖 ONOMASTICO - *Si festeggia il 1° novembre, giorno di Ognissanti, perché non esiste un santo patrono.*

ORIGINE E SIGNIFICATO - Variante di Alice, che potrebbe derivare dal greco *alyké*. Alyssa però, secondo altre fonti, deriverebbe dal fiore dell'alisso.

PERSONALITÀ - Pragmatica e testarda, ama il ruolo di capo o genitore, anche se l'ambizione e le forti doti di leadership non sono necessariamente una sua caratteristica. Alyssa è anche molto dinamica: sfrenato il suo bisogno di agire, amare, creare. Ma questa sua necessità è talmente assoluta che il successo e la felicità non le bastano mai. La sua energia selvaggia è per lei fonte di continue frustrazioni.

AMADEO

📖 ONOMASTICO - *Si festeggia il 1° novembre, in ricordo del beato francescano Amadeo da Silva.*

ORIGINE E SIGNIFICATO - Deriva dal latino *amadéus* ed è documentato dal medioevo nelle forme *Amadeus*, *Amedeus* e *Amideus*, e in Italia è un nome tradizionale della nobile famiglia dei Savoia. Potrebbe significare "che ama Dio", ma anche "ama Dio!" (esortativo) oppure anche "amato da Dio".

PERSONALITÀ - È attratto da tutte le fonti di emozioni, ma soprattutto da quelle che implicano un conflitto: ecco allora che controversie, investigazioni, storie di spionaggio e film dell'horror hanno su di lui un fascino particolare. Genialoide e un po' folle, la sua personalità trova appagamento nelle forme d'arte. Caso emblematico, quello di Wolfgang Amadeus Mozart.

AMADRIADE

📖 ONOMASTICO - *Si festeggia il 1° novembre, giorno di Ognissanti, perché non esiste un santo patrono.*

ORIGINE E SIGNIFICATO - Deriva dalla parola greca *hamadruás*, composta da *háma*, "insieme" e *drûs*, "quercia": nella mitologia greca si chiamavano così le ninfe dei boschi che nascevano e morivano con la

pianta cui erano consacrate, e si distinguevano dalle driadi, che invece erano ritenute immortali.
PERSONALITÀ - Non ama attirare l'attenzione su di sé, probabilmente è per questo motivo che non fa nulla per distinguersi dagli altri. Il fascino di questa persona può anche non manifestarsi subito: anzi, solitamente è dopo un po' di tempo che chi sta a contatto con lei si accorge del suo potere. Dolce, affettuosa e comprensiva, sa essere un'ottima ascoltatrice.

CURIOSITÀ - *Alcune leggende differenziano le driadi dalle amadriadi. L'amadriade era più legata a un albero ritenuto sacro: nasceva, viveva e moriva con esso. La driade era invece immortale e rappresentava l'insieme del bosco, poteva muoversi liberamente e unirsi con i comuni mortali. Venivano rappresentate come donne giovani e belle, con la parte inferiore del corpo decorato a forma di arabesco, ad imitazione di un tronco d'albero.*

AMALIA

ONOMASTICO - *È il 24 maggio, ricorrenza in ricordo di santa Amalia vergine.*
ORIGINE E SIGNIFICATO - Ci sono diverse versioni sull'etimologia di Amalia. Secondo alcuni deriverebbe dal nome di una popolazione ostrogota, gli Amali; il suo significato sarebbe, quindi, "colei che protegge gli Amali". Secondo altri, invece, discende dal germanico *ama-aml*, che significa "diligente", "operosa". Diverso significato avrebbe ancora se derivasse dal greco *ameleo*, che significa "trascurato".
PERSONALITÀ - Amalia è una persona estremamente decisa, talvolta addirittura testarda. D'altra parte possiede un fascino irresistibile, che la rende amabile nonostante i suoi difetti. Sincera e affidabile, sa essere una buona amica, anche perché ha la grande capacità di risolvere qualsiasi problema di ordine pratico.

AMANDA

ONOMASTICO - *Si festeggia il 6 febbraio in ricordo di sant'Amando di Maastricht, vescovo di Utrecht, patrono dei baristi e dei produttori di birra.*
ORIGINE E SIGNIFICATO - Questo nome deriva dal gerundio del verbo latino amare: il suo significato è, quindi, "colei che sarà amata". La forma maschile è molto meno diffusa.
PERSONALITÀ - Fin da bambina esercita il suo fascino per ottenere ciò che

desidera. A volte è un'adolescente viziata e capricciosa, altre può sembrare una donna glaciale e determinata; in realtà possiede una gran tenerezza che scopre di fronte ai bambini, che adora. Non è affatto interessata al denaro, anzi è molto spendacciona, soprattutto per gli altri. Ama infatti sorprendere e viziare le persone care con piccoli regali.

AMANZIO

ONOMASTICO - *Viene festeggiato il 10 dicembre in onore di sant'Amanzio che divenne martire con i santi Giacinto, Ireneo e Zòtico.*

ORIGINE E SIGNIFICATO - Nome che esisteva già in latino come *amantius* e che deriva da *amans*, participio presente del verbo amare ("che ama").

PERSONALITÀ - La sua energia diventa in alcuni casi una marea capace di trascinare molte altre persone: infatti, ha sempre bisogno di galvanizzare attorno a sé una squadra che lo sostenga e lo aiuti nel raggiungimento degli obiettivi. In amore, come suggerisce l'etimologia stessa del suo nome, è un compagno appassionato e molto coccolone.

AMATA / AMATO

ONOMASTICO - *Amata si festeggia il 24 settembre in ricordo di santa Amata, vergine e martire. Amato, invece, viene festeggiato il 13 settembre in ricordo di sant'Amato, vescovo di Sens.*

ORIGINE E SIGNIFICATO - Il nome ha origine latina e fu molto diffuso nel Medioevo, come nome augurale per un bimbo molto desiderato e quindi amato. Significa infatti "colui che è amato".

PERSONALITÀ - Amata: nei rapporti umani è estremamente esigente ma ricompensa gli altri con il suo amore incondizionato. Poco ligia alla disciplina, sa darsi delle regole ferree solo quando sente di essere vicina a perdere ciò a cui più tiene. Amato: è un individuo profondo, spesso animato da energie vulcaniche che possono esplodere in scoppi di iperattività, ma anche di rabbia. Ama la musica sinfonica, le passeggiate sulla spiaggia con il suo cane e la buona cucina casalinga.

AMARANTA / AMARANTO

ONOMASTICO - *Si festeggia il 7 novembre in ricordo di sant'Amaranto, martire francese di Albi nel VI secolo.*

ORIGINE E SIGNIFICATO - Deriva dal latino *amarantus,* che significa "durevole", "resistente".

PERSONALITÀ - Amaranta: possiede una notevole esuberanza e impulsività, che esprime la sua forza vitale con la massima intensità e immediatezza. In lei sembra non esistere il filtro della logica che può mediare, frenare gli slanci e suggerire soluzioni prudenti e sagge. Amaranto: ha una personalità forte, dai tratti decisi. Si mostra infatti accentratore, teso ad attirare su di sé l'attenzione e a fornire un'immagine vincente di se stesso.

AMARILLI

📖 ONOMASTICO - *Si festeggia il 1° novembre, giorno di Ognissanti, perché non esiste un santo patrono.*

ORIGINE E SIGNIFICATO - Viene dalla parola greca *amaryssein* che significa "scintillare"; questo nome, diffuso anche nella variante *Amaryllis*, si pronuncia Amarìlli, ed è il nome di un personaggio delle *Bucoliche* di Virgilio.

PERSONALITÀ - Presenta una natura molteplice, inafferrabile, irrequieta e mobile. Le sue risorse mentali eccellono e dunque possiede una mente curiosa, mai appagata nella sua sete di conoscenza ed esperienza.

AMBRA

📖 ONOMASTICO - *Si festeggia il 1° novembre, giorno di Ognissanti, perché non esiste un santo patrono.*

ORIGINE E SIGNIFICATO - Il nome Ambra discende dall'omonima pietra araba: l'ambra veniva tradizionalmente donata alle bambine affinché la loro pelle fosse profumata e luminosa come l'ambra, e naturalmente anche come augurio di felicità.

PERSONALITÀ - Ambra possiede una grande creatività e ha il raro dono di far star bene le persone che la circondano. Però nel segreto del suo essere nasconde una profonda malinconia che, a volte, la porta distante dalle situazioni che sta vivendo; è insofferente verso le persone false.

AMBROGIA / AMBROGIO

📖 ONOMASTICO - *Si festeggia il 7 dicembre, in memoria di sant'Ambrogio di Treviri. La Chiesa ricorda anche altri santi con questo nome: il domenicano Ambrogio Sansedoni di Siena, morto nel 1286, e un centurione romano martire a Ferentino.*

ORIGINE E SIGNIFICATO - Deriva dal greco *ámbrotos*, che significa "immortale". Raro al centro e al sud, lo si trova soprattutto nelle aree lombarde di Milano e della zona del comasco. Si è affermato come nome proprio in età cristiana, in particolare con il culto riservato al vescovo e dottore della Chiesa del IV secolo, ora patrono di Milano, Ambrogio di Treviri, che, figlio di un alto funzionario dell'Impero, offrì tutti i suoi beni alla Chiesa e scrisse numerose opere di esegesi biblica e trattati sulla pratica e sulla morale. Il nome è andato poi via via espandendosi nel Lazio meridionale. Al femminile il nome è ancora più diffuso nel diminutivo Ambrogina, nelle stesse aree geografiche.

PERSONALITÀ - Ambrogia: è metodica, precisa ed estremamente razionale. Accetta con fatica ciò che non riesce a comprendere, quindi tenta di avere accanto a sé persone semplici. In amore è schietta e sincera: una compagna fedele e disinteressata. Il rigore e la rettitudine la caratterizzano: raramente abbandona la ragione per lasciare spazio agli istinti. Ambrogio: si rivela riflessivo ma anche pronto all'azione. Dedito agli studi, conosce a perfezione i suoi diritti e i suoi doveri. Sensibile nei confronti dei più deboli, si mostra sempre pronto ad aiutarli adoperando la sua generosità e tutto il suo prestigio per questo scopo.

AMEDEO

🕮 *ONOMASTICO - Ricorre il 28 gennaio in onore del beato Amedeo IX di Savoia, morto a Ginevra nel 1472.*

ORIGINE E SIGNIFICATO - Deriva dal latino *qui amat Deum*, "colui che ama Dio", ed è documentato a partire dall'XI secolo nella forma latinizzata di *Amadeum.* Era un appellativo nobiliare, molto usato nella casata dei Savoia.

PERSONALITÀ - Amedeo ama la vita all'aria aperta tanto quanto i libri: è, infatti, sia uno sportivo sia uno studioso. Ama trascorrere le sue giornate in solitudine; forse è più interessato alle bellezze della natura che ai caratteri delle persone. In amore è prudente e un po' timoroso, ma, trovata la compagna adatta a lui, sarà felice ed appagato, riuscendo a stabilire un rapporto di vera complicità.

AMELIA

🕮 *ONOMASTICO - L'onomastico si festeggia il 5 gennaio in onore di santa Amelia, vergine e martire del VI secolo.*

ORIGINE E SIGNIFICATO - Deriva dal nome gentilizio e soprannome latino *Amelius*, derivato a sua volta da *Amius*, di origine etrusca. Può anche derivare da *Amali*, nome di una potente famiglia ostrogota. In quest'ultimo caso *Amali* significherebbe "vergine dei boschi".

PERSONALITÀ - Sa adattarsi agli ambienti e alle situazioni più diverse, grazie alla sua disinvoltura, alla dialettica, all'innata diplomazia. Di bell'aspetto e dai lineamenti delicati, Amelia è una donna con una potente carica seduttiva: irresistibile per gli uomini questo suo mix di dolcezza e trasgressione.

CURIOSITÀ - *Nella fantasia dei più piccini, Amelia è una sola: la strega "che ammalia" di Walt Disney. Arroccata sulle cime del Vesuvio con la sola compagnia del suo fido corvo, è sempre impegnata a escogitare tranelli o a preparare intrugli magici per derubare il multimiliardario Paperon de' Paperoni della sua preziosa "numero uno", la sua prima moneta portafortuna.*

AMELINDA

ONOMASTICO - *Si festeggia il 1° novembre, giorno di Ognissanti, perché non esiste un santo patrono.*

ORIGINE E SIGNIFICATO - Variante di Amelia, che potrebbe venire dal nome latino *Amelius* di ignota origine etrusca oppure potrebbe derivare da un'antica forma germanica *Amali*; la seconda parte *-linda* è stata aggiunta per rendere più bello il nome.

PERSONALITÀ - Volitiva ed energica, interpreta a modo suo i canoni tradizionali della femminilità. Seduttiva, esuberante, ha una naturale propensione ad attirare, con la sua effervescenza e la gioia di vivere, chi l'avvicina.

AMERIGA / AMERIGO

ONOMASTICO - *Festeggia il 15 luglio in ricordo di sant'Amerigo confessore a Bamberga.*

ORIGINE E SIGNIFICATO - Deriva dal termine germanico *haimirich*, composto da *haimi*, ovvero "casa", e da *rick*, che significa "ricco", ma anche "capo". Il significato completo è, quindi, "signore della casa".

PERSONALITÀ - Ameriga: è amante dell'avventura e dei viaggi. Molto sensibile e attenta alle proprie e alle altrui esigenze, è una persona molto equilibrata, in grado di donare serenità agli altri. Amerigo: se non si compie insieme a lui lo stesso tipo di percorso spirituale può essere difficile vivergli accanto.

CURIOSITÀ - *Dal nome dell'esploratore italiano Amerigo Vespucci è stato dato il nome al continente americano.*

AMI

ONOMASTICO - *Si festeggia il 1° novembre, giorno di Ognissanti, perché non esiste un santo patrono.*
ORIGINE E SIGNIFICATO - Tanto l'origine quanto il significato sono incerti. La versione più accreditata è che derivi da un parola ebraica che significa "il mio popolo".
PERSONALITÀ - Cocciuta e senza scrupoli, Ami è disposta a percorrere qualsiasi strada e a schiacciare chiunque incontri sul suo cammino pur di raggiungere i propri obiettivi. Competitiva fino all'agonismo, non trova molti consensi tra amici e conoscenti, ma al contrario è molto apprezzata dai suoi superiori sia in ambito professionale che sportivo, dove eccelle e conquista un successo dopo l'altro.

AMIDA

ONOMASTICO - *Essendo un nome di origine orientale, si festeggia il 1° novembre, giorno di Ognissanti, perché non esiste un santo patrono.*
ORIGINE E SIGNIFICATO - Divinità giapponese della felicità.
PERSONALITÀ - È una grande lavoratrice, che punta a risultati solidi e che sa amministrare le sue risorse con grande prudenza, attenta a non compiere passi azzardati e a non sprecare energie in direzioni sbagliate. Amorevole e piena di tenerezze per le persone che le sono care, è apprezzata per la grande disponibilità verso chi ha bisogno del suo appoggio e del suo ascolto.

AMILCARE

ONOMASTICO - *Si festeggia il 1° novembre, giorno di Ognissanti, perché non esiste un santo patrono.*
ORIGINE E SIGNIFICATO - Dal fenicio *melk-katth*, uno degli attributi del dio Baal, "re della città". Secondo altre interpretazioni, deriva dall'antico punico *Himelqarth*, "fratello del dio Melqar", adattato in greco come *Amilkas* e in latino come *Hamilcar*.
PERSONALITÀ - Gli piace occuparsi di tutto e rendersi utile; capace di dimenticare se stesso per soddisfare le richieste altrui e compiere piccoli servizi per gli amici, dispensa le sue cure sollecite alle persone che

ama. Amante degli animali e della vita all'aria aperta, fatica a stare nei luoghi chiusi e a concentrarsi per lungo tempo nello studio.

AMINA

📖 ONOMASTICO - *Si festeggia il 1° novembre, giorno di Ognissanti, perché non esiste un santo patrono.*
ORIGINE E SIGNIFICATO - Viene quasi sicuramente dall'arabo *aminah* e significa "la fedele", ma per alcuni è un diminutivo del nome germanico *Aimo*, composto dalla radice *ami-*, e vuol dire "perseverante".
PERSONALITÀ - Essendo fondamentalmente introversa, non esteriorizza le proprie emozioni, semmai le scarica spesso violentemente, dopo averle a lungo covate nel suo animo. Dal carattere sostanzialmente tranquillo, è quindi facile a scatti d'ira, apparentemente poco comprensibili a chi non la conosce a fondo. Questo le causa grossi problemi sul lavoro, dove spesso non viene compresa e viene accusata di essere lunatica e irascibile.

AMINTA

📖 ONOMASTICO - *Si festeggia il 1° novembre, giorno di Ognissanti, perché non esiste un santo patrono.*
ORIGINE E SIGNIFICATO - È un nome maschile che deriva dal verbo greco *amynein*, "proteggere", "difendere"; significa pertanto "protettore".
PERSONALITÀ - Polemica e contestatore per natura, ama andare controcorrente. È inoltre un dominatore che impone senza mezzi termini le proprie regole e, a lasciarle campo libero, prenderebbe in mano le redini della vita altrui. Bravo a gestire il proprio tempo e i propri impegni di lavoro, senza mai rinunciare ai tanti interessi che coltiva.

AMINTORE

📖 ONOMASTICO - *Si festeggia il 1° novembre, giorno di Ognissanti, perché non esiste un santo patrono.*
ORIGINE E SIGNIFICATO - Deriva dal latino *amyntor*, a sua volta derivato dal greco *amyntas*, e significa "difensore".
PERSONALITÀ - Amintore è, come il nome che porta, un uomo che fa pensare all'antico. È molto preciso ed elegante, sia nell'aspetto sia nell'animo. Crede fermamente nei suoi principi, che riesce a seguire nella quotidianità. È molto esigente e si aspetta dagli altri un comportamento rigoroso come il suo.

CURIOSITÀ - *Tra i personaggi celebri, spicca senz'altro Amintore Fanfani, rappresentativo e caratteristico esponente dello scudo crociato democristiano per tutto il primo cinquantennio repubblicano. Dotato di un carattere schietto e di un sarcasmo capace di incenerire l'interlocutore, divenne uno dei dirigenti politici democristiani più apprezzati all'estero, ma meno stimato nel Paese e, addirittura, avversato e odiato dal suo stesso partito.*

AMLETO

ONOMASTICO - *Viene celebrato il 9 dicembre in ricordo di un santo, la cui esistenza è discussa, della tradizione religiosa dei paesi nordici d'Europa.*

ORIGINE E SIGNIFICATO - Etimologia sconosciuta.

PERSONALITÀ - La sua personalità intensa dà il meglio di sé nei momenti critici che richiedono nervi saldi e un freddo realismo; pur essendo istintivo, sa essere anche estremamente controllato e rigoroso quando le situazioni lo richiedono.

CURIOSITÀ - *Nome portato dal leggendario re di Danimarca vissuto nel II secolo a.C., le cui gesta sono state narrate da William Shakespeare nella tragedia omonima. Dal personaggio shakespeariano e dal suo celebre monologo, popolarmente conosciuto come "Essere o non essere?", deriva l'espressione "dubbio amletico", con cui si indica la condizione di chi "trovandosi tra due fuochi" è tormentato dall'incertezza sulla scelta che deve compiere.*

AMOS

ONOMASTICO - *Ricorre il 31 marzo in onore del profeta biblico Amos.*

ORIGINE E SIGNIFICATO - Deriva dall'ebraico e significa secondo alcune fonti "forte", secondo altre "condotto da Dio"; nell'Antico Testamento questo nome era portato da un profeta.

PERSONALITÀ - È in genere piuttosto generoso, anche se molto attento al lato materiale della vita; ha gusti essenziali, esigenze rispondenti più alla sua personalità che alle correnti sociali o alla moda.

ANACLETO

ONOMASTICO - *È celebrato il 13 luglio in onore di sant'Anacleto, papa e martire a Roma nel I secolo; viene festeggiato il 26 aprile in altre località.*

ORIGINE E SIGNIFICATO - Deriva dal greco *anaklétos*, che vuol dire "invocato".
PERSONALITÀ - Dominato dalle emozioni, non ci si può aspettare coerenza logica negli atti e nei giudizi: l'irrazionalità e l'imprevedibilità dilagano in lui. Ha però una grande bontà d'animo e offre una sincera partecipazione alle vicende altrui.

ANAIS

🕮 *ONOMASTICO - Si festeggia il 9 giugno, in onore della beata Anna Maria Taigi, morta nel 1837.*
ORIGINE E SIGNIFICATO - Versione provenzale di Anna. Deriva dall'ebraico *Hannáh* e significa secondo alcune fonti "grazia", "graziosa" e secondo altre "Dio ha avuto misericordia". Nella tradizione cristiana, Anna fu la madre della Madonna.
PERSONALITÀ - Sensuale e romantica, vive l'amore con grande trasporto e fantasia, ma sulla continuità dei sentimenti è lecita qualche riserva, perché è irresistibilmente attratta dall'evasione, specie se proibita. Questo suo comportamento, sebbene istintivo e privo di malizia, è quindi spesso fonte di sofferenze per chi se ne innamora. Intraprendente e temeraria, affronta le situazioni più complesse con un coraggio fuori dal comune, che la rende particolarmente attraente agli occhi degli uomini.

ANASTASIA / ANASTASIO

🕮 *ONOMASTICO - Anastasia viene celebrata il 15 aprile in memoria di sant'Anastasia, martire a Roma sotto l'imperatore Nerone; gli uomini invece festeggiano il 20 maggio in onore di sant'Anastasio, vescovo di Brescia, che si invoca contro i dolori ai reni.*
ORIGINE E SIGNIFICATO - Viene dal greco *anàstasis*, che significa "resurrezione", "rinascita". Con il nome di Anastasia venivano battezzate le figlie dei primi cristiani.
PERSONALITÀ - Anastasia: è di indole gentile, molto delicata e sensibile in ogni sua manifestazione. Attentissima a tutte le sfumature del comportamento altrui, vulnerabile emotivamente, reagisce alla minima ferita con grande sofferenza e si lascia vivamente impressionare dagli aspetti più duri della realtà. Anastasio: ama molto la natura, gli animali e spesso manifesta una precoce sensibilità artistica, specialmente nei

confronti della musica. Caparbio e versatile, sebbene a volte un po' sordo alle ragioni altrui, saprà conquistare un posto di rilievo in ogni ambito professionale che sceglierà.

ANATOLIA / ANATOLIO

📖 ONOMASTICO - *Anatolia si festeggia il 9 luglio in ricordo di sant'Anatolia vergine, martire abruzzese del III secolo. L'onomastico di Anatolio viene invece celebrato il 20 novembre in ricordo di sant'Anatolio, detto "di Torino", martirizzato, con i santi Eustachio e Tespesio, a Nicea nel IV secolo.*

ORIGINE E SIGNIFICATO - L'origine del nome è greca e significa "proveniente dall'Anatolia".

PERSONALITÀ - Anatolia: sa adattarsi a tutte le condizioni, a tutti gli ambienti, a tutti quanti condividono parte della sua vita. Anatolia: amante dei viaggi "fai da te", è un uomo pieno di interessi e assetato di cultura; se potesse, dedicherebbe alla lettura e allo studio molte ore al giorno. Ideale per lui sarebbe quindi la carriera universitaria. In amore evita le relazioni di lunga durata.

ANCILLA

📖 ONOMASTICO - *Si festeggia il 1° novembre, giorno di Ognissanti, perché non esiste un santo patrono.*

ORIGINE E SIGNIFICATO - Nome cristiano che prende origine dalla locuzione latina *ancilla dei*, "serva di Dio".

PERSONALITÀ - Dolcissima, fragile, indifesa, viene spontaneo offrirle protezione o risolvere per lei quei piccoli problemi concreti in cui spesso si perde. A causa di questa sua vulnerabilità rischia però di esporsi a grandi sofferenze, soprattutto in ambito sentimentale. Amante dei bambini, è una madre premurosa e attenta.

ANDRÈ

📖 ONOMASTICO - *Si celebra il 30 novembre come il suo omonimo Andrea.*

ORIGINE E SIGNIFICATO - Nome tronco di Andrea, origine e significato sono gli stessi di quest'ultimo.

PERSONALITÀ - Intuitivo e dalla mente analitica, il bambino che porta questo nome è vivace e pieno di allegria. Adora la compagnia dei nonni, vittime predilette dei suoi continui scherzi. Da adulto sarà un uomo deciso e severo, tanto con se stesso quanto con gli altri. In amore, sa offrire protezione e attenzioni alla donna che ama. Conquistarlo però non è facile, perché tende a sfuggire dalle relazioni troppo impegnative e durature, che lo spaventano un po'.

ANDREA

📖 ONOMASTICO - *Si festeggia tradizionalmente il 30 novembre in occasione della memoria di sant'Andrea martire, evangelizzatore della Tracia. Patrono di Sarzana, dell'Alsazia, dei pescivendoli e dei pescatori, si invoca contro le ingiustizie e la sterilità femminile.*

ORIGINE E SIGNIFICATO - Deriva dal sostantivo greco *aner*, "uomo", declinato nella forma *andros*. Da qui discende la forma latina *andréas*. Il suo significato è "uomo robusto", "virile".

PERSONALITÀ - Andrea è affascinante perché può essere imprevedibile a causa di una vena di follia creativa. Purtroppo è anche incostante ed eclettico e per questo motivo rivolge la sua intelligenza verso gli interessi più disparati. In molti paesi del mondo, Andrea è un nome femminile. Le donne sono ancora più affascinanti degli uomini. Molto sicure di sé e assai determinate, sono donne d'azione, che non si lasciano intimidire da niente e da nessuno.

ANDRIA

📖 ONOMASTICO - *Si festeggia il 1° novembre, giorno di Ognissanti, perché non esiste un santo patrono.*

ORIGINE E SIGNIFICATO - Di origine greca, il suo significato è sconosciuto.

PERSONALITÀ - Donna intelligente e saggia, punta alla sua realizzazione soprattutto nell'ambito sociale e non concepisce una situazione di vita che mortifichi il suo dinamismo e la sua varietà di interessi. Non facile quindi agli adattamenti forzati in ambienti a lei non graditi, avrà bisogno di un po' più di tempo del normale per trovare una collocazione professionale ideale.

CURIOSITÀ - *In Puglia vi è una città con questo nome.*

ANDROMEDA

📖 ONOMASTICO - *Si festeggia il 1° novembre, giorno di Ognissanti, perché non esiste un santo patrono.*

ORIGINE E SIGNIFICATO - Andromeda, sia come nome di donna sia come nome della costellazione, deriva dal termine greco *andromédé*, che significa "colei che signoreggia sugli uomini".
PERSONALITÀ - Andromeda è, solitamente, una donna molto bella e consapevole di esserlo. Nonostante le apparenze, è molto insicura, continuamente alla ricerca di qualcuno che la possa amare. Quando ci riesce, tende alla prevaricazione: accanto a lei ci vuole quindi un uomo forte e deciso, che sappia colmare le insicurezze che la pervadono, ma che, al contempo, sappia tenerle testa quando eccede nei suoi istintivi atti di prepotenza.

ANGELA / ANGELO

📖 *ONOMASTICO - Angela si festeggia il 31 maggio. Angelo ricorre lunedì dell'Angelo ossia il lunedì di Pasqua, ma anche il 5 maggio e l'11 aprile in onore del Beato di Carletti di Chivasso morto nel 1495 e patrono di Cuneo.*
ORIGINE E SIGNIFICATO - Nome di origine greca, significa "messaggero" ed è composto da tre fonemi ovvero *an*, "anima", *gea*, "terra" e *la*, "luce", pertanto potrebbe assumere il significato di "anima che con la sua luce illumina la Terra".
PERSONALITÀ - Angela: è una donna semplice, buona e soprattutto generosa. Non ama parlare molto di sé perché è estremamente riservata. Non sempre viene compresa da coloro che la circondano perché, nonostante la sua grande disponibilità, appare sempre un po' distante e assente. In amore è molto dolce e comprensiva. Angelo: è un estroverso. Ama le cene conviviali, i raduni e ogni occasione per stare in mezzo alla gente. Dall'aspetto fiero e piacente, l'uomo con questo nome pecca spesso di eccessiva vanità. La sua caparbietà e la sua determinazione sapranno condurlo ai risultati sperati.

ANGELICA

📖 *ONOMASTICO - Si festeggia il 31 maggio.*
ORIGINE E SIGNIFICATO - Possiede lo stesso etimo, origine e significato di Angela.
PERSONALITÀ - Angelica, sin da bambina, è attratta dal mistero. È probabile che da adulta si dia allo studio dell'antropologia, della filologia o dell'occulto o di qualsiasi altra materia che la aiuti a indagare sull'uomo. Suscita sempre grandi passioni che lei, però, tenderà ad eludere. Amante degli animali, è portata più a credere nell'affetto di un amico sincero, magari il suo cane, che a quello di un grande amore.

CURIOSITÀ - *Nella letteratura italiana, l'Angelica più famosa è quella dell'*Orlando furioso, *il capolavoro cavalleresco di Ludovico Ariosto.*

ANIA

ONOMASTICO - *Si festeggia il 1° novembre, giorno di Ognissanti, perché non esiste un santo patrono.*

ORIGINE E SIGNIFICATO - Forma abbreviata di Anastasia, è un nome di origine greca che significa "risorta", "rinata".

PERSONALITÀ - Non è dotata di grande capacità di adattamento ma la sua comprensione e la generosità di cuore le consentono di superare le inevitabili incompatibilità a cui la espone il suo temperamento. Quanto è capricciosa in famiglia e con gli amici, tanto è timida e rispettosa sul lavoro, dove è apprezzata da tutti, colleghi e superiori.

ANICETO

ONOMASTICO - *È solitamente ricordato il 17 aprile, giorno in cui si commemora sant'Aniceto.*

ORIGINE E SIGNIFICATO - Il nome deriva dal greco *anikétos* e significa "invincibile".

PERSONALITÀ - Conservatore, fondamentalmente tranquillo, amante della casa e della famiglia, è piuttosto diffidente ad allargare la sua cerchia di conoscenze o il suo campo di esperienze. Chiacchierone e poco propenso a mantenere segreti, sa essere un amico allegro e giocoso, ma non sempre all'altezza delle aspettative. In amore è serio e affidabile, ma viene rimproverato perché poco romantico e pigro.

ANISIA

ONOMASTICO - *Viene festeggiato il 30 dicembre in memoria di sant'Anisia, martire di Tessalonica verso l'anno 300.*

ORIGINE E SIGNIFICATO - Deriva dal greco *anisos* e significa "disuguale", "non uniforme".

PERSONALITÀ - Vive male i contrasti ed essendo quanto mai umorale e suscettibile, è pronta a rilevare ogni mancanza nei suoi confronti, senza però permettersi l'aperta protesta. Sentimentalmente un po' fredda e scostante, non è facile agli innamoramenti, che considera forme di debolezza da contrastare. I bambini le piacciono ma solo se non deve accudirli lei stessa.

ANITA

📖 *ONOMASTICO - Si festeggia il 24 agosto in memoria della beata Anita Cantieri, morta nel 1942.*

ORIGINE E SIGNIFICATO - Si tratta della forma spagnola di Anna, derivato a sua volta dall'ebraico *hanàn.*

PERSONALITÀ - Anita è una donna decisa, battagliera, avventurosa e indipendente. A lei sono indicati tutti quei mestieri che prevedono pericoli e imprevisti, come l'inviato di guerra, per esempio. In amore è generosa, ma estremamente gelosa e possessiva.

CURIOSITÀ - Eroina del Risorgimento italiano, Anita è la moglie di Garibaldi. Una passione fulminea unì la bellissima brasiliana al condottiero nizzardo fino alla sua morte.

ANN

📖 *ONOMASTICO - Si celebra il 9 giugno, in onore della beata Anna Maria Taigi, morta nel 1837.*

ORIGINE E SIGNIFICATO - Forma anglosassone di Anna, prende da quest'ultima origine e significato.

PERSONALITÀ - Crudele in amore e dolcissima con gli amici: si può sintetizzare così la personalità contraddittoria della donna di nome Ann. Dotata di un'avvenenza e un fascino fuori dal comune, si diverte a giocare con i sentimenti dei tanti uomini che le girano attorno, stuzzicando la loro vanità e fingendo di essere lusingata dai loro corteggiamenti, per poi ferirli quando sono ormai perdutamente innamorati di lei. Sul lavoro è molto precisa e determinata: sempre la prima a entrare in ufficio e l'ultima a uscire.

ANNA

📖 *ONOMASTICO - Si celebra il 9 giugno, in onore della beata Anna Maria Taigi, morta nel 1837.*

ORIGINE E SIGNIFICATO - Deriva dal verbo ebraico *hanàn*, che significa "favorire", interpretato nel senso della grazia. Da qui ha origine il sostantivo *hannàn*, ovvero "Dio ha avuto misericordia". Anna vorrebbe dire, in questo senso, "graziosa". Secondo altre ipotesi Anna deriva dal vocabolo turco *ana*, ovvero "madre"; altre ancora lo riconducono all'arabo *hann*, che significa "desiderio". Fin dal Medioevo è il nome femminile più diffuso in Italia dopo Maria.

PERSONALITÀ - Anna è una donna dolce e disponibile. Ama dedicarsi ai propri figli e al compagno che accudisce con amore. Nello stesso tempo è una persona forte, che affronta con decisione gli inconvenienti della vita. Perfezionista fino all'ossessione e sempre bisognosa di conferme, tra i suoi pochi difetti c'è quello di lasciarsi condizionare un po' troppo dai giudizi altrui. Molto rispettosa del prossimo, rifiuta tutte le situazioni che, a suo avviso, possono incrinare l'armonia interiore.

ANNABELLA

🕮 ONOMASTICO - *Per la sua derivazione da Anna, festeggia l'onomastico nello stesso giorno di quest'ultima.*

ORIGINE E SIGNIFICATO - Nome composto da *Anna* (che deriva dall'ebraico *Hannáh* e significa secondo alcune fonti "grazia", "graziosa" e secondo altre "Dio ha avuto misericordia") e dal nome augurale e affettivo *Bella.*

PERSONALITÀ - Romantica e sognatrice, imposta la sua vita sulle realizzazioni affettive e, anche se sceglie una carriera che valorizzi le sue doti di intuizione e di umanità, i sentimenti sono sempre al centro del suo mondo. Sportiva e dinamica, è particolarmente predisposta per il nuoto sincronizzato e la ginnastica ritmica.

ANNALAURA

🕮 ONOMASTICO - *Per la sua derivazione da Anna, festeggia l'onomastico nello stesso giorno di quest'ultima.*

ORIGINE E SIGNIFICATO - Nome composto da *Anna* e *Laura,* ha lo stesso significato e origine della prima, cui si aggiunge quello di Laura, che deriva dal latino *laurus* e significa "alloro", pianta sacra ad Apollo e simbolo di sapienza e gloria.

PERSONALITÀ - Ama creare un "nido" intorno a sé, in cui scambiare tenerezza e calore. Le sue armi di seduzione non sono certo sofisticate o segrete: la sua grazia indifesa e la sua dolcezza sono un potente richiamo per il sesso opposto.

ANNALISA

🕮 ONOMASTICO - *Si festeggia il 1° novembre, giorno di Ognissanti, perché non esiste un santo patrono; oppure, a scelta, nel giorno in cui cade uno dei due nomi che lo compongono.*

ORIGINE E SIGNIFICATO - Nome composto, aggiunge al significato

di *Anna* quello di *Lisa* che, a sua volta, è un diminutivo di *Elisa* o *Elisabetta* (dall'ebraico "Dio è il mio giuramento").
PERSONALITÀ - È abilissima nel gestire la sua vita, distribuendo saggiamente le proprie energie tra la sfera affettiva e quella professionale, senza tralasciare i suoi hobby e la sua passione per la natura, che la ricarica e le offre infiniti piaceri. Testarda e un po' polemica, a volte tende ad accendere discussioni per questioni futili.

ANNAMARIA

📖 ONOMASTICO - *Per la sua derivazione da Anna festeggia l'onomastico nello stesso giorno di quest'ultima.*
ORIGINE E SIGNIFICATO - Nome composto da Anna e Maria; Anna deriva dall'ebraico *hannáh* che significa "grazia", "graziosa" oppure "Dio ha avuto misericordia"; Maria deriva dall'ebraico *maryàm* e significa secondo alcuni "principessa", "signora", secondo altri "amata", "cara", secondo altri ancora "goccia di mare".
PERSONALITÀ - Amante delle cose belle e delle comodità, nessuno meglio di lei sa godersi gioiosamente la vita, e farla godere altrettanto gioiosamente alle persone che ama. Sul lavoro è un po' troppo compiacente con i suoi superiori e rischia pertanto di scatenare rivalità e invidie tra i colleghi, soprattutto femminili.

ANNARITA

📖 ONOMASTICO - *Per la sua derivazione da Anna festeggia l'onomastico nello stesso giorno di quest'ultima.*
ORIGINE E SIGNIFICATO - Nome composto da Anna e Rita con significato di "perla graziosa".
PERSONALITÀ - Emotivamente vulnerabile, ha un grande bisogno di sicurezza e di punti fermi nella vita che individua soprattutto negli affetti. Si stacca a fatica da una certa condizione di vita, da rapporti ed esperienze ormai esauriti. Amante dei colori accesi e dei libri *fantasy*, ha un ottimo gusto estetico, che sa esprimere in ogni cosa che le appartiene, dal modo di vestire e truccarsi a quello di arredare casa.

ANNAROSA

📖 ONOMASTICO - *Per la sua derivazione da Anna festeggia l'onomastico nello stesso giorno di quest'ultima.*

ORIGINE E SIGNIFICATO - Nome composto, aggiunge al significato di Anna quello di Rosa, che deriva dal latino con chiaro significato.
PERSONALITÀ - Raffinata edonista, ama il bello in tutte le sue espressioni e imposta spesso i rapporti su canoni estetici che la rendono selettiva ed esigente nelle scelte. Sul lavoro è un po' arrivista, sempre intenta alla scalata professionale, che persegue con determinazione e senza troppi scrupoli, anche a scapito, talvolta, di colleghi più meritevoli di lei.

ANNIBALE

📖 ONOMASTICO - *Ricorre il 15 aprile in ricordo di sant'Annibale martire in Auxerre (Francia).*
ORIGINE E SIGNIFICATO - Deriva dal fenicio *hanan-baal* e significa "benefico signore" oppure "grazia di Baal", il dio supremo dei fenici e dei punici.
PERSONALITÀ - Non è dotato di particolare slancio creativo, né di ambizione, ma è un perfezionista, mai soddisfatto di quanto realizza e quindi costantemente e ansiosamente teso a superare se stesso. A scuola è indisciplinato ma, una volta adulto, diventa un uomo responsabile e con uno spiccato senso del dovere. Dall'aspetto imponente e un po' severo, in amore si rivela una persona dolcissima.

☞ CURIOSITÀ - *Famoso nella storia romana fu Annibale Barca, comandante cartaginese sconfitto nella seconda guerra punica da Scipione l'Africano, dopo numerosissime vittorie.*

ANNIE

📖 ONOMASTICO - *Può festeggiarsi lo stesso giorno in cui si celebra l'onomastico di Anna, da cui deriva.*
ORIGINE E SIGNIFICATO - Deriva da Anna e ha la stessa origine e lo stesso significato.
PERSONALITÀ - Succube del potere e del lusso, Annie è una donna che mette al primo posto nella sua vita la stabilità economica prima di quella affettiva. Alla ricerca di uomini più grandi di lei, che possano garantirle ciò che cerca, sa accentrare su di sé le attenzioni maschili con un fascino discreto ma che lascia il segno. Veste con eleganza e si muove con disinvoltura nei luoghi più esclusivi: è insomma una perfetta e sofisticatissima "first lady". Il denaro le sembra necessario e imprescindibile per poter vivere comodamente ed evitare di chiedere favori a qualcuno.

ANNUNZIATA

📖 ONOMASTICO - *Viene celebrato il 25 marzo, giorno commemorativo dell'Annunciazione.*

ORIGINE E SIGNIFICATO - Deriva dalla forma latina *annuntiare* e fa riferimento all'"annunciazione" da parte dell'arcangelo Gabriele. Questa è la traduzione del vocabolo greco *euanghelismos*, ovvero "buon annuncio". Il nome è nato per ricordare l'*Annunciazione del Concepimento di Maria.* La festa dell'Annunciazione è antichissima, infatti è stata istituita nel 479 e cade il 25 marzo, data fissata in correlazione col Natale.

PERSONALITÀ - Annunziata è una donna molto sensibile. Purtroppo è portata al pessimismo, che spesso le impedisce di vivere serenamente la vita, perché si aspetta sempre il peggio da ogni cosa. Tende a crearsi una famiglia molto presto, infatti ha un forte istinto materno: con i propri figli è dolce e protettiva, ma anche rigorosa, e con il marito amorevole e premurosa.

ANSELMO

📖 ONOMASTICO - *Ricorre il 21 aprile in memoria di sant'Anselmo di Aosta, arcivescovo di Canterbury.*

ORIGINE E SIGNIFICATO - Deriva dai termini germanici *ans*, ovvero "Dio", e da *helma*, che significa "elmo", "protezione"; il suo significato è quindi "protezione magica", "divina", oppure, più letteralmente, "elmo di Dio". Da qui discende la forma latina *ansehelmus* e quindi *anselmus.*

PERSONALITÀ - Anselmo è un uomo molto fortunato. E di questo un po' se ne approfitta perché è segretamente convinto che niente possa andargli male. Cede pertanto spesso alle tentazioni del gioco d'azzardo o alle scommesse tra amici. In amore è schivo e timido, ma proprio per questo scatena profonda tenerezza nelle donne che incontra. Una volta sciolto il ghiaccio, sa essere un compagno attento e romantico, anche se, a volte, un po' infantile.

ANTERO

📖 ONOMASTICO - *Si celebra il 3 gennaio in ricordo di sant'Antero, martire durante la persecuzione di Massimino, che fu papa, per soli 43 giorni dal 235 al 236.*

ORIGINE E SIGNIFICATO - Deriva dal greco *antéros*, che significa "contrario all'amore".

PERSONALITÀ - Ha un'intuizione sottile e un vivo senso psicologico, doti preziose per chi, come lui, ha la vocazione delle pubbliche relazioni. Poco propenso ai legami sentimentali, con le donne è burbero e un po' misogino. Forse per insicurezza, forse per senso di superiorità, fatica a costruire con loro un rapporto di parità e tende alla sopraffazione. Sul lavoro è serio e competente.

ANTIGONE

📖 ONOMASTICO - *Si festeggia il 1° novembre, giorno di Ognissanti, perché non esiste un santo patrono.*

ORIGINE E SIGNIFICATO - Nome di origine greca distribuito soprattutto nel Nord e per lo più in Toscana. Significa "nata al posto di un altro figlio".

PERSONALITÀ - Essendo visceralmente bisognosa di contatti umani, non sopporta la solitudine e ha un vivo senso dell'amicizia. Gli amici trovano in lei discrezione e grande serenità di giudizio.

CURIOSITÀ - *Antigone è una figura della mitologia greca, figlia di Edipo e della madre di questi Giocasta. Frutto dell'incesto, Antigone è il personaggio principale della tragedia* Antigone *di Sofocle. Nella forma più familiare la leggenda di Antigone inizia nel punto in cui ha termine la tragedia di Sofocle* Edipo re *ovvero nel momento in cui il re si congeda dalle figlie per andare in esilio, raccomandandole alle cure del loro zio Creonte.*

ANTONELLA / ANTONELLO

📖 ONOMASTICO - *Si festeggia il 13 giugno in memoria di sant'Antonio portoghese, patrono di Padova e del Portogallo, degli orfani, dei commercianti in vetro, dei prigionieri. Il 17 gennaio si commemora un altro sant'Antonio abate, detto "il grande", vissuto tra il III e il IV secolo.*

ORIGINE E SIGNIFICATO - Diminutivo di Antonio, che deriva dal nome della *gens* latina *Antonius*. L'interpretazione del nome è controversa. Potrebbe avere origini etrusche, derivare dal greco *antìonos* che significa "nato prima" oppure la radice potrebbe essere la parola greca *anthos* che significa "fiore".

PERSONALITÀ - Antonella: è ardente ed entusiasta, sempre tesa verso una conquista, un po' divisa tra spirito e materia, desiderosa di costante progresso ma incerta sulle direzioni da prendere. Antonello: è un nemico dichiarato della routine, ama le novità, i cambiamenti e soprattutto la propria libertà. Di fronte a obblighi pressanti, a impegni troppo programmati e a rapporti soffocanti scalpita e si rende immediatamente latitante. Questo lo rende, soprattutto in amore, molto attraente, ma spesso inaffidabile e infedele.

ANTONIA / ANTONIO

ONOMASTICO - *Si festeggia il 13 giugno in memoria di sant'Antonio portoghese, patrono di Padova e del Portogallo, degli orfani, dei commercianti in vetro, dei prigionieri. Il 17 gennaio si commemora un altro sant'Antonio Abate, detto "il grande", vissuto tra il III e il IV secolo. Patrono degli agricoltori, degli allevatori, dei campanari, dei droghieri, dei macellai, dei salumieri.*

ORIGINE E SIGNIFICATO - Ci sono due teorie etimologiche per quanto riguarda il nome Antonio. La prima ne riconduce l'origine al termine greco *anthonos*, che significa "fiore". La seconda ipotesi, più accreditata, lo fa derivare dal vocabolo latino *antonius*, ovvero dal nome di una *gens* di derivazione etrusca e poi latina.

PERSONALITÀ - Antonia: è ostinata e poco adattabile, nella vita cerca sempre di primeggiare in tutto ciò che fa e quindi, in ambito professionale, avrà un ottimo successo. Antonio: è coraggioso e passionale; purtroppo, però, porta dentro di sé una tristezza che spesso lo allontana dagli altri. Standogli accanto si ha la sensazione che sia una bomba inesplosa, per questo si avverte una sottile inquietudine che, al contempo, lo rende molto affascinante.

CURIOSITÀ - *Celeberrima la scena del film di Sergio Corbucci* Gli onorevoli *con Totò col cappello da bersagliere, esilarante nella parte di Antonio La Trippa, candidato alle elezioni. La sua campagna elettorale consiste principalmente in una cantilena ripetitiva come un tormentone: "Vota Antonio, vota Antonio, vota Antonio...".*

ANTONIETTA

ONOMASTICO - *Si festeggia il 28 febbraio, in memoria della beata Antonietta d'Orleans, morta nel 1618, fondatrice dell'Ordine delle Figlie del Calvario.*

ORIGINE E SIGNIFICATO - Diminutivo femminile di Antonio, che deriva dal nome della *gens* latina *Antonius*.

PERSONALITÀ - Molto aperta nei suoi rapporti, avvicina il prossimo con grande calore e semplicità di modi, creandosi facilmente una cerchia di relazioni piacevoli con cui vivere il suo lato edonistico, il piacere della tavola, il divertimento o le avventure sentimentali. Idealista e con un profondo senso civico, è pronta a battagliare in prima persona pur di veder affermare la giustizia sociale e i diritti umani. Donna di grande cultura e di animato impegno politico, è particolarmente adatta all'insegnamento, soprattutto nelle scuole elementari e medie, dove sa infondere entusiasmo e disciplina.

ANTORE

📖 ONOMASTICO - *Si festeggia il 1° novembre, giorno di Ognissanti, perché non esiste un santo patrono.*
ORIGINE E SIGNIFICATO - L'origine è incerta e pertanto anche il significato è sconosciuto.
PERSONALITÀ - Non si lascia particolarmente influenzare dalle opinioni altrui: ha le sue idee, le sue certezze e non conosce l'assillo mentale del dubbio. Ma se ha dalla sua un'innata sicurezza, ciò lo fa apparire spesso, agli occhi di chi gli sta attorno, supponente e presuntuoso. Difficile quindi per lui stringere legami forti o raccogliere confidenze: amici e conoscenti lo vedono troppo distante e poco umano. Non è facile per lui nemmeno innamorarsi.

ARABELLA

📖 ONOMASTICO - *È solitamente ricordato il 1° novembre data in cui si commemora la santa scozzese Arabelle, di non provata esistenza storica.*
ORIGINE E SIGNIFICATO - La derivazione è incerta. C'è chi sostiene che voglia dire "la scura". Ha cominciato a diffondersi nelle isole britanniche durante il Medioevo.
PERSONALITÀ - Arabella è capricciosa e un po' viziata. È una di quelle donne che non sa vivere da sola, perché troppo impaurita dalla solitudine. Anche se è molto incostante, quando si entra nelle sue grazie è capace di dare molto amore. Con un forte istinto materno, ama i bambini e le famiglie numerose, piene di parenti e allegro caos domestico.

ARCADIA / ARCADIO

📖 ONOMASTICO - *È il 13 novembre, in memoria di sant'Arcadio, martire spagnolo.*
ORIGINE E SIGNIFICATO - Nome di origine greca, significa "abitante dell'Arcadia".

PERSONALITÀ - Arcadia: è l'ambizione fatta donna. Sempre spronata a lottare per conquistarsi posizioni di potere o per assicurarsi una qualsiasi forma di dominio sugli altri, nel profondo cerca sicurezza e stabilità in realizzazioni concrete e durature. Arcadio: è diffidente e molto critico, estremamente selettivo e di rado tradisce ansie o emozioni. Sul lavoro gli si addice un ambiente dinamico e con mansioni stimolanti e sempre nuove, in cui possa dar prova della sua versatilità.

ARCANGELO

🕮 *ONOMASTICO - Si festeggia il 7 aprile in ricordo del Beato Angelico di Gubbio. Un altro santo con lo stesso nome viene inoltre celebrato il 12 giugno a Calatafimi.*

ORIGINE E SIGNIFICATO - Nome di origine greca, significa "capo degli angeli".

PERSONALITÀ - Nulla può appannare la sua brillantezza. Vive ogni esperienza e ogni incontro con grande passione e con l'assoluta certezza dell'unicità della situazione. Mosso da profondo idealismo, crede nel principio secondo cui con un'attiva e consapevole partecipazione sociale si possano cambiare le regole del gioco e migliorare il mondo. Ambientalista e un po' naif, Arcangelo ama i gatti, meglio se persiani, e le tartarughe, meglio se di mare.

ARCHIMEDE

🕮 *ONOMASTICO - Si festeggia il 1° novembre, giorno di Ognissanti, perché non esiste un santo patrono.*

ORIGINE E SIGNIFICATO - Deriva dal greco e vuol dire "grande pensatore".

PERSONALITÀ - Accentratore, individualista, un po' megalomane, è però di una generosità notevole e sa farsi apprezzare per la sua indiscussa lealtà. Nei sentimenti è costante e fedele, convinto sostenitore della tesi secondo cui con il dialogo si possono risolvere tutti gli ostacoli e tutte le incomprensioni.

CURIOSITÀ - Archimede fu un matematico, un fisico e un inventore di grandissima genialità. I suoi studi e le sue scoperte ebbero enorme importanza nella storia della scienza. Nacque a Siracusa, in Sicilia, nel 287 a.C., ma compì i suoi studi ad Alessandria d'Egitto, con i seguaci di Euclide. La sua fama è legata soprattutto alle sue scoperte nel campo della geometria e dell'idrostatica, scienza che studia l'equilibrio dei fluidi. In meccanica creò la vite senza fine, la carrucola mobile, le ruote dentate. Si deve a lui la teoria della leva che lo portò a pronunciare la famosa frase "Datemi un punto d'appoggio e vi solleverò il mondo". Il celebre "Principio di Archimede", da cui derivò la legge sul peso specifico dei corpi, sarebbe stato scoperto dallo scienziato in circostanze singolari.

ARCIBALDO

📖 ONOMASTICO - *La celebrazione di questo santo viene fatta il 27 marzo in ricordo di sant'Arcibaldo.*

ORIGINE E SIGNIFICATO - Il nome ha origine tedesca e significa "franco e gagliardo".

PERSONALITÀ - Lo spiccato senso del dovere e la sua disciplina personale, oltre al senso pratico, gli permettono di cavarsela da sé in ogni situazione: per questo è anche molto ricercato da amici e colleghi, che confidano nel suo sostegno e nella sua disponibilità per fronteggiare i piccoli problemi di tutti i giorni. In amore l'eccessivo pragmatismo però si trasforma in una mancanza di romanticismo per la persona amata, che lamenta quindi spesso scarse attenzioni.

ARDUINO

📖 ONOMASTICO - *Il 15 agosto si festeggia sant'Arduino di Rimini, morto nel 1009. Un altro santo con lo stesso nome, detto "da Ceprano" viene ricordato il 25 ottobre.*

ORIGINE E SIGNIFICATO - Nome di origine tedesca, vuol dire "amico ardito"

PERSONALITÀ - Gestisce ed esegue di persona ogni incombenza, sia per scarsa fiducia negli altri sia per un suo insopprimibile bisogno di controllo su tutto quello di cui si occupa. Accentratore e talvolta un po' troppo autoritario, può essere un buon padre, anche se a volte troppo severo. Non sarà un buon marito, perché poco attento ai bisogni della partner.

ARGELIA

📖 ONOMASTICO - *Si festeggia il 1° novembre, giorno di Ognissanti, perché non esiste un santo patrono.*

ORIGINE E SIGNIFICATO - Etimo e significato sono sconosciuti.

PERSONALITÀ - Lo spirito conciliante e l'innata armonia interiore si uniscono al profondo senso di giustizia che la rende obiettiva nelle valutazioni e alquanto libera dai condizionamenti dell'emotività. È adatta quindi a professioni in cui l'obiettività e l'imparzialità sono doti imprescindibili, come il pubblico ministero, il giornalista o l'arbitro.

ARIA

📖 ONOMASTICO - *Si festeggia il 1° novembre, giorno di Ognissanti, perché non esiste un santo patrono.*

ORIGINE E SIGNIFICATO - Diversamente dall'origine, che è ignota, il suo significato al contrario è evidente.

PERSONALITÀ - È una persona sveglia e vigile a ciò che le sta attorno, oltre a essere anche una buona osservatrice. Professionalmente può rendere quindi molto in lavori come il fotoreporter o l'investigatore. Nei sentimenti è pigra: poca la voglia di innamorarsi e di lasciarsi andare, è più facile per lei costruire solide amicizie, anche maschili, con cui condividere interessi culturali e lunghi viaggi.

ARIANNA

📖 ONOMASTICO - *Si festeggia il 18 settembre in ricordo di sant'Arianna, martire in Frigia, nel III secolo. In alcune zone viene ricordata il 17 settembre.*

ORIGINE E SIGNIFICATO - Deriva dal nome greco *ariadne*, nello specifico il nome della figlia di Minosse. Discende dalla forma greca *aghnos*, ovvero "casto", "puro".

PERSONALITÀ - Arianna, donna economa e risparmiatrice, sa prendersi cura di una casa e di una famiglia già da giovane, investendo in questo tutte le sue energie; spesso è una persona un po' bigotta e moralista: i suoi figli dovranno pertanto lottare duramente per conquistare un'emancipazione che lei tenderà sempre a rimandare, ma in compenso saranno inondati da un'incredibile dose di amore e coccole.

ARIBERTO

📖 ONOMASTICO - *Questo santo viene festeggiato il 16 marzo: il nome ricorda infatti sant'Ariberto, vescovo di Colonia, morto nel 1921; un altro santo con questo nome è festeggiato il 5 dicembre.*

ORIGINE E SIGNIFICATO - L'origine di questo nome è longobarda: *Hariberacht* che significa "uomo ardito".

PERSONALITÀ - Coraggioso ma ostinato e testardo soprattutto quando incontrerà ostacoli inattesi, ha un animo romantico, bisognoso di rassicurazioni. Buon amico e confidente, è sempre pronto quando qualcuno ha bisogno di lui, ma non riesce a essere mai completamente appagato dall'affetto che gli trasmettono gli altri.

ARIEL

🕮 ONOMASTICO - *Si festeggia il 1° novembre, giorno di Ognissanti, perché non esiste un santo patrono.*

ORIGINE E SIGNIFICATO - Due sono le teorie per l'origine di questo nome. La prima riconduce Ariel al termine ebraico *arie*, "leone". Per altri discende invece dal nome dell'angelo Arael, citato dalle scritture apocrife. Secondo questa teoria Arael sarebbe composto da *arou*, il nome di un demone egizio, e da *el*, il suffisso ebraico con cui si formano i nomi degli angeli.

PERSONALITÀ - Ariel è una persona allegra e divertente. Molto sensibile e curiosa, infatti, si accorge di qualunque cosa. A volte si inventa scherzi ingegnosi che mette in pratica con amici e parenti. È molto coscienziosa e pratica.

CURIOSITÀ - *Nella cultura ebraica, Ariel è un nome maschile e solo successivamente, nella sua diffusione occidentale, è stato associato alle donne. Tra i personaggi famosi, il più importante è senz'altro Ariel Sharon, primo ministro israeliano, chiamato "bulldozer", perché famoso per la sua capacità di abbattere ogni ostacolo che gli si pone davanti. Ex generale, l'aggressivo leader del partito di centro-destra Likud neo eletto premier al posto di Ehud Barak, è uno dei più controversi uomini politici dei nostri tempi, nelle cui mani è il futuro politico di Israele e il processo di pace in Medioriente.*

ARIELA / ARIELE

🕮 ONOMASTICO - *Il 1° ottobre viene festeggiato sant'Ariele (maschile di Ariela), patrono dell'innocenza, di non provata esistenza storica.*

ORIGINE E SIGNIFICATO - Data la derivazione da Ariel, si rimanda a quest'ultima per origine e significato.

PERSONALITÀ - Ariela: possiede una resistenza eccezionale e un'ineguagliabile serenità di fronte a problemi e sofferenze, che sa sopportare in silenzio. Ha le idee molto chiare in merito a ciò che desidera e difficilmente è possibile distoglierla dalla sua strada nemmeno con la forza di radicali cambiamenti. Ariele: vivere accanto alle persone che portano questo nome è un po' difficile poiché sanno leggere nell'animo altrui e quindi sono poco vulnerabili alle falsità.

ARIELLA

🕮 ONOMASTICO - *Derivante da Ariela, si festeggia il 1° ottobre, giorno in cui viene festeggiato sant'Ariele (maschile di Ariela), patrono dell'innocenza, di non provata esistenza storica.*

ORIGINE E SIGNIFICATO - Vista la sua derivazione da Ariela, che, a sua volta, si richiama ad Ariel, si rimanda a quest'ultima per conoscere origine e significato.

PERSONALITÀ - È attratta dai cambiamenti e dall'imprevisto e spesso lascia un'opera a metà per iniziarne un'altra che la attrae o la incuriosisce di più e così corre il rischio di non riuscire a realizzare programmi a lunga scadenza, oltre a sprecare energie che alla fine la lasciano spossata e insoddisfatta.

ARILDE

🕮 ONOMASTICO - *Si festeggia il 1° novembre, giorno di Ognissanti, perché non esiste un santo patrono.*

ORIGINE E SIGNIFICATO - Nome femminile di origine incerta, potrebbe avere origine germanica ed essere composto da *harja-*, "popolo in armi", "esercito" e da *-hildjo,* "battaglia", "combattimento": il suo significato sarebbe dunque "esercito in battaglia". Versioni più accreditate lo fanno invece discendere dal nome norvegese Arild, di cui sarebbe la variazione femminile.

PERSONALITÀ - Poco versatile e rigido, ha una visione piuttosto ristretta delle cose: finisce così col mancare di indulgenza e comprensione sia verso se stesso che verso gli altri. Sul lavoro è quindi più adatto a compiti esecutivi che creativi. In amore questo atteggiamento lo rende poco fantasioso e pigro.

ARISTIDE

🕮 ONOMASTICO - *Il 31 agosto viene onorato sant'Aristide, un filosofo convertito al cristianesimo, vissuto nel II secolo, che difese apertamente davanti all'imperatore Adriano la nuova fede.*

ORIGINE E SIGNIFICATO - Deriva dall'aggettivo greco *aristos*, che significa "il migliore".

PERSONALITÀ - Enigmatico e cerebralmente complesso, Aristide è un uomo impegnativo: dotato di grande cultura, ama l'impegno politico e sociale, le lunghe conversazioni con persone, che al pari suo, sono sempre aggiornate sull'attualità. Non sopporta i superficiali e gli ignoranti, verso i quali nutre una profonda insofferenza. Ciò lo porta a essere molto elitario nelle conoscenze e talvolta anche un po' troppo sbrigativo nei giudizi su chi non conosce.

CURIOSITÀ - *Certamente Aristide è un nome caduto sempre più in disuso tra le nuove generazioni, ma in passato era presente nell'onomastica italiana da quando il Rinascimento aveva rivalutato la storia antica. Il più antico Aristide di chiara fama fu un politico ateniese vissuto tra il VI e il V secolo a.C. Inizialmente fu un valoroso e intelligente soldato e, quando Dario invase la Grecia, fu uno dei dieci generali che dovevano comandare a turno l'esercito greco per un giorno. Ebbe un ruolo importante nelle battaglie di Maratona e molti anni più tardi in quella di Salamina, diventando nel frattempo capo del partito conservatore di Atene.*

ARISTOTELE

ONOMASTICO - *Si festeggia il 1° novembre, giorno di Ognissanti, perché non esiste un santo patrono.*

ORIGINE E SIGNIFICATO - L'antico nome greco *Aristotéles* viene da *áristos,* che significa "il migliore" e da *téles,* dal verbo *telein,* che vuol dire "portare a compimento": significa quindi "perfetto, come doti e intenti".

PERSONALITÀ - Brillante e sagace, l'uomo con questo nome è un tipo orgoglioso e consapevole di se stesso. Coscienzioso sul lavoro e in famiglia è, allo stesso tempo, tenero e severo, soprattutto verso i figli, che segue con attenzione, in particolare per ciò che riguarda l'aspetto della formazione culturale, cui tiene moltissimo.

CURIOSITÀ - *Il nome è sempre stato molto celebre, anche se poco diffuso, grazie al grande filosofo di Stagira, vissuto nel IV secolo a.C., che Dante nella* Commedia *definì "il maestro di color che sanno".*

ARLENA

ONOMASTICO - *Si festeggia il 1° novembre, giorno di Ognissanti, perché non esiste un santo patrono.*

ORIGINE E SIGNIFICATO - Nome di una località in provincia di Viterbo, dall'origine sconosciuta.

PERSONALITÀ - Da bambina piagnucolona e paurosa di tutto, sarà poi da grande una donna forte e determinata, dotata di una resistenza fisica e psicologica alle pressioni decisamente fuori dal comune. Non molto espansiva in amore, è invece molto affettuosa con gli amici, forse per il minor grado di coinvolgimento personale che comportano.

ARMANDO

📖 ONOMASTICO - *Il beato Foucaud de Pontbriand, morto nel 1792, viene onorato il 2 settembre.*

ORIGINE E SIGNIFICATO - Deriva dal germanico *hariman,* nome composto da *hari,* che vuol dire "esercito", e da *man* ovvero "uomo". Secondo altri, invece, deriverebbe da *hartman,* composto da *hart,* "forte" e da *man,* "uomo". In ogni caso il nome designa un personaggio forte e potente.

PERSONALITÀ - Armando è un uomo generoso, ricco di profondi sentimenti nel bene e nel male: i suoi amori sono totali, così come le sue collere. Chi lo impara a conoscere non può non volergli bene, anche perché è irresistibile quanto a simpatia.

ARMIDA

📖 ONOMASTICO - *Si festeggia il 1° novembre, giorno di Ognissanti, perché non esiste un santo patrono.*

ORIGINE E SIGNIFICATO - Questo nome ha due possibili origini: una celtica, con il significato di "colei che è adatta (alla guerra, essendo armata)", e una germanica, con il significato di "donna combattiva". È uno dei nomi diffusosi in seguito alla fortuna della *Gerusalemme Liberata* di Torquato Tasso: Armida è la maga che attira i cristiani nel suo castello incantato e che poi si innamora di Rinaldo.

PERSONALITÀ - Sognatrice e ingenua, Armida è una donna che si espone senza remore alla vita: di riflesso vivrà grandi passioni ma anche profonde sofferenze. Sul lavoro patirà la competizione e l'arrivismo dei colleghi.

ARMINA

📖 ONOMASTICO - *Si festeggia il 1° novembre, giorno di Ognissanti, perché non esiste un santo patrono.*

ORIGINE E SIGNIFICATO - Nome di origine tedesca, deriva da Ermina o da Irmina con il significato di "potente", "grande" ed è l'appellativo

del dio Tiwaz di un'antica religione germanica.
PERSONALITÀ - Eccentrica e un po' fuori dal comune, la donna con questo nome ha una personalità tutta da scoprire. Il tratto distintivo più interessante è infatti la sua imprevedibilità: la sua filosofia esistenziale è quella di non avere programmi. Vive giorno per giorno, assaporando il bello della vita, senza lasciarsi prendere da preoccupazioni o ansie. In amore, è quindi poco presente e poco affidabile, perché alle relazioni durature preferisce di gran lunga le avventure brevi e appassionate.
CURIOSITÀ - *Questo nome, in forma maschile, appare in un poemetto di Goethe* (Hermann und Dorothea, *in italiano* Arminio e Dorotea *del 1797).*

ARNALDO

ONOMASTICO - *Il 27 luglio viene onorato sant'Arnaldo Umberto, patrono dei barcaioli. Un altro santo con lo stesso nome è ricordato il 10 febbraio e un altro ancora il 17 giugno.*
ORIGINE E SIGNIFICATO - Deriva dal tedesco *arn* e *wald* e significa "possente come un'aquila".
PERSONALITÀ - Poco amante dello studio e poco curioso delle novità, Arnaldo è una persona semplice e genuina, ma un po' superficiale. Concentrato sui propri piccoli capricci e molto distratto, non sa prendersi cura delle persone care, che quindi gli rimproverano scarse attenzioni.

ARNINA

ONOMASTICO - *Si festeggia il 1° novembre, giorno di Ognissanti, perché non esiste un santo patrono.*
ORIGINE E SIGNIFICATO - Di possibile origine etnica, il significato potrebbe essere "proveniente dal fiume Arno".
PERSONALITÀ - Solare e gioiosa, Arnina è l'allegria fatta persona. Ama la vita nella sua completezza e sa prenderla come viene senza fare drammi quando le cose non vanno per il verso giusto. Circondata di amici, che la reclamano immancabilmente quando c'è una festa o un'occasione di divertimento, è poco propensa all'amore duraturo e impegnativo.

ARNOLD

📖 ONOMASTICO - *Per l'onomastico si veda Arnaldo, di cui è una variante.*

ORIGINE E SIGNIFICATO - Derivante da Arnoldo, che a sua volta deriva da Arnaldo, si richiama quest'ultimo per origine e significato.

PERSONALITÀ - Equo, taciturno e meditativo, rappresenta il classico perfezionista, amareggiato da un nonnulla. Triste e pessimista, trova rifugio negli affetti familiari.

ARNOLFO

📖 ONOMASTICO - *L'onomastico è tradizionalmente festeggiato il 18 luglio in ricordo di sant'Arnolfo, vescovo di Metz dal 612 al 627, padre di Angesiso sposo di Begga, figlia di Pipino di Landen, capostipite della stirpe carolingia. La Chiesa commemora anche un altro santo, morto nel 1087, che fu vescovo a Soissons, il 15 agosto.*

ORIGINE E SIGNIFICATO - Deriva dal tedesco *arn* e *wulf* e significa "colui che unisce in sé le doti dell'aquila e del lupo".

PERSONALITÀ - Temerario e intraprendente, è l'incarnazione del suo significato. Questo lo rende attraente e ricercato tra le donne, che però poi, dopo un appassionato flirt, gli preferiscono sempre un uomo più stabile e meno arrogante. Sul lavoro è incostante, perché è facile alla noia e alle imprecisioni, distratto com'è dalle sue continue fantasie di viaggi avventurosi e incontri rocamboleschi. La sua compagna deve essere molto paziente!

AROLDO

📖 ONOMASTICO - *Ricorre il 1° novembre in onore di sant'Aroldo, primo re cristiano di Danimarca. Per altri cade invece il 28 gennaio.*

ORIGINE E SIGNIFICATO - Aroldo, Araldo, Eraldo, Airoldo, Arioldo traggono tutti origine dal nome del re dei Batavi, già citato da Cicerone. Dalle radici *harja* "popolo" e *waltan* "dominare", Aroldo è tratteggiato come "capo dell'esercito". Il termine può derivare anche da *heer* che significa "esercito" e *ald* che vuol dire "vecchio", nel senso di "vecchio dell'esercito" cioè "messaggero", da cui il nome comune araldo.

PERSONALITÀ - Aroldo, come un vero capo, si prefigura autoritario, brusco e testardo. Dotato di pazienza e senso pratico, ma poca fantasia, è predisposto alle scienze esatte e ai lavori agricoli. Scettico, iroso e avaro, nei rapporti interpersonali non sa manifestare i propri sentimenti.

CURIOSITÀ - *Prezioso può essere per lui portare con sé un talismano: può scegliere tra un'acquamarina e una ninfea.*

ARRIGO

ONOMASTICO - *Si festeggia il 4 novembre in memoria di sant'Arrigo, figlio di santo Stefano, re d'Ungheria.*

ORIGINE E SIGNIFICATO - Deriva dall'antico germanico *Heinrich* e significa "possente in patria".

PERSONALITÀ - Metodico e un po' stratega, è un ottimo organizzatore del proprio tempo: sa dare la giusta misura alle cose e agli impegni, senza perdersi e senza disperdere energie. In amore non è molto comunicativo, ma più per timidezza che altro.

CURIOSITÀ - *Il più noto Arrigo d'Italia è l'ex allenatore della Nazionale di calcio, Arrigo Sacchi.*

ARSENIO

ONOMASTICO - *L'onomastico è tradizionalmente festeggiato il 19 luglio in memoria di sant'Arsenio di Roma che fu precettore di Arcadio, figlio di Teodosio, morto verso il 455. Viene detto "di Sceti". La Chiesa ricorda ancora: un vescovo di Corfù, il 19 gennaio, un altro, vescovo in Serbia, il 28 ottobre, un martire il 16 novembre e un altro, martire in Egitto sotto Decio, il 14 dicembre.*

ORIGINE E SIGNIFICATO - Deriva dal greco *Arsènios* e significa "virile".

PERSONALITÀ - Coraggioso e astuto, è un grande donnaiolo che ama divertirsi e godere delle bellezze della vita, senza mai lasciarsi coinvolgere troppo. Al contrario, nelle amicizie è una presenza fedele e solida. La famiglia non fa per lui: odia i bambini.

CURIOSITÀ - *Un po' Robin Hood della Belle Époque, un po' Don Giovanni, questo nome è associato al più grande mago del furto di tutti i tempi, Arsenio Lupin, un eroe riproposto in molti modi, dalla tv ai manga giapponesi ai fumetti, ma che deve la luce alla penna dello scrittore francese Maurice Leblanc.*

ARTEMISIA

📖 ONOMASTICO - *L'onomastico può essere festeggiato il 18 febbraio in memoria della vergine Artemisia.*

ORIGINE E SIGNIFICATO - Questo nome veniva dato alle bambine dell'età classica in onore della dea Artemide, la dea lunare e femminile venerata dai Romani con il nome di Diana. Artemisia significa "ben curata".

PERSONALITÀ - Artemisia è dotata di grande fantasia. Sa narrare storie meravigliose e per questo è molto amata dai bambini. Ha un fascino sottile e discreto che colpisce profondamente nel tempo. È una compagna fedele e attenta.

ARTURO

📖 ONOMASTICO - *L'onomastico si festeggia il 15 novembre in memoria di sant'Arturo monaco benedettino.*

ORIGINE E SIGNIFICATO - Alcuni fanno risalire il nome Arturo al nome etrusco *Artoriu.* Altri, invece, lo riconducono al termine celtico *artva,* che significa "nuvola". Una terza teoria vuole che Arturo derivi dal termine irlandese *art,* che significa "orso".

PERSONALITÀ - Arturo è un uomo amato e rispettato per la sua instancabile allegria, il suo amore per la vita e la sua generosità. In amore è un po' volubile, ma sicuramente stare con lui è molto divertente. Ha la vocazione del patriarca e del leader carismatico.

ARVA

📖 ONOMASTICO - *Si festeggia il 1° novembre, giorno di Ognissanti, perché non esiste un santo patrono.*

ORIGINE E SIGNIFICATO - Nome dall'origine e dal significato sconosciuti.

PERSONALITÀ - Puntigliosa e polemica, è una persona dal carattere poco malleabile: viste le sue continue provocazioni e la sua naturale propensione a innervosire il prossimo con battute sarcastiche e fuori luogo, non è difficile intraprendere con lei accese discussioni.

ASA

📖 ONOMASTICO - *Si festeggia il 1° novembre, giorno di Ognissanti, perché non esiste un santo patrono.*

ORIGINE E SIGNIFICATO - L'etimo e il significato sono sconosciuti.

PERSONALITÀ - Dolce e comprensiva, è una donna amabile e a cui viene istintivo voler bene. Sa donarsi agli altri con generosità, senza chiedere nulla in cambio, ma è abbastanza maliziosa da intuire quando qualcuno vuole approfittarsi delle sue gentilezze. Sul lavoro è inarrestabile, non sembra mai stanca e i colleghi le invidiano questo radicato senso di responsabilità. Tra i suoi difetti, lo scarso spirito di iniziativa e la lentezza nel prendere le decisioni che riguardano la sua vita.

ASCANIO

📖 ONOMASTICO - *Si festeggia il 1° novembre, giorno di Ognissanti, perché non esiste un santo patrono.*
ORIGINE E SIGNIFICATO - Deriva dal latino *Ascànius,* tratto dal greco *askànios,* di etimologia incerta. Nome portato dal mitico fondatore di Alba, figlio di Enea.
PERSONALITÀ - La sua dote più grande è la curiosità: attento, informato, con un'intelligenza vispa e ricettiva, è produttore di invenzioni e idee sempre originali, che lo rendono stimato sia sul lavoro che negli affetti. Professionalmente il mestiere che gli si addice di più è il disegnatore pubblicitario.

ASIA

📖 ONOMASTICO - *Sant'Asia, detto "il medico", si festeggia il 27 luglio.*
ORIGINE E SIGNIFICATO - Deriva dal termine latino con cui si designava la *gens* di origine asiatica. In origine nome maschile, negli ultimi decenni si è diffuso come nome femminile.
PERSONALITÀ - Asia è bella quanto presuntuosa. Ha un fascino misterioso, che la rende intrigante e corteggiata. È molto riservata e possiede una creatività profonda, che però non è sempre di facile accesso.

ASPASIA

📖 ONOMASTICO - *Si festeggia il 1° novembre, giorno di Ognissanti, perché non esiste un santo patrono.*
ORIGINE E SIGNIFICATO - Il nome trae origine da Aspasia di Mileto, la raffinatissima etera e paladina delle arti, vissuta nel V secolo a.C. nella splendida Atene dell'età di Pericle, di cui fu amante e poi sposa.
PERSONALITÀ - Ideale di bellezza e femminilità, Aspasia è una donna pienamente cosciente delle proprie doti e del proprio fascino. A volte tende

quindi a cadere nella supponenza di chi guarda tutti dall'alto al basso e a rendersi, di conseguenza, poco amabile, soprattutto tra le altre donne.

ASPASIANO

📖 ONOMASTICO - *Si festeggia il 1° novembre, giorno di Ognissanti, perché non esiste un santo patrono.*

ORIGINE E SIGNIFICATO - Il nome trae origine da Aspasia di Mileto, per cui si rimanda al significato di questo nome.

PERSONALITÀ - Di lui si dice soprattutto una cosa: che è pigro. La sua attività principale, se potesse, sarebbe quella di sdraiarsi sul divano a guardare tutto il giorno la televisione, di cui è un ingordo spettatore. Guai a chi gli parla di sport o gli propone delle passeggiate: il massimo del dinamismo che si concede è quello di sfogliare le pagine di un buon libro. Ama studiare e fare ricerche, per cui sarebbe perfetta per lui la carriera universitaria. In amore è una persona molto dolce.

CURIOSITÀ - *Geograficamente è una valle della Sicilia orientale che prende il nome dal fiume omonimo.*

ASSIA

📖 ONOMASTICO - *Si festeggia il 1° novembre, giorno di Ognissanti, perché non esiste un santo patrono.*

ORIGINE E SIGNIFICATO - Anche etimo e significato sono sconosciuti. Solo per assonanza, c'è chi la fa derivare da Asia.

PERSONALITÀ - Buona, buonissima, al limite dell'ingenuità. È questo il tratto più riconoscibile di Assia: mai maliziosa, mai sospettosa, mai gelosa, non sembra avvertire la cattiveria del mondo. Per ogni torto subìto trova una giustificazione e perdona, senza difficoltà, ogni mancanza di rispetto. È quindi più che mai esposta al rischio di essere sfruttata e manipolata da chi la circonda, soprattutto negli affetti.

ASSUNTA

📖 ONOMASTICO - *Si festeggia il 15 agosto, nel giorno di santa Maria Assunta, patrona dei lavoratori.*

ORIGINE E SIGNIFICATO - Assunta è la traduzione di *assumpta*, participio passato del verbo latino *assumere*, che significa "prendere in aggiunta". Viene riferito a Maria, venerata come Maria assunta, ovvero "Maria assunta in cielo".

PERSONALITÀ - Assunta è un'acuta e attenta osservatrice. Si sposa giovane perché ha bisogno di avere accanto un uomo al quale appoggiarsi e da cui trarre protezione. Non ha ambizioni professionali particolari e accetta di buon grado l'idea di restare a casa, per dedicarsi alla cura dei figli e del marito.

ASTERIA

📖 *ONOMASTICO* - *Viene festeggiato il 10 agosto, in ricordo di santa Asteria vergine, martire a Bergamo nel IV secolo.*
ORIGINE E SIGNIFICATO - Deriva dal greco *Asteer*, tratto da *astérios* che significa "stellata". Con questo nome si designava la mitica sorella di Latona, madre di Ecate e di Ercole Tirio.
PERSONALITÀ - Egocentrica e prepotente, la bambina con questo nome dà del filo da torcere ai genitori, a causa dei continui capricci che vuole veder soddisfatti. Da grande imparerà a dare spazio anche alle esigenze altrui, ma il suo carattere non potrà variare di molto, il che le renderà difficili le amicizie. Dal fascino discreto, avrà diversi corteggiatori ma pochi amori.

ASTOLFO

📖 *ONOMASTICO* - *L'onomastico viene festeggiato il 5 gennaio in onore di sant'Astolfo di Magonza, morto nell'826.*
ORIGINE E SIGNIFICATO - Deriva dal sassone *ast* e *ulf* e significa "guerriero animoso nella battaglia". Nome portato dal penultimo re dei Longobardi, successo a Ratchis nel 750.
PERSONALITÀ - Contrariamente al significato che porta, Astolfo è un tipo mite e remissivo, che non ama le schermaglie, né quelle serie né quelle giocose. È alla ricerca della tranquillità: poco dotato di dialettica in caso di discussione rischia facilmente di soccombere. In amore è dolcissimo e pieno di attenzioni, ma talvolta un po' troppo bambinone.

ASTRA

📖 *ONOMASTICO* - *Nome adespota, senza santo patrono.*
ORIGINE E SIGNIFICATO - L'origine di questo nome si lega al concetto di astro, inteso come stella, di cui sarebbe una variante femminile.
PERSONALITÀ - Di poche parole e solo in apparenza dimessa, Astra è una persona dal carattere forte e deciso. Acuta osservatrice, preferisce

far esporre gli altri, prima di dire la sua, anche per cogliere le loro debolezze e, se necessario, sfruttarle a suo favore. A volte, soprattutto se ferita, è un po' acida, ma grazie al carisma magnetico che emana, sa farsi perdonare tutti i capricci e tutti i difetti.

ASTRID

📖 ONOMASTICO - *Le donne che portano questo nome assai diffuso in Scandinavia, Belgio e Olanda possono festeggiare il loro onomastico il 27 novembre, in ricordo della beata Astrid, monaca svedese. Viene usato anche nella forma Astric.*

ORIGINE E SIGNIFICATO - Nome che deriva dalla combinazione dei termini sassoni *as* e *frid*. Il significato completo del nome è "colei che è amata dagli dei".

PERSONALITÀ - Astrid è bella ed eterea, come le principesse delle fiabe. È una donna coraggiosa e determinata. È una compagna presente e attenta nonostante i suoi molti impegni e interessi.

ATALA

📖 ONOMASTICO - *L'onomastico è solitamente ricordato il 3 dicembre in memoria di sant'Atala, figlia di Adalberto duca d'Alsazia.*

ORIGINE E SIGNIFICATO - Deriva dal tedesco *Athala* e significa "nobile stirpe".

PERSONALITÀ - Vulnerabile e delicata, Atala è una donna tutta da proteggere e coccolare: vede il mondo con gli occhi da bambina e non sa cogliere la malvagità nelle persone. Un'ingenuità che spesso paga con sonore delusioni, che però non la fanno mai desistere dal nutrire incrollabile fiducia negli altri e nel futuro in genere.

ATARA

📖 ONOMASTICO - *Si festeggia il 1° novembre, giorno di Ognissanti, perché non esiste un santo patrono.*

ORIGINE E SIGNIFICATO - Nome biblico di sconosciuto significato. Compare nel libro delle *Cronache*, come moglie di Ierameel e madre di Onam, della genealogia dei Figli d'Israele.

PERSONALITÀ - Solida e affidabile, Atara è una persona che non si fa indebolire da nulla: più che forza la sua, è resistenza. Stakanovista sul lavoro come in famiglia, non dà mai segni di stanchezza: sempre presente, accetta incarichi di responsabilità con la serenità di chi sa che saprà portarli a compimento nel migliore dei modi. Così facendo, però, il rischio è che si trovi costretta a rinunciare a una parte dei propri interessi in nome degli impegni e della responsabilità.

ATHENA

📖 ONOMASTICO - *Si festeggia il 1° novembre, giorno di Ognissanti, perché non esiste un santo patrono.*

ORIGINE E SIGNIFICATO - Di origine greca, significa "custode di Atene".

PERSONALITÀ - Poco realista e pragmatica, è un po' disordinata e con la testa tra le nuvole: non ama fare programmi a lungo termine, né sul lavoro né negli affetti, che però coltiva con cura. È simpatica e divertente, oltre che molto ironica.

CURIOSITÀ - *Atena fu la dea delle arti femminili del tessere, del filare, del cucinare, e anche dea della guerra. Però, a differenza di Ares, non ebbe un carattere violento ed aggressivo. Nacque senza madre, infatti, venne al mondo uscendo dalla testa di Zeus. Fu venerata come protettrice della città di Atene alla quale assegnò il nome, e in cui fu anche nominata "Atena degli ulivi" perché fu proprio quest'albero che la dea fece crescere attorno alle mura di cinta della città.*

ATHOS

📖 ONOMASTICO - *Si festeggia il 1° novembre, giorno di Ognissanti, perché non esiste un santo patrono.*

ORIGINE E SIGNIFICATO - Secondo la mitologia il nome Athos apparteneva a un gigante della Tracia che nella battaglia tra dei e giganti, all'atto di gettare un enorme masso contro il dio Poseidone, questo gli sfuggì di mano e cadendo in mare formò un lembo di terra sopra il quale oggi si trova appunto l'Aghion Oros. Un'altra versione racconta che fu Poseidone colui che gettò il masso contro Athos e colpendolo lo schiacciò creando così l'Aghion Oros.

PERSONALITÀ - Di bell'aspetto e dal carattere accomodante, Athos è un tipo che sta bene con tutti, anche perché ha un grandissimo pregio: sa sempre quando è il momento di scherzare e quando no. Ogni tanto, però, soprattutto quando si arrabbia o viene ferito da chi ama, perde il senso della misura e può diventare pedante fino allo sfinimento.

ATTILIA / ATTILIO

🕮 ONOMASTICO - *Viene festeggiato il 24 marzo in memoria di sant'Attilio.*

ORIGINE E SIGNIFICATO - Attilio deriva dal termine latino *attus, appius,* che significa "avo", "antenato".

PERSONALITÀ - Attilio: è un uomo ombroso e facilmente irascibile. Prova un grande attaccamento verso la famiglia in cui è molto presente. È adatto a qualsiasi lavoro che richieda precisione e pazienza. Attilia: è più solare del suo omonimo maschile, ma talvolta cade preda della malinconia. Un po' dispersiva sul lavoro, è invece un'ottima organizzatrice in famiglia.

AUDREY

🕮 ONOMASTICO - *Il calendario della Chiesa festeggia una santa Audrey, principessa di Inghilterra, vissuta nel VII secolo, che aveva scelto di farsi monaca. I genitori vollero per lei un matrimonio a tutti i costi e il marito, comprensivo e sensibile, accettò un matrimonio casto. Alla sua morte la giovane sarebbe stata costretta a riprendere marito, ma riuscì fortunosamente a scappare e a fondare sull'isola di Ely, nell'Inghilterra orientale, un monastero nel quale esaudì la sua devozione religiosa e ove morì nel 679 d.C.*

ORIGINE E SIGNIFICATO - Audrey deriva dal celtico *alt,* che significa "alto", "potente" e da *roen,* "reale". Significa dunque "colei che è potente e regale".

PERSONALITÀ - Audrey ama essere al centro dell'attenzione e per farlo usa tutte le sue armi migliori tra cui un fascino spontaneo, una vivida intelligenza, una malizia delicata. Ama le cose semplici ma le apprezza di più se sono raffinate e ispirate a canoni classici.

CURIOSITÀ - *Il cinema ricorda la bella e brava attrice olandese Audrey Hepburn, che fece della sua linea sottile e della sua evanescenza fisica un mito di fragile e delicata eleganza e di rigore stilistico.*

AUGUSTA / AUGUSTO

🕮 ONOMASTICO - *Il 7 marzo viene ricordata sant'Augusta di Treviso.*

ORIGINE E SIGNIFICATO - Deriva dal nome personale latino *Augustus,* a sua volta derivato dall'aggettivo *augustus* nell'accezione connessa con *augur.* Il significato complessivo è "intrapreso sotto buoni auspici". Nel-

l'antica Roma, a partire da Ottaviano, venne anche usato con il significato di "venerabile" per designare gli imperatori.
PERSONALITÀ - Augusta: è una donna dura e inflessibile. Sembra fatta di roccia e perciò inattaccabile. Anche lei, come tutti del resto, ha il suo punto debole: la paura di restare sola. Augusto: è un uomo riflessivo e profondo. Ama la libertà personale e intellettuale; è sempre pronto a battersi per sostenere le proprie idee. In amore è un compagno imprevedibile.

AURA

📖 ONOMASTICO - *Si festeggia il 1° novembre, giorno di Ognissanti, perché non esiste un santo patrono.*
ORIGINE E SIGNIFICATO - Deriva dal termine latino *aura* che significa "soffio", ma è altrettanto riconducibile all'idea di luce. È recentissimo il suo uso come nome proprio, del resto ancora poco diffuso; in psicologia, in particolare quella a orientamento reichiano, il termine aura si usa per intendere il campo vitale dell'individuo.
PERSONALITÀ - Aura è una donna eterea. Ama condividere le gioie e le fortune che la vita le regala, perché è positiva e solare. Sincera e spontanea, è sempre circondata da amici.

AUREA

📖 ONOMASTICO - *L'onomastico è tradizionalmente festeggiato il 24 agosto in memoria di santa Aurea, detta "Avia", vergine e martire presso Ostia. Con il medesimo nome si ricordano altre due sante, una martirizzata dai Saraceni a Còrdoba, il 19 luglio e un'altra vergine, badessa di san Marziale a Parigi, il 4 ottobre, che governò la comunità benedettina per 33 anni, fino alla morte, avvenuta durante un'epidemia scoppiata nel 666.*
ORIGINE E SIGNIFICATO - Deriva dal latino e significa "coronata".
PERSONALITÀ - La sensibilità è la sua dote più evidente: si prende a cuore le pene di amici e conoscenti come fossero le sue, fa il possibile, quando può, per rendersi utile con attività di volontariato, si lascia coinvolgere in compiti anche gravosi se questo può significare aiutare i colleghi che hanno bisogno. Talvolta c'è chi abusa della sua disponibilità, ma lei non sembra soffrirne, appagata com'è dalla gioia che sa donare agli altri.

AURELIA / AURELIO

🕮 ONOMASTICO - *Aurelia viene ricordata il 25 settembre. Aurelio è invece festeggiato il 12 novembre.*

ORIGINE E SIGNIFICATO - Nome dall'etimo incerto, è ricondotto da alcuni al termine greco *ourios* accompagnato a *elios*, frase che significa "sole favorevole". Secondo altre interpretazioni, invece deriva dal latino *aureus*, ovvero "dorato". Infine alcune teorie lo riferiscono alla radice sabina *ausel*, "sole", evolutasi successivamente in *aurel*, mantenendo il significato di "divinità solare".

PERSONALITÀ - Aurelia: riservata e molto selettiva nelle conoscenze, Aurelia ha un atteggiamento che per alcuni può sembrare presuntuoso. In realtà, il suo distacco, quasi nobile, è un modo di essere naturale, non dovuto a superbia o supponenza. Aurelio: in amore è molto dolce e comprensivo, anche se può diventare invadente a causa del costante bisogno di conferme dal mondo esterno e specialmente dal partner.

AURORA

🕮 ONOMASTICO - *L'onomastico si può festeggiare il 20 ottobre, in ricordo di sant'Aurora, venerata insieme a san Brendano, nell'Isola di Man.*

ORIGINE E SIGNIFICATO - Il nome è quello della dea latina che porta il giorno, la luce: *aurea hora*. Aurea è il sostantivo *aurum* declinato e significa "dorato"; *hora* significa "il momento attuale". Adottato in epoca medievale come nome proprio, assunse il significato affettuoso e augurale di "bella e luminosa come l'aurora".

PERSONALITÀ - Aurora è allegra e solare. La sua filosofia è affrontare la vita con un sorriso. Non è una persona superficiale, ha solo deciso di non farsi abbattere.

AVA

🕮 ONOMASTICO - *Si festeggia il 1° novembre, giorno di Ognissanti, perché non esiste un santo patrono.*

ORIGINE E SIGNIFICATO - Ci sono due teorie a proposito dell'etimologia di Ava. La prima sostiene che derivi dal termine latino *avitus*, inteso nel suo significato di "ereditato". La seconda porta l'origine al termine ebraico *hava*, nome proprio di persona collegato alla radice del verbo amare.

PERSONALITÀ - Ava è una donna fatale e tragica. La sua vita è un melodramma fitto di eventi e di personaggi, che lei dirige con determinazione. È una persona eccentrica, che ha un gusto bizzarro nel vestire e nel truccarsi: i suoi colori sgargianti, i suoi abbinamenti discutibili e i suoi accessori esotici non la fanno certo passare inosservata. Anche se criticata per questo, lei è orgogliosa del proprio *look*, espressione, a suo dire, della sua personalità fuori dai cliché e della sua capacità di non lasciarsi condizionare dalle mode.

AVE

📖 ONOMASTICO - *Si festeggia il 1° novembre, giorno di Ognissanti, perché non esiste un santo patrono.*

ORIGINE E SIGNIFICATO - È un nome di chiara impronta devozionale e religiosa, con riferimento alla principale preghiera mariana, l'Ave Maria. Deriva dal latino *ave*, imperativo del verbo avere, usato come formula tradizionale di saluto e di augurio.

PERSONALITÀ - Ave è una filosofa nata: contemplativa, amante del silenzio, dei luoghi tranquilli, delle letture impegnate, è perennemente alla ricerca della serenità interiore. Affascinata da quelle discipline orientali che promettono il raggiungimento della pace dei sensi, cerca di convincere tutti, amici e familiari, a lasciarsi coinvolgere dalle sue passioni e dai suoi insegnamenti. Due quindi i lavori che più le si addicono: fisioterapista o massaggiatrice.

AXEL

📖 ONOMASTICO - *Sant'Axel si festeggia il 21 marzo.*

ORIGINE E SIGNIFICATO - Traduzione svedese dall'ebraico *Assalonne*, che significa "padre della pace".

PERSONALITÀ - Uomo dal carattere profondamente buono, Axel è allo stesso tempo un tipo deciso e forte, che sa farsi rispettare anche senza ricorrere ad atteggiamenti autoritari o prepotenti. In amore è paziente e romantico, a volte però un po' distratto e ingenuo. Con gli amici, infine, è la "vera anima della festa": allegro, simpatico, dinamico e sempre disponibile.

AZALEA

📖 ONOMASTICO - *Si festeggia il 1° novembre, giorno di Ognissanti, perché non esiste un santo patrono.*

ORIGINE E SIGNIFICATO - Deriva dal nome del bellissimo fiore omonimo e nasce come augurio di futura grazia e bellezza, di fascino ed eleganza insieme.

PERSONALITÀ - Azalea è una donna eccessivamente preoccupata dalle apparenze. Sempre perfetta, puntuale e precisa, quando deve affrontare qualche contrattempo o contrarietà entra in crisi e si fa prendere dall'ansia e dalle paure. In amore si rivela fredda e eccessivamente critica ed esigente nei confronti del proprio partner.

AZELIA / AZELIO

📖 *ONOMASTICO - Si festeggia il 1° novembre, giorno di Ognissanti, perché non esiste un santo patrono.*

ORIGINE E SIGNIFICATO - Nome di tradizione risorgimentale e patriottica, ripreso dal predicato nobiliare dello scrittore e statista piemontese Massimo D'Azeglio.

PERSONALITÀ - Azelia: trasmette serenità solo a guardarla: sempre calma esteriormente, anche quando intimamente è agitata o nervosa, ha la dote di comunicare saggezza e tranquillità alle persone che le stanno attorno e che le vogliono bene proprio per questo. Azelio: è al contrario irruente e adrenalinico: sempre alla conquista di qualcosa, un riconoscimento o un trofeo, ama le sfide, le competizioni, le gare, che però conduce sempre con grande correttezza e sano spirito competitivo.

CURIOSITÀ - Il toponimo del feudo di Azeglio, in provincia di Torino, deriva dal latino agellus e significa "podere, piccolo terreno".

AZZURRA

📖 *ONOMASTICO - Si festeggia il 1° novembre, giorno di Ognissanti, perché non esiste un santo patrono.*

ORIGINE E SIGNIFICATO - Il nome è, in origine, un sostantivo che deriva dal persiano *l'azvard*, "zaffiro". Il termine, e conseguentemente il nome, indica "colui che ha il colore del cielo sereno".

PERSONALITÀ - Azzurra è una donna viziata e capricciosa, a volte un po' snob. Ha bisogno di essere costantemente al centro dell'attenzione e le piace trascorrere l'esistenza come se fosse una continua festa. Compensa tutto ciò con una grande generosità e altruismo, derivati dal fatto che non dà nessuna importanza all'aspetto materiale della vita, prediligendo, invece, quello spirituale. È un'amica attenta e disponibile.

B

Babila

📖 ONOMASTICO - *Viene festeggiato il 24 gennaio, in ricordo di san Babila martire, vescovo di Antiochia dal 237 al 251.*

ORIGINE E SIGNIFICATO - Il nome deriva dal greco *Babylas* e significa "porta degli dei", antico nome della città di Babilonia.

PERSONALITÀ - Persona altruista e idealista, ama impegnarsi nel sociale e nel volontariato. Dimostra di avere una notevole scorta di energia interiore e sul lavoro persegue successi e soddisfazioni. In amore è forte e decisa, così come in famiglia.

Bacco

📖 ONOMASTICO - *Il 7 ottobre si ricorda san Bacco, martirizzato nel III secolo.*

ORIGINE E SIGNIFICATO - Il nome deriva dal latino *bacchius,* a sua volta tratto dal greco *bàkchos,* e significa "gridare", "strepitare".

PERSONALITÀ - Divertente e compagnone, adora i piaceri della vita. Non si priva mai di feste e divertimenti e ciò fa di lui una persona completamente inaffidabile e confusionaria. La sua grande fantasia e creatività lo aiutano, ma non può raggiungere la piena felicità senza qualcuno, o qualcuna, che lo faccia ragionare.

Baldassarre

📖 ONOMASTICO - *Il 25 aprile si ricorda il beato Baldassarre di Mondovì. Lo stesso nome avevano uno dei tre re Magi (11 gennaio), protettore degli epilettici, e il beato gesuita Alvarez (25 luglio).*

ORIGINE E SIGNIFICATO - Il nome è assiro e deriva da *balats* e *usur* che significano "Dio protegge la sua vita".

PERSONALITÀ - Fiero e idealista, Baldassarre non si sottrae mai dal confronto e dalle discussioni. È dotato di un buon carisma.

BALDO

📖 ONOMASTICO - *Viene ricordato il 15 settembre in ricordo di san Baldo, martire in Gallia, patrono dei figli adottivi.*

ORIGINE E SIGNIFICATO - Accentrato in Toscana è ipocoristico di nomi composti che iniziano o terminano con *bald*, "audace", di origine germanica (Baldassarre, Baldovino, Garibaldo, Arcibaldo, Teobaldo, Ubaldo).

PERSONALITÀ - Individuo saggio, spirituale e analitico instaura poche relazioni umane. Ama i viaggi a scopo didattico. Trova difficilmente comprensione in amore. Serio in ambito professionale è abile nell'amministrare il denaro.

BALDOVINO

📖 ONOMASTICO - *Il 21 agosto si ricorda san Baldovino abate, vissuto nel XII secolo.*

ORIGINE E SIGNIFICATO - Composto di origine germanica di *bald*, "ardito", e *win*, "amico", assume il significato di "amico valoroso".

PERSONALITÀ - È un individuo previdente. Nella vita vuole sapere sempre con precisione cosa debba o possa fare per conoscere a fondo le persone che lo circondano. Questa caratteristica peculiare lo aiuta molto sul lavoro dove appare sempre preparato e competente. È dotato di grande fascino, è attraente e ne è consapevole. Sceglie con cura le relazioni e non è facile conquistarlo.

BARBARA

📖 ONOMASTICO - *L'onomastico si festeggia il 4 dicembre in onore di santa Barbara.*

ORIGINE E SIGNIFICATO - Deriva dal latino *barbarus*, appellativo indicante una *gens* dell'epoca imperiale. A sua volta il termine latino, che significa "straniero", discende dal greco *barbaros*, ovvero, "balbuziente". Con questo vocabolo i greci indicavano le persone provenienti dai territori al di fuori della Grecia: nell'uso corrente, quindi, iniziò a significare "straniero".

PERSONALITÀ - Barbara è una donna diffidente, che raramente si lascia andare a una risata di cuore. Ama lo studio e la vita riservata e aspira a una posizione di prestigio perché ha bisogno di sentirsi ammirata e non perché è alla ricerca del potere e del denaro.

CURIOSITÀ - *La storia commovente di santa Barbara si fonde con la leggenda. Nella Nicomedia del IX secolo, infatti, Barbara era la figlia di un uomo ricchissimo il quale l'aveva destinata in sposa a un uomo che non amava. La fanciulla rifiutò di maritarsi, respinse la religione paterna e si convertì al Cristianesimo. Il padre furente la fece processare e condannare a morte. Lui stesso la decapitò ma, eseguita la sentenza, un fulmine si abbatté su di lui e lo uccise. Da allora santa Barbara viene invocata contro il fulmine, considerata la "mala morte" in quanto non dà il tempo di pentirsi. È anche protettrice di chi usa la polvere da sparo, chiusa insieme agli altri esplosivi nella Santabarbara. Inoltre la santa è protettrice degli architetti, degli artiglieri, degli armaioli, dei cannonieri, dei campanari, dei carpentieri, dei minatori, dei pirotecnici, dei vigili del fuoco, degli ombrellai, dei tessitori, dei metallurgici e dei comuni di Amaroni e Rieti.*

BARDO

🕮 ONOMASTICO - *Viene festeggiato il 2 febbraio in memoria di san Bardo martire.*

ORIGINE E SIGNIFICATO - Deriva dal latino *Bardus* tratto dal celtico *badd* e significa "cantore d'imprese guerresche".

PERSONALITÀ - Si tratta di una persona estremamente pratica e concreta. Si comporta amichevolmente con tutti, ma sa essere estremamente autoritario se crede in ciò che vuole.

BARNABA

🕮 ONOMASTICO - *È festeggiato l'11 giugno in ricordo di san Barnaba apostolo.*

ORIGINE E SIGNIFICATO - Dall'aramaico *bar nàbìah* significa "figlio del profeta". Nel Nuovo Testamento è colui che presenta agli apostoli Paolo neo-convertito.

PERSONALITÀ - Riesce sempre a realizzare i propri progetti grazie anche alla tenacia con cui persegue la meta. Tradizionalista sa apprezzare l'eleganza; anche il gioco d'azzardo lo attrae, ma con scarsa fortuna. Incontentabile e perfino crudele in amore, pretende una dedizione che non sa contraccambiare. Frequenti i mutamenti nella professione.

BARTOLOMEO

🕮 ONOMASTICO - *Si festeggia il 24 agosto in onore di san Bartolomeo apostolo martire nell'anno 47. Esiste un'altra ricorrenza di questo santo per il giorno 23 ottobre. Il suo femminile Bartolomea si festeggia il 1° aprile in memoria di santa Bartolomea Carletti di Chivasso.*

ORIGINE E SIGNIFICATO - Bartolomeo deriva dal termine aramaico *bartalmay*, composto da *bar*, che significa "figlio", e da *talmay*, un nome di persona che forse significa "solco". In ogni caso il significato completo è "figlio di Telmay".

PERSONALITÀ - Bartolomeo è una persona paziente e meticolosa e soprattutto determinata; quando l'obiettivo è ben chiaro dentro di lui niente e nessuno potrà fargli cambiare idea né tantomeno rotta. In amore pretende il massimo dalla compagna, una dedizione quasi assoluta, che dovrà faticare per trovare. Questo anche perché, non essendo una persona entusiasta e nemmeno particolarmente espansiva, difficilmente avrà relazioni durature.

CURIOSITÀ - *Fu il nome di uno degli Apostoli di Gesù. Michelangelo lo raffigura scorticato mentre tiene nelle mani la propria pelle ed è forse proprio questo particolare a renderlo patrono dei macellai, dei pellicciai, dei sarti e miracoloso guaritore delle malattie cutanee.*

BASILIO

ONOMASTICO - *Questo nome è festeggiato il 2 gennaio in ricordo di san Basilio, detto "il Grande".*

ORIGINE E SIGNIFICATO - Il nome deriva dal greco *basìleios* e significa "regale".

PERSONALITÀ - Basilio è una persona dotata di intelligenza e saggezza. È un grande comunicatore e questa capacità, di certo, lo aiuta molto in ambito lavorativo. In famiglia è severo e autoritario. Talvolta è insofferente e non sopporta chi lo vuole sorpassare.

BASTIANO

ONOMASTICO - *L'onomastico di questo nome viene festeggiato il 20 gennaio in ricordo di san Sebastiano.*

ORIGINE E SIGNIFICATO - È la forma tronca di Sebastiano, quindi anche questo nome deriva dal latino *Sebastianus* e significa "augusto", "illustre".

PERSONALITÀ - Serio e distaccato, fatica a socializzare. Difficilmente frequenta numerose compagnie preferendo poche e selezionate amicizie. È portato per le scienze matematiche, mentre è un vero e proprio disastro nelle discipline umanistiche, anche perché leggere lo annoia molto.

BATTISTA

📖 ONOMASTICO - *Viene festeggiato il 31 maggio in ricordo di santa Battista Varani vergine fondatrice dell'Ordine delle Battistine.*

ORIGINE E SIGNIFICATO - Dal greco *baptÆzein* che significa "immergere in acqua", è l'epiteto di san Giovanni, precursore di Cristo, al quale impartì il sacramento sulle rive del Giordano.

PERSONALITÀ - Intelligente, versatile, dotato di ferrea memoria, Battista può eccellere nelle arti in particolare musica e pittura. Prova forte attrazione per l'altro sesso con sentimenti teneri e intensi, ma talvolta si rivela eccessivamente geloso. Carente il senso del dovere; l'innata pigrizia è però soppiantata dall'attività quando la posta in gioco è di natura affettiva.

CURIOSITÀ - *Pare che la notte di san Giovanni Battista, il 24 giugno, sia dotata di una particolare aura magica; la tradizione prescrive infatti il rituale bagno nella rugiada e la raccolta di erbe medicamentose effettuata all'alba.*

BEA

📖 ONOMASTICO - *Si tratta del diminutivo di Beatrice, pertanto si richiama a quest'ultimo nome per l'onomastico.*

ORIGINE E SIGNIFICATO - Significato e origine sono gli stessi di Beatrice.

PERSONALITÀ - La gioiosità e la leggerezza d'animo sono caratteristiche preponderanti in Bea. Ama la compagnia, le feste e conoscere persone nuove. Una volta trascorsa la giovinezza cerca soddisfazione nella famiglia; è madre affettuosa e moglie esemplare.

BEATA / BEATO

📖 ONOMASTICO - *Per le donne, si festeggia l'onomastico l'8 marzo in ricordo di santa Beata, martire in Africa con Felicita e Erènia e altri, tra cui il vescovo San Cirillo. Mentre per gli uomini, si festeggia il 9 maggio, in ricordo di san Beato, confessore ed eremita di origine italiana che si ritirò in una grotta nelle vicinanze di Vendôme, in Francia, nel V secolo.*

ORIGINE E SIGNIFICATO - Il nome deriva dal latino *beatus* e significa "felice".

PERSONALITÀ - Beata: essendo una persona introspettiva, idealista e pensatrice, è fondamentalmente pessimista e spesso non si lascia trasportare da quanto di bello gli potrebbe offrire la vita. La sua sincerità è talmente disarmante che tutti la apprezzano e si fidano di lei. Beato: ama la filosofia e la letteratura e lo studio in genere. In amore non è certo un "rubacuori", ma si dona completamente a chi sa apprezzare il suo fascino molto particolare.

BEATRICE

🕮 ONOMASTICO - *Ricorre il 18 gennaio in memoria della Beata Beatrice d'Este, morta a Ferrara nel XIII secolo.*

ORIGINE E SIGNIFICATO - Deriva dal vocabolo latino *beatrix*, composto da *beatum* seguito dal suffisso *trix*. Il significato completo è "colui che rende beati".

PERSONALITÀ - Beatrice è una bambina dolcissima che però rischia di diventare una donna superficiale ed egocentrica se troppo viziata dai genitori. Le piace essere corteggiata dagli uomini, ma ha la tendenza a trasformare i suoi corteggiatori in cavalieri serventi.

CURIOSITÀ - *La Beatrice più famosa è quella amata da Dante, figlia di Folco Portinari e sposata con Simon de' Bardi. La forma abbreviativa Bice è usata abbastanza di frequente: esempio celebre l'attrice e soubrette comica Bice Valori.*

BELINDA

🕮 ONOMASTICO - *Si festeggia il 1° novembre, giorno di Ognissanti, perché non esiste un santo patrono.*

ORIGINE E SIGNIFICATO - Deriva dall'antico sassone *bet* e *lind* e significa "dolcemente luminosa".

PERSONALITÀ - Tranquilla e introspettiva, è una romantica sognatrice. Perennemente in cerca del principe azzurro, rischia di perdersi in avventure sbagliate o superficiali. Sul lavoro raggiunge i suoi obiettivi senza alcuna difficoltà.

BELLA

🕮 ONOMASTICO - *Si festeggia tradizionalmente il 23 gennaio in onore di san Bello, martire a Roma.*

ORIGINE E SIGNIFICATO - Deriva dall'aggettivo latino *bellus*, che significa "grazioso", "gentile". Veniva usato come benedizione augurale per donare

alle bambine un animo gentile e dolce.
PERSONALITÀ - Bella ha una spiccata sensibilità artistica che la porta in giro per il mondo alla ricerca di curiosità e idee. È molto riservata e questo le dona un'aura di mistero che la rende affascinante. Non è attratta né dal matrimonio né tantomeno da una vita regolare e sedentaria, perché non vuole legami che possano costringerla a fermarsi in un solo posto. Si lega stabilmente solo a un uomo che la lasci libera.

BEN

📖 *ONOMASTICO - Non è conosciuto l'onomastico di questo nome.*
ORIGINE E SIGNIFICATO - Deriva dal termine ebraico che significa "figlio".
PERSONALITÀ - Dotato di tatto e di spiccato senso estetico, Ben potrebbe aspirare alla notorietà se non si lasciasse scoraggiare dal primo insuccesso. Peccato che, oltre a questo, cada spesso nella tentazione di trasferire il suo estetismo anche in campo affettivo, facendo prevalere la bellezza esteriore alla ricchezza interiore: insomma, è facile che finisca con l'accompagnarsi a donne sciocche e frivole, anche se bellissime. Nutre una spasmodica passione per l'arte e per il gioco.

BENEDETTA / BENEDETTO

📖 *ONOMASTICO - Si ricorda il 4 gennaio, in memoria di san Benedetta martire a Roma. San Benedetto, invece, si festeggia il 1° luglio. Visse tra il V e il VI secolo e fu il fondatore del primo ordine monastico. La regola che san Benedetto da Norcia impose ai monaci è riassunta nel motto Ora et Labora, cioè "Prega e Lavora".*
ORIGINE E SIGNIFICATO - Deriva dall'aggettivo latino *benedictus*, che significa, appunto, "benedetto". Questi discende dal verbo *benedire*, che inizialmente significava semplicemente "dir bene", poi significò "invocare la divinità".
PERSONALITÀ - Benedetta: è una donna silenziosa e timida che attraversa la vita cercando di passare il più possibile inosservata. Benedetto: è una persona riservata e particolarmente chiusa. A differenza però della sua omonima, è molto determinato e quindi fa sforzi continui per non farsi sfuggire le buone occasioni.

CURIOSITÀ - Il nome Benedetto è uno dei più scelti dai pontefici: fino a oggi è stato portato da ben sedici papi.

BENIAMINA / BENIAMINO

📖 ONOMASTICO - *Ricorre il 31 marzo in memoria di san Beniamino diacono, martire in Persia nel 424.*

ORIGINE E SIGNIFICATO - Deriva dall'ebraico *Benjámin* e significa "figlio della destra" nel senso lato di "fortunata" e "felice", contrapposta all'infausta sinistra e, quindi, per traslato, "figlio prediletto", "beniamino".

PERSONALITÀ - Beniamina: benché si esponga a ogni sorta di pericolo, appartiene a quel genere di fortunati che "cadono sempre in piedi"; questo grazie in parte alla sua buona stella, in parte a un'ottima capacità di adattamento. Beniamino: generoso, socievole, allegro non sopporta la solitudine che lo invecchia e lo deprime. Nutre profonda tenerezza nei riguardi dei figli e della famiglia.

CURIOSITÀ - *La storia ricorda Franklin, l'inventore del parafulmine, il tenore B. Gigli, B. Constant, filosofo, B. Disraeli, statista e scrittore inglese dell'epoca vittoriana.*

BENITO

📖 ONOMASTICO - *L'onomastico viene festeggiato il 23 agosto in ricordo del martire spagnolo san Benito.*

ORIGINE E SIGNIFICATO - Il nome, spagnolo, deriva dall'aggettivo *beneito* che discende, a sua volta dal latino *benedictus.* Il significato è rimasto invariato in tutte le traduzioni ed è "benedetto".

PERSONALITÀ - Benito è un uomo ambizioso capace di qualsiasi cosa per ottenere ciò che desidera. Dal momento che è anche notevolmente presuntuoso rischia di sopravvalutarsi e di ritrovarsi in situazioni sgradevoli che ha difficoltà a gestire.

CURIOSITÀ - *Questo nome venne reso famoso da Benito Pablo Juárez, il patriota messicano a capo della guerra d'indipendenza contro l'imperatore Massimiliano d'Asburgo, che durò dal 1864 al 1867. Dopo la vittoria Benito Juárez divenne presidente del Messico. Il nome aveva per alcuni socialisti italiani un significato rivoluzionario, e così Alessandro Mussolini, un fabbro di Predappio, lo mise al figlio, Benito Mussolini, il fondatore del Partito Fascista. Il Duce, divenuto capo del governo italiano all'indomani della "Marcia su Roma" nell'ottobre del 1922, governò l'Italia per un ventennio esercitando il suo fascino sulle masse. In quel periodo il nome Benito si diffuse in maniera capillare in tutta la penisola, in omaggio al dittatore.*

BENVENUTA / BENVENUTO

📖 ONOMASTICO - *L'onomastico di questo nome cade il 22 marzo in ricordo di san Benvenuto.*

ORIGINE E SIGNIFICATO - Deriva dal vocabolo tardo latino *benvenutus*, che significa "ben arrivato". È un termine introdotto dai cristiani.

PERSONALITÀ - Benvenuta: è una persona cordiale e ironica. Ha una memoria minuziosa ricca di aneddoti, con i quali ama intrattenere gli amici. Benvenuto: come padre ha una pazienza infinita e possiede una notevole capacità di insegnare il suo sapere ai propri figli.

CURIOSITÀ - *San Benvenuto fu un grande riformatore: con una disposizione del 15 gennaio 1270, infatti, vietò al monastero di san Fiorenzo di Posciavalle, di cui era stato nominato amministratore, di alienare i suoi beni; in un sinodo tenuto il 7 febbraio 1273 vietò pure la vendita delle proprietà ecclesiastiche.*

BERENICE

📖 ONOMASTICO - *Viene festeggiato il 4 ottobre in ricordo di santa Berenice.*

ORIGINE E SIGNIFICATO - Nome storico, che deriva dal macedone *berenika* con il significato di "che porta la vittoria".

PERSONALITÀ - È dotata di un'eleganza e di un fascino tali da essere sempre notata e benvoluta nella propria compagnia. Adora stupire ed essere stupita e per questo non resta mai troppo a lungo ferma sulle proprie posizioni.

CURIOSITÀ - *Il nome fu reso famoso in particolar modo dalla tragedia di Racine,* Berenice.

BERNARD

📖 ONOMASTICO - *Altro non è che la traduzione di Bernardo quindi, per l'onomastico, si richiama a quest'ultimo nome.*

ORIGINE E SIGNIFICATO - L'origine e il significato sono gli stessi di Bernardo.

PERSONALITÀ - Autoritario e forte, talvolta appare aggressivo e ciò non lo aiuta a relazionarsi facilmente con gli altri. Sul lavoro può avere successo se riesce a contenere il suo carattere difficile finché non raggiunge posizioni di rilievo. Le sue qualità e la particolare tenacia poi faranno il resto. In amore sarà amato e felice anche se troverà tardi la sua anima gemella.

BERNARDA / BERNARDO

🕮 ONOMASTICO - *Il giorno in cui si festeggia questo nome è il 20 agosto in ricordo di san Bernardo abate.*

ORIGINE E SIGNIFICATO - Deriva dal nome germanico *berinhard* formato da *bero*, che significa "orso", e da *hatr*, che vuol dire "valoroso". Il suo significato complessivo è quindi "orso coraggioso".

PERSONALITÀ - Bernarda: è una donna dalla personalità espansiva e un po' sbruffona, a cui piace stare spesso in mezzo alla gente e, in generale, all'aria aperta. Bernardo: nonostante l'apparente superficialità è una persona solida su cui si può fare affidamento.

☞ CURIOSITÀ - *Sulla cima del monte Gran San Bernardo, a più di duemila metri d'altezza, vi sono ancora adesso gli omonimi ospizi per pellegrini e viaggiatori, dove si allevano anche gli affettuosi cani San Bernardo, specializzati nel salvare chi si perde per le montagne. Quegli ospizi furono fondati nell'XI secolo da san Bernardo d'Aosta che insieme con san Bernardo da Chiaravalle, il monaco cistercense, dottore della Chiesa e fondatore nel XII secolo dell'abbazia di Clairvaux in Francia, ha contribuito alla diffusione di questo nome nel nostro Paese.*

BERTA / BERTO

🕮 ONOMASTICO - *Nella tradizione germanica, questi nomi possono essere festeggiati il 24 marzo, giorno dedicato alla mitica divinità collegata alla luna e alla filatura. Nel calendario cattolico invece tre sono le date collegate a Berta: la prima domenica d'agosto, in onore della beata Berta Badessa di Cavriglia, il 15 maggio, in ricordo della beata Berta di Bingen, Madre di san Ruperto, e il 4 luglio, giorno dedicato a santa Berta Badessa di Blangy.*

ORIGINE E SIGNIFICATO - Derivano dal germanico *behrt* che significa "chiaro" e "illustre".

PERSONALITÀ - Entusiasti e curiosissimi, entrambi sono dei veri avventurieri precursori dei tempi. Adorano viaggiare e interessarsi di ciò che vedono e delle persone che conoscono. In amore sono ricercati anche se difficilmente cercano la famiglia. Berta, in particolare, è una romanticona, affettuosa e sognatrice che ama relazionarsi con l'altro sesso.

CURIOSITÀ - *Come detto sopra, Berchta era il nome di una divinità germanica titolata alla luna e alla filatura e ad essa si deve il detto "al tempo in cui Berta filava" per indicare, appunto, la stagione in cui si filava la lana.*

BERTOLDA / BERTOLDO

ONOMASTICO - *Viene festeggiato il 21 ottobre in ricordo di san Bertoldo morto nel 1106.*

ORIGINE E SIGNIFICATO - Deriva dal germanico ed è composto da *behrt*, "illustre, famoso" e *waldaz*, "capo, potente" con il significato di "illustre e potente". Si trova attestato a partire dal X secolo.

PERSONALITÀ - Bertolda: dotata di grande fascino e misticismo, è molto immaginativa e creativa. Ama l'eleganza e i piaceri della vita, in particolare quelli della tavola. Bertoldo: cercherà di formare una famiglia numerosa e sarà un padre rispettato e autoritario. Sul lavoro non avrà problemi a raggiungere posizioni di tutto riguardo.

BETTY

ONOMASTICO - *Essendo una variante del nome Elisabetta, si richiama quest'ultimo per il suo onomastico.*

ORIGINE E SIGNIFICATO - Il significato e la sua origine sono gli stessi del nome Elisabetta.

PERSONALITÀ - È una ragazza spensierata e allegra. Preferisce la vita movimentata a quella sedentaria e ciò le fa detestare i lavori d'ufficio o che non le diano la possibilità di vivere all'aria aperta. Appena può, si lascia andare dove la porta la passione. Queste caratteristiche la rendono molto simpatica, ma anche estremamente confusionaria e inaffidabile.

BIAGIO

ONOMASTICO - *Il 3 febbraio è la data dedicata a san Biagio vescovo, martire in Armenia nel 306. Altro giorno in cui si può festeggiare Biagio è il 29 novembre, giorno in cui si ricorda san Biagio di Veroli martire.*

ORIGINE E SIGNIFICATO - Biagio nasce come cognome gentilizio: *blasius*. Il cognome sembra derivare dall'aggettivo latino *blaesus*, che significa "balbuziente".

PERSONALITÀ - Biagio è pigro e sornione come un gatto, e di questi felini possiede anche l'indipendenza e la furbizia. È un grande corteggiatore della bellezza femminile e la donna da lui scelta viene trattata come una regina. Inoltre è un acuto osservatore e un fine conoscitore delle personalità altrui; queste caratteristiche gli permettono di dare saggi consigli alle persone che lo circondano.

BIANCA

📖 ONOMASTICO - *Viene festeggiato il 14 gennaio in ricordo di santa Bianca vergine. Un ulteriore giorno dedicato a lei è il 5 agosto, quando si festeggia la Madonna della Neve.*
ORIGINE E SIGNIFICATO - Deriva dall'aggettivo germanico *blank*, che significa "bianco". Questo termine sostituì il vocabolo latino *albus*.
PERSONALITÀ - Bianca è fondamentalmente ambiziosa. È una donna forte e determinata e profondamente responsabile di sé: non è una donna disposta a calpestare gli altri per ottenere ciò che vuole, lo ottiene perché se lo merita.

BIBIANA

📖 ONOMASTICO - *Non ci sono feste in suo nome, ma per assonanza si può celebrare lo stesso giorno di Viviana, il 10 marzo.*
ORIGINE E SIGNIFICATO - Deriva dal latino e più precisamente dalla continuazione del gentilizio *vibius* che a sua volta era stato ripreso dal termine etrusco *vipi* del quale però si ignora il significato.
PERSONALITÀ - Persona tranquilla e riflessiva, sa trasmettere serenità ai familiari e alle persone che la circondano. Ama viaggiare e conoscere nuovi mondi. In amore è sognatrice e protettiva.

BILL

📖 ONOMASTICO - *Nei calendari anglosassoni è prevista la festa di Bill per il giorno 28 maggio.*
ORIGINE E SIGNIFICATO - Essendo il diminutivo di William l'origine e il significato di questo nome possono essere conosciute riferendosi alla traduzione italiana Guglielmo.
PERSONALITÀ - Leader naturale, Bill è un uomo con carisma da vendere. Sa usare le parole più convincenti, sa muoversi in tutti i contesti, sa cogliere i momenti più opportuni per agire. Sul lavoro è pertanto

apprezzatissimo e un po' invidiato. In amore al contrario è poco attento al partner, perché eccessivamente egocentrico.

BJORN

ONOMASTICO - *Essendo la traduzione dallo svedese della parola "orso", chi porta questo nome può essere festeggiato il giorno di sant'Orso, il 13 aprile.*

ORIGINE E SIGNIFICATO - Come appena detto, deriva dallo svedese e significa "orso".

PERSONALITÀ - Dinamico e comunicativo, sarà brillante negli affari e nello sport, dove può valorizzare le sue doti di eclettìcità. Intelligente ed espansivo, non avrà problemi a raggiungere gli obiettivi che si pone. Ama essere indipendente e per questo in amore è piuttosto irrequieto e inaffidabile.

CURIOSITÀ - *Notevole espansione in Italia ha avuto negli anni '80 grazie alla notorietà raggiunta dal tennista svedese Bjorn Borg, vincitore di numerosi tornei internazionali, nonché ex marito della tormentata cantante italiana Loredana Berté.*

BONIFACIO

ONOMASTICO - *È festeggiato l'8 maggio, in ricordo di papa Bonifacio IV.*

ORIGINE E SIGNIFICATO - Deriva dall'aggettivo *bonifatus*, formato da *bonus*, "buono" e da *fatum*, "destino", col significato di "che abbia un destino fortunato". Nel medioevo è stato interpretato, per etimologia popolare, come composto di *facere*, e quindi "che agisce bene".

PERSONALITÀ - Autoritario e un po' dispotico, è abituato a disporre degli altri, senza preoccuparsi troppo delle loro esigenze. Ambizioso e rigoroso, è estremamente severo sul lavoro con i propri collaboratori e diffidente verso i propri dipendenti. Negli affetti manifesta una tenerezza insospettabile e cerca nella famiglia la tranquillità e l'amore che altrove non trova.

CURIOSITÀ - *Dante Alighieri immortalò questo nome, parlando nella sua opera magna* La Divina Commedia *della controversa vita dell'odiato papa Bonifacio VIII, che additò ad esempio di spregiudicatezza politica e morale e che per questo condannò all'inferno, colpevole di simonia.*

Boris

📖 ONOMASTICO - *Si celebra il 2 maggio.*

ORIGINE E SIGNIFICATO - L'etimologia di questo nome è controversa. Alcuni studiosi lo considerano una contrazione dell'aggettivo bulgaro *bogori*, che significa "piccolo". Altri pensano che sia una derivazione dallo slavo *Borislav*, nome composto da *boron*, che significa "combattente", e da *slava*, ossia "gloria"; qui il significato complessivo del nome sarebbe "guerriero che acquista gioia". Un'ulteriore tesi vuole che il nome derivi dal termine *bàris* che vuol dire "forte e violento".

PERSONALITÀ - Boris possiede un carattere eclettico con una creatività molto sviluppata. Vivere accanto a lui è un'esperienza emozionante e intensa, pronto com'è a condividere i propri sogni e le proprie avventure. Non sa né fingere né mentire, quindi spesso ferisce involontariamente le persone che gli stanno accanto, dicendo in modo crudo verità difficili da dichiarare apertamente. Chi lo conosce a fondo, però, lo apprezza proprio per questo.

CURIOSITÀ - *La diffusione in Russia e Ucraina del nome è dovuta al fatto che così si chiamò uno dei due leggendari prìncipi di Kiev, nonché lo zar Boris Godounov, consacrato da Puskin e dallo scrittore contemporaneo Boris Pasternak.*

Brad

📖 ONOMASTICO - *L'onomastico di Brad è festeggiato l'11 febbraio.*

ORIGINE E SIGNIFICATO - Deriva dall'antico inglese *broad* di cui non si conosce il significato.

PERSONALITÀ - Mistico e riflessivo, Brad è altruista e idealista. In amore è un perfetto sognatore capace di vere e proprie follie. Sul lavoro emerge la sua inaffidabilità: è disordinato e poco interessato alle posizioni di rilievo.

CURIOSITÀ - *È innegabile che, negli ultimi anni, la fama raggiunta dall'attore Brad Pitt abbia in qualche modo aumentato la diffusione di questo nome.*

Brandon / Brenda

📖 ONOMASTICO - *L'onomastico viene festeggiato il 16 maggio in onore di san Brendan, abate irlandese del VI secolo che, secondo la leggenda, attraversò l'oceano Atlantico insieme a 17 monaci e raggiunse il Nord America.*

ORIGINE E SIGNIFICATO - Derivano entrambi dal celtico *brand* che significa "spada".
PERSONALITÀ - Brandon: persona dotata di un grande senso dell'avventura che lo porta sempre a cercare nuovi stimoli. Sul lavoro è troppo deciso e autoritario e, per questo, incontrerà qualche difficoltà a relazionarsi coi dipendenti e i collaboratori. Brenda: in amore è tenera e affettuosa, ma tende a sacrificare per l'uomo amato gli altri affetti importanti.

CURIOSITÀ - *Questi nomi sono piuttosto diffusi in Scozia e negli Stati Uniti, meno in Italia.*

BRIAN

ONOMASTICO - *Non avendo una tradizione cattolica ci si deve riferire ai calendari anglosassoni, in cui si festeggia il 6 novembre.*
ORIGINE E SIGNIFICATO - Nome celtico che trae le sue origini dalla parola *brigh*, con il significato di "alto", "nobile", o dalla parola *bri*, con il significato di "forte".
PERSONALITÀ - Elegante e carismatico, Brian sa trattare con le persone e fa di questa qualità la sua arma migliore sul lavoro. Sa essere un amico affidabile e un amante ricercato. Non ama viaggiare perché desidera stabilirsi in un luogo accogliente e che gli permetta di affondare solidi radici per il futuro.

CURIOSITÀ - *Brian Boru fu un re irlandese che contrastò gli attacchi vichinghi per conquistare l'Irlanda nell'XI secolo. Fu vincitore nella battaglia di Clontraf, ma fu lui stesso ucciso.*

BRIDGET

ONOMASTICO - *È la traduzione inglese del nome Brigida, pertanto si richiama a quest'ultimo nome per il suo onomastico che cade il 1° febbraio o l'8 ottobre. Chi invece vuole riferirsi ai calendari anglosassoni la festeggierà il 7 ottobre.*
ORIGINE E SIGNIFICATO - Deriva dall'irlandese *Brigit*, nome di una dea della fertilità, delle arti e delle scienze, forse derivato da *brig*, "alto", "potente" con il significato di "alta", "potente".
PERSONALITÀ - Sensuale e romantica, è passionale negli affetti e capace sul lavoro. È molto volenterosa e tenace, quindi, sarà apprezzatissima

dai colleghi. È portata verso tutto ciò che è azione, ma la sua voglia di strafare la conduce spesso a combinare qualche pasticcio. Come amica è preziosa e affidabile.

CURIOSITÀ - *È diventato un nome-icona di tutte le donne single di oggi dopo il successo planetario prima del libro e poi del film* Il diario di Bridget Jones. *La protagonista mangia troppo, beve troppo, fuma troppo, ha una mamma troppo invadente, un amante "troppo" sposato e troppi pochi "pretendenti". È il ritratto di una moderna trentenne in carriera, come risulta dal diario di un anno della sua vita, dove vengono raccontati, con humor e ironia, i problemi, le speranze, le delusioni di una donna qualunque.*

BRIGIDA

ONOMASTICO - *L'onomastico si festeggia il 1° febbraio in memoria di santa Brigida, vergine di Fiesole. L'8 ottobre si ricorda, invece, santa Brigida di Svezia che, dopo un pellegrinaggio a Roma, fondò nella sua terra un ospizio per pellegrini e studenti. Patrona d'Europa, protettrice dei viandanti e dei balbuzienti, è invocata quando i bambini tardano a parlare.*

ORIGINE E SIGNIFICATO - Deriva dall'irlandese *Brigit*, nome della dea *Brigantia*, una sorta di Minerva celtica, preposta alla fertilità, alle scienze e alle arti, forse derivato da *brig*, "alto", "potente" con il significato di "alta", "potente".

PERSONALITÀ - Personalità autoritaria, ombrosa e assolutista, Brigida non si piega mai preferendo semmai piegare gli altri al proprio volere. Amante della libertà, delle allegre compagnie e dell'avventura, costella la propria esistenza di colpi di testa e imprevisti. Molto sentimentale, prende con facilità abbagli amorosi, rinunciando a tutto per un compagno non adatto a lei. È incapace di conservare la propria fortuna. Teme l'introspezione e la solitudine.

BRUNA / BRUNO

ONOMASTICO - *Si festeggia tradizionalmente il 6 ottobre in ricordo di san Bruno Abate, fondatore dei Certosini.*

ORIGINE E SIGNIFICATO - Deriva dal termine germanico *brun*, ossia "bruno", "scuro". Quando i barbari vennero a contatto con i Romani, durante l'Impero, si accorsero che molti erano scuri di capelli e di barba, e spesso anche di carnagione, sicché li definirono "bruni". Infatti l'aggettivo bruno non è di origine latina, ma germanica, e solo dopo fu tradotto nel latino tardo in *brunus* e *bruna*. La traduzione italiana dal nome latino *bruno*, era inizialmente "brunone" e solo più tardi si troncò in "bruno".

PERSONALITÀ - Bruna: è dolce, comprensiva e stabile, un'ottima compagna nella vita di tutti i giorni. L'unica sua pecca è che manca un po' di entusiasmo e ha bisogno di stimoli esterni per appassionarsi alle cose che fa. Bruno: è pacato e sensibile ed è circondato sempre da buoni amici. È tranquillizzante e il suo consiglio è sempre benvenuto. Se riuscisse a trovare più di grinta dentro di sé diventerebbe un uomo importante.

CURIOSITÀ - *La grande diffusione di questo nome nel Medioevo e poi nell'età moderna è dovuta al culto di alcuni santi, primo fra tutti il fondatore dell'ordine dei Certosini, san Bruno, che era tedesco di nascita, ma alla fine dell'XI secolo, si trasferì in Calabria fondando la Certosa della Torre. Qui morì il 6 ottobre del 1101, giorno in cui, appunto, si festeggia il santo.*

BRUNILDE

ONOMASTICO - *Si festeggia il 1° novembre, giorno di Ognissanti, perché non esiste un santo patrono.*

ORIGINE E SIGNIFICATO - Deriva dal termine germanico *brunechild* che significa "fanciulla abbagliante" oppure, secondo altre fonti, "donna che combatte con la corazza".

PERSONALITÀ - Sensibile, sentimentale e molto femminile, Brunilde si rivela però capace di agire al momento propizio. Di carattere mutevole, incontentabile e capricciosa, è sempre in cerca di novità e per questo motivo adora viaggiare, frequentare nuovi luoghi o almeno interessarsi da tutte le cose, anche le più banali, che le si prospettano.

CURIOSITÀ - *È il nome della donna di cui Gunther, re del Nibelunghi, si è invaghito. Respinto, con l'aiuto di Sigfrido e di un elmo che lo rende invisibile, riesce a sposarla, ma il povero Sigfrido sarà ucciso dalla regina Brunilde per vendetta.*

BRUTO

ONOMASTICO - *Si festeggia il 1° novembre, giorno di Ognissanti, perché non esiste un santo patrono.*

ORIGINE E SIGNIFICATO - Deriva dal *cognomen* o soprannome latino repubblicano *brutus*, "pesante", "lento".

PERSONALITÀ - La tenacia e l'idealismo caratterizzano la personalità di Bruto che è disposto a tutto pur di inseguire un sogno. In amore queste sue caratteristiche si accentuano al limite della sopportabilità mentre, sul lavoro, non possono che aiutarlo. Se saprà governare la sua irruenza, raggiungerà il successo e la felicità in ogni ambito.

C

Caio

📖 ONOMASTICO - *È festeggiato il 10 marzo in ricordo di san Caio, martirizzato ad Apamèa in Frigia con sant'Alessandro.*

ORIGINE E SIGNIFICATO - Deriva dal latino *gaius* che significa "ghiandaia", oppure da *caius* e cioè "signore" e "padrone". In epoca romana fu uno dei nomi più utilizzati.

PERSONALITÀ - Caio è molto abile nel persuadere le persone. Il suo carisma lo aiuta anche sul lavoro. È sensibile a ciò che gli succede intorno e si fa influenzare dall'ambiente che lo circonda. Ama le amicizie numerose, le grandi compagnie e la famiglia.

CURIOSITÀ - *Il nome Caio nella Roma antica era così diffuso da essere utilizzato nella formula nuziale che gli sposi recitavano al momento della cerimonia. Suonava così:* ubi Gaius, ego gaia, *traducibile come "dove è Caio, sarò io Caia".*

Calandra

📖 ONOMASTICO - *Si festeggia il 1° novembre, giorno di Ognissanti, perché non esiste un santo patrono.*

ORIGINE E SIGNIFICATO - Potrebbe derivare da un soprannome latino legato a una caratteristica fisica o al mestiere di parrucchiere, infatti *caliendrum* era il vocabolo latino per "parrucca".

PERSONALITÀ - Mistica e riflessiva, Calandra è vicina alla sfera del soprannaturale e sente molto l'influenza degli astri. È una inguaribile sognatrice e questo la porta a essere un tantino inaffidabile e confusionaria. Cerca sempre uomini problematici e cervellotici, che cercano il suo appoggio per risolvere i loro problemi per poi trascurarla quando non avranno più bisogno di lei.

CALEB

📖 ONOMASTICO - *Si festeggia il 1° novembre, giorno di Ognissanti, perché non esiste un santo patrono.*

ORIGINE E SIGNIFICATO - Deriva dall'ebraico e significa "cane".

PERSONALITÀ - Il fascino di Caleb è semplicemente unico. Il misticismo della persona si percepisce prorompente anche all'esterno per la capacità di ammaliare chi gli sta intorno. Avrà buona fortuna negli affari, anche se preferirà sfruttare le sue doti nell'amore e nella costruzione della famiglia.

CURIOSITÀ - *Nell'Antico Testamento, Caleb era il nome di una delle dodici spie mandate da Mosè in Israele: degli Israeliti che lasciarono l'Egitto con Mosè, lui e Joshua furono gli unici che sopravvissero per vedere la Terra Promessa.*

CALIPSO

📖 ONOMASTICO - *Si festeggia il 1° novembre, giorno di Ognissanti, perché non esiste un santo patrono.*

ORIGINE E SIGNIFICATO - Figlia di Oceano e Teti è, nella mitologia greca, la regina dell'isola di Origia, dove incontrò Ulisse.

PERSONALITÀ - Capace e paziente, Calipso sa attendere il momento giusto per ogni questione. Molto pratica sul lavoro, in amore non si lascia scappare l'uomo che ama. Adora studiare e aumentare la propria cultura, anche se non gradisce ammetterlo per non "scoprire le carte".

CALLIOPE

📖 ONOMASTICO - *Viene festeggiato l'8 giugno in ricordo di san Calliopa martire.*

ORIGINE E SIGNIFICATO - Deriva dal greco *kalli*, "bello", "nobile" e da *opos*, "voce", "canto" con il significato di "persona dal bel canto, dalla bella voce".

PERSONALITÀ - È una persona molto tranquilla e amante delle cose semplici. Nella vita cerca al più presto di formare una famiglia e di trovare un lavoro sicuro. Affidabile tanto negli affetti che sul lavoro, Calliope si distingue per il suo carattere sereno e gioviale. Si innamorerà per la prima volta relativamente tardi, verso i trent'anni e si sposerà in breve tempo con l'uomo dei suoi sogni. Sarà una madre dolce ed equilibrata.

CALLISTO

📖 ONOMASTICO - *È tradizionalmente festeggiato il 14 ottobre in onore di san Callispo I papa, martire nel 222, che legò il suo nome alle note catacombe della via Appia.*

ORIGINE E SIGNIFICATO - Deriva dal greco *kallistos*, superlativo di *kalos*, "bello" con il significato di "bellissimo".

PERSONALITÀ - Imprevedibile e battagliero, è capace di grandi imprese. Osa sempre fino al limite e spesso, inevitabilmente, va incontro a grossi rischi. Pretenzioso e orgoglioso, non avrà vita facile in amore mentre sul lavoro non si conteranno gli alti e bassi.

CALOGERO

📖 ONOMASTICO - *San Calogero eremita, molto venerato a Sciacca, in Sicilia, è festeggiato il 18 giugno. Lo si invoca per liberare gli indemoniati.*

ORIGINE E SIGNIFICATO - Secondo il rito bizantino, i monaci più meritevoli venivano insigniti di un titolo omofono di questo nome. Tale menzione derivava dai vocaboli greci *kalos* e *gheros* e significava "buon vecchio" o "bel vecchio".

PERSONALITÀ - Persona sedentaria e prudente, ama le comodità, gli agi e, non sempre, qualche vizio. Ama lo studio, la meditazione e viaggiare con la fantasia attraverso le letture. Riesce a ottenere molto dalla vita senza faticare granché e ciò grazie al suo acume e alla capacità di sfruttare al meglio le situazioni. La sua vita sentimentale non è solitamente molto movimentata.

CURIOSITÀ - *Oggi è diffuso soprattutto in Sicilia per i motivi religiosi che sono stati spiegati sopra.*

CAMELIA

📖 ONOMASTICO - *Si festeggia il 3 marzo in ricordo di santa Camelle o Camelia, vergine e martire di Uxerre assai venerata nell'Aude, in Francia. Patrona delle madri di famiglia, s'invoca contro i disturbi che possono colpire le donne in attesa di partorire.*

ORIGINE E SIGNIFICATO - Deriva dal greco *gamelios* ovvero "nato da giuste nozze". Potrebbe anche derivare dal nome dell'omonimo fiore bianco o rosa.

PERSONALITÀ - Ambiziosa e costruttiva, cerca sempre qualche attività che le possa garantire successo e soddisfazione. Non ama la compagnia di troppe persone preferendo poche e selezionate amicizie. In amore è diffidente e controllata. Talvolta è così parsimoniosa negli affari che è disposta a sacrificare i propri interessi nel nome del risparmio.

CAMERON

📖 ONOMASTICO - *Non è previsto l'onomastico di questo nome nei calendari cattolici romani. Nei calendari anglosassoni la festa di Cameron è fissata per il giorno 18 luglio.*

ORIGINE E SIGNIFICATO - Nell'antica lingua celtica significa "naso schiacciato".

PERSONALITÀ - Raffinato e romantico, non ha problemi in amore. Sul lavoro, invece, è spesso pigro o indeciso sul da farsi. In compagnia risulta sempre simpatico per via della gentilezza e dell'umorismo contagioso.

CAMILLA / CAMILLO

📖 ONOMASTICO - *Le donne che portano questo nome possono festeggiare l'onomastico il 26 luglio in ricordo della beata Camilla Gentili di San Severino Marche. Con lo stesso nome si onora anche una martire di Civitavecchia, il giorno 18 febbraio.*

ORIGINE E SIGNIFICATO - L'etimologia di questo nome è incerta. Potrebbe essere la traduzione latina, *camillus*, del termine ebraico *kadmel*, che significa "messaggero di Dio"; oppure potrebbe derivare dal termine greco *gamelios*, che ha come significato "nato da giuste nozze". Infine, secondo una terza ipotesi, potrebbe essere, sempre come *camillus*, la traduzione latina di un nome personale etrusco.

PERSONALITÀ - Camilla: è briosa, intraprendente e dinamica. È molto curiosa, nel senso che le piace capire perché le cose accadono e quali sono le dinamiche che le muovono. Inoltre si lascia condurre dai propri sentimenti che la portano a innamorarsi spesso e volentieri. Camillo: è un uomo placido e contento di ciò che ha. Al successo preferisce di gran lunga una vita tranquilla, a tratti sin troppo pigra e sedentaria, e senza grandi sorprese. Cercherà una brava moglie che gli dia tranquillità e che si occupi della casa e dei figli.

CURIOSITÀ - *Moltissimi sono i personaggi della storia che hanno contribuito alla diffusione di questi nomi. Solo per citarne alcuni: il generale conquistatore romano Marco Furio Camillo, lo statista piemontese Camillo Benso Conte di Cavour, i pittori Pissarro e Corot.*

CANDIDA / CANDIDO

📖 ONOMASTICO - *Viene onorato il 10 settembre in memoria di santa Candida, detta "la giovane", vergine e martire del I secolo, prima cristiana di Napoli e, secondo la tradizione, battezzata da san Pietro.*
ORIGINE E SIGNIFICATO - Questo nome deriva dal verbo latino *candère*, che significa "incandescente" o, meglio, "reso chiaro dal calore". Per traslazione assunse poi il significato di "sereno", "sincero".
PERSONALITÀ - Candida: è un ottimista dotata di grinta e volontà. Queste due qualità le permetteranno di intraprendere con successo qualsiasi tipo di iniziativa. Candido: in amore si rivela un ingenuo e questo è il segreto del suo fascino.
CURIOSITÀ - *Da ricordare in letteratura il* Candido *di Voltaire che diede il prototipo della persona ingenua.*

CANNELLA

📖 ONOMASTICO - *Si festeggia il 1° novembre, giorno di Ognissanti, perché non esiste un santo patrono.*
ORIGINE E SIGNIFICATO - Deriva dal nome della spezia odorosa orientale.
PERSONALITÀ - Forte e orgogliosa, non molla mai di fronte ai primi errori. Tenacissima anche in amore, non si dà facilmente per vinta, anche di fronte a un rifiuto o a una conquista apparentemente persa in partenza. Troppo spesso, però, tralascia questioni importanti per seguire un ideale irraggiungibile.

CARA

📖 ONOMASTICO - *Il nome è usato soprattutto tra gli anglosassoni che lo festeggiano il 15 settembre. Nei calendari romani non è riportato il suo onomastico.*
ORIGINE E SIGNIFICATO - Nome usato soprattutto dagli anglofoni, nato dall'italiano *cara*, proprio con il significato che diamo noi italiani a questa parola; ci sono però altre due origini del tutto indipendenti che hanno prodotto lo stesso nome: il gaelico irlandese *caraid* con il significato di "amica", e un nome vietnamita che significa "prezioso gioiello".

PERSONALITÀ - Studiosa e metodica, Cara è una donna piena di risorse: ama le materie scientifiche e, in particolare, la biologia, che soddisfa la sua infinita curiosità per il mondo animale. Sul lavoro è poco organizzata, ma nel suo disordine sa muoversi molto bene e pertanto non fa fatica a raggiungere posizioni di rilievo. In amore è incostante, ma, quando si innamora, è fedele come nessun'altra. Non è portata per avere una famiglia numerosa.

CARABELLA

📖 *ONOMASTICO - Essendo composto dai nomi Cara e Bella, si richiamano questi ultimi per l'onomastico di Carabella.*
ORIGINE E SIGNIFICATO - Nome usato dagli anglofoni ma composto con le due parole italiane *Cara* e *Bella.* Si richiamano pertanto questi ultimi nomi per il suo significato e l'origine.
PERSONALITÀ - Non particolarmente appariscente sotto il profilo fisico, compensa la scarsa avvenenza con una forte personalità: dolce ma allo stesso tempo decisa, romantica e al contempo pratica, è una donna che non fatica a trovare ammiratori e amici. In famiglia è una figlia premurosa e rispettosa con i genitori, ma un po' prepotente con fratelli e sorelle.

CARLA / CARLO

📖 *ONOMASTICO - Carla si festeggia il 17 agosto, in ricordo della venerabile Carol o Carola Gerhardinger di Regensburg. Carlo, invece, viene per tradizione festeggiato il 4 novembre in ricordo di san Carlo Borromeo nato nel 1538.*
ORIGINE E SIGNIFICATO - Il nome deriva dal termine germanico *karl,* con il quale si designava l'uomo libero. Con Carlo Magno assunse il significato di re.
PERSONALITÀ - Carla: è un'eterna insoddisfatta. Spera sempre in qualcosa di meglio, non rendendosi conto delle cose belle che la circondano. Carlo: è un uomo intelligente, dotato di un'ottima dialettica con la quale riesce a cavarsela sempre in ogni occasione. Gli piace la filosofia che studia e applica anche nella vita quotidiana. Purtroppo è autoritario e poco tollerante, anche con se stesso; detesta commettere errori e, ancor di più, essere sorpreso a sbagliare. Se ha dei figli tende a programmarne la vita fin dalla loro nascita.

CURIOSITÀ - Si racconta che quando Carlo Martello nacque, la levatrice, mostrandolo al padre, avesse esclamato "è un maschio!". E il padre rispose: "Allora lo chiameremo Karl". Infatti "maschio", nell'idioma franco di quel tempo, si diceva Karl. I Franchi lo trasformarono in un nome onorifico, Karl, che attribuirono ai maestri di palazzo alla corte dei re Merovingi. Quando nel 737 il maestro di palazzo Carlo Martello assunse i poteri, Karl divenne un nome tradizionale della nuova dinastia e infatti venne imposto a suo nipote, che fu il celebre Carlo Magno, fondatore del Sacro Romano Impero.

CARLOTTA

ONOMASTICO - Si festeggia il 17 agosto in ricordo della venerabile Carol o Carola Gerhardinger di Regensburg.

ORIGINE E SIGNIFICATO - Si tratta di una alterazione del nome Carla, pertanto si richiama quanto detto per quest'ultima.

PERSONALITÀ - Il tratto distintivo di Carlotta è la trascinante simpatia: il suo costante buon umore è un toccasana per amici e parenti che, quindi la reclamano per cene e feste di ogni tipo. Sul lavoro, però, è un po' scostante forse perché soffre di una sottile invidia per i traguardi altrui, soprattutto quando ritiene che siano poco meritati.

CARMELA / CARMELO

ONOMASTICO - Le persone che hanno questo nome possono festeggiare il loro onomastico il 16 luglio in ricordo della Beata Vergine del Carmelo.

ORIGINE E SIGNIFICATO - Deriva dal nome spagnolo *carmen*, a sua volta traduzione di *karmel*, il nome di un monte ebraico. Il suo significato è "giardino". Nei pressi di questo monte trovarono rifugio i religiosi che in seguito presero il nome di Carmelitani.

PERSONALITÀ - Carmela: è una persona facilmente impressionabile e questo rischia di condizionarle la vita rendendola una donna bigotta e superstiziosa. Ha un bisogno costante di sentirsi protetta e nell'uomo ricerca questa caratteristica. Carmelo: è la faccia della salute. Di aspetto robusto, trasmette solidità e sicurezza. Come la sua omonima femminile è superstizioso al punto da ricorrere, talvolta, al consulto di maghi e indovini. Un'ingenuità che paga cara, soprattutto sotto il profilo economico.

⊶ CURIOSITÀ - *La straordinaria devozione per Maria del Carmelo ha diffuso, soprattutto nell'Europa meridionale, Carmelo e Carmela, insieme con le varianti Carmine e Carmen. Quest'ultimo nome si è diffuso nel meridione durante la dominazione spagnola. Anche nella forma italiana, Carmela, il nome ha ispirato letterati, compositori e cantanti nostrani. Da Aldo Palazzeschi, che ha dedicato una sua poesia a Regina Carmela a Renato Carosone, che negli anni Cinquanta cantava nella* A' sunnambula.

CARMEN

📖 ONOMASTICO - *Le donne che hanno questo nome possono festeggiare il loro onomastico il 16 luglio in ricordo della beata Vergine del Carmelo.*

ORIGINE E SIGNIFICATO - Carmen, come già detto parlando di Carmela, deriva dal nome del monte *karmel* che significa "giardino".

PERSONALITÀ - Carmen è allegra e vitale. Donna dal fascino particolare, a tratti oscuro, si rivela molto leale e sincera nei rapporti di amicizia. Lo è un po' meno nei rapporti d'amore, che vive con spensieratezza, facendo talvolta soffrire chi si innamora di lei.

⊶ CURIOSITÀ - *Nell'Ottocento ha avuto una buona diffusione in tutto il Paese grazie all'opera lirica di Bizet, la celebre* Carmen, *la seducente sigaraia di Siviglia mangiatrice d'uomini.*

CARMINE

📖 ONOMASTICO - *Viene festeggiato il 16 luglio in ricordo della beata Vergine del Carmine o del Carmelo.*

ORIGINE E SIGNIFICATO - Deriva dall'ebraico *Charmel* e significa "giardino divino", oppure "orto di Dio". È un nome molto diffuso per via della sua matrice religiosa.

PERSONALITÀ - Tradizionalista e conservatore, fatica a stare al passo con i tempi. Non ama la tecnologia e le evoluzioni sociali troppo repentine. Al contrario, adora i classici letterari e le materie umanistiche in generale. Negli affetti cerca di formare al più presto una famiglia che cresca secondo i suoi principi un po' retrò e le sue regole ferree.

CAROLA

📖 ONOMASTICO - *Si festeggia il 17 agosto in ricordo della venerabile Carol o Carola Gerhardinger di Regensburg.*

ORIGINE E SIGNIFICATO - Questo nome deriva dal termine germanico *karl,* che significa "uomo libero". Ha, quindi, la stessa etimologia di Carlo.

PERSONALITÀ - Carola è molto bella e dal portamento particolarmente elegante. Le altre donne le invidiano il fatto che qualsiasi vestito da lei portato sembri particolarmente chic. Non dà nessun peso alla vita materiale, anche perché sembra sempre esserci qualcuno pronto a occuparsi di lei.

CAROLINA

📖 *ONOMASTICO* - *Si festeggia il 1° luglio in ricordo della venerabile Carolina, detta "Regina", di Denain, vissuta nell'VIII secolo.*

ORIGINE E SIGNIFICATO - Il significato e l'origine di questo nome sono gli stessi di Carola e Carla. Infatti si tratta del loro diminutivo e vezzeggiativo.

PERSONALITÀ - Simpatica e allegra, Carolina è anche elegante e fascinosa. La sua naturale disinvoltura la porta a sentirsi a proprio agio in qualsiasi ambiente, anche grazie a un altro tratto distintivo del suo carattere, la razionalità, che la aiuta a non lasciarsi sopraffare dalle emozioni.

CURIOSITÀ - *L'espansione di questo nome ha avuto un impulso grazie alla fama e ai gossip legati alla principessa di Monaco, Caroline.*

CASIMIRA / CASIMIRO

📖 *ONOMASTICO* - *L'onomastico si festeggia il 4 marzo in memoria di san Casimiro re di Polonia, vissuto nel XV secolo.*

ORIGINE E SIGNIFICATO - Deriva dal polacco *Kazimierz*, composto da *kazac*, "comandare", e da *-mierz*, "grande", "famoso", con il significato di "grande", "potente nel comandare".

PERSONALITÀ - Casimira: goffa e impacciata con gli uomini, conquista il sesso maschile con l'intelligenza e la sensibilità. Non è portata per lo sport, ma eccelle nello studio: la carriera universitaria è, pertanto, ciò che fa per lei. Le professioni che più le si addicono sono quelle dove sono importanti la precisione e l'affidabilità. Casimiro: attaccato alla famiglia d'origine matura con lentezza i suoi sentimenti e guadagna indipendenza in età avanzata.

CASSANDRA

📖 *ONOMASTICO* - *Le donne così chiamate possono festeggiare il loro onomastico il 1° novembre in quanto non risultano sante con questo nome.*

ORIGINE E SIGNIFICATO - Deriva dal greco *kasis andron*, che significa "sorella degli amici".

PERSONALITÀ - Cassandra è una donna introversa e un po' lunatica. Vista dall'esterno sembra granitica, ma dentro di lei è facile che si svolgano aspre lotte. Questo succede perché è facile preda del nervosismo, che però riesce a mascherare benissimo agli altri.

CURIOSITÀ - *È il nome della figlia di Priamo che ottenne da Apollo il dono della profezia, ma avendo respinto il suo amore, fu da lui destinata a non essere mai creduta.*

CASSIANO

ONOMASTICO - *Viene tradizionalmente festeggiato il 26 marzo in memoria di san Cassiano, martirizzato in Africa nel IV secolo assieme a santa Tecla e ad altri compagni di fede. Viene invocato dalle mamme, per ottenere che i figli crescano con un carattere dolce e per guarire dalle verruche ai piedi.*

ORIGINE E SIGNIFICATO - L'origine e il significato sono gli stessi di Cassio poiché Cassiano ne è un derivato.

PERSONALITÀ - Molto capace nello studio di tutte le materie scolastiche, Cassiano è un eccellente studente e, in ambito professionale, non avrà mai problemi. In amore il carattere un po' scorbutico lo porta a vivere alcune difficoltà nella relazione di coppia. È estremamente sincero e franco, ma troppo spesso esprime i suoi pareri, anche se giusti, in modo brusco finendo per passare dalla parte del torto.

CASSIO

ONOMASTICO - *Cassia ricorre il 20 luglio in ricordo di santa Cassia, martire in Persia, con santa Paola e altri compagni di fede. Cassio invece è solitamente festeggiato il 15 maggio in onore di san Cassio, martire in Francia nel 266 con i santi Massimo e Vittorino.*

ORIGINE E SIGNIFICATO - Deriva dal nome gentilizio latino di età repubblicana *Cassius*, divenuto in età imperiale nome individuale di schiavi, liberti e plebei, a sua volta derivante da *Cassus, praenomen* di probabile origine etrusca e dal significato oscuro. Secondo alcune fonti potrebbe significare "elmo metallico".

PERSONALITÀ - Colto e raffinato, Cassio è anche fisicamente dotato e di bella presenza. Il suo carattere introverso, però, non lo aiuta e per-

tanto, in amore, è desiderato, ma fa fatica a rompere il ghiaccio.
CURIOSITÀ - *La* gens *romana che portava questo nome diede il nome anche all'odierna via Cassia.*

CASSIOPEA

ONOMASTICO - *Si festeggia il 1° novembre, giorno di Ognissanti, perché non esiste un santo patrono.*
ORIGINE E SIGNIFICATO - Nome di origine greca e di significato ignoto.
PERSONALITÀ - Si tratta di una persona dalle caratteristiche sfuggenti. Se da un lato appare dolce e amorevole, dall'altro è capace di trasformarsi in una tigre feroce tutte le volte in cui si sente minacciata. Non è capace di ammettere i propri errori e odia dover chiedere scusa. Con la persona che ama si trasforma e si dona completamente plasmando i suoi comportamenti sulla personalità del partner.

CURIOSITÀ - *In mitologia è il nome della moglie di Cepeo, re dell'Etiopia e madre di Andromeda. Cassiopea si vantò con le Nereidi di avere una figlia più bella di loro e queste ottennero dal padre Poseidone che Andromeda fosse legata a uno scoglio e data in pasto a un mostro marino. Ma l'eroe Perseo liberò la ragazza e la sposò e Giove trasformò Cassiopea in una costellazione della Via Lattea.*

CATERINA

ONOMASTICO - *Vi sono due sante molto popolari: la prima è santa Caterina d'Alessandria, una martire egiziana del IV secolo che è diventata fra l'altro la protettrice delle ragazze da marito e delle apprendiste sarte, che sono chiamate "caterinette" in suo onore e che celebrano la loro festa il 25 novembre, quando si ricorda la santa. L'altro onomastico cade invece il 29 aprile, quando si festeggia la compatrona d'Italia, con Francesco d'Assisi, santa Caterina da Siena.*
ORIGINE E SIGNIFICATO - Il nome è di origine greco-bizantina. Sul suo significato vi sono tante ipotesi: c'è chi dice che derivi da *Hekàte*, la dea infera, e in questo caso vorrebbe dire "sacra" o "dedicata a Ecate" e c'è chi sostiene che derivi dall'epiteto del dio Apollo *Hékatos*, "colui che saetta". Fu poi tradotto nel latino *Catharina* e interpretato in un terzo modo, come se derivasse semplicemente dall'aggettivo greco *katharòs* che significava "puro". Chi si chiama Caterina, dunque, non ha che l'imbarazzo della scelta: da una "sacra alla dea Ecate" a "saettante" a "pura".

PERSONALITÀ - Caterina ha una personalità positiva e ironica con cui sdrammatizza gli eventi e il mondo che la circonda. Contemporaneamente, però, è un'inguaribile romantica, alla incessante ricerca del principe azzurro. È un'amica fedele, di quelle che rimangono nel tempo.

CURIOSITÀ - *Molte regine europee si sono chiamate Caterina, come ad esempio Caterina de' Medici, che fu sposa del re di Francia Enrico II e poi, dopo la morte del marito e del figlio, guidò il regno come tutrice del giovane Carlo IX. Fu lei a ordinare la strage dei calvinisti nella celebre notte di san Bartolomeo del 1572; ma fu lei anche a introdurre nella corte francese il mecenatismo e le raffinatezze tipiche del Rinascimento fiorentino, come ad esempio l'uso della forchetta a tavola. Molto celebre fu anche Caterina II, la grande imperatrice di Russia che visse nel XVIII secolo. Queste e altre regine contribuirono ulteriormente alla diffusione in Europa del nome.*

CATRINA

ONOMASTICO - *L'onomastico di questo nome può essere festeggiato nello stesso giorno di Caterina che altro non è se non la sua traduzione in italiano.*

ORIGINE E SIGNIFICATO - L'origine e il significato sono gli stessi di Caterina. Catrina è infatti la sua traduzione slava.

PERSONALITÀ - Impenitente rubacuori, Catrina è dotata di grande fascino che però sfrutta per avventure poco durature. Soprattutto durante la gioventù non cerca rapporti stabili. A scuola è portata soprattutto per le materie artistiche, dove può dare sfogo alla sua innata fantasia, ma il suo prendere tutto con leggerezza difficilmente le farà raggiungere risultati superiori alla sufficienza. Simpatica e divertente, sarà sempre circondata da amici che faranno di tutto per avere la sua compagnia.

CECILIA

ONOMASTICO - *L'onomastico di Cecilia si celebra il 22 novembre in onore di santa Cecilia, vergine romana, martirizzata il 16 settembre dell'anno 232. In alcune zone viene celebrata nella data del suo martirio, in altre il 22 dicembre. È patrona di cantanti e musicisti tanto che a Roma l'accademia musicale più prestigiosa è intitolata proprio a santa Cecilia.*

ORIGINE E SIGNIFICATO - Questo nome deriva dal termine latino *caecus*, che significa "cieco". Secondo altri, invece, deriverebbe da un nome etrusco.

In ogni caso i nomi *cecilius* e *caecilia* si diffusero così presto che la *gens caecilia* era delle più antiche e tradizionali famiglie romane.
PERSONALITÀ - Cecilia è sempre la prima della classe. Precisa fino alla pignoleria, è in grado di puntualizzare qualsiasi cosa. È dotata di una buona dose di creatività che però non riesce a sfruttare a causa della preponderanza della sua parte razionale.

CURIOSITÀ - *Grazie alla popolarità della santa patrona, Cecilia si è diffuso in tutta l'Italia, ma soprattutto a Roma e in Lombardia. Negli ultimi anni si sono affermate in Italia anche alcune varianti straniere come Cecile, Cecily, Cecil, Cissy; oppure Sheila che deriva dall'irlandese Sile.*

CELESTE

ONOMASTICO - *L'onomastico viene festeggiato il 14 ottobre, quando si ricorda san Celeste, vescovo di Metz nel secolo ottavo. Il 2 maggio e il 30 aprile si ricordano anche due santi martiri Celeste di cui uno di Roma.*
ORIGINE E SIGNIFICATO - Deriva dal sostantivo latino *caelum* e dal suo aggettivo *caelestis.* Il significato è il medesimo del termine italiano. È usato indifferentemente in senso maschile e femminile. Qui parliamo di Celeste riferito alle donne perché la versione maschile non è praticamente più in uso. I primi cristiani auguravano ai propri figli il Paradiso dandogli come nome *Caelestis,* anche se il bambino era una femmina. Letteralmente significa "celestiale".
PERSONALITÀ - Celeste è una sognatrice. Idealista fino all'ingenuità, vorrebbe vivere in altri tempi e in altri luoghi e infatti ha modi di fare un po' antichi. In amore è una donna che fugge, probabilmente per paura e insicurezza. Nonostante questo attrae molti uomini perché è dotata di grande fascino.

CELESTINA / CELESTINO

ONOMASTICO - *Le Celestine festeggiano il 6 aprile con santa Celestina vergine e martire. Mentre Celestino viene celebrato il 6 aprile in memoria di san Celestino I papa. È il patrono di Aquileia.*
ORIGINE E SIGNIFICATO - L'origine e il significato sono gli stessi di Celeste.
PERSONALITÀ - Celestina: timida e introversa, trova soddisfazione nello studio e nell'introspezione. Celestino: si trova spaesato nelle grandi feste e non è affatto a proprio agio nel caos dei divertimenti moderni. Al

contrario, essendo dotato di una grande cultura e intelligenza, sa stupire con le sue conoscenze e la sua profondità.

CURIOSITÀ - *Il più celebre papa con questo nome è Celestino V, che la Chiesa festeggia come santo il 19 maggio: era un eremita che viveva nell'Abruzzo e che nel 1264 aveva fondato una congregazione di eremiti, i Celestini. Nel 1294 fu eletto pontefice fra lo stupore generale, ma si dimostrò troppo debole, incapace di resistere alle continue richieste di favori. Pochi mesi dopo l'elezione abdicò, suscitando l'ira di Dante che lo collocò tra i vili dell'inferno perché "fece per viltade il gran rifiuto" (Inferno, III, 60).*

CELIA

ONOMASTICO - *Viene festeggiato il 15 dicembre in ricordo di san Celiano.*

ORIGINE E SIGNIFICATO - Questo nome ha più di una possibile origine: potrebbe derivare dal greco *koilos* con il significato di "caverna", "cavità"; oppure potrebbe venire da *Caelius*, derivato dalla parola *caelum*, "cielo"; oppure ancora potrebbe essere collegato al *mons Caelius*, uno dei sette colli di Roma.

PERSONALITÀ - Altezzosa e piuttosto antipatica, Celia va d'accordo con pochissime persone che ricerca con attenzione e ricercatezza. Ai pochi prescelti sa però donare un'amicizia sincera e totale. In amore avrà difficoltà a trovare l'anima gemella, ma una volta innamorata si dimostra generosa e amorevole. Sul lavoro è pratica, concreta e dotata di buone capacità realizzative. Deve stare attenta a non essere troppo parsimoniosa.

CELIANO

ONOMASTICO - *Ricorre il 15 dicembre in ricordo di san Celiano.*

ORIGINE E SIGNIFICATO - L'origine e il significato sono gli stessi di Celia.

PERSONALITÀ - Grande lavoratore, Celiano è creativo e infaticabile. In ragione di ciò trascura inevitabilmente gli affetti e i rapporti con gli amici. Affidabilissimo sul lavoro, lo è molto meno in amore dove riesce a recuperare le posizioni perse grazie alla sua capacità di stupire e fantasticare. In famiglia è un padre affettuoso anche se, talvolta, autoritario.

CERELIA

🕮 ONOMASTICO - *Si festeggia il 1° novembre, giorno di Ognissanti, perché non esiste un santo patrono.*

ORIGINE E SIGNIFICATO - Nome di origine latina, probabilmente collegato a *Ceres*, la dea romana delle messi e della primavera: potrebbe quindi significare "di Cerere", "dedicata a Cerere", oppure "della primavera".

PERSONALITÀ - Cerelia è una donna sincera e affidabile. Intelligente e pratica, ama lo studio delle materie scientifiche. In amore è romantica e sincera.

CESARA / CESARE

🕮 ONOMASTICO - *Viene solitamente festeggiato il 9 dicembre in ricordo di san Cesare, uno dei settantadue primi seguaci di Cristo, divenuto poi vescovo di Durazzo. Viene pure onorato, in alcuni luoghi, il 10 dicembre.*

ORIGINE E SIGNIFICATO - L'etimologia di questo nome è complessa e lunga. Plinio il Vecchio faceva risalire questo nome al verbo tagliare, *caedere* in latino. Se ciò fosse vero, la traduzione di Cesare sarebbe "tagliato". Ma così non è, perché l'interpretazione è legata specificatamente a *Gaius Iulius Caesar*, nato con il parto che da lui prese il nome di "cesareo". Sesto Pompeo Festo, invece, riconduce l'etimo del nome a una derivazione di *a caesarie*, che significa "dalla capigliatura".

PERSONALITÀ - Cesara: possiede una mente arguta e riflessiva, grazie a cui architetta piani ingegnosi per raggiungere i propri obiettivi. La vita accanto a lei può essere faticosa, perché non è una persona disposta a rivelare i propri pensieri. Cesare: solo una persona molto paziente che sappia sfondare il muro di diffidenza che lo contraddistingue potrà entrare in profondo contatto con la sua parte più intima e nascosta.

CURIOSITÀ - *Il nome Cesare si è diffuso grazie alla fama del condottiero, uomo politico e scrittore romano. Dopo la sua morte passò come titolo ai successori, poi diventò un attributo imperiale e infine col Medioevo assunse il significato di "imperatore", tant'è vero che in Germania kaiser, derivato da Caesar, era "l'Imperatore". Anche il russo zar o tsar deriva da "Caesar" attraverso l'antico slavo tsesar.*

CHANTAL

🕮 ONOMASTICO - *L'onomastico viene festeggiato il 21 agosto.*

ORIGINE E SIGNIFICATO - È un nome francese, il cui significato è "luogo della pietra". Viene dal nome di un luogo, che a sua volta è derivato dall'antica parola *cantal*, che significa "pietra"; per etimologia popolare è stato anche erroneamente interpretato come un derivato di *chant* che significa "canto".
PERSONALITÀ - Dotata di un indiscutibile fascino, Chantal non è solo bella, ma anche carismatica. Questa dote la aiuterà in amore, dove sarà ricercata e desiderata, e sul lavoro, dove, grazie anche a un grande senso pratico, saprà essere all'altezza di ogni situazione. Adora le feste ed essere al centro dell'attenzione. Deve stare attenta però a non esagerare per non attirare le invidie di che le sta attorno.

CURIOSITÀ - *Si è diffuso per moda e per culto di santa Giovanna Francesca Fremiot, baronessa di Chantal, fondatrice dell'Ordine della Visitazione di santa Maria.*

CHERUBINO

ONOMASTICO - *È onorato il 4 agosto in ricordo del beato Cherubino di Spoleto. Si celebra ancora, con lo stesso nome un santo di Avigliana, morto nel 1479, che viene onorato il 17 settembre.*
ORIGINE E SIGNIFICATO - Deriva dall'ebraico *Kerubim* "che prega", adattato nel latino ecclesiastico in *Cherubinus*; riflette la devozione per i Cherubini, gli angeli del secondo coro della prima gerarchia angelica, secondi solo ai Serafini.
PERSONALITÀ - Cherubino non prende niente sul serio. È dotato di una simpatia contagiosa e per questo è ricercatissimo in tutte le compagnie. Gli amici lo adorano per la sua capacità di sdrammatizzare le situazioni tese e rendere irresistibili quelle semplicemente divertenti. In amore preferisce non gettarsi in rapporti troppo seri. Sul lavoro è un inguaribile pasticcione, ma la creatività lo aiuta spesso a togliersi dai momenti più difficili.

CHIARA

ONOMASTICO - *Questo onomastico è onorato l'11 agosto in memoria di santa Chiara d'Assisi, fondatrice dell'Ordine delle Clarisse, canonizzata nel 1255 da papa Alessandro IV; giovanissima, fu talmente colpita da San Francesco, suo concittadino, da voler seguire il suo esempio dedicandosi a servire il Signore e ritirandosi in convento. È la patrona di lavandaie, vetrai, stiratrici e ricamatrici. Viene invocata per ottenere la guarigione dei mali agli occhi.*

ORIGINE E SIGNIFICATO - È semplicemente una trasformazione del nome latino *clara*, a sua volta derivante dall'aggettivo *clarus* che significa "brillante", "lucente", "illustre" e "famoso".

PERSONALITÀ - Chiara non sente di avere radici, sposta la sua dimora dovunque senta che lì c'è qualcosa per lei. Ama gli animali, in particolare i gatti, ai quali sente di essere affine. È testarda e determinata, ma profondamente idealista. Ha forti valori e principi morali per i quali è disposta a lottare sempre. Crede nella famiglia, dove riversa amore e dedizione infiniti. I suoi figli saranno sempre puliti, ordinati, educati e "perfettini".

CURIOSITÀ - *Si racconta che quando la nobile e bella Chiara viveva ancora in famiglia andasse spesso con "il poverello di Assisi" a curare i malati persino nei lebbrosari: una di quelle volte, durante un freddo inverno, tornando in città, Francesco salutò Chiara promettendo di rivederla quando sarebbero fiorite le rose. Chiara rimase molto triste perché la primavera era ancora lontana e i suoi non volevano capire la sua vocazione religiosa, ma voltandosi vide sbocciare in mezzo alla neve un cespuglio di rose. Davanti a quel prodigio Francesco capì la sincerità delle aspirazioni di Chiara e la portò al monastero delle Benedettine di san Paolo dove la giovane rimase fino a quando non si ritirò con alcune compagne in quello di san Damiano, che esiste tutt'oggi a fianco della strada che porta alla Porziuncola ad Assisi. Fu in quel convento che fondò l'Ordine delle Povere Dame di san Damiano, che poi si chiamarono in suo onore Clarisse. Clarisse da Clara, non Chiara, perché così era detta nel latino medievale.*

CHRISTIAN

ONOMASTICO - *Questo nome viene festeggiato nel giorno di Cristiano di cui è una traduzione sassone.*

ORIGINE E SIGNIFICATO - Per l'origine e il significato si richiama quanto detto per Cristiano.

PERSONALITÀ - Si dimostra ottimo e pronto esecutore di progetti anche se talvolta si fa travolgere dalle prime difficoltà che si incontrano. Comunicativo e sensibile, sarà fortunato in amore anche se il carattere introverso lo fa apparire piuttosto freddo e distaccato: in realtà, una volta superate le prime diffidenze, si rivelerà un amante appassionato, pieno di fantasia e dotato di un eros decisamente fuori dal comune. Ama viaggiare e non sente il bisogno di stabilire radici in un luogo in particolare.

CHRISTINA

📖 ONOMASTICO - *Numerosi sono i giorni onomastici dedicati a questo nome: il 13 febbraio dedicato alla beata Cristina da Spoleto, il 24 luglio, quando si ricorda santa Cristina di Bolsena Martire e il 6 novembre, giorno della beata Cristina di Stommeln Mistica.*

ORIGINE E SIGNIFICATO - L'origine e il significato sono gli stessi di Cristiano. Christina infatti è un suo derivato sassone femminile.

PERSONALITÀ - È pratica, abile, intelligente e molto ricettiva. Queste caratteristiche la aiutano in tutte le situazioni: anche in quelle più difficili, Christina riesce a ben figurare e apparire colta anche se non lo è. In amore è incostante e, se non è veramente innamorata, si comporta in modo immaturo e superficiale. Sul lavoro ha scarsa immaginazione e creatività, ma si salva con una buona dose di diplomazia.

CHRISTOPHER

📖 ONOMASTICO - *L'onomastico è lo stesso di Cristoforo di cui Christopher è una derivazione di origine tedesca.*

ORIGINE E SIGNIFICATO - Per il significato e l'origine di Christpher si richiama quanto detto per Cristoforo.

PERSONALITÀ - Forte e coraggioso, si esalta nella difesa di un ideale dimostrandosi combattivo e, qualche volta, addirittura temerario. In amore è impulsivo e passionale. Sul lavoro è dotato di ottime capacità, ma le spreca gettandosi negli affari con troppa fretta. La sua spericolatezza non sfocia in disgrazia, grazie alla fortuna che accompagna sempre Christopher.

CINZIA

📖 ONOMASTICO - *Il 18 febbraio si ricorda santa Cinzia martire.*

ORIGINE E SIGNIFICATO - Questo nome compare nella forma latina *cynthia.* Era la traduzione del nome greco *kynthos,* che significa nativo di *Kynthos* (monte che si trova nei pressi di Delfi). Questo appellativo era riferito all'Apollo Delfico, chiamato dai romani *Cynthius Apollo.* Questi era accompagnato dalla sorella Cyntha, ovvero la dea Diana.

PERSONALITÀ - Cinzia è una donna riservata e silenziosa. Sebbene sia estremamente gentile e disponibile, non concede confidenze e pochissime sono le persone con cui si apre, di cui si fida. Forse questo succede perché è un po' troppo intransigente.

CURIOSITÀ - *Il nome è oggi diffuso in tutta l'Italia, ma è più frequente in Toscana e in Emilia-Romagna, che sono le regioni più originali nell'onomastica. Molto raro è invece il maschile Cinzio che deriva dal greco Kynthios e originariamente era un appellativo di Apollo, anche lui, come si diceva, nato sulle pendici del monte Kynthos.*

CIPRIANO

ONOMASTICO - *Il 16 settembre viene ricordato san Cipriano Tascio Cecilio, vescovo di Cartagine decapitato nel 258, sotto Valeriano. È il patrono dell'Africa settentrionale e dell'Algeria.*
ORIGINE E SIGNIFICATO - Deriva dal nome etnico latino *Cyprianus*, "originario dell'isola Cipro", utilizzato in età cristiana.
PERSONALITÀ - Cipriano è di carattere fondamentalmente pigro e indolente. Fortunatamente, però, è dotato di una grande intelligenza che, all'occorenza, gli fa raggiungere i migliori risultati col minimo sforzo. Non è portato per gli sport e tutte quelle attività che comportano fatica. Nella vita cercherà lavori sedentari e divertimenti tranquilli.

CIRENE

ONOMASTICO - *Si festeggia il 1° novembre, giorno di Ognissanti, perché non esiste un santo patrono.*
ORIGINE E SIGNIFICATO - Deriva dal nome della ninfa Cirene che abitava sulla costa libica e diede il nome alla omonima città.
PERSONALITÀ - Dinamica e comunicativa, Cirene ha un carattere forte e orgoglioso. Non ama lo studio, ma eccelle nelle arti e in tutte le professioni manuali. In amore è dolce e tenera. Non avrà nessun problema a relazionarsi con l'altro sesso e a trovare il suo partner.

CURIOSITÀ - *Il nome ebbe una qualche diffusione durante l'occupazione italiana della costa libico-cirenaica.*

CIRIACA / CIRIACO

ONOMASTICO - *La ricorrenza di questo santo si festeggia l'8 agosto. San Ciriaco diacono venne ucciso a Roma presso la via Salaria nel 306. Il 29 aprile si festeggia invece l'onomastico di santa Ciriaca.*
ORIGINE E SIGNIFICATO - Collegato al persiano *kurush*, l'epiteto del Sole, è nome tradizionale della dinastia degli Achemenidi, cui appartennero Ciro il grande e Ciro il giovane.

PERSONALITÀ - Ciriaca: possiede il gusto per il dominio. Entusiasta, ambiziosa, mondana, si compiace delle pose aristocratiche e delle raffinatezze d'amore, più dei veri sentimenti. Ciriaco: sul lavoro adora raggiungere posizioni di rilievo in modo da poter esercitare il comando sui subalterni. Faticherà in amore dove il carattere piuttosto dispotico non lo aiuterà di certo.

CIRILLO

📖 ONOMASTICO - *Il 14 febbraio si ricorda san Cirillo, patrono dei professori e, con san Metodio, della Cecoslovacchia e della Jugoslavia.*
ORIGINE E SIGNIFICATO - L'origine e il significato di Cirillo sono gli stessi di Ciro e Ciriaco.
PERSONALITÀ - Di carattere molto suggestionabile, è sempre colpito da ciò che travalica l'ordinario. Mutevole, immaginativo e protettivo in amore, non faticherà a trovare la donna adatta a formare la famiglia che amministrerà con amore e attenzione. Teme la solitudine e per questo ama farsi accompagnare sempre da amici o semplici conoscenti.

CURIOSITÀ - *Secondo la tradizione san Cirillo insegnò agli slavi il loro particolare alfabeto: per questo si chiama appunto Cirillico.*

CIRO

📖 ONOMASTICO - *Viene festeggiato il 29 gennaio in ricordo di san Ciro, medico e vescovo di Alessandria martirizzato nel 300. Con lo stesso nome si ricorda ancora un santo, vescovo di Cartagine, il 14 luglio. Ciro il "Quirico" viene invece festeggiato il 16 giugno.*
ORIGINE E SIGNIFICATO - Deriva dal termine greco *kyrios*, che significa "signore". A sua volta questo vocabolo deriva dal persiano *kurush*, che invece significa "sole".
PERSONALITÀ - Ciro appare fiero, coraggioso, amante della lotta e sprezzante del dolore fisico. Purtroppo è anche egoista e polemico. Tende a dominare le passioni, anche se in fondo all'animo coltiva ideali da cavaliere medievale. Ama il combattimento e vive secondo un codice morale rigoroso.

CLARA

📖 ONOMASTICO - *Clara si festeggia l'11 agosto in ricordo della fondatrice delle suore Clarisse, santa Chiara d'Assisi.*

ORIGINE E SIGNIFICATO - Clara deriva dall'aggettivo *clarus.* Anche il significato di questo termine latino si è evoluto nel tempo. Inizialmente *clarus* voleva dire "distinto", aggettivo riferito ai suoni. In seguito fu riferito al senso della vista, con il significato di "brillante". Da quest'ultimo significato, per estensione di senso, si è giunti a "illustre".
PERSONALITÀ - Clara è una donna dolce, curiosa del mondo e perspicace. È un'ottima insegnante (specialmente per le scuole elementari) perché sa comprendere profondamente gli altri ed è disposta a condividere ciò che sa. Si innamora totalmente, rischiando di dimenticare se stessa, cambiando anche il proprio essere. Ama la natura e gli animali, soprattutto i gatti.

CLARABELLA

📖 *ONOMASTICO* - *Essendo un nome dato dall'unione di Clara e Bella, si rimanda a questi ultimi per il suo onomastico.*
ORIGINE E SIGNIFICATO - Per il significato e l'origine di Clarabella si richiamano i nomi Clara e Bella che lo formano.
PERSONALITÀ - Simpatica e chiacchierona, Clarabella adora vivere la vita con pienezza. Il suo motto è: non stare mai fermi nello stesso posto a lungo! Sul lavoro deve scegliere una professione che si avvicini al suo carattere, altrimenti non riuscirà a emergere. In amore è dolce e vitale. Desidererà una famiglia solo dopo la giovinezza, ma in quel momento si dimostrerà completamente all'altezza della situazione.

CLARETTA

📖 *ONOMASTICO* - *L'onomastico di Claretta viene festeggiato l'11 agosto in ricordo della fondatrice delle suore Clarisse, santa Chiara d'Assisi.*
ORIGINE E SIGNIFICATO - L'origine e il significato di questo nome sono gli stessi di Chiara.
PERSONALITÀ - Estremamente idealista, Claretta è sempre ligia al dovere anche quando uno strappo sarebbe necessario. L'onestà e il rigore sono elementi portanti del suo carattere. È incapace di mentire e ciò la favorisce sul lavoro, almeno fino a quando non incontrerà qualcuno disposto a sopraffarla con metodi meno ortodossi.

CURIOSITÀ - *È un nome piuttosto diffuso soprattutto fra le cinquantenni perché mezzo secolo fa, come è noto, l'amante di Mussolini si chiamava Claretta Petacci e ciò lo rese piuttosto famoso.*

CLARISSA

📖 ONOMASTICO - *Anche l'onomastico di Clarissa viene festeggiato l'11 agosto in ricordo della fondatrice delle suore Clarisse, santa Chiara d'Assisi.*
ORIGINE E SIGNIFICATO - L'origine e il significato di questo nome sono gli stessi di Chiara.
PERSONALITÀ - Pratica e concreta, Clarissa è ambiziosa e autoritaria. È decisamente espansiva e molto affettuosa. Cercherà al più presto di formare una famiglia cui sarà legatissima. Sul lavoro è rispettata e considerata sempre positivamente.

CLAUDE

📖 ONOMASTICO - *Si festeggia nello stesso giorno di Claudio.*
ORIGINE E SIGNIFICATO - Il significato e l'origine sono gli stessi di Claudio.
PERSONALITÀ - Ricercato ed elegante, è sempre alla ricerca di una propria dimensione esteriore. Claude è, infatti, molto attento all'immagine, rincorre il successo e spesso perde di vista il lato interiore delle cose. Incontra qualche difficoltà quando c'è da mettersi in gioco e vive con una certa tensione.

CLAUDIA / CLAUDIO

📖 ONOMASTICO - *Si festeggia il 20 marzo santa Claudia martire del IV secolo. Il 17 luglio si ricorda santa Claudia Romana, nominata da san Paolo in una sua lettera. Il 18 maggio viene invece ricordata una santa vergine che subì il martirio con san Teodoro e al 7 agosto una martire romana del I secolo. Per quanto riguarda Claudio un onomastico possibile cade il 3 dicembre, quando ricorre san Claudio martire a Roma, oppure il 23 agosto, festa di san Claudio martire a Egea.*
ORIGINE E SIGNIFICATO - Questo nome è di origine latina e deriva dal sostantivo *claudus*, che significa "zoppo". Ma alcuni studiosi sostengono che derivi invece dall'osco settentrionale o sabino *clausus* che in latino significava "chiuso". In ogni modo *Claudius* era nella Roma repubblicana un nome gentilizio, che indicava l'appartenenza a una casata. Nasce come cognome singolo e diventa nome di una *gens*.
PERSONALITÀ - Claudia: ha un'anima profonda, sensibile e riflessiva. Ama l'arte e la raffinatezza, e adora collezionare oggetti antichi. In amore è una ro-

mantica sognatrice. Claudio: è molto sensibile e profondo. Contrariamente al suo corrispettivo femminile è molto timido, fatto che gli impedisce di aprirsi agli altri. In compenso, spesso sono dei meravigliosi poeti.

CURIOSITÀ - *Negli ultimi anni la moda dei nomi esotici e stranieri ha fatto in modo che di diffondesse anche la versione celtica Gladis, al femminile, e Gledis al maschile.*

CLEA

ONOMASTICO - *Non è conosciuto l'onomastico di Clea che, per assonanza, può essere festeggiata lo stesso giorno di Clelia.*
ORIGINE E SIGNIFICATO - È una forma deviata del nome Cleo che deriva dal greco *Kleiò,* "rendo famoso".
PERSONALITÀ - Attenta e intelligente, Clea sa sfruttare bene le occasioni che la vita le pone. È capace, efficiente e precisa sul lavoro, mentre in amore prende le cose troppo sul serio. Per questo motivo andrà incontro a qualche delusione amorosa.

CLELIA

ONOMASTICO - *Il 3 settembre viene ricordata la vergine Clelia, giovinetta romana data in ostaggio a Porsenna e che riuscì a fuggire attraversando a nuoto il Tevere.*
ORIGINE E SIGNIFICATO - Nel Medioevo Clelia era un nome quasi dimenticato. Era la trasposizione in italiano di un nome romano antico, Cloelia, che a sua volta derivava dall'osco settentrionale. Discende dal termine latino *cloelia,* forma derivante dal vocabolo umbro *kluviier,* che significa "aver fama". Il significato del nome può essere quindi "famoso".
PERSONALITÀ - Clelia è una donna ambiziosa che pensa più al fine che ai mezzi impiegati. Per questo motivo difficilmente si fida degli altri e conduce la sua vita come se fosse una battaglia.

CURIOSITÀ - *Fu il Rinascimento che diede diffusione al nome grazie alla riscoperta della storia e della cultura classica. Clelia era infatti la protagonista di una leggenda romana. Era stata data in ostaggio, insieme con alcune compagne, al re etrusco Porsenna. Ma un giorno la giovane, che non riusciva a sopportare quella prigionia, fuggì con le compagne attraversando il Tevere a nuoto. I Romani, che mai e poi mai avrebbero infranto un patto, la restituirono a Porsenna. Ma il re etrusco, ammirato dal suo coraggio, la liberò.*

CLEMENTE

🕮 ONOMASTICO - *San Clemente I papa viene festeggiato il 23 novembre; fu martire nel Chersoneso sotto Traiano. È il patrono degli scalpellini, dei barcaioli, dei gondolieri, dei marinai, dei marmisti e dei bambini ammalati, lo si invoca per proteggere i figli dalle malattie infantili.*

ORIGINE E SIGNIFICATO - Il nome è di origine latina: derivava dall'aggettivo *clemens*, che indicava "chi sapeva usare clemenza nelle punizioni" o "chi era dolce e benigno col prossimo", insomma colui che è "mite" o "buono" o, appunto, "clemente".

PERSONALITÀ - Carattere tranquillo e sognatore, Clemente è particolarmente magnanimo e incline al perdono. Non è per niente combattivo e, anzi, lo si potrebbe definire indolente. Nonostante ciò, compensa le sue mancanze negli affetti.

CURIOSITÀ - *Il nome, grazie al culto del primo papa, si diffuse in tutta la cristianità occidentale, tant'è vero che ben quattordici furono i papi che lo adottarono. Più diffuso di Clemente è oggi il diminutivo femminile Clementina che già esisteva nell'antica Roma.*

CLEMENTINA

🕮 ONOMASTICO - *Le donne con questo nome festeggiano il 21 ottobre, festa di santa Clementina, martirizzata con santa Orsola.*

ORIGINE E SIGNIFICATO - L'origine e il significato sono gli stessi di Clemente.

PERSONALITÀ - È allegra e sa adattarsi a tutte le situazioni. Istintiva, ma forte, fa del suo fascino un'arma di indiscutibile valore. In amore è assai poco affidabile dal momento che è una impenitente e irrimediabile seduttrice.

CLEOFE

🕮 ONOMASTICO - *Il 9 aprile si ricorda santa Maria Cleofe, citata nel Vangelo di san Giovanni.*

ORIGINE E SIGNIFICATO - Deriva dal greco *klèos* e significa "dal volto glorioso". Questo nome fu portato dalla sorella di Maria Vergine, Maria Cleofe, una delle tre Marie, con Maria Maddalena.

PERSONALITÀ - È una donna che raggiunge facilmente il successo perché dotata di un gran senso per gli affari e un carisma al di fuori del normale. Ambiziosa ed eloquente, è adatta allo studio di tutte le materie, ma preferisce quelle matematiche. È un po' troppo piena di sé e per questo sbaglia a non ascoltare i consigli che le vengono dati.

CLEOPATRA

🕮 ONOMASTICO - *Santa Cleopatra, martirizzata nel IV secolo, viene ricordata il 19 ottobre.*

ORIGINE E SIGNIFICATO - Prende origine dal nome della sensuale faraona d'Egitto.

PERSONALITÀ - È dotata di una personalità forte e decisa. Il fascino è la sua arma migliore e lo sa bene. Sul lavoro non avrà vita facile perché si scontrerà spesso con i colleghi, in particolare quelli di sesso maschile. In amore sarà amata e invidiata.

CURIOSITÀ - *Cleopatra non è mai stato un nome molto popolare in Italia perché ha sempre evocato la figura di una donna oziosa, sensuale e adescatrice di uomini. Così viene dipinta tradizionalmente la regina d'Egitto che, come si ricorderà, fu dapprima amante di Giulio Cesare, poi di Marco Antonio col quale tentò di ricostituire una monarchia orientale in opposizione a Roma. Ma nello scontro navale di Azio, nel 31 a.C., naufragò il sogno di Cleopatra che, dopo aver tentato invano di conquistare anche il vincitore Ottaviano, si diede la morte con il celebre aspide. La sua figura affascinò pittori, scultori e soprattutto scrittori, come William Shakespeare con la tragedia Antonio e Cleopatra e nel nostro secolo George Bernard Shaw con la commedia Cesare e Cleopatra.*

CLETO

🕮 ONOMASTICO - *Questo santo viene festeggiato il 26 aprile in onore di san Cleto, discepolo di san Pietro, papa e martire, morto nell'anno 88. Con lo stesso nome si ricorda un santo, confessore di Tivoli, il 24 settembre. In alcune località, viene commemorato il 25 ottobre.*

ORIGINE E SIGNIFICATO - L'origine e il significato sono gli stessi di Anacleto di cui il personale tronco. È un nome poco comune di origine greca che significa "invocato".

PERSONALITÀ - Generoso ed estroverso, è un uomo molto tollerante e disponibile. Con gli amici si dimostra affidabile e fedele. Sul lavoro è carismatico e comunicativo: per questo raggiungerà il successo senza problemi. Ama viaggiare e lo si può ritenere, a ragione, una persona decisamente fortunata.

CLEVA

📖 ONOMASTICO - *Riferendosi ai calendari anglosassoni può essere festeggiata nel giorno dedicato a Cleveland e cioè il 20 ottobre.*

ORIGINE E SIGNIFICATO - Questo nome deriva dal medio-inglese *cliff,* "collina", quindi, "che viene dalla rupe"; è la forma femminile di *Cleve* e *Clive,* che sono diminutivi di *Cleveland,* che significa "terra collinosa".

PERSONALITÀ - Cleva, sotto una corteccia di apparente durezza, si dimostra disponibile e dolce. Non ama le compagnie numerose e seleziona con cura le persone che vuole avere vicino. Sul lavoro è una perfezionista molto considerata dai superiori e dai colleghi.

CLIO

📖 ONOMASTICO - *Si festeggia il 1° novembre, giorno di Ognissanti, perché non esiste un santo patrono.*

ORIGINE E SIGNIFICATO - Deriva dal nome della musa della poesia epica e della storia e deriva a sua volta dal greco *kleiein* che significa "dare risonanza".

PERSONALITÀ - Generosa ed estroversa è una donna buona e disponibile. Sul lavoro è apprezzata per la sua creatività e la sua vasta preparazione. È molto acculturata e ama lo studio della letteratura. In amore cercherà di formare una famiglia numerosa dove si dimostrerà madre affettuosa e amorevole.

CLIZIA

📖 ONOMASTICO - *Si festeggia il 1° novembre, giorno di Ognissanti, perché non esiste un santo patrono.*

ORIGINE E SIGNIFICATO - Ripreso da una commedia di Machiavelli risale al greco *KlytÆa,* da *klytùs* che significa "famosissimo".

PERSONALITÀ - Raffinata e fascinosa, è dotata di grande forza seduttiva. Sul lavoro non riesce a emergere poiché è troppo indecisa e pigra. In amore non incontra certo problemi anche se non sarà facile convincerla al matrimonio, che ritiene un legame puramente formale. Ama le compagnie numerose dove è sempre in primo piano grazie alla sua gradevole simpatia.

CURIOSITÀ - *È il nome della sfortunata ninfa che, abbandonata da*

Apollo, si lasciò morire di fame. Il dio la trasformò allora in girasole.

CLOE

🕮 ONOMASTICO - *Si festeggia il 1° novembre, giorno di Ognissanti, perché non esiste un santo patrono.*

ORIGINE E SIGNIFICATO - Deriva dal termine greco *chlòe*, che significa "erba tenera", ovvero da uno dei nomi di Demetra.

PERSONALITÀ - Cloe è simpatica e quasi sempre di buon umore. Solitamente non è bellissima ma è comunque molto corteggiata, perché la sua positività contagiosa è rassicurante. Sul lavoro è critica e diffidente verso le imprese insicure che giudica temerarie. È troppo parsimoniosa.

CLORINDA

🕮 ONOMASTICO - *Si festeggia il 1° novembre, giorno di Ognissanti, perché non esiste un santo patrono.*

ORIGINE E SIGNIFICATO - Deriva dal greco *kloris* che significa "verde pallido".

PERSONALITÀ - Molto pratica e concreta, Clorinda non avrà alcun problema in ambito lavorativo dove risulta anche ambiziosa e autoritaria. Talvolta un po' insofferente, è un'amica dolce e premurosa. In amore spende molto tempo alla ricerca dell'uomo ideale che, forse, esiste solo nei suoi pensieri. Sarà una madre dolce e premurosa.

CURIOSITÀ - *È il nome della guerriera saracena, eroina della* Gerusalemme Liberata *di T. Tasso, uccisa per errore dal suo innamorato Tancredi.*

CLOTILDE

🕮 ONOMASTICO - *Il 3 giugno si celebra santa Clotilde, regina burgunda figlia di Chilperico e moglie di Clodoveo I re dei Franchi, morta nel 545. Si invoca per ottenere la guarigione dei bambini ammalati.*

ORIGINE E SIGNIFICATO - Il nome è composto di due etimi germanici: *hloda,* che significa "celebre", e *hild* che vuol dire "battaglia": ha significato di "rinomata nel combattimento".

PERSONALITÀ - Clotilde, molto razionale e intelligente, tende a frenare sempre i propri sentimenti. È molto generosa, equilibrata ed è dotata di una sviluppata volitività. Efficienza e precisione nella professione fanno sì che raggiunga facilmente il successo. Il suo carattere introverso rischia di portarla verso la solitudine affettiva.

CURIOSITÀ - *È il nome della moglie di Clodoveo che contribuì alla conversione dei Franchi, e dal 1700, con Maria Clotilde sposa di Vittorio Emanuele IV, è passato ad essere un nome tipico della casata dei Savoia.*

COLIN

ONOMASTICO - *Colin nei paesi anglosassoni viene festeggiato il 9 giugno.*

ORIGINE E SIGNIFICATO - Deriva dalla traduzione sassone di Nicola. Si richiama pertanto quest'ultimo nome per il suo significato e per l'origine.

PERSONALITÀ - È una persona coraggiosa e temeraria. Queste caratteristiche lo rendono travolgente sul lavoro, anche se non sempre è fortunato. In amore è un po' troppo irruente e faticherà a trovare la donna che possa apprezzarlo per quello che è.

COLOMBA

ONOMASTICO - *Questa santa dal nome particolare, vergine badessa spagnola, martire dei Saraceni nell'853 a Còrdoba, viene per tradizione festeggiata il 17 settembre.*

ORIGINE E SIGNIFICATO - Riprende la tradizione latina d'età imperiale dei nomi *Columbus* e *Columba*, propri di schiavi e liberti; venne ripreso negli ambienti cristiani per indicare la mitezza, la purezza e la serenità di cui la colomba è simbolo.

PERSONALITÀ - Carattere tranquillo e pacato, Colomba è una persona dolce e gradevole. Sul lavoro svolge il suo compito con precisione, ma non si lascia mai andare alla creatività che pure possiede in buona quantità. In amore sarà un'amante premurosa, dotata di un fascino discreto e pulito.

COLOMBINA

ONOMASTICO - *Il 17 settembre si ricorda santa Colomba, vergine badessa spagnola, martire dei Saraceni nell'853 a Còrdoba.*

ORIGINE E SIGNIFICATO - L'origine e il significato sono gli stessi di Colomba.

PERSONALITÀ - Ricorda il carattere di Colomba, ma se ne differisce perché in essa sono accentuate le caratteristiche legate alla dolcezza e alla tranquilllità. Colombina sul lavoro talvolta ha quasi paura di confrontarsi con il mondo esterno e ciò non la aiuta a farsi spazio negli ambienti più difficili. Al contrario, si getta a capofitto nell'amore dove cerca di sentirsi realizzata grazie all'affetto della famiglia.

CONCETTA

📖 ONOMASTICO - *Viene commemorato l'8 dicembre in onore dell'Immacolata Concezione della beata Vergine Maria.*

ORIGINE E SIGNIFICATO - Deriva dal participio del verbo latino *concepta*, che significa "concepita". Questo nome, tipicamente meridionale, incominciò a entrare in uso dopo l'8 dicembre 1854, ed è strettamente legato al dogma cattolico, proclamato da papa Pio IX nella costituzione *Ineffabilis Deus.*

PERSONALITÀ - Concetta è una donna meticolosa: ama le collezioni e in genere tutto ciò che è ordinato, logico. È fatalista fino all'estremo tanto che, in genere, non avrà molto successo, proprio perché non è disposta a lottare per i propri desideri.

CURIOSITÀ - *Meno diffuse sono le varianti Concessa e Concesso tipici della Liguria, due nomi che, volendo, hanno un altro onomastico: l'8 e il 9 aprile, rispettivamente, quando si celebrano le feste di santa Concessa e di san Concesso.*

CONSOLATA

📖 ONOMASTICO - *Il 20 giugno viene onorata la Beata Vergine della Consolazione, detta "Consolata", protettrice di Torino. Il 6 settembre si ricorda invece santa Consolata.*

ORIGINE E SIGNIFICATO - Deriva dal verbo latino *consolare*, tramandato nei secoli con processi di derivazione e di affermazione diversi, anche su base regionale. Riflette la devozione per la Maria santissima della Consolata, patrona di molte città, tra cui Torino.

PERSONALITÀ - Consolata è una donna indipendente. Ambiziosa, competitiva, mai mediocre, riesce sempre a mantenere il suo sangue freddo. Una forte volontà la conduce spesso alla meta. Pronta a dare tutto in amore, pretende in cambio un'assoluta dedizione. Ha successo nelle professioni di carattere artistico.

⚭ CURIOSITÀ - *È un nome diffuso soprattutto nel meridione ma, anche in Piemonte, in particolare a Torino dove riflette la festa patronale che cade il 15 giugno. Varianti sono: Consolida, Consola, Consolazione. Da ricordare le forme straniere Consuela, Consuelo che in Italia hanno un buon successo.*

CONSUELO

🕮 ONOMASTICO - *Può essere festeggiata nello stesso giorno di Consolata poiché ne è la traduzione spagnola.*
ORIGINE E SIGNIFICATO - Anche l'origine e il significato di questo nome devono essere riferiti alla forma italiana Consolata.
PERSONALITÀ - Dotata di fascino ed eleganza, Consuelo è ricercata e benvoluta da tutti. Ama il romanticismo e sarà conquistata da chi lo saprà usare per raggiungere il suo cuore. Sul lavoro si dimostra poco volenterosa, ma viene perdonata grazie alle sue doti diplomatiche.

CONTESSA

🕮 ONOMASTICO - *Non è conosciuto alcun onomastico del nome Contessa. Il suo diminutivo Tessa, però, è festeggiato nei calendari anglosassoni il 15 ottobre.*
ORIGINE E SIGNIFICATO - È di origine medievale; come si intende facilmente, il suo significato era augurale.
PERSONALITÀ - Raffinata ed elegante, Contessa è una grande seduttrice. Diplomaticissima e molto comunicativa, sul lavoro si fa notare anche per la sua creatività che la fa emergere nelle professioni che ne richiedono il possesso. È simpatica e gradevole, ma in amore faticherà a trovare un uomo che le chieda qualcosa di più che una semplice avventura.

CORA

🕮 ONOMASTICO - *Si festeggia il 14 maggio l'onomastico di santa Corina, martirizzata in Siria nel II secolo.*
ORIGINE E SIGNIFICATO - Nome che deriva dal termine greco *kòre*, che significa "fanciulla". Questo era uno dei sopranomi di Persefone.
PERSONALITÀ - È una donna tutta d'un pezzo, sebbene sia estremamente sognatrice e utopista. Crede di dover cambiare il mondo e dà tutta se stessa in questa impresa.

⚭ CURIOSITÀ - *Narra la leggenda che, un giorno, la figlia della dea De-*

metra, Persefone, stesse cogliendo in un prato fiorito un narciso quando dal suolo uscì Ade, il dio degli Inferi, su un carro trainato da cavalli immortali e la rapì portandola nel regno dei morti. Zeus, impietosito dalla disperazione di Demetra, che aveva provocato fra l'altro la sterilità delle campagne, ordinò ad Ade di liberare la ragazza. Ma Ade, astutamente, la indusse a mangiare un seme di melagrana che la costrinse a tornare per un terzo dell'anno negli inferi, perché quel frutto era malefico. Da Kòre, soprannome di Persefone, nacque il diminutivo Kòrinna e quindi il nome Cora.

CORALLO

📖 ONOMASTICO - *Si festeggia il 1° novembre, giorno di Ognissanti, perché non esiste un santo patrono.*

ORIGINE E SIGNIFICATO - Nome femminile italiano dal significato trasparente, che augura alla bambina di essere bella e preziosa come un corallo.

PERSONALITÀ - Forte e coraggiosa, è combattiva e idealista. In amore è passionale, ma eccessivamente frettolosa nella scelta del partner. Sul lavoro è troppo impulsiva, ma, grazie alla sua creatività e tenacia, riesce a raggiungere buoni successi.

CURIOSITÀ - *È sicuramente più conosciuta la sua variante Corallina, resa famosa in Italia dalla commedia goldoniana.*

CORDELIA

📖 ONOMASTICO - *Questo onomastico viene festeggiato il 29 ottobre in ricordo di santa Kennera, o Cordelia, parente di sant'Orsola.*

ORIGINE E SIGNIFICATO - Deriva dal latino *cordula* che significa "cuoricino".

PERSONALITÀ - Pratica e concreta, è anche ambiziosa e autoritaria. È stimata dagli amici per la sua equità e franchezza. In amore sarà desiderata tanto quanto lo sarà sul lavoro per le sue doti creative.

CURIOSITÀ - *È il nome shakespeariano di una delle tre figlie di re Lear, quella che ne condivise la tragica sorte.*

CORIANNA

📖 ONOMASTICO - *Viene festeggiata assieme a Cora il cui onomastico cade il 14 maggio.*

ORIGINE E SIGNIFICATO - Nome composto da Cora (dal greco *kore,*

"fanciulla") e Anna (dall'ebraico *Hannah,* "grazia", "graziosa"); può essere anche una variante del nome Corinna, che a sua volta è un diminutivo del greco *kore* e significa quindi anch'esso "fanciulla".
PERSONALITÀ - È una donna ricca di interessi che sviluppa con grande impegno. Portata per le arti, non lo è affatto per le materie matematiche. Sul lavoro si distingue per la preparazione e la precisione. In amore si lascia distrarre da troppe avventure. Solo trascorsa la giovinezza cercherà di formare una famiglia. Sarà una madre comprensiva e attenta ai bisogni dei propri figli.

CORINNE

📖 *ONOMASTICO - Per l'onomastico di Corinne si richiama quanto detto per Cora che si festeggia il 14 maggio.*
ORIGINE E SIGNIFICATO - Da *korè* si è passati al suo diminutivo *korinna,* "fanciullina".
PERSONALITÀ - Corinne è una donna intraprendente, con mille progetti e mille interessi. A volte è un po' troppo credulona per superficialità, ma riesce comunque a costruirsi una vita che la rende soddisfatta. A causa di queste sue caratteristiche, viene facilmente abbindolata dal prossimo, soprattutto negli affetti. Ama la semplicità e non sopporta la finzione, il lusso e le pose.

CORNELIA / CORNELIO

📖 *ONOMASTICO - Si festeggia il 31 marzo la ricorrenza di santa Cornelia, martire in Africa con i santi Anèsio, Felice e Teòdolo.*
ORIGINE E SIGNIFICATO - Deriva dal latino *cornelius,* nome di una *gens* numerosa e importante dell'antica Roma. Il cognome romano deriva da *cornus,* che significa "corno", simbolo magico dell'abbondanza.
PERSONALITÀ - Cornelia: vuole rimanere una perenne bambina. Incostante e un poco superficiale, rischia di sprecare moltissimo tempo alla ricerca di qualcosa di sempre diverso. Quando finalmente si rilassa, si dimostra una donna dotata di una grande capacità di amore. Cornelio: è indeciso nei sentimenti, piuttosto permaloso e, se si offende, tende a tenere il broncio a lungo. Sul lavoro è metodico e ordinato.

CURIOSITÀ - Si ricorda con questo personale Cornelia dei Gracchi, la proverbiale madre che presentò i figli come propri gioielli.

CORRADO

ONOMASTICO - *San Corrado Confalonieri, eremita francescano nato nel 1290, si festeggia il 19 febbraio. È il patrono dei cacciatori. Lo si invoca contro il pericolo di contrarre l'ernia.*

ORIGINE E SIGNIFICATO - Discende dal latino *conradus*, a sua volta derivante dal germanico *chuonrat*, termine composto da *kuoni*, che significa "audace", e *rad* che vuol dire "consiglio", nelle sue accezioni di suggerimento e assemblea. Il significato complessivo del nome è, quindi, "audace nel consiglio", oppure di "audaci consigli".

PERSONALITÀ - Corrado è un edonista: alla continua ricerca del piacere e della bellezza. Tende a fuggire ogni tipo di responsabilità, quindi non è un compagno costante o affidabile. Naturalmente è molto affascinante e normalmente riesce a ottenere l'aiuto e l'appoggio degli altri senza doverlo chiedere e, forse, senza neanche meritarlo.

CURIOSITÀ - *Nel Medioevo al nome Corrado venne attribuito anche un significato ideologico, che molti padri ghibellini davano ai figli. Essi, infatti, consideravano come loro illustre rappresentante Corrado III di Svevia che, nel dodicesimo secolo, aveva inaugurato nello scontro con la casata rivale dei Guelfi, duchi di Baviera, la formazione del partito ghibellino, così detto dal castello svevo di Weibling.*

CORVINO

ONOMASTICO - *Non si conoscono santi con questo nome, pertanto chi volesse festeggiarlo, può farlo il 1° novembre.*

ORIGINE E SIGNIFICATO - Nome italiano dal significato trasparente: significa "di colore nerissimo e lucido".

PERSONALITÀ - Tutto in lui è estrosità: look, pensieri, portamento, visione delle cose, lavoro. La vita per lui è continua sperimentazione, ma esperienze e incontri non sono punti di arrivo bensì occasioni di partenza per sfide sempre nuove. In amore è un farfallone, a caccia di emozioni forti, ma senza alcuna volontà di impegno.

COSETTA

ONOMASTICO - *Si festeggia il 1° novembre, giorno di Ognissanti, perché non esiste un santo patrono.*

ORIGINE E SIGNIFICATO - Con ogni probabilità si tratta della forma abbreviata di Cosima o di Nicolosa; per origine e significato si richiamano questi nomi.

PERSONALITÀ - Cosetta, apparentemente introversa e riservata, nasconde dietro un atteggiamento di autocontrollo un fuoco interiore di rara intensità, che si esprime soprattutto negli affetti. Particolarmente altruista, volge spesso la sua attenzione ai problemi degli altri più che ai propri. È estremamente sensibile e dolce. Non ama la solitudine e per questo motivo si circonda sempre di compagnie numerose. In amore è timida ma capace di mantenere un'unione molto a lungo, anche quando il partner non è quello giusto.

CURIOSITÀ - *È il nome che Victor Hugo dà alla protagonista de* I miserabili. *In Italia è diffuso soprattutto in Toscana e in Emilia.*

COSIMO

ONOMASTICO - *Viene festeggiato il 26 settembre in ricordo di san Cosma e del fratello Damiano, ambedue medici, martirizzati sotto Diocleziano. Entrambi sono patroni dei medici.*

ORIGINE E SIGNIFICATO - Deriva dal greco *kosmion* che significa "ornamento" oppure da *kosmos* col significato di "ordine".

PERSONALITÀ - È una persona coraggiosa e solo grazie al suo carattere, deciso e autoritario, riesce a volgere a suo favore le situazioni che inizialmente sembrano più contrarie. Apprezza il denaro e gli agi che questo comporta, ma sa essere anche prodigo ed equilibrato. Nei sentimenti è emotivo e appassionato, ma soffre di una radicata ingenuità che non gli sa far cogliere la malizia e la cattiveria degli altri.

CURIOSITÀ - *Tra i grandi della storia italiana, Cosimo dei Medici, mecenate fiorentino.*

COSMA

ONOMASTICO - *Il 26 settembre si ricorda santa Cosma che, con il fratello Damiano, fu martirizzata sotto Diocleziano. Entrambi sono patroni dei medici.*

ORIGINE E SIGNIFICATO - Come Cosimo, deriva dal greco *kosmion* che significa "ornamento" oppure da *kosmos* col significato di "ordine".

PERSONALITÀ - I tratti di Cosma si ritrovano anche in Cosimo, ma sono più enfatizzati: tranquilla e sensibile in amore, non tollera le complicazioni sentimentali. Ciononostante soffre di un'accentuata gelosia: con i suoi ingiustificati sospetti rischia di mettere a repentaglio anche la più bella storia d'amore. Sul lavoro è attiva e solerte, ma le sue scarse ambizioni la inducono a diventare facilmente una gregaria.

COSTANTE

🕮 ONOMASTICO - *La ricorrenza di questo nome, portato nell'antichità da due imperatori d'Oriente e da uno romano, viene festeggiata il 12 febbraio in ricordo di san Costante o Costanzo, martire mantovano dell'XI secolo.*

ORIGINE E SIGNIFICATO - Variante di Costanzo, deriva dal nome latino *costantius*, a sua volta derivante dal termine *constans*, che significa "incrollabile", "solido".

PERSONALITÀ - Con un nome così, il suo tratto più evidente non può che essere uno solo: la costanza. È tenace e caparbio fino all'ostinazione, al punto che, talvolta, preso com'è dai propri obiettivi e dalle strategie per raggiungerli, non sa vedere le esigenze di chi gli sta intorno, affetti soprattutto. Le donne, infatti, che sono attratte dalla sua determinazione, gli rimproverano scarse attenzioni ed eccessivo egocentrismo.

COSTANTINO

🕮 ONOMASTICO - *Lo si festeggia l'11 marzo in ricordo di san Costantino, re di Cornovaglia, poi vescovo e confessore di Cartagine, morto nel 598.*

ORIGINE E SIGNIFICATO - Deriva dal latino *constans* e significa "fermo" e "risoluto".

PERSONALITÀ - Inflessibile e intransigente, è l'esibizionismo fatto persona. Di fronte alle attenzioni altrui, meglio se femminili, si compiace e si pavoneggia, consapevole dell'ascendente che sa esercitare su amici e conoscenti. Per questo motivo non sa prendersi in giro né apprezzare il lato comico della vita. Solo verso i deboli manifesta un'insospettabile tenerezza e spirito di protezione.

CURIOSITÀ - *Nome molto diffuso nel Nord, soprattutto in Lombardia.*

COSTANZA / COSTANZO

🕮 ONOMASTICO - *Il 19 settembre si ricorda santa Costanza, martire in Nocera con san Felice. Con lo stesso nome si commemora anche la santa Meunier, morta nel 1794, il 17 luglio.*

ORIGINE E SIGNIFICATO - Deriva dal nome latino *costantius*, a sua

volta derivante dal termine *constans*, che significa "incrollabile". In origine era un cognome romano. Col tempo nacque la forma femminile, mantenendo la sua accezione di cognome.
PERSONALITÀ - Costanza: possiede una grande tenerezza verso i più deboli, per i quali si adopera senza riposo. Non possiede invece il senso dell'umorismo, tanto utile per sdrammatizzare alcuni eventi della vita. Materna e accogliente, scopre la propria vocazione alla famiglia in giovane età e pertanto si sposa presto. Costanzo: è un uomo testardo e determinato: sa cosa vuole e come ottenerlo. A volte, può essere spietato. Questo suo atteggiamento, se da un lato gli porta facili soddisfazioni professionali, dall'altro lo carica di una forte dose di tensione e stress.

CRISTIANA / CRISTIANO

🕮 ONOMASTICO - *Si festeggia questo nome il 7 aprile in onore di san Cristiano o Chrètien, prete nella parrocchia di saint'Albin a Douai, in Francia, patrono delle partorienti. Lo stesso nome portarono anche: un martire, il 18 marzo; un eremita, che fu ucciso in Polonia con i santi Benedetto, Giovanni, Isacco e Matteo, il 12 novembre e un altro martire, il 20 dicembre.*
ORIGINE E SIGNIFICATO - Deriva da *Kristos*, il nome greco di Cristo, che è la traduzione del termine ebraico *Mashiàh*, che significa "l'eletto", diventato, per estensione "il messia". *Kristiànos* erano, appunto, i seguaci di Cristo.
PERSONALITÀ - Cristiana: è una donna generosa che ama condividere le sue esperienze e la quotidianità. Contemporaneamente è molto esigente e pretende il massimo da sé e dagli altri. Inoltre è una mamma giocosa e presente. Cristiano: è un uomo molto deciso, quasi inflessibile. Questa severità morale è però mitigata da una grande tenerezza, di cui non si vergogna, ma al contrario va estremamente fiero.

CURIOSITÀ - *Cristiano si è trasformato in nome proprio solo dopo l'editto di Costantino. Nella penisola scandinava è molto diffusa la versione Kristian che fu nome di ben dieci re.*

CRISTINA

🕮 ONOMASTICO - *Il 15 dicembre vi è la ricorrenza di santa Cristina serva, martire in Georgia nel IV secolo, patrona dei mugnai. Con lo stesso nome si commemora ancora una santa, detta "di santa Croce" morta nel 1310, il 4 gennaio.*

ORIGINE E SIGNIFICATO - Come il nome Cristiano, deriva dal nome greco di Cristo, ovvero, *Kristos* che significa "l'eletto".
PERSONALITÀ - Cristina è una di quelle donne incapaci di agire alla luce del sole; macchinosa e razionale, architetta continuamente piani con cui ottenere ciò che desidera. Solitamente si appoggia affettivamente a uomini potenti e molto ricchi.

CURIOSITÀ - *Il nome è sostenuto dal culto di santa Cristina di Bolsena, martire sotto Diocleziano, tratteggiata da Raffaello come l'autrice del miracolo dell'ostia che trasuda sangue.*

CRISTOFORO

ONOMASTICO - *L'onomastico è tradizionalmente festeggiato il 25 luglio in onore di san Cristoforo, torturato e martirizzato in Licia, durante l'impero di Decio. Patrono di pellegrini, viaggiatori, postini, portabagagli, ascensoristi, automobilisti, scaricatori, atleti, ferrovieri, fruttivendoli, facchini, corrieri, sportivi, tranvieri e di Gallarate. Lo si invoca contro l'epilessia, i pericoli che possono derivare dalle acque, la folgore, la grandine, i tornadi, i cicloni e la tempeste; contro il pericolo delle morti improvvise e il mal di denti. Si venera ancora, il 20 agosto, un monaco martirizzato a Còrdoba dai Saraceni.*
ORIGINE E SIGNIFICATO - Deriva dal greco *kristospheros* che significa "portatore del Cristo". Narra infatti una leggenda che Cristoforo fosse quel gigante traghettatore che portò sulle spalle il Cristo bambino da una riva all'altra del fiume.
PERSONALITÀ - Carattere travolgente e intollerante verso chi non la pensa come lui, è in fondo un gran sognatore: dotato di un profondo senso religioso e di una attrazione verso il metafisico, ha poca attitudine per gli affari e, al contrario, molta per la letteratura e la poesia. In amore è spesso vittima involontaria di colpi di testa, innamoramenti facili e passioni di poche ore.

CURIOSITÀ - *Due Cristoforo sono notissimi a tutti, uno realmente esistito, l'altro immaginario: Cristoforo Colombo, esploratore e scopritore delle Americhe e il buon fra' Cristoforo de* I Promessi sposi *di Alessandro Manzoni.*

CURZIO

ONOMASTICO - *Si festeggia il 1° novembre, giorno di Ognissanti, perché non esiste un santo patrono.*

Curzio

ORIGINE E SIGNIFICATO - Deriva dal latino *curtius* che vuol dire "tronco", "monco" o "privo di qualche membro". È un antico nome gentilizio romano.

PERSONALITÀ - Amante dell'armonia sopra ogni cosa, tende a soffrire dei problemi altrui. Protettivo e accondiscendente in amore, si rivela un compagno equilibrato e fedele, ma troppo spesso dipendente e succube del partner. Sul lavoro si impegna molto a far valere le proprie competenze e i propri meriti, ma di fronte alla competitività dei colleghi è più portato a gettare la spugna che a combattere per conquistare posizioni di rilievo. Nonostante questo non avrà nessuna difficoltà ad arricchirsi.

D

DACIA / DACIO

🕮 ONOMASTICO - *Il 14 gennaio viene onorato san Dacio, vescovo di Milano, morto nel 552, che difese i diritti della Chiesa contro Giustiniano.*

ORIGINE E SIGNIFICATO - Nome etnico che deriva dal greco, significa "nativo della Dacia".

PERSONALITÀ - Dacia: impulsiva e irruente, agisce sempre d'istinto, indipendentemente dai contesti in cui si trova e dalle persone che ha di fronte. Dacio: in amore è dotato di una passionalità che piace alle donne, ma che le allontana quando si trasforma in rabbia; sul lavoro, allo stesso modo, dove l'intraprendenza paga con i clienti, ma crea invidie e antipatie tra colleghi.

CURIOSITÀ - *Il nome è poco diffuso in Italia, ma è reso celebre dalla scrittrice Dacia Maraini, autrice de* La lunga vita di Marianna Ucrìa *(1990, Premio Campiello), nonché a lungo compagna di Alberto Moravia con cui visse dal 1962 al 1983.*

DAFNE

🕮 ONOMASTICO - *Si festeggia il 1° novembre, giorno di Ognissanti, perché non esiste un santo patrono.*

ORIGINE E SIGNIFICATO - Deriva dal nome greco *daphne*, "pianta di alloro"; è quindi un nome di matrice classica e letteraria.

PERSONALITÀ - Solare e sempre ben disposta verso gli altri, è una persona di grande compagnia: ama il gioco come il dialogo, la tranquillità come il dinamismo. Solo una cosa proprio non sopporta e non sa gestire, le bugie: non sa raccontarle e non accetta che qualcuno ne racconti a lei, neppure se piccole e ingenue. In amore è tenera e comprensiva, a volte persino troppo stucchevole.

CURIOSITÀ - *Nella mitologia greca Dafne era una giovane e deliziosa ninfa che viveva trascorrendo il suo tempo a deliziarsi della quiete dei boschi quando la sua vita fu stravolta dal capriccio di due divinità: Apollo ed Eros. Racconta la leggenda che Apollo, fiero di avere ucciso il mostruoso serpente Pitone, incontrato Eros, si fosse burlato di lui e del fatto che non avesse mai compiuto delle azioni degne di gloria. Il dio dell'amore, ferito dalle sue parole, prese due frecce, una delle quali ben acuminata e dorata, destinata a far nascere la passione, che scagliò nel cuore di Apollo e un'altra, spuntata e di piombo, destinata a respingere l'amore, che lanciò nel cuore di Dafne. Da quel giorno Apollo iniziò a vagare per i boschi alla ricerca della ninfa. Per sfuggirgli, Dafne invocò la madre Gea, pregandola di mutare il suo aspetto in un leggiadro e forte albero che, da quel momento, prese il nome di Lauro.*

DAGOBERTO

🕮 ONOMASTICO - *il 23 dicembre vi è la ricorrenza del beato re Dagoberto II, detto "il Giovine", assassinato nel 679 da Pipino d'Hristal e da suo fratello, il duca Martino.*

ORIGINE E SIGNIFICATO - Deriva dall'antico sassone e significa "splendente come la luce".

PERSONALITÀ - Animo poetico e pieno di romanticismo, sogna una donna che sappia valorizzare il suo lato più sensibile, una persona che, mettendolo al centro dei propri pensieri, lo faccia sentire stimato e sicuro. Sul lavoro è poco ambizioso e si accontenta di un impiego tranquillo e di uno stipendio sicuro, purché non lo distolga e gli lasci tempo sufficiente per coltivare quella che è la sua vera passione: la pittura.

DALIA

🕮 ONOMASTICO - *Si festeggia il 1° novembre, giorno di Ognissanti, perché non esiste un santo patrono.*

ORIGINE E SIGNIFICATO - Deriva dall'omonimo fiore, a sua volta chiamato scientificamente Dahlia, riprendendo il cognome del botanico che nel '700 lo scoprì e lo classificò, A. Dahl; viene dato, come tutti i nomi derivanti dai fiori, come augurio di bellezza.

PERSONALITÀ - È l'emblema della maternità: accudisce i figli con una dedizione senza pari, accetta di rinunciare a una propria gratificazione professionale pur di seguirli nei momenti più difficili della loro vita, è protettiva e piena di attenzioni. A volte, però, le sue eccessive cure rischiano che i figli crescano viziati e immaturi.

DALILA

📖 ONOMASTICO - *Si festeggia il 1° novembre, giorno di Ognissanti, perché non esiste un santo patrono.*

ORIGINE E SIGNIFICATO - Deriva dall'ebraico *delilah*, con il significato di "povera", "misera"; è il nome della donna che, nell'Antico Testamento, sedusse Sansone, giudice di Israele, gli tagliò i capelli, nei quali era il segreto della sua straordinaria forza, e lo consegnò ai Filistei.

PERSONALITÀ - Maliziosa e intuitiva, ha un ottimo senso per gli affari, il che le permette di raggiungere posti di vertice in qualsiasi professione scelga. Negli affetti è possessiva e insicura: se esagera con i sospetti e i controlli, rischia di farsi sopraffare dalle emozioni di chi vede dei problemi anche quando non ci sono e, quel che è peggio, di far fare una vita d'inferno al compagno che le è accanto. Col rischio di perderlo.

DALMAZIA / DALMAZIO

📖 ONOMASTICO - *Si festeggia il 3 agosto in onore di san Dalmazio, archimandrita di Costantinopoli, vissuto tra il 350 e il 432.*

ORIGINE E SIGNIFICATO - Il nome deriva dal latino *Dalmàfus* e significa "originario della Dalmazia".

PERSONALITÀ - Dalmazia: di aspetto gracile, soffre la sua scarsa avvenenza in maniera sensibile. Eppure le doti non le mancano: intelligenza vivace, spirito di osservazione acuto, dolcezza e generosità sono solo alcuni dei suoi pregi, che però faticano ad emergere perché soffocati da un macigno di timidezza e insicurezza. Dalmazio: solo chi lo conosce da tempo sa apprezzare il suo buon carattere, trovando in lui un ottimo amico e un paziente collega di lavoro.

DAMIANA / DAMIANO

📖 ONOMASTICO - *Si festeggia il 26 settembre, in onore di san Damiano diacono, medico del III secolo, martirizzato con Cosma insieme ad Antino, Eupreprio e Leonzio. È patrono dei medici, dei parrucchieri, dei barbieri, dei farmacisti, dei chirurghi, dei dentisti e della Boemia.*

ORIGINE E SIGNIFICATO - Secondo alcune interpretazioni, questo nome deriva dal nome personale latino *Damianus*, che secondo alcuni si sarebbe sviluppato da *Damia*, divinità greca, conosciuta dai romani con il nome di Cerere. Il significato del nome sarebbe quindi "di damia". Secondo altri, invece, deriverebbe dal verbo *damnere*, ossia "domare".

PERSONALITÀ - Damiana: è una donna spesso distaccata. Questo succede non per cattiveria d'animo, ma solo per eccessiva timidezza e sensibilità. Spesso, infatti, per paura di essere ferita, si chiude. Damiano: è estremamente paziente e delicato. Sul lavoro gli si addicono professioni dove ci sia spazio per la sperimentazione, come il chimico o l'artigiano.

DAMITA

📖 *ONOMASTICO* - *Nome di matrice non cattolica, pertanto senza onomastico.*

ORIGINE E SIGNIFICATO - Etimo e significato sono sconosciuti.

PERSONALITÀ - Malinconica e solitaria, è una donna con un grande talento musicale, ma poco propensa alla compagnia e alla condivisione. Soffre di invidia per chi è più intraprendente e coraggioso di lei, ma si limita a lamentarsi con amici e parenti, senza far nulla che possa rivoluzionare il suo tran tran. In amore è dolce e disponibile, ma il suo profondo bisogno affettivo la rende spesso dipendente e un po' servile con il partner.

DANA

📖 *ONOMASTICO* - *L'onomastico si festeggia il 21 luglio.*

ORIGINE E SIGNIFICATO - Dall'ebraico *Dayan* e *El*, "Dio è il mio giudice".

PERSONALITÀ - Caratterialmente chi porta questo nome è una persona sensibile e di grande fascino: amata da uomini e donne, sa trattare con le persone anziane e con i bambini con grande disinvoltura e comunicativa. In amore, invece, si rivela stranamente timida e riservata, ma chi la conosce bene ritiene si tratti solo di un'astuta strategia per non esporsi per prima e lasciarsi corteggiare.

DANAE

📖 *ONOMASTICO* - *Come per Dana si celebra il 21 luglio.*

ORIGINE E SIGNIFICATO - Per assonanza, origine e significato sono gli stessi di Dana.

PERSONALITÀ - Pura e ingenua, è la faccia della semplicità: vive tutto con estrema leggerezza e serenità; tutt'altro che immatura, sa dare il giusto peso alle cose e alle persone. Negli affetti è una presenza sicura, rassicurante, molto conciliante. Sul lavoro è sveglia e ordinata, ma poco intraprendente.

DANIA / DANIO

📖 ONOMASTICO - *Dania viene festeggiata il giorno 11 agosto in memoria di santa Lidania, detta anche Lelia, martirizzata in Irlanda nel V secolo. L'onomastico maschile viene festeggiato, invece, il 12 maggio in ricordo di san Danio di Bologna.*

ORIGINE E SIGNIFICATO - Forma femminile del nome Danio con uguale significato. Deriva dall'ebraico *Dan* e significa "giudice", "arbitro".

PERSONALITÀ - Dania: effervescente e dinamica, è in perenne movimento: non sa stare con le mani in mano, ha sempre bisogno di sentirsi utile in qualcosa. Danio: è apprezzatissimo sul lavoro, mentre in famiglia lo rimproverano di eccessiva disponibilità, che paga con un'elevata dose di stress.

DANICA

📖 ONOMASTICO - *Si festeggia il 1° novembre, giorno di Ognissanti, perché non esiste un santo patrono.*

ORIGINE E SIGNIFICATO - Etimo e significato sono sconosciuti.

PERSONALITÀ - Di grande elevatura morale, le donne con questo nome sono molto legate alla tradizione e ai principi antichi: famiglia, dedizione sul lavoro, onestà sociale. Per questo è in eterno conflitto interiore con i continui compromessi a cui deve sottoporsi. Non sopporta le bugie e i raggiri, soprattutto quando rivolti alle persone più deboli. In amore è dolce e sensibile: l'uomo che la conquista saprà trovare in lei la serenità e il calore di un affetto profondo e sincero.

DANIELA / DANIELE

📖 ONOMASTICO - *Si festeggia il 10 ottobre, in onore di san Daniele, martire francescano decapitato dai musulmani a Ceuta, in Marocco, con altri compagni religiosi, nel 1277.*

ORIGINE E SIGNIFICATO - L'origine di questo nome è ebraica ed è l'evoluzione del nome latino Daniel e dal corrispettivo greco. Il nome è composto dal suffisso *El*, uno dei nomi di Dio, e da *dan*, che ha due interpretazioni. Potrebbe essere il modo perfetto del verbo "giudicare", oppure essere una derivazione di *dayan*, che significa "giudice". I due diversi significati del nome sono, rispettivamente: "il Signore ha giudicato" oppure "il Signore è il mio giudice".

PERSONALITÀ - Daniela: è una donna esuberante e attiva che prende la vita di petto. Come il corrispettivo maschile è intelligente ma al contrario di questi vuole investire le sue energie nella costruzione di un rapporto di coppia duraturo. Daniele: è un giustiziere, un eroe senza macchia e senza paura. È intelligente nonché astuto e furbo. Ama vivere appartato. In amore è romantico e fedele ma solo se trova l'anima gemella.

CURIOSITÀ - *È un nome diffuso in tutta Italia, anche in molte varianti, come Daniel, Daniello, Danio, Dana, Nilo, e soprattutto Danilo. Nell'Antico Testamento è il nome del profeta del libro di Daniele, che venne deportato a Babilonia nel VI secolo a.C. sotto Ciro il Grande. Qui assunse il nome di Baldassarre e, divenuto ministro del re, venne scoperto mentre pregava il proprio Dio, nonostante fosse vietato dalle leggi imperiali. A causa di ciò fu gettato nella fossa dei leoni ma si salvò per volontà divina. Tra i personaggi degni di nota troviamo il patriota Daniele Manin che diresse a Venezia l'insurrezione del 1848 e lo scrittore inglese Daniel Defoe, autore tra l'altro del romanzo* Robinson Crosue.

DANILA / DANILO

ONOMASTICO - *Si festeggia il 3 gennaio, in ricordo di san Danilo o Daniele diacono, martirizzato a Padova nel 168.*

ORIGINE E SIGNIFICATO - Come Daniele, di cui è una variante, deriva dall'ebraico *Dani'el*, col significato di "Dio è il mio giudice".

PERSONALITÀ - Danila: è ammirata per l'intelligenza, la seduzione e la fortuna, sempre dalla sua parte. Con gli amici è espansiva e di buon carattere. Ama il ballo in ogni sua forma. Danilo: è un bambino che conquista gli altri con un sorriso, da adulto è capriccioso ai limiti dell'egoismo, ma è carico di una gioiosa voglia di vivere. Il suo fascino conquista tutti, giovani e anziani.

DANTE

ONOMASTICO - *Si festeggia l'11 febbraio in onore di san Dante, cristiano d'Africa, martirizzato a Cartagine nel IV secolo, con Dativo,*

senatore romano, e Saturniano prete.
ORIGINE E SIGNIFICATO - Deriva dal latino *Durans* e significa "che dura", "che persevera", e dunque "fermo", "risoluto" ed è accorciato per sincope da Durante. È attestato a partire dal IX secolo.
PERSONALITÀ - Passionale e irruente, l'uomo con questo nome ha una vena ironica acuta e sagace, decisamente fuori dal comune: riesce a zittire e a sorprendere chiunque con una battuta o una frase ad effetto; è un grande comunicatore e sa comportarsi in ogni circostanza in maniera corretta e opportuna. Adatto alla carriera politica, sa farsi acclamare dalle folle ed entusiasmare gli animi anche dei più scettici. In amore è schivo e riservato, non ama parlare troppo dei propri sentimenti, ma con la partner è premuroso e attento.
CURIOSITÀ - *Il Dante più famoso è naturalmente l'Alighieri, che si chiamava, per essere precisi, Durante Alighieri ed è passato alla storia come "il Sommo Poeta".*

DAPHNE

ONOMASTICO - *L'onomastico si festeggia lo stesso giorno di Dafne.*
ORIGINE E SIGNIFICATO - Si richiama a Dafne per origine e significato.
PERSONALITÀ - Spirito libero e indipendente, è recalcitrante di fronte alle regole e alle imposizioni. Pur ascoltando i consigli delle persone che le vogliono bene, sceglie e decide in totale autonomia, senza lasciarsi condizionare da pregiudizi o bloccare dall'indecisione.

DARIA / DARIO

ONOMASTICO - *Dario festeggia l'onomastico il 19 dicembre in memoria di san Dario, martirizzato a Nicea insieme a tre compagni.*
ORIGINE E SIGNIFICATO - Deriva dal nome personale latino *Darius*, a sua volta traduzione del persiano *Darayavaush*, termine composto da *daraya*, che significa "possedere", e da *hu*, ossia "bene". Il significato complessivo del nome è quindi "colui che possiede il bene".
PERSONALITÀ - Daria: è vanitosa con un forte bisogno di apparire. Questo desiderio tende a sviluppare in lei una malsana ambizione che non la renderà felice. Dario: è un uomo dalla fine intelligenza. Possiede inoltre una cinica vena umoristica con la quale commenta il mondo. Non ama le situazioni conflittuali che abbandona con una scrollata di spalle.

DASIA / DASIO

📖 ONOMASTICO - *Si festeggia il 21 ottobre in onore di san Dasio, martire in Nicomedia con i santi Caio e Zotico.*

ORIGINE E SIGNIFICATO - Il nome deriva dal greco *dasys* e significa "vellutato".

PERSONALITÀ - Dasia: la calma è la sua dote più evidente; sa controllare le emozioni, affrontare le questioni più difficili senza cadere nel panico e dosare le energie senza farsi sopraffare dalle tensioni. In amore e sul lavoro è, quindi, una mediatrice nata; con lei litigare è impossibile, al massimo si arriverà a una discussione pacata e ragionata. Dasio: riflessivo come la sua omonima femminile, tutto per lui ha un tempo adatto per essere affrontato e non serve agitarsi oltre il dovuto per affermare le proprie istanze.

DATO

📖 ONOMASTICO - *Si festeggia il 3 luglio, in memoria di san Dato, martirizzato a Ravenna in anno non accertato.*

ORIGINE E SIGNIFICATO - Dall'etimologia intuitiva, è il participio passato di "dare": significa quindi "consegnato", "affidato".

PERSONALITÀ - Caotico e irrazionale, Dato è un uomo ricco di sfaccettature e contraddizioni che però, se, da un lato, spiazzano chi gli sta intorno, dall'altro contraddistinguono il suo indiscutibile fascino. Nei sentimenti è molto ricercato, perché imprevedibile e tutto da scoprire. Sul lavoro è creativo e dinamico.

DAVID

📖 ONOMASTICO - *Matrice del più diffuso Davide, si festeggia lo stesso giorno di quest'ultimo.*

ORIGINE E SIGNIFICATO - Etimo e significato sono gli stessi di Davide.

PERSONALITÀ - Brillante e con una curiosità mai soddisfatta, David è un tipo molto interessante: la sua dialettica è vivace, la sua voglia di approfondire e conoscere sempre viva, il suo bisogno di confronto con gli altri sempre presente. È quindi un uomo che sta bene in compagnia e che si integra facilmente in ogni contesto; nelle donne apprezza, prima di tutto, la vivacità intellettuale e solo in seconda battuta l'aspetto fisico. È allegro e simpatico, amante dei bambini e dei gatti.

DAVIDE

📖 ONOMASTICO - *Viene festeggiato il 29 dicembre in onore del profeta David, padre di Salomone re di Israele, vissuto circa mille anni prima di Cristo. È patrono dei cantanti, dei musicisti e dei poeti.*

ORIGINE E SIGNIFICATO - Deriva dal nome personale latino David e dal corrispettivo greco Daueid, che discendono entrambi dall'ebraico *davìd*, dal significato di "amato", "prediletto".

PERSONALITÀ - Davide è scanzonato come un eterno ragazzino e rincorre la vita per paura di perdersi qualcosa. Ha timore di innamorarsi e tende a fuggire dai rapporti duraturi. Sul lavoro è "una macchina da guerra", disposto a tutto pur di far carriera.

DAVINO

📖 ONOMASTICO - *Ricorre il 3 giugno in ricordo di san Davino di Lucca, morto nel 1051.*

ORIGINE E SIGNIFICATO - Contrazione del nome Davide e con il medesimo significato.

PERSONALITÀ - Buongustaio, ama le serate in compagnia, le feste in famiglia, il cinema e lo sport di squadra. Negli affetti è fedelissimo e molto presente, a volte persino troppo: per lui l'amore infatti è condivisione totale, di emozioni ma anche di spazi e luoghi. Le donne amanti dell'indipendenza possono pertanto trovarlo un po' soffocante, quelle più tradizionaliste e romantiche un compagno ideale.

DAZIO

📖 ONOMASTICO - *Il 14 gennaio vi è la ricorrenza di san Dazio, vescovo e confessore di Milano dal 530 al 552, appartenente alla storica famiglia Alciati. Con questo nome si ricorda ancora un santo martirizzato il 27 gennaio.*

ORIGINE E SIGNIFICATO - Deriva dal latino *datio* e significa "pagamento".

PERSONALITÀ - La sua generosità spicca su tutte le altre doti: chi ha bisogno di aiuto troverà sempre in lui un sostegno sicuro, una presenza affidabile, un ascoltatore attento. Associata a scarsa malizia, però, è una qualità che può trasformarsi in un pericoloso boomerang: le persone opportuniste potrebbero approfittarsi di lui. Sul lavoro è leale e puntuale, in amore un po' insicuro e infantile.

DEBORAH

📖 ONOMASTICO - *Il 1° novembre si festeggia la profetessa biblica, moglie di Lappidot, che fece da giudice degli Israeliti presso una quercia tra Betel e Rama.*

ORIGINE E SIGNIFICATO - Deriva dall'ebraico e precisamente da una radice che può significare "conduttrice" o "ape".

PERSONALITÀ - Deborah è una donna dolcissima dotata di un'infinita pazienza che sprigiona calore e simpatia. Di solito è un po' malinconica e chiusa ed essendo molto riservata tende a soffrire in solitudine. Ha una vera e propria vocazione per l'insegnamento: i suoi alunni (o se lavorerà in altri ambiti, i colleghi) la ricorderanno sempre come un riferimento e una guida preziosa. Sebbene sia molo pragmatica, dimostra anche una grande creatività.

DECIMO

📖 ONOMASTICO - *Esistono più giorni in cui festeggiare l'onomastico di Decimo, ma i più accreditati sono due: il 30 marzo e il 27 agosto.*

ORIGINE E SIGNIFICATO - Deriva dal latino e significa "decimo nato".

PERSONALITÀ - Aggregante e pieno di iniziativa, è un autentico vulcano di idee: gli amici con lui si divertono molto, le donne si innamorano con facilità. Sul lavoro è un po' impaziente: i suoi ritmi di adattamento e di acquisizione delle competenze sono superiori alla media e perciò gli capita spesso di lamentarsi per la lentezza operativa dei colleghi.

DECIO

📖 ONOMASTICO - *Lo si onora il 30 marzo in memoria di san Decio, martire egiziano nel IV secolo.*

ORIGINE E SIGNIFICATO - Deriva dal nome latino *decius*, tratto da *decimus* e significa "decimo".

PERSONALITÀ - Un eterno bambinone, ecco chi è Decio: divertirsi sempre e comunque è il suo motto di vita. Di conseguenza la sua presenza è, in parte, un toccasana per amici e colleghi, in parte, un faticoso tentativo di responsabilizzazione per familiari e mogli. Di fronte alle arrabbiature altrui, ribatte con un sorriso canzonatorio, di fronte ai sacrifici fugge come un lampo.

DEDRA

📖 ONOMASTICO - *Si festeggia il 1° novembre, giorno di Ognissanti, perché non esiste un santo patrono.*

ORIGINE E SIGNIFICATO - Etimo e significato sono sconosciuti.

PERSONALITÀ - Sofisticata e un po' scostante, non ama la folla e il caos: ricerca al contrario ambienti raffinati e discreti, si circonda di persone serie e rispettabili, spesso molto più grandi di lei. In amore, però, fa emergere il lato più istintivo e animale che c'è in lei: se cade nella rete della passione, si rivela istintiva, affettuosa e dotata di un travolgente erotismo.

DEGNA

📖 ONOMASTICO - *L'onomastico viene festeggiato l'11 agosto, in onore di san Degna vergine a Todi, vissuta nel III secolo. Con questo nome si commemorano ancora: una vergine di Cordova, il 14 giugno; una santa, martirizzata con Eonomia e Euprepria, ancelle di sant'Ilaria, il 12 agosto e una vergine martire nel 260, con santa Emèrita di Roma, il 22 settembre.*

ORIGINE E SIGNIFICATO - Deriva dal latino *Dignus* e significa "eccellente", "stimata".

PERSONALITÀ - Timida e impacciata, a prima vista appare distante e con la puzza sotto al naso. In realtà ha solo paura che qualcuno la giudichi male. Sul lavoro si espone poco: tende a eseguire gli incarichi con precisione e metodo, ma mette poco di sé nel proprio operato. Con gli amici è silenziosa ma presente: per questo è prescelta per confidenze e segreti, meno per condividere pazzie, scelte improvvisate, sregolatezze. È insomma il prototipo della brava ragazza.

DEIANIRA

📖 ONOMASTICO - *Si festeggia il 1° novembre, giorno di Ognissanti, perché non esiste un santo patrono.*

ORIGINE E SIGNIFICATO - Deriva, come la forma Deiamira, dal greco e significa "colei che infiamma gli uomini". Questo nome veniva imposto in onore della moglie di Ercole, contesta dal centauro Nesso.

PERSONALITÀ - Opportunista e furbetta, per raggiungere i suoi obiettivi è sempre alla ricerca di scorciatoie o favori: il sacrificio non è un termine che rientra nel suo vocabolario. Anzi, se c'è da scendere a compromessi, lei spesso è la prima a proporsi. Questo la espone a malelingue anche quando ciò che ha conquistato è frutto di meriti acquisiti effettivi. In amore è tenera e comprensiva, ma poco adatta alla maternità.

DELFINO

📖 ONOMASTICO - *L'onomastico ricorre il 26 novembre in onore di san Delfino martire. Con questo nome si ricorda ancora un santo, vescovo di Bordeaux dal 380 al 404, il 24 dicembre.*

ORIGINE E SIGNIFICATO - L'etimologia del nome si presta a numerose interpretazioni: in parte deriva sicuramente dal greco *delphys*, "utero", appellativo dato al delfino in quanto animale mammifero. In questo senso è diventato un soprannome medievale riferito simbolicamente alle virtù di questo cetaceo: bontà, mansuetudine, amicizia con l'uomo. Nel francese antico il nome personale e titolo onorifico *Dauphin* veniva dato al primogenito erede al trono.

PERSONALITÀ - Come il dolcissimo animale da cui trae il nome, anche l'uomo Delfino si contraddistingue per bontà e mitezza. Negli affetti ciò si esprime soprattutto con i bambini che riempie di coccole e vizi, sul lavoro rischia di essere un po' sfruttato.

DELFIO

📖 ONOMASTICO - *L'onomastico si festeggia il giorno 11 settembre, in ricordo di sant'Adelfio di Remiremont, monaco francese, vissuto nei Vosgi e morto verso il 670. Altra data, il 29 agosto, giorno di sant'Adelfo, vescovo di Metz.*

ORIGINE E SIGNIFICATO - Deriva dal greco *adelphòs*, "fratello", latinizzato a Roma in età imperiale con il nome personale Adelphius e usato in ambiente cristiano con il significato di "fratello di Dio".

PERSONALITÀ - Di poche parole e sibillino, è facile vittima di incomprensioni non solo nei rapporti di lavoro, ma anche nella vita di relazione. Sempre teso a dedicare più tempo ed energia ai sentimenti e alla famiglia che al lavoro, rischia che colleghi e conoscenti tentino di volersi mettere al suo posto. Di salute a tratti precaria, deve prestare particolari cure al proprio corpo e al proprio benessere psico-fisico. In amore, se trova la donna che fa per lui, le dona tutto se stesso, il suo amore, altrimenti, si rinchiuderà sempre più nella solitudine.

Delia

🕮 ONOMASTICO - *Esistono vari giorni di onomastico, ma il più celebrato è il 24 dicembre.*

ORIGINE E SIGNIFICATO - Deriva dall'aggettivo greco *delos*, che significa "luminoso"; questo era il nome dell'isola dell'Egeo dove nacquero Apollo e Latonia (Diana).

PERSONALITÀ - Delia è una donna estremamente riservata che possiede una latente aggressività. In genere, cerca di pianificare la sua vita nei particolari tanto da essere schiava della quotidianità.

Delinda

🕮 ONOMASTICO - *L'onomastico viene festeggiato il 28 marzo, in ricordo di santa Delinda vergine, detta "Gundelinda", vissuta nell'VIII secolo.*

ORIGINE E SIGNIFICATO - Deriva dal latino e significa "unta", ossia "consacrata".

PERSONALITÀ - Poco propensa ai cambiamenti delle abitudini, è una donna affidabile e seria. Ha gusti semplici: ama la famiglia, le atmosfere conviviali, un lavoro tranquillo e non troppo impegnativo. Generalmente poco dinamica, odia la palestra ma è appassionata delle attività all'aria aperta, mountain bike e sci più di tutti.

Delizia

🕮 ONOMASTICO - *L'onomastico è il 14 dicembre in onore della beata Noemi, di cui è la traduzione italiana.*

ORIGINE E SIGNIFICATO - È la traduzione dell'ebraico *Noam* che significa appunto "delizia".

PERSONALITÀ - Per lei ciò che più conta sono le sue percezioni: quando conosce un uomo, sente subito a pelle se c'è futuro oppure no e quando deve fare una scelta professionale si fa guidare solo dall'istinto più profondo. E raramente sbaglia. Chi non la conosce fraintende questo suo "sesto senso" e lo scambia per superficialità.

Demetria / Demetrio

🕮 ONOMASTICO - *L'onomastico di Demetria ricorre il 21 giugno in memoria di santa Demetria vergine, sorella di santa Bibiana, che subì il martirio nel 363 durante la persecuzione ordinata da Giuliano Apostata.*

L'onomastico di Demetrio si festeggia il 22 dicembre in onore di san Demetrio, martirizzato nei pressi di Ostia con i santi Onorio e Floro. Nelle regioni meridionali dove è in uso il rito greco viene venerato il 26 ottobre unitamente a un altro santo omonimo detto il "megalomartire". Con questo nome si ricordano ancora: un ufficiale romano presso il palazzo imperiale di Bisanzio, il 25 gennaio; un martire con i santi Concesso e Ilario, il 9 aprile; un altro che subì il martirio in Africa, il 14 agosto; un proconsole, martire nel 306 a Tessalonica (Salonicco), l'8 ottobre; infine, uno dei patroni della Russia, detto "Il Taumaturgo", il 1° novembre.

ORIGINE E SIGNIFICATO - Deriva dal greco *Demetrios*, latinizzato in *Demetrius*, ripreso dal nome di Demetra, la divinità della terra, della fecondità e dell'oltretomba, con il significato di "dedicato a Demetra". Il nome della dea è a sua volta composto dal vocabolo dorico *de-*, "terra", e da *meter*, "madre".

PERSONALITÀ - Demetria: ombrosa e un po' egoista, ama stuzzicare con piccole ma non sempre innocenti crudeltà le persone che ama: lunghi ritardi agli appuntamenti, immotivate scenate di gelosia, frequenti discussioni fatte per il solo gusto della polemica. Demetrio: i suoi frequenti capricci lo rendono difficile da sopportare. Sul lavoro, al contrario, è serissimo e affidabile.

DEMIRO

📖 *ONOMASTICO - L'onomastico viene festeggiato il 30 settembre in ricordo di san Demiro.*

ORIGINE E SIGNIFICATO - Deriva dal latino e significa "meraviglioso".

PERSONALITÀ - Meraviglioso è il suo significato come d'altronde il suo carattere: è buono, dolce, paziente, ma anche dinamico, sveglio, ambizioso. A prima vista, sembra essere l'uomo ideale; in realtà, è solo molto bravo a tenere nascosti i propri difetti, tra cui la testardaggine, che è senz'altro il più radicato.

DENIS

📖 *ONOMASTICO - L'onomastico viene festeggiato l'8 maggio, in memoria di san Dionisio vescovo e confessore di Vienne, in Francia.*

ORIGINE E SIGNIFICATO - Adattamento francese del nome Dionisio. Deriva dal latino *Dionysius* e significa "consacrato a Dionisio", altro appellativo di Bacco.

PERSONALITÀ - È un chiacchierone nato: parla di tutto, sempre, in ogni circostanza, con disinvoltura e competenza. L'imbarazzo per gli ambienti nuovi non sa che cosa sia. Questo lo aiuta a inserirsi con facilità in ogni contesto e quindi a renderlo visibile, con conseguenti benefici nella scalata professionale. Allo stesso modo, però, capita che il suo essere logorroico lo renda un po' pesante. Le donne, soprattutto, gli rimproverano il suo continuo bisogno di stare al centro dell'attenzione e la sua incapacità d'ascolto.

DENISE

📖 *ONOMASTICO - Derivante da Dionigi, si festeggia il suo stesso giorno.*
ORIGINE E SIGNIFICATO - Di origine greca, il suo significato è sconosciuto.
PERSONALITÀ - Di indole buona, generosa, in costante ricerca di armonia. Molto adattabile, docile, talvolta un po' masochista, si realizza nel rapporto di coppia che sa mantenere solido nel tempo. Si impegna a fondo nelle professioni sociali.

DESDEMONA

📖 *ONOMASTICO - Si festeggia il 1° novembre, giorno di Ognissanti, perché non esiste un santo patrono.*
ORIGINE E SIGNIFICATO - Di origine e significato sconosciuti.
PERSONALITÀ - Forte sia nel fisico che nel carattere, è una donna tutta d'un pezzo. Sa quali strade intraprendere e quale direzione dare alle proprie energie e alle proprie scelte: è sicura di sé, consapevole dei propri talenti, dotata di una grande forza di volontà. Più dedita al lavoro che ai sentimenti, tende a legarsi tardi a un uomo e solo a condizione di poter mantenere i propri spazi e i propri interessi.
CURIOSITÀ - Incarna con Otello il dramma della gelosia, reso immortale dalla tragedia di Shakespeare: Desdemona, figlia di un senatore veneziano, sposa segretamente il moro Otello, abile e fortunato generale al servizio della repubblica. Per vendicarsi del giovane Cassio che Otello ha promosso luogotenente, il geloso Jago induce Otello a credere che Cassio sia l'amante di Desdemona, facendolo risultare in possesso di un fazzoletto che Othello ha donato alla moglie. Otello folle di gelosia, soffoca Desdemona. Quando scopre la trama di Jago e l'innocenza di Cassio e di Desdemona, disperato, si trafigge con la spada.

DÉSIRÉE

🕮 ONOMASTICO - *Derivante da Desiderata, l'onomastico si festeggia l'8 maggio in ricordo di san Desiderato, vescovo di Bourges, consigliere di re Clotario I, morto nel 550.*

ORIGINE E SIGNIFICATO - È la traduzione francese di Desiderata che, a sua volta, deriva dal latino e ha un significato molto evidente.

PERSONALITÀ - Nostalgica e solitaria, ama la compagnia di pochi amici fidati, con cui trascorrere momenti in tranquillità. È una donna amabile e simpatica, ma non sopporta l'eccessiva confusione: i suoi hobby preferiti si svolgono tutti all'interno delle mura domestiche (lettura, pittura, giardinaggio), dove si sente sicura e protetta. Sul lavoro è attenta e scrupolosa, ma sempre ritardataria.

DESMA

🕮 ONOMASTICO - *Si festeggia il 1° novembre, giorno di Ognissanti, perché non esiste un santo patrono.*

ORIGINE E SIGNIFICATO - Etimo e significato sono sconosciuti.

PERSONALITÀ - Lunatica per eccellenza, reagisce a cose e persone in maniera apparentemente immotivata e irrazionale: in realtà è solo una persona che elucubra molto su ciò che le accade, ma lo fa interiormente, senza comunicare all'esterno le conclusioni a cui arriva. Bisognosa di continue conferme, soprattutto affettive, è una mamma amorevole e una moglie protettiva. Sul lavoro è diligente, ma un po' lenta.

DEVA

🕮 ONOMASTICO - *Si festeggia il 1° novembre, giorno di Ognissanti, perché non esiste un santo patrono.*

ORIGINE E SIGNIFICATO - Nome di origine sanscrita che significa "divina".

PERSONALITÀ - Un carattere non semplice il suo: polemica e testarda, non accetta di buon grado le critiche anche quando costruttive né i consigli di chi è più grande di lei. Vuole sempre avere l'ultima parola in ogni discussione, che affronta con accesa passione e vivace dialettica. In amore è disponibile ma capricciosa, sul lavoro altrettanto. Vuole avere una famiglia con tanti figli ma a patto che a seguirli ed educarli sia la baby-sitter.

DIAMANTE

🕮 *ONOMASTICO* - *Si festeggia il 1° novembre, giorno di Ognissanti, perché non esiste un santo patrono.*

ORIGINE E SIGNIFICATO - Deriva dal greco *adamas*, "indomabile". Viene dato in maniera affettuosa e augurale per richiamare le virtù del diamante: prezioso, splendente, dotato di qualità straordinarie di luminosità e di resistenza.

PERSONALITÀ - Come il nome che porta, brilla di luce propria: cosciente del proprio valore ed estremamente versatile, sa come farsi valere nella vita, anche grazie alla spiccata autoironia che lo aiuta a non prendersi troppo sul serio. In amore, però, questa ostentazione di sicurezza lo porta a volte ad assumere un atteggiamento di supponenza che finisce col mortificare le *partner* che, data la sua prorompente personalità, sono quasi sempre più deboli di lui.

DIANA

🕮 *ONOMASTICO* - *L'onomastico è tradizionalmente ricordato il 10 giugno in onore della santa bolognese Diana degli Andalò, domenicana, fondatrice del Monastero santa Agnese a Bologna, morta nel 1236.*

ORIGINE E SIGNIFICATO - Diana è la dizione latina di Artemide, sorella di Apollo. È la forma ridotta del termine etrusco *diviana*, formato da *tiv*, dal significato legato alla divinità, e da *divia*, la divinità italica lunare.

PERSONALITÀ - Diana è una donna timida e introversa, che non ama parlare di sé né tantomeno degli altri. Queste caratteristiche contribuiscono a fare di lei un'ottima amica, fedele e presente. In tutto ciò che fa e che vive ricerca l'impronta della bellezza e dell'estetica; ciò le conferisce grazia e misura.

DICK

🕮 *ONOMASTICO* - *Si festeggia il 1° novembre, giorno di Ognissanti, perché non esiste un santo patrono.*

ORIGINE E SIGNIFICATO - Etimo e significato sono incerti; c'è chi lo fa derivare, ma solo per lontana assonanza e come vezzeggiativo, da Frederick.

PERSONALITÀ - È un uomo pacifico, che ama la tranquillità e la famiglia. Sul lavoro è instancabile e collaborativo, ma non vuole assumersi troppe responsabilità: più che prendere decisioni, preferisce eseguire quelle assegnategli dai superiori. In amore è un po' pigro, ma fedele.

CURIOSITÀ - *In Italia è considerato più un nomignolo che un personale vero e proprio, pertanto la sua diffusione è molto scarsa.*

DIDIA / DIDIO

ONOMASTICO - *L'onomastico ricorre il 26 novembre in ricordo di san Didio martire con Esischio, Teodoro e altri compagni di fede ad Alessandria.*

ORIGINE E SIGNIFICATO - Deriva dal latino e significa "che appartiene a Dio".

PERSONALITÀ - Didia: con lei bisogna avere sempre un occhio di riguardo, è, infatti, particolarmente suscettibile. Si impermalosisce per un nonnulla, ma quando è lei a fare battute o a scherzare troppo pesantemente, si sente in diritto di poter dire qualsiasi cosa. Disio: uomo onesto e dalla grande integrità morale è una persona fondamentalmente molto buona.

DIDIMA / DIDIMO

ONOMASTICO - *L'onomastico ricorre l'11 settembre in onore di san Didimo, martire in Siria con Diodoro e Diomede. La Chiesa ricorda un altro santo, morto nel 304, il 28 aprile, e un martire in Galazia, il 10 dicembre.*

ORIGINE E SIGNIFICATO - Deriva dal greco *didymos* e significa "doppio", "gemello".

PERSONALITÀ - Didima: ha il dono di sapersi far ben volere da tutti; affezionarsi a lei, infatti, è naturale e istintivo. Didimo: è cordiale, ma mai invadente; comunicativo, ma non logorroico; disponibile, ma malizioso quanto basta per capire se viene sfruttato oppure no.

DIEGO

ONOMASTICO - *L'onomastico ricorre il 12 novembre in memoria di san Diego, missionario francescano di Alcalà, in Spagna, morto nel 1463. Si invoca contro le infermità. Con lo stesso nome e nella medesima data viene pure commemorato il beato de Montalban, missionario gesuita cileno, martirizzato dagli Araucani nel 1612, un beato di Cadice, morto nel 1801, il 26 marzo, e un santo di Canicattì, il 25 febbraio.*

ORIGINE E SIGNIFICATO - Il nome deriva dallo spagnolo, dall'evoluzione del termine latino *Didacus, Didagus*, nomi personali della Spagna. Questo vocabolo potrebbe derivare dal greco *didakhé*, ovvero "sapienza", "saggezza".
PERSONALITÀ - Diego ha una personalità complessa e affascinante, e spesso è un artista geniale ed eclettico. Forse è un po' troppo concentrato su se stesso, tanto che spesso si dimentica del fatto che anche gli altri hanno delle esigenze e delle necessità. Non riesce a vivere da solo, perciò ha la tendenza a scegliere compagne che dedichino la loro esistenza ad accudirlo.

DILETTA / DILETTO

📖 *ONOMASTICO* - *L'onomastico viene festeggiato l'8 maggio.*
ORIGINE E SIGNIFICATO - Deriva dall'aggettivo latino *diletta*, che significa "amata", "prescelta". Era un nome dato ai bambini faticosamente cercati e molto desiderati.
PERSONALITÀ - Diletta: è una donna molto delicata che facilmente, però, tende all'ipocondria e al vittimismo. Dal momento che è molto sensibile e attenta, può facilmente diventare un'infermiera oppure un'assistente sociale; comunque è portata verso qualunque figura professionale legata all'assistenza. Purtroppo anche nei rapporti amorosi tende a comportarsi come una crocerossina. Diletto: al contrario, non ha alcuna vocazione "missionaria": pensare a se stesso, per lui, è già un impegno più che sufficiente. In amore e nelle amicizie, però, è molto apprezzato per la sua imprevedibilità e per la sua gioia di vivere.

DIMITRI

📖 *ONOMASTICO* - *L'onomastico può essere festeggiato il 22 dicembre in onore di san Demetrio martirizzato presso Ostia insieme ai santi Onorio e Floro.*
ORIGINE E SIGNIFICATO - È la variante slava del nome Demetrio, derivato dal greco *Demetrios*, latinizzato in *Demetrius*, ripreso dal nome di Demetra, la divinità della terra, della fecondità e dell'oltretomba, con il significato di "dedicato a Demetra". Il nome della dea è a sua volta composto dal vocabolo dorico *de-*, "terra", e da *meter*, "madre".
PERSONALITÀ - Disinvolto, bello e affascinante, si trova bene in ogni ambiente di lavoro e in ogni situazione. Il suo lavoro ideale è quello del manager o del broker. Gli piacciono le automobili sportive e le case lussuose. Le sue compagne sono di solito dotate di grande fascino e charme.

DINA / DINO

📖 *ONOMASTICO - L'onomastico è tradizionalmente festeggiato il 30 settembre in memoria di san Dino.*

ORIGINE E SIGNIFICATO - Questo nome è presente nella Bibbia, nella sua forma femminile; era il nome di una delle figlie di Giacobbe. Per l'accezione maschile, invece, dobbiamo risalire al più recente termine greco *deinos*, che significa "terribile". Più di frequente è adottato come forma accorciativa dei diminutivi di molti nomi come Bernardo, Corrado, Riccardo e altri. In alcuni casi deriva dall'ebraico *Dinah*, con il significato di "colui che giudica".

PERSONALITÀ - Dina: è una donna indipendente con una vitalità che pare inesauribile, e che le dona un'eterna giovinezza. Ha molti amici, perché è simpatica e ispira una fiducia immediata. In amore è un po' civetta e irrequieta e cambia spesso innamorato. Dino: tende invece a innamorarsi spesso e volentieri ma non è un uomo incostante. Quello che cerca è infatti un archetipo di donna ideale, che finisce sempre però col non corrispondere alle donne reali con cui ha delle relazioni.

DIOCLE

📖 *ONOMASTICO - L'onomastico si festeggia il 24 maggio in ricordo di san Diocle martire con i santi Felice, Servillo, Silvano e Zoello in Istria.*

ORIGINE E SIGNIFICATO - Nome di origine etnica, significa "oriundo di Dioclea", località del Montenegro.

PERSONALITÀ - Finché c'è cibo, c'è tutto. È questo il suo motto di vita, è questa la sua principale preoccupazione: quando è in compagnia pensa solo a dove si possono organizzare cene, quando è solo si cimenta perennemente in nuove ricette, quando è al lavoro sono più le pause caffè che le riunioni a cui partecipa. Insomma, ama godersi la vita, soprattutto dal punto di vista gastronomico. Altri pensieri non ne vuole: famiglia, figli, responsabilità, tutto è lasciato al caso.

DIODATA

📖 *ONOMASTICO - L'onomastico viene festeggiato il 31 settembre in ricordo di santa Diodata vergine.*

ORIGINE E SIGNIFICATO - Forma femminile di Deodato, tratto da Adeodato e significa "donata a Dio".

PERSONALITÀ - Fatalista per definizione, non crede al libero arbitrio e alla possibilità che ciascuno sia artefice del proprio destino. Pertanto si affida spesso agli eventi, senza tentare di modificarli anche quando contrari ai suoi desideri. In amore è quindi poco combattiva e tenace: se una storia dura, è perché era destinata a durare. Inutile dire che, così facendo, sono tanti i rapporti che finiscono col naufragare in poco tempo.

DIODORO

📖 ONOMASTICO - *L'onomastico si festeggia il 17 gennaio in onore di san Diodoro martire con i santi Giuliano eremita, Diacono e Mariano. Con questo nome la Chiesa ricorda pure un martire a Perge, con i santi Claudiano, Conone e Papia, il 26 febbraio; un altro martirizzato con san Rodopiano, il 3 maggio; uno ucciso assieme ai santi Antonino, Dione, Lucia e Severino, il 6 luglio; un martire con i santi Didimo e Diomede in Siria, l'11 settembre; un altro martire di Roma nel 257, sotto Valeriano, il 25 ottobre e un prete, martire a Roma, il 1° dicembre. Il santo di Cinopoli, morto verso il 303, viene onorato il 18 maggio.*

ORIGINE E SIGNIFICATO - Deriva dal greco *Diodorôs* e significa "dono di Dio".

PERSONALITÀ - Remissivo e paziente, riesce a mantenere la calma in ogni situazione: nulla sembra scalfirlo, nulla lo manda in escandescenze, vederlo arrabbiato è pressoché impossibile. Questo è di grande conforto e aiuto per le persone che gli stanno attorno, che lo vedono quindi come un pilastro solido e sicuro, un punto di riferimento sempre presente. In amore riesce a mediare le "esuberanze" di qualsiasi compagna, anche la più bisbetica.

DIOMEDE

📖 ONOMASTICO - *L'onomastico viene festeggiato il 16 agosto in onore di san Diomede medico di Nicea, martire a Tarso, in Cilicia, nel 304, vittima della persecuzione di Diocleziano. Con questo nome si commemorano ancora: un martire con i santi Esichio, Eutichiano, Menalippo, Pentàgapa e altri compagni, il 2 settembre e un altro, che subì il martirio con Diodoro e Didimo in Siria, l'11 settembre.*

ORIGINE E SIGNIFICATO - Deriva dal greco *Diomòdes* e significa "affidato a Giove", ossia "affidato alle cure di Dio".

PERSONALITÀ - Più che l'astuzia, per risolvere situazioni difficili preferisce usare la forza. Arrogante un po' con tutti, è convinto di avere sempre ragione, anche quando i suoi torti sono lampanti e senza possibilità di replica. In amore cerca quindi donne preferibilmente miti e fragili, da poter sottomettere. Sul lavoro è più dimesso, ma solo quando non occupa posizioni di vertice.

DIOMIRA / DIOMIRO

📖 ONOMASTICO - *Si festeggia il 1° novembre, giorno di Ognissanti, perché non esiste un santo patrono.*

ORIGINE E SIGNIFICATO - Per una lontana assonanza, può essere associato a Diomede, ma l'interpretazione è incerta come il suo etimo e il suo significato.

PERSONALITÀ - Diomira: sognatrice e idealista, le donne con questo nome sono decisamente fuori moda e all'antica: amano le tradizioni, la famiglia patriarcale, hanno un profondo senso del sacrificio e del dovere. Diomoro: è poco intraprendente e, in amore, anziché corteggiare preferisce essere sedotto.

DIONE

📖 ONOMASTICO - *L'onomastico viene festeggiato il 6 luglio in ricordo di san Dione martire con i santi Antonino, Lucia e altri compagni di fede.*

ORIGINE E SIGNIFICATO - Deriva dal greco *Diônò* e significa "originato da Dio".

PERSONALITÀ - La fedeltà è la sua prima qualità: chi si affida a lui può dormire sonni tranquilli. Sia sul lavoro che negli affetti, quindi, è dotato di una radicata lealtà e non farebbe mai uno sgambetto a qualcuno, amico o conoscente, neppure sotto tortura.

DIONIGI

📖 ONOMASTICO - *L'onomastico si festeggia l'8 aprile in memoria di san Dionigi, vescovo di Corinto, morto nel 178 che la chiesa orientale commemora il 29 novembre. Con questo nome si ricordano, tra i molti: un martire con Ammonio ad Alessandria, il 14 febbraio; un altro vittima delle persecuzioni a Roma, il 12 maggio; uno dei cosiddetti "sette dormienti" martiri di Efeso, il 27 luglio; un martire di Sinnada, in Frigia, assieme ai santi Demorito e Secondo, il 31 luglio; un altro martirizzato in Frigia con san Privato, il 20 settembre; il primo vescovo di Parigi, evangelizzatore delle Gallie, martire nel 270, il 9 ottobre; il patriarca d'Alessandria detto*

"Dionigi il Grande" morto nel 265, il 17 novembre e il papa dal 259 al 272, nativo di Turio nella Magna Grecia il 26 dicembre.

ORIGINE E SIGNIFICATO - Deriva dal greco *Dionysos* e significa "che viene da Dioniso", altro nome di Bacco.

PERSONALITÀ - Incanta solo a sentirlo parlare: affabulatore nato, è un uomo pieno di fascino e carisma. Sa dosare parole e silenzi e, quando interviene nelle discussioni, lo fa sempre con cognizione di causa. Nei sentimenti è sincero e appassionato, ma un po' permaloso. Tra le professioni che più gli si addicono: il pilota di aerei, il finanziere o il commercialista.

DIONISIA / DIONISIO

🕮 *ONOMASTICO - L'onomastico viene festeggiato l'8 maggio in memoria di san Dionisio, vescovo e confessore di Vienne, in Francia.*

ORIGINE E SIGNIFICATO - Questo nome deriva dal termine greco *dionysius*, che significa "appartenente a Dionisio". Il termine è composto da *dios*, cioè "Zeus", e da *nys*, forma relativa allo scorrere. Il nome, originariamente, potrebbe significare "flusso del cielo", oppure "figlio di Zeus".

PERSONALITÀ - Dionisia: è una donna fiera e molto intelligente. Contemporaneamente sa essere tenera e affettuosa. Non è però, nemmeno quando è innamorata, una persona facilmente adattabile. Questo suo lato può sfociare nell'aggressività e nell'intolleranza. Le è perciò difficile mantenere lo stesso partner per tutta la vita. Dionisio: è un cultore del bello e lo ricerca in ogni aspetto della sua vita: non solo cura maniacalmente la propria estetica, ma pretende le stesse cure anche da parte di amici e partner. Esce solo con donne affascinanti e piacenti.

DISA

🕮 *ONOMASTICO - Si festeggia il 1° novembre, giorno di Ognissanti, perché non esiste un santo patrono.*

ORIGINE E SIGNIFICATO - Etimo e significato sono sconosciuti.

PERSONALITÀ - Disa è umile e modesta: non si monta mai la testa di fronte a un attestato di stima dei colleghi o a un complimento dei corteggiatori. Sempre molto misurata, la sua tranquillità nasce da una serena consapevolezza delle proprie doti e da un'umiltà che la induce naturalmente a non sbandierarle ai quattro venti. In amore è matura e fedele; non sopportando i tradimenti e le bugie, è a sua volta molto rispettosa del partner che non farebbe mai soffrire, anche se lei, per carattere, sarebbe portata ai colpi di testa irrazionali.

DISMA

📖 ONOMASTICO - *L'onomastico è, per antica tradizione, festeggiato il 25 marzo in memoria di san Disma, pentitosi sulla Croce e tratto in Paradiso da Gesù Cristo. Patrono di Gallipoli (Lecce), degli antiquari, dei ladri e dei moribondi.*

ORIGINE E SIGNIFICATO - Era il nome portato, secondo la tradizione, dal buon ladrone (crocifisso alla destra di Gesù), di cui non si conosce l'etimologia. Il Vangelo non dice molto sul buon ladrone del Calvario, tuttavia, si sa per certo che, prima di finire in croce, fu uno dei banditi più pericolosi della Giudea. Praticava il banditismo nei deserti di passaggio verso l'Egitto e fu proprio là, secondo la tradizione, che conobbe la Sacra Famiglia e offrì un rifugio a Gesù Bambino proteggendo Maria e Giuseppe.

PERSONALITÀ - Prolisso, ma dotato di impareggiabile umanità: queste le caratteristiche più evidenti dell'uomo che porta questo nome. Sa prendersi a cuore le questioni altrui, pur mantenendo un giusto distacco emotivo, sa essere presente in manier costruttiva quando gli amici chiedono il suo sostegno; cede però spesso alla tentazione della chiacchiera, che talvolta esaspera chi lo conosce a fondo: quando inizia a parlare, nessuno è più in grado di fermarlo!

DIVA / DIVO

📖 ONOMASTICO - *L'onomastico di Diva si festeggia il 1° novembre, giorno di Ognissanti, perché non esiste un santo patrono. L'onomastico di Divo si festeggia il 19 luglio, in memoria di san Divo, vissuto a Costantinopoli nel IV secolo.*

ORIGINE E SIGNIFICATO - Antico nome latino, tratto da *divus* che significa "divino".

PERSONALITÀ - Diva: diversamente da ciò che suggerirebbe il nome, niente è più lontano da lei del divismo. Non ama stare al centro dell'attenzione, perché combatte da quando è nata, una battaglia persa con la sua radicata timidezza. È però, come molti timidi, dotata di una personalità prorompente che, con le persone giuste, viene fuori in tutta la sua impetuosità. Quando si lascia andare, infatti, è molto passionale e combattiva. Sul lavoro è dimessa e poco appariscente, ma apprezzata e stimata da tutti. Divo: è più sfrontato e deciso. Senza alcun timore per il "palcoscenico", ama che le persone lo ascoltino con totale dedizione quando parla. È ambizioso e competitivo, ma senza arrivare mai al punto di calpestare i meriti altrui per far primeggiare i propri.

DODA

📖 ONOMASTICO - *L'onomastico ricorre il 24 aprile in ricordo di san Doda vergine di Reims martirizzata con santa Bova, nel VII secolo.*

ORIGINE E SIGNIFICATO - Nome celtico, tratto dal greco *Doodeka* che significa "dodici".

PERSONALITÀ - Apparentemente insignificante, a causa di un aspetto fisico che non rende giustizia al suo cervello, la donna con questo nome è dotata di una grandissima intelligenza: geniale, acuta, intuitiva, attenta osservatrice, capta e assorbe ogni cosa che impara, legge e impara con una facilità e una naturalezza fuori dal comune.

DOLCINA / DOLCINO

📖 ONOMASTICO - *Si festeggia il 1° novembre, giorno di Ognissanti, perché non esiste un santo patrono.*

ORIGINE E SIGNIFICATO - Deriva dal latino *Dulcis*, nome medioevale gratulatorio e affettivo, di chiaro significato.

PERSONALITÀ - Dolcina: oltremodo permalosa, si sente vittima di tutto: sul lavoro dell'arrivismo dei colleghi, in amore dell'invidia delle amiche, in famiglia della competizione di fratelli e sorelle. In realtà, è tutto frutto della sua fantasia e del suo estremo bisogno di affetto. Dolcino: caratterialmente tenero e disponibile, anche se un po' piagnone, cerca una donna solida e molto, molto paziente.

DOLORES

📖 ONOMASTICO - *L'onomastico viene festeggiato il 15 settembre, in onore dei "sette dolori della Madonna", ossia l'Addolorata.*

ORIGINE E SIGNIFICATO - Nome di origine iberica entrato in uso in Sicilia e Sardegna durante la dominazione spagnola. Corrisponde al nostro Addolorata.

PERSONALITÀ - Dal carattere deciso e determinato, Dolores, a prima vista, dà tutt'altra impressione, cioè quella di una persona timida e impaurita. In realtà, sa perfettamente ciò che vuole e come ottenerlo. In amore è caparbia e ostinata: quando si fissa su qualcuno, non lo molla finché non l'ha conquistato. Sul lavoro è precisa e puntuale.

DOMELIA

📖 ONOMASTICO - *Si festeggia il 1° novembre, giorno di Ognissanti, perché non esiste un santo patrono.*
ORIGINE E SIGNIFICATO - Etimo e significato sono sconosciuti.
PERSONALITÀ - Di buon carattere e socievole, è una donna tendenzialmente abitudinaria: ama alzarsi presto, vedersi con le amiche per il tè, andare in palestra con regolarità, dedicarsi alle sue piante; non perde una puntata del suo telefilm preferito, divora i libri con curiosità e sete di sapere. In amore è arrendevole, sul lavoro un'inguaribile distratta.

DOMENICA / DOMENICO

📖 ONOMASTICO - *L'onomastico di Domenica viene festeggiato il 6 luglio in ricordo di santa Domenica vergine, martire in Nicodemia, durante la persecuzione ordinata da Diocleziano. È patrona di Tropea, ove è venerata come martire locale. La beata Mazzarello, morta nel 1881, viene onorata il 13 maggio. L'onomastico di Domenico ricorre il 22 gennaio in onore di Domenico, abate benedettino nato a Foligno nel 951. Fondò un monastero presso Scandriglia e alcuni conventi in Abruzzo e nel Lazio. Morì a Sora nell'anno 1031. Viene invocato contro il pericolo dei serpenti.*
ORIGINE E SIGNIFICATO - Deriva dal termine latino *dominicus*, aggettivo del nome *dominus*, che significa "signore". L'aggettivo si riferisce a qualcosa di proprietà del Signore; ecco perché la domenica, sia per i cristiani sia per gli ebrei, (anche se per motivi diversi) è chiamata *dies dominicus*, cioè il "giorno del Signore". Per estensione si arrivò a domenica.
PERSONALITÀ - Domenica: è socievole e semplice, e ama la buona compagnia. È una donna dai forti e tradizionali valori di famiglia e onestà. Domenico: molto spesso ha la passione per la cucina. Negli affetti è fedele e affidabile, ma è dotato di scarsa fantasia.

DOMINIC

📖 ONOMASTICO - *Per l'onomastico si veda l'omonimo italiano Domenico.*
ORIGINE E SIGNIFICATO - Traduzione di Domenico, si richiama quest'ultimo per origine e significato.
PERSONALITÀ - Ironico e un po' irriverente, è il classico buontempo-

ne, colui che tutti gli amici cercano quando c'è da divertirsi. Amante del gioco in tutte le sue forme, non smette mai di scherzare: se, da un lato, il suo costante buon umore è garanzia di successo per feste e serate, dall'altro, rischia talvolta di farlo apparire superficiale e sciocco, soprattutto con le donne.

DOMITILLA

📖 ONOMASTICO - *L'onomastico ricorre il 12 maggio in onore di santa Domitilla, moglie del console romano Flavio Clemente, esiliata a Ponza da Domiziano nel I secolo.*

ORIGINE E SIGNIFICATO - Deriva dal *cognomen* latino portato dalla *gens* Domitia, tratto da *domus* che significa "casa", "residenza".

PERSONALITÀ - Amante delle atmosfere tranquille e poco conflittuali, spende ogni energia per mediare e conciliare ogni possibile tensione, in famiglia come sul lavoro. È scrupolosa e attenta, con uno spiccato senso del dovere, che la fa apprezzare da tutti i colleghi d'ufficio. In amore è ingenua e un po' credulona, vittima quindi predestinata di uomini intraprendenti e affascinanti ma poco seri.

DOMIZIA / DOMIZIO

📖 ONOMASTICO - *L'onomastico si festeggia il 10 gennaio in memoria di san Domiziano vescovo di Metilene, nella Cappadocia morto verso il 602 d.C.*

ORIGINE E SIGNIFICATO - Il nome Domizia, così come la sua versione maschile Domizio, deriva dal soprannome latino usato dai componenti della *gens* Domitia. Le sue origini si legano alla parola *domus*, che significa "casa", oppure dalla parola *domitius*, con il valore di "mansueto" e "arrendevole".

PERSONALITÀ - Domizia: come suggerisce il significato del nome, è in effetti una donna arrendevole e mite, ma ciò non significa che sia disposta a venire a patti con qualsiasi cosa o a mettersi in discussione sempre e comunque pur di non creare conflitti. Domizio: fermo sui propri principi e sui propri valori, è una persona che ama le situazioni chiare e trasparenti, l'onestà fino in fondo, il rispetto.

DOMIZIANO

📖 ONOMASTICO - *L'onomastico si festeggia il 10 gennaio in memoria di san Domiziano vescovo di Metilene, nella Cappadocia morto verso il 602.*

Con questo nome si ricordano anche un martire dell'Arabia, ucciso con i santi Cirillo e Menandro, il 1° agosto; un santo di Lione, il 9 agosto, che in qualche località viene commemorato il 1° luglio e un diacono che subì il martirio nella Galazia, il 28 dicembre.

ORIGINE E SIGNIFICATO - Deriva dal nome *Domitianus*, tratto dal *cognomen* della *gens* Domitia e ha lo stesso significato di Domitilla.

PERSONALITÀ - Casalingo e un po' scansafatiche, il suo unico scopo nella vita è non stancarsi troppo: non assume mai impegni gravosi o che richiedano eccessivo dinamismo; non accetta l'idea del sacrificio, non fa promesse che sa di non voler mantenere. Gli amici lo sanno e gli vogliono bene così com'è, perché alla fine è buono e simpatico. Sul lavoro ha qualche problema in più.

DONATA / DONATO

📖 *ONOMASTICO* - *Donatella si festeggia il 31 dicembre in onore a santa Donata che subì il martirio a Roma con altre cinque compagne. L'onomastico maschile ricorre il 7 agosto in onore di san Donato, vescovo d'Arezzo, martire durante la persecuzione di Giuliano nel 352. Patrono di Arezzo, Mondovì e di Rivarolo (Torino).*

ORIGINE E SIGNIFICATO - Deriva dal tardo soprannome e poi nome individuale di ambienti cristiani *Donatus*, dal participio perfetto di donare, ossia "donato", "regalato" da Dio; viene dato a un figlio atteso per lungo tempo.

PERSONALITÀ - Donata: le donne che portano questo nome sono molto attive e propositive, continui vulcani di idee e iniziative. Non stanno mai ferme, amano sentirsi utili: la loro giornata quindi è piena, al di là del lavoro, dei più diversi impegni: sport, volontariato, amici, viaggi. Donato: pur essendo bravo, come l'omonimo femmin ile, a organizzarsi, rischia talvolta di disperdere molte energie e, quindi, di cadere vittima della frustrazione e dello stress, nel tentare di portare a termine ogni attività intrapresa.

DONATELLA

📖 *ONOMASTICO* - *L'onomastico si festeggia il 7 agosto in memoria di san Donato, martire nel 352.*

ORIGINE E SIGNIFICATO - Questo nome deriva dal nome proprio di matrice cristiana Donata, usato per indicare un figlio molto desiderato e mandato dal cielo.

PERSONALITÀ - È una donna profondamente schietta e sincera. Ama viaggiare perché è interessata a tutto ciò che è nuovo, diverso ed esotico. Pur essendo testarda, sa mettersi in discussione in modo profondo e costruttivo, così da riuscire a migliorarsi in modo progressivo e costante. In amore è una compagna sensuale e fedele.

DONNA

📖 *ONOMASTICO - Si festeggia il 1° novembre, giorno di Ognissanti, perché non esiste un santo patrono.*

ORIGINE E SIGNIFICATO - È l'abbreviazione del termine latino *domina*, che significa "signora".

PERSONALITÀ - Donna è una persona molto sicura di sé. Affronta la vita come se fosse un'avventura piena di meravigliose scoperte, e la vita non la delude e le elargisce doni.

DORA

📖 *ONOMASTICO - L'onomastico viene festeggiato il 1° aprile in ricordo di santa Dora.*

ORIGINE E SIGNIFICATO - Diminutivo dei nomi che iniziano con *dora*, come Doralice, Dorotea, o che terminano in *-dora*, come Teodora, Isidora, Diodora, è usato ormai come nome a sé stante. Altre fonti lo indicano come derivato dal greco *doron*, "regalo".

PERSONALITÀ - Amabile e paziente, non si fa scalfire da nulla e da nessuno: non alza mai la voce, non si lascia andare in inutili polemiche, non presta il fianco alle provocazioni. Le amiche la trovano adorabile, gli uomini un po' meno, perché la reputano in alcuni casi troppo tranquilla e fredda.

DORALICE

📖 *ONOMASTICO - Si festeggia il 1° novembre, giorno di Ognissanti, perché non esiste un santo patrono.*

ORIGINE E SIGNIFICATO - Deriva dal latino Doralìce, tratto dalle parole greche *dòron* e *lykè*, significa "dono dell'alba".

PERSONALITÀ - Solare e piena di vita, ma anche cocciuta e distratta: queste le caratteristiche più salienti della donna Doralice. Sul lavoro è capace e attenta, impara in fretta ed è molto scrupolosa. Negli affetti, invece, si rivela molto più con la testa fra le nuvole: se innamorata perde ogni contatto con la realtà e ogni briciola di pragmatismo.

DORIANA / DORIANO

🕮 ONOMASTICO - *Donatella si festeggia il 31 dicembre in onore a santa Donata che subì il martirio a Roma con altre cinque compagne.*

ORIGINE E SIGNIFICATO - Questo nome deriva dal termine *doria*, appellativo augurale in uso durante il Medioevo che significa "preziosa".

PERSONALITÀ - Doriana: è una persona dolce e disponibile. Grazie alla sua disponibilità e pazienza, può essere un'ottima insegnante. Comunica con serenità e chiarezza e sembra che non faccia alcuno sforzo per essere comprensibile. Doriano: è allegro e dinamico. Ha molti amici e trascorre con essi la maggior parte del tempo libero facendo gite sui monti e organizzando tornei sportivi.

DORINA

🕮 ONOMASTICO - *Per l'onomastico di questo nome, si veda Dora.*

ORIGINE E SIGNIFICATO - Diminutivo di Dora, si richiama quest'ultimo per origine e significato.

PERSONALITÀ - È il buon senso, la ragione pratica, l'intelligenza stessa nella sua forma tangibile e meno astratta, lontana da ogni fumosità filosofica. È infine la personificazione dell'equilibrio nel suo comportarsi senza ritegni inutili ma anche senza abbandoni, nel vivere a occhi aperti.

CURIOSITÀ - *Se Doro e Dora sono poco diffusi in Italia, è invece abbastanza usato il diminutivo Dorina grazie a due celebri personaggi del teatro moderno. Il primo è la Dorina del* Tartufo *di Molière, la serva padrona per antonomasia; il secondo è parte della commedia di Camasio e Oxilia,* Addio giovinezza, *un'operetta, ambientata a Torino, che narra la storia d'amore fra uno studente in medicina, Mario, che abita in una casa d'affitto, e Dorina, la figlia della padrona di casa. Dorina è soltanto una modista e sente che l'amore con il futuro dottore non durerà a lungo. E ne ha una conferma quando scopre che un'altra donna, "una signora", viene a fargli visita. Alla fine Mario partirà davvero: laureato, lascerà Torino e la giovinezza, per intraprendere altrove la sua carriera.*

DOROTEA

🕮 ONOMASTICO - *L'onomastico è tradizionalmente festeggiato il 6 feb-*

braio, in onore di santa Dorotea vergine e martire a Cesarea di Cappadocia. È la patrona dei fiorai.
ORIGINE E SIGNIFICATO - Deriva dal termine greco *doron-theos*, che significa "dono di Dio". Anche questo nome, originariamente, era un ringraziamento per l'arrivo di un figlio lungamente atteso.
PERSONALITÀ - Dorotea è una donna testarda, di quelle che non dimenticano né tantomeno perdonano un'offesa, o ciò che ritengono tali. Sono delle amiche fedeli, ma soprattutto delle alleate importanti, perché nella lotta non hanno scrupoli.

DOUGLAS

🕮 *ONOMASTICO - Si festeggia il 1° novembre, giorno di Ognissanti, perché non esiste un santo patrono.*
ORIGINE E SIGNIFICATO - Di derivazione inglese, non se ne conosce il significato.
PERSONALITÀ - Autoritario e un po' arrogante, non accetta di non aver ragione: in qualsiasi discussione deve dire la sua, o meglio, deve imporla. Così facendo si rende antipatico ai più, soprattutto a coloro che lo conoscono poco e che non sanno che, dietro a questa corazza, si nasconde una persona buona e solo molto insicura. Poco adatto ai lavori da ufficio, è dotato di un vero e proprio talento sportivo, che lo porta a essere spesso vincente nelle competizioni dove sono richieste velocità e fantasia di gioco.

DRAGO

🕮 *ONOMASTICO - Si festeggia il 1° novembre, giorno di Ognissanti, perché non esiste un santo patrono.*
ORIGINE E SIGNIFICATO - Di origine slovena, deriva da *drag* che significa "caro".
PERSONALITÀ - È un uomo meticoloso e dotato di profonda umiltà; poiché timido e introverso, arrossisce subito quando qualcuno gli fa un complimento o gli riconosce un merito. Ama le letture e ha una vera e propria passione per il cinema, che è il suo passatempo preferito. Alle donne ispira soprattutto tenerezza, il che fa sì che finisca spesso con l'incarnare il ruolo dell'amico perfetto e del confidente, ma raramente quello dell'amante o del fidanzato.

DRUSIANA / DRUSIANO

🕮 *ONOMASTICO - Si festeggia il 1° novembre, giorno di Ognissanti, perché non esiste un santo patrono.*

ORIGINE E SIGNIFICATO - Forma derivante da Druso, che significa "appartenente ai drusi", popolazione dell'Asia Minore.

PERSONALITÀ - Drusiana: severa con se stessa come con gli altri, la donna che porta questo nome ha un radicato senso della responsabilità e del rispetto. Crede nei valori della famiglia, dell'onestà, del sacrificio. Drusiano: se l'essere tutto d'un pezzo lo fa apprezzare sul lavoro e dagli amici, a volte, però, lo fa apparire troppo rigido e scarsamente versatile. In amore è fedele, ma poco comprensivo.

DUILIO

🕮 *ONOMASTICO - Si festeggia il 1° novembre, giorno di Ognissanti, perché non esiste un santo patrono.*

ORIGINE E SIGNIFICATO - La forma latina *duilius*, da cui questo nome deriva, potrebbe risalire al termine *duellum*, nome comune trasformatosi in seguito in *bellum*, mantenendo però il significato di "scontro", "guerra".

PERSONALITÀ - Duilio è un uomo estremamente saggio, con una grande spiritualità. È attratto da tutto ciò che ha a che fare con il paranormale, infatti spesso ne diventa uno studioso preparato. Possiede ottime capacità intuitive e di analisi. La sua vita sentimentale è avventurosa e allegra. Predilige donne simpatiche e fuori del comune; adora i bambini.

E

Ebe

📖 ONOMASTICO - *L'onomastico si festeggia il 25 agosto in ricordo di santa Ebe martire.*

ORIGINE E SIGNIFICATO - Ebe nasce come nome tributato alla dea greca Hebe. Questa era la coppiera dell'Olimpo, la dea della giovinezza figlia di Zeus e Era.

PERSONALITÀ - Ebe è una persona sbarazzina, acuta ed estroversa. In amore è allegra e disinibita; non sempre è completamente sincera. Questo succede perché a volte, quando qualcosa le sta davvero molto a cuore, è un po' calcolatrice e opportunista.

Eberardo

📖 ONOMASTICO - *L'onomastico ricorre il 22 giugno in ricordo di sant'Eberardo, vescovo e confessore in Francia.*

ORIGINE E SIGNIFICATO - Deriva dal celtico e significa "forte come un cinghiale".

PERSONALITÀ - Severo e intransigente, pretende molto più dagli altri che da se stesso. Abituato a essere idolatrato in famiglia, fatica ad accettare le critiche e a mettersi in discussione. È sempre convinto di aver ragione e cerca di imporla agli altri, anche se non in maniera arrogante.

Eco

📖 ONOMASTICO - *Si festeggia il 1° novembre, giorno di Ognissanti, perché non esiste un santo patrono.*

ORIGINE E SIGNIFICATO - Il significato del nome è ovvio, ma l'origine è incerta.

PERSONALITÀ - Espansivo con tutti, è un'ottima compagnia: scherza con facilità, ama divertirsi, conversa con intelligenza e ironia. In amore è un po' timido, ma non al punto da bloccarsi di fronte a una donna: preferisce semplicemente corteggiarla con discrezione e senza fretta. Non si sente un adone e pertanto, più che puntare a una seduzione facile e sbrigativa, preferisce conquistare con la simpatia e il dialogo.

EDDA

ONOMASTICO - *L'onomastico si festeggia il 15 ottobre in ricordo di santa Edda, vedova polacca di Cracovia, vissuta nel XII secolo.*

ORIGINE E SIGNIFICATO - Deriva dall'antico germanico *Hathuwic*, composto da *hathu*, "battaglia" e *wiha*, "santo", "sacro", quindi "battaglia sacra".

PERSONALITÀ - Spensierata e lieve in ogni cosa che vive, tutto sembra facile quando fatto da lei: scioglie questioni intricate per le amiche, sana conflitti sul lavoro dei colleghi, il tutto con una naturalezza fuori dal comune. Viverle accanto può essere molto piacevole e rilassante.

EDEN

ONOMASTICO - *Si festeggia il 1° novembre, giorno di Ognissanti, perché non esiste un santo patrono.*

ORIGINE E SIGNIFICATO - Di chiara derivazione biblica, si richiama al giardino dell'Eden, in cui Adamo ed Eva vennero posti dopo la creazione fino alla cacciata a seguito del peccato originale. Il suo significato, quindi, può essere riferito al concetto di "paradiso", "paradisiaco".

PERSONALITÀ - La prudenza non è mai troppa, questo è il motto esistenziale di chi porta questo nome: timorosa e diffidente di fronte alle sfide o alle esperienze nuove, al rischio preferisce la tranquillità delle proprie abitudini. Ha pochi amici fidati; un lavoro magari non troppo gratificante, ma sicuro; un uomo senza grilli per la testa.

EDERA

ONOMASTICO - *Si festeggia il 1° novembre, giorno di Ognissanti, perché non esiste un santo patrono.*

ORIGINE E SIGNIFICATO - Dal chiaro significato, deriva altrettanto chiaramente dall'omonima pianta.

PERSONALITÀ - Intelligente e brillante, pecca spesso di presunzione, soprattutto sul lavoro, dove non accetta critiche da colleghi e superiori. In amore è più dolce e accomodante, ma solo se trova qualcuno capace di tenerle testa. Di salute un po' precaria, deve stare attenta all'apparato digerente, suo tallone d'Achille.

EDGAR

📖 ONOMASTICO - *L'onomastico può essere festeggiato l'8 luglio in ricordo di sant'Edgardo, vescovo in Francia.*

ORIGINE E SIGNIFICATO - Composto da *ead*, "ricco", "potente" e *gar*, "lancia", significa "potente con la lancia", reso celebre da alcuni re scozzesi e inglesi, ma soprattutto dal nome di uno dei protagonisti del melodramma di Donizetti, *Lucia di Lammermoor*.

PERSONALITÀ - Sensuale e carismatico, è un uomo che cattura l'attenzione di tutti con uno sguardo: affascina le donne con la sua brillante dialettica e la sua simpatia conquista gli uomini.

CURIOSITÀ - *Nome reso celebre dallo scrittore statunitense Edgar Alan Poe, conosciuto come "il demone della perversità" per il suo spiccato esoterismo.*

EDGARDO

📖 ONOMASTICO - *L'onomastico ricorre l'8 luglio in ricordo di sant'Edgardo, vescovo in Francia.*

ORIGINE E SIGNIFICATO - Deriva dal nome anglosassone Edgar, composto da *ead*, "ricco", "potente" e *gar*, "lancia", con il significato di "potente con la lancia".

PERSONALITÀ - Pavido e insicuro, è un uomo bisognoso d'affetto e conferme. Cresciuto in un ambiente ovattato e in una famiglia iperprotettiva, guarda il mondo con sospetto e timore, incapace di prendere cose, persone ed esperienze di petto. Più di tutto è impacciato con le donne, verso le quali nutre un'adorazione senza limiti, ma che, allo stesso tempo, teme.

EDITH

📖 ONOMASTICO - *Chi porta questo nome festeggia l'11 ottobre, in onore di Edith Stein, la prima martire cattolica di origine ebraica a essere canonizzata con il nome di suor Teresa Benedetta della Croce. Il 1° maggio 1987 fu beatificata e l'11 ottobre 1998 santificata.*

ORIGINE E SIGNIFICATO - Di origine e significato sconosciuti.

PERSONALITÀ - Comprensiva, calma, razionale, dotata di una profonda dote interiore, sa affrontare le tante difficoltà che la vita le impone con determinazione e senza mai perdersi d'animo. È perspicace e acuta, capace di plasmarsi a seconda delle persone che incontra o delle esperienze che vive. Questa duttilità le permetterà di fare una gran carriera in campo diplomatico o politico.

EDMONDO

📖 ONOMASTICO - *L'onomastico è tradizionalmente festeggiato il 20 novembre in onore di sant'Edmondo, martire per decapitazione nell'870, re dell'Estanglia, patrono d'Inghilterra. La Chiesa ricorda inoltre un beato monaco, il 12 marzo; un santo, il 3 ottobre e l'arcivescovo Rich, di Canterbury, morto nel 1240, il 16 novembre. Patrono delle partorienti, in alcune località viene venerato il 17 novembre.*

ORIGINE E SIGNIFICATO - Deriva dal termine britannico *edmund*, composto da *ead*, che significa "ricchezza" e da *mund*, che vuol dire "protezione". Il significato completo è "colui che protegge i beni".

PERSONALITÀ - Edmondo è un uomo freddo che rischia di trascorrere la vita inseguendo il sogno della carriera. È molto intelligente e ambizioso, ma poco sensibile. Per questo motivo vivere accanto a lui può essere estremamente faticoso. Dal momento che è molto sicuro di sé, non ha problemi nel condividere ciò che sa.

EDOARDO

📖 ONOMASTICO - *L'onomastico è tradizionalmente festeggiato il 5 gennaio in onore di sant'Edoardo, detto "il confessore", re d'Inghilterra, morto il 5 gennaio 1066.*

ORIGINE E SIGNIFICATO - Deriva dal termine anglosassone *eadward*, composto da *ead*, che significa "ricchezza", e da *ward*, che invece vuol dire "guardia". Il significato completo è "guardiano delle ricchezze".

PERSONALITÀ - Edoardo è un essere fantasioso e sensibile. Sembra sempre sulle nuvole e in effetti manca quasi totalmente di concretezza. È portato per gli studi e, solitamente, predilige occuparsi di storia, letteratura o filosofia. Negli affetti è molto sensibile e generoso, anche se, talvolta, un po' vittimista.

EDVIGE

📖 ONOMASTICO - *L'onomastico è tradizionalmente festeggiato il 16*

ottobre, in ricordo di santa Edvige vedova, duchessa di Slesia, morta nel 1243 in un convento di Trebniz.

ORIGINE E SIGNIFICATO - Deriva dal termine germanico *hathuwic*, composto da *hathu*, che significa "battaglia" e da *wiha* che invece vuol dire "sacro". Il suo significato complessivo è quindi "battaglia sacra".

PERSONALITÀ - È una donna che sa gestire la sua vita privata e quella pubblica serenamente. Forse ha un carattere un po' rigido, ma siccome è molto precisa e affidabile nessuno si lamenta. Sul lavoro è puntale e meticolosa, sa trattare con il pubblico.

EFISIA / EFISIO

🕮 ONOMASTICO - *L'onomastico è tradizionalmente festeggiato il 15 gennaio, in ricordo di sant'Efisio guerriero, "debellatore degli eretici", martire a Pula. Patrono di Cagliari e della Sardegna.*

ORIGINE E SIGNIFICATO - Deriva da *Ephisius*, variante latina del greco *Ephisios* e significa "cittadino di Efeso".

PERSONALITÀ - Efisia: succube dei giudizi altrui, è una donna che fa fatica a prendere decisioni in autonomia; ogni sua scelta è sottoposta al vaglio di genitori e partner, senza i quali si sentirebbe persa. Il che fa sì, però, che non si capisca mai fino in fondo quanto le sue esperienze siano volute veramente o implicitamente dettate da altri. Efisio: di carattere dolce e disponibile, si fa benvolere facilmente, tanto sul lavoro quanto nelle amicizie.

EGERIA

🕮 ONOMASTICO - *Si festeggia il 1° novembre, giorno di Ognissanti, perché non esiste un santo patrono.*

ORIGINE E SIGNIFICATO - Nome femminile che veniva imposto in onore della ninfa Egeria, mitica consigliera di Numa Pompilio. Significa "consigliera".

PERSONALITÀ - Saggia e posata, è una donna che sa sempre cosa è giusto e cosa no. Prima di fare una scelta, pondera e valuta tutti i pro e tutti i contro: così facendo, corre senz'altro pochi rischi e non viene delusa facilmente, ma finisce anche col vivere tutto in forma piuttosto tiepida, se non fredda, senza slanci emotivi o decisioni istintive. Lei sembra non soffrirne, i suoi partners, talvolta, sì.

EGIDIO

ONOMASTICO - *L'onomastico è tradizionalmente festeggiato il 1° settembre in onore di sant'Egidio di origine ateniese, abate nel monastero di Arles in Provenza, morto nell'anno 725. Patrono dei lebbrosi, degli storpi e dei tessitori.*

ORIGINE E SIGNIFICATO - Incerta è l'etimologia di questo nome. Secondo alcuni è l'evoluzione del termine greco *aighidion*, che significa "capretto". Secondo altri, invece, deriverebbe dal termine *aighide*. Questa è l'ipotesi più probabile.

PERSONALITÀ - Egidio è uno di quegli uomini che preferiscono non pianificare la propria vita, preferendo lasciare più porte possibili aperte. Ama profondamente la propria famiglia, di cui si sente molto responsabile, e amerà per tutta la vita la donna che sceglierà come compagna. Ai figli saprà trasmettere autorevolezza senza essere autoritario e li farà crescere con giudizio e senso del dovere. Nella professione è serio e competente, non assume mai impegni azzardati se non è sicuro sul da farsi.

EGISTO

ONOMASTICO - *Si festeggia il 1° novembre, giorno di Ognissanti, perché non esiste un santo patrono.*

ORIGINE E SIGNIFICATO - Deriva dal greco *Aigisthos* e significa "pasciuto dalle capre".

PERSONALITÀ - Mammone sopra ogni cosa, è capriccioso e un po' infantile; stando bene a casa dei genitori, dov'è servito e riverito, non cerca impegni sentimentali a lunga scadenza. Un po' spaccone e snob, preferisce accumulare trofei al costruire storie durature. Nonostante questo le donne si innamorano facilmente di lui e sembrano accettare di buon grado i suoi tanti difetti, perché dotato di indiscutibile fascino: atletico, dinamico, sicuro di sé, è il classico "sciupafemmine". Meno fortunato sul lavoro, dove l'indole distratta e la scarsa abnegazione lo rendono poco apprezzato da superiori e colleghi.

EGLE

ONOMASTICO - *Si festeggia il 1° novembre, giorno di Ognissanti, perché non esiste un santo patrono.*

ORIGINE E SIGNIFICATO - Nome portato dalla più bella delle mitiche Grazie che, secondo la nota leggenda, si prendeva gioco dei pastori facendo loro degli scherzi. Deriva dal greco e significa "la splendente".
PERSONALITÀ - È la classica ruffiana: compiacente con i potenti, "gatta morta" con chi le può essere d'aiuto, seduttiva con gli uomini, capricciosa con papà e mamma; è una donna determinata e perfettamente consapevole del proprio fascino e della propria femminilità, che usa, seppur senza mai trascendere, ogni volta che può. Sul lavoro sa farsi strada, ma, troppo presa com'è dal trovare stratagemmi e scorciatoie pur di far carriera senza fatica, non sa che, se solo volesse, avrebbe tutte le carte in regola per farcela anche da sola. All'inizio il suo atteggiamento paga, ma in età matura finirà col pentirsene.

ELDA

📖 ONOMASTICO - *L'onomastico si festeggia il 17 novembre in memoria di santa Ilda, principessa inglese.*
ORIGINE E SIGNIFICATO - È una variante, affermatasi recentemente, del nome germanico Ilde, che significa "battaglia". Anticamente veniva aggiunto o premesso a tutti i nomi di eroine, amazzoni e guerriere.
PERSONALITÀ - Dolcissima e molto sensuale, la donna che porta questo nome è piena di fantasia e creatività, doti che trasferisce in ogni cosa che fa: nel lavoro, con gli amici, in famiglia, con il partner. La sua femminilità traspare naturalmente, senza forzature o ostentazioni. Longilinea, felina, elegante nel portamento e curata nell'abbigliamento, potrà diventare un'affermata modella.

ELENA

📖 ONOMASTICO - *L'onomastico è tradizionalmente festeggiato il 18 agosto in onore di santa Flavia Julia Helena Augusta, la madre di Costantino "il Grande", vissuta tra il 247 ed il 327. Patrona dei tintori.*
ORIGINE E SIGNIFICATO - Deriva dal nome personale greco *heléne*, derivato a sua volta dal termine *hélè*, che significa "raggio", "splendore".
PERSONALITÀ - Elena è una donna dolce e allegra, dall'animo sempre solare. Possiede un'enorme voglia di vivere e non si lascia mai abbattere da nessuna disgrazia. Forse è un po' troppo apprensiva nei confronti di chi ama e dovrebbe imparare a non assumersi le responsabilità degli altri, se non altro per non farsi schiacciare dallo stress.

ELEONORA

📖 ONOMASTICO - *L'onomastico viene festeggiato il 21 febbraio in ricordo di santa Eleonora di Provenza, regina d'Inghilterra, figlia di Beatrice di Savoia e madre del re Edoardo I, morta nel 1292.*

ORIGINE E SIGNIFICATO - L'etimologia di questo nome non è certa. Secondo alcune teorie deriverebbe dal termine germanico formato da *ali*, forma connessa con il gotico *alan*, che significa "crescere", e da *aenor*, di origine ignota. Secondo altre teorie, invece, deriverebbe dall'arabo o dall'ebraico, e significherebbe "luce", "fuoco". Secondo un'altra ipotesi, infine, si tratterebbe di una semplice variante di Elena.

PERSONALITÀ - Apparentemente è presuntuosa e scostante. Ma non è così; è semplicemente molto timida e insicura. Vorrebbe vivere protetta da un uomo forte e generoso e, sicura di trovarlo, non pensa di cercare dentro di sé la sicurezza mancante. Così facendo, oltre che rischiare di aspettare a lungo un principe azzurro che potrebbe anche non arrivare, non è mai completamente soddisfatta di ciò che fa.

ELETTA

📖 ONOMASTICO - *L'onomastico si celebra il 27 novembre.*

ORIGINE E SIGNIFICATO - Di origine latina, significa "scelta", "voluta".

PERSONALITÀ - Eccentrica e stravagante, detesta l'omologazione e il conformismo. Ogni occasione è buona pertanto per distinguersi, per cercare una propria strada, per conoscersi senza condizionamenti esterni. Molto introspettiva, ama la lettura dei classici, meglio se russi, e la musica cantautorale, perché spesso in queste passioni trova le risposte che la vita di tutti i giorni non sa darle. Un po' malinconica, è un'attenta ascoltatrice e un'ottima consigliera.

ELETTRA

📖 ONOMASTICO - *Si festeggia il 1° novembre, giorno di Ognissanti, perché non esiste un santo patrono.*

ORIGINE E SIGNIFICATO - Nome che veniva imposto in onore di una delle Pleiadi, figlia di Atlante e di Pleione e che significa "bionda come l'ambra".

PERSONALITÀ - Testarda, testarda, cento volte testarda! Questo il tratto più saliente di Elettra. Sorda a consigli e pareri altrui, soprattutto se provenienti da persone più grandi di lei, non vuole che amici o parenti si intromettano nelle sue scelte, che vuol fare da sola, anche a costo di sbagliare e, quindi, di soffrire. Se, da un lato, questo difetto la aiuta a diventare una donna forte e combattiva, dall'altro rivela un'incapacità di ascolto e una supponenza che potrebbero costarle care. Soprattutto in termini affettivi.

ELGA

📖 ONOMASTICO - *Si festeggia il 1° novembre, giorno di Ognissanti, perché non esiste un santo patrono.*

ORIGINE E SIGNIFICATO - Deriva dallo scandinavo *helga*, "santa", e riprende il nome femminile tedesco Helga. Ha un'origine etimologica simile al nome Olga.

PERSONALITÀ - Ipocondriaca: in una parola è contenuta tutta la personalità di questa fragile donna, che nasconde, dietro al terrore per le malattie, una sostanziale paura di crescere. Se non preventivamente educata a scegliere per conto proprio, a rischiare e a sbagliare, cercherà sempre di nascondersi dietro le strade più facili e meno impegnative. In amore, proprio per questa sua natura insicura, faticherà a trovare la persona giusta.

ELIA

📖 ONOMASTICO - *L'onomastico, per antichissima tradizione, viene festeggiato il 20 luglio in memoria di sant'Elia profeta. Nato verso il X secolo a.C., venne "rapito da un carro di fuoco e portato in cielo".*

ORIGINE E SIGNIFICATO - Deriva dal termine ebraico *eliyhau*, composto da *el*, uno dei nomi del Signore, e *jah*, ovvero l'abbreviazione dell'impronunciabile *Jahvé*. Il suo significato complessivo è "Dio, Jahvè!", nel senso che l'unica vera divinità è quella che risponde al nome di Jahvè.

PERSONALITÀ - Elia è una persona solitaria e silenziosa, profondamente sincera e leale sia in amore sia nei rapporto d'amicizia. Anche se preferisce sognare invece di vivere la realtà, in caso di necessità riesce a essere pratico e concreto. Generoso e altruista è sempre pronto ad aiutare chi si trova in difficoltà.

ELIANA

📖 ONOMASTICO - *Due le date possibile per festeggiare: 13 gennaio o 1 agosto.*

ORIGINE E SIGNIFICATO - Ha la stessa etimologia di Elia di cui è una trasformazione divenuta autonoma.

PERSONALITÀ - È saggia, studiosa ed estremamente pratica. Purtroppo, però, è anche molto suscettibile e permalosa, e non dimentica mai né un torto né un offesa, nemmeno se solo supposta. Così facendo la sua vita sarà costellata di abbandoni.

ELIGIO

🕮 ONOMASTICO - *L'onomastico è tradizionalmente festeggiato il 1° dicembre, in memoria di sant'Eligio, nato a Chaptelat in Francia nel 588, orefice abilissimo resse la Zecca Reale sotto Dagoberto I e Clotario II. Più tardi, divenne vescovo di Noyon e morì in Olanda nel 660. Patrono di orafi, gioiellieri, meccanici, metallurgici, lattonieri, maniscalchi, carrozzieri, mercanti di bestiame, ospedalieri, veterinari, vetturini e dipendenti della Zecca.*

ORIGINE E SIGNIFICATO - Deriva dal latino e significa "scelto", "eletto", "voluto".

PERSONALITÀ - Per la sua profonda saggezza, evidente anche in tenera età, può sembrare, a volte, poco umano: sempre le parole giuste al momento giusto, sempre toni pacati e tranquilli, sempre discorsi ragionati e pieni di buon senso, mai una scelta avventata, un gesto istintivo, un tono di voce superiore al normale. Alla folla e agli ambienti chiassosi, preferisce la compagnia di pochi amici fidati, della propria donna, che sa far sentire speciale e molto amata, e dei propri animali.

ELIO

🕮 ONOMASTICO - *L'onomastico viene festeggiato il 19 settembre in memoria di sant'Elio, martirizzato nell'anno 310.*

ORIGINE E SIGNIFICATO - Deriva, attraverso i termini latini *aelius* o *helius*, dal vocabolo greco *hèlios*, che era il nome proprio derivato dall'omofono sole.

PERSONALITÀ - È simpatico, brillante e molto ironico. Nessuno sfugge ai suoi scherzi e alle sue battute. Possiede un ottimo spirito di adattamento, tanto che non c'è nulla che lo preoccupi sul serio.

ELISA

🕮 ONOMASTICO - *L'onomastico è tradizionalmente festeggiato il 26 giugno in onore della santa Elisa.*

ORIGINE E SIGNIFICATO - È una trasformazione del nome proprio Elisabetta.
PERSONALITÀ - È una donna afflitta da emozioni forti e sotterranee, che solo a patto di una grande fatica riuscirà a esprimere. Apparentemente poco propensa alla famiglia, una volta madre, si rivelerà piena d'affetto e di calore, sia con il compagno sia con i figli. Sul lavoro, soffre di scarsa concentrazione e poca intraprendenza.

ELISABETTA

📖 ONOMASTICO - *L'onomastico è tradizionalmente festeggiato il 4 luglio in memoria di santa Elisabetta francescana, vedova, regina del Portogallo morta nel 1336, conosciuta anche come Isabella. In qualche località viene celebrato l'8 luglio.*
ORIGINE E SIGNIFICATO - Deriva dal nome ebraico *Elisheba*, giuntoci attraverso il greco *Elisabèth* e il latino *Elisabeth*. Sono diverse le proposte etimologiche; potrebbe derivare da *El*, uno dei nomi del Signore, seguito da *sheba*, che significa "sette", il numero della perfezione, legato allo *shabbat*, il settimo giorno della creazione in cui il Signore si riposò dall'opera, giornata festiva per gli ebrei. Il significato nel nome sarebbe quindi "il Signore è pienezza". Una seconda interpretazione vede accanto a *El* un termine legato alla radice *shb*, ovvero "giurare"; in questo caso il significato diventerebbe "il Signore è il giuramento".
PERSONALITÀ - Elisabetta è una donna severa, forse un po' troppo attaccata all'etichetta e ai condizionamenti sociali. Inoltre è industriosa e ingegnosa, con il pallino degli affari. In amore sarà una compagna fedele, ma poco entusiasta e fantasiosa.

ELISEO

📖 ONOMASTICO - *L'onomastico viene festeggiato il 14 giugno in ricordo di san Eliseo profeta, successore di Elia. Riposa con il profeta Abdia in un sepolcro nei pressi di Samariache, di cui, secondo san Girolamo "i demoni hanno orrore".*
ORIGINE E SIGNIFICATO - Deriva dall'ebraico *Elisha* e significa "il mio Dio è salvezza".
PERSONALITÀ - Dotato di un raro talento musicale, è sensibile e pieno di umanità. Vive ogni esperienza altrui, ogni dolore, ogni confidenza come proprie e per questo è considerato un ottimo amico. Sul lavoro è capace

e molto attivo; la sua timdezza però lo induce a nascondersi, facendo sì che, anche quando i meriti sono palesemente suoi, i superiori non possano mai apprezzarlo, e di conseguenza premiarlo, fino in fondo.

ELISSA

📖 ONOMASTICO - *Si festeggia il 1° novembre, giorno di Ognissanti, perché non esiste un santo patrono.*

ORIGINE E SIGNIFICATO - Di derivazione latina, il suo significato è sconosciuto.

PERSONALITÀ - Le persone con questo nome amano tenersi sempre in perfetta forma fisica, nonostante i dolci per loro siano una tentazione fortissima; sono molto curiose e vivaci e, come api, volteggiano incessantemente di fiore in fiore per cogliere di ogni cosa o persona sempre la parte più dolce.

ELLA

📖 ONOMASTICO - *Si festeggia il 1° novembre, giorno di Ognissanti, perché non esiste un santo patrono.*

ORIGINE E SIGNIFICATO - Deriva dall'ebraico *El* e *Yai.* Significa "Dio è il Signore".

PERSONALITÀ - Amante dei viaggi e delle novità, non ha alcun timore nel confrontarsi con chi proviene da ambienti e culture diverse. Idealista fino allo spasmo, riesce a "frenare" questa sua debordante interiorità se si dedica a una causa superiore o alla costruzione di una famiglia numerosa.

ELLEN

📖 ONOMASTICO - *Derivando da Elena, si festeggia lo stesso giorno di quest'ultima.*

ORIGINE E SIGNIFICATO - Si richiama ad Elena, da cui deriva, per origine e significato.

PERSONALITÀ - Dal carattere quanto mai affabile, premuroso, gentile e cordiale, resta fedele alle proprie condizioni e ai propri ideali anche quando la sua posizione sociale muta. Per scarsa organizzazione, sul lavoro non sempre riesce a portare a compimento in tempo utile gli incarichi che le vengono affidati.

ELSA

📖 ONOMASTICO - *L'onomastico viene festeggiato il 4 gennaio in ricordo della prima santa americana, Elsa Bailey Seton, morta nel 1821 e canonizzata nel 1975.*

ORIGINE E SIGNIFICATO - È una delle trasformazioni di Elisabetta. Alcune teorie lo vogliono invece derivante dal termine *kelsa* che significa "manico" (della spada). Altre ancora, invece, lo farebbero discendere dal nome di uno spirito acquatico.

PERSONALITÀ - Elsa è una donna perennemente indecisa su ogni cosa. Inoltre è anche particolarmente gelosa tanto da poter diventare un vero e proprio detective se pensa che il compagno possa tradirla. Ha il senso della proprietà molto sviluppato.

ELVIA / ELVIO

📖 ONOMASTICO - *Si festeggia il 1° novembre, giorno di Ognissanti, perché non esiste un santo patrono.*

ORIGINE E SIGNIFICATO - Il nome ha origini latine e significa "giallo", "giallastro".

PERSONALITÀ - Elvia: tenace e sempre sotto tensione ha un carattere alquanto sanguigno. Elvio: esigente nella sfera sentimentale perché crede fermamente nell'amore, in ambito professionale è destinato a far carriera.

ELVIRA

📖 ONOMASTICO - *L'onomastico è tradizionalmente festeggiato il 27 gennaio in onore di sant'Elvira martire, che in alcune località viene venerata il 9 marzo.*

ORIGINE E SIGNIFICATO - Elvira è un nome di origine germanica, composto da *gail*, che significa "lancia" e da *wers*, che vuol dire "amico". Il significato completo del nome è, quindi, "amica della lancia". Secondo un'altra interpretazione invece, il primo termine, cioè *gail* sarebbe da interpretare come "allegro" e quindi il significato diventerebbe "allegra amica".

PERSONALITÀ - Animata da una curiosità che spesso trascende nell'invadenza, Elvira è una donna eccentrica e pettegola. A volte un po' invidiosa, rischia di non vivere serenamente. Nel campo del lavoro è affidabile e concreta.

ELVIS

🕮 ONOMASTICO - *Si festeggia il 1° novembre, giorno di Ognissanti, perché non esiste un santo patrono.*

ORIGINE E SIGNIFICATO - Probabilmente è una derivazione di *Alvis* o *Elwin*, oppure potrebbe derivare dal cognome *Elwes*. Il significato è sconosciuto.

PERSONALITÀ - Persone solide, con un alto senso del dovere, gli Elvis sono granitici e solidi, tutti concretezza e abilità manuale. Carismatici in amore, non avranno alcuna difficoltà a far cadere ai loro piedi qualunque donna desiderino.

CURIOSITÀ - *Un nome per un mito: Elvis Presley, il re del rock 'n' roll, autore di successi intramontabili che hanno fatto sognare, ballare e innamorare intere generazioni.*

EMANUELA / EMANUELE

🕮 ONOMASTICO - *L'onomastico è tradizionalmente festeggiato il 26 marzo in onore di san Emanuele, martirizzato con san Teodosio in Asia minore. La Chiesa ricorda ancora un martire di Roma, il 21 maggio; il santo Ruiz, morto nel 1860, il 10 luglio e il beato spagnolo E. Domingo y Sol, morto nel 1909, il 1° novembre.*

ORIGINE E SIGNIFICATO - Il nome deriva dal nome ebraico *Imma-nu-el*, che significa "il Signore è con noi". Questo nome apparve originariamente citato dal profeta Isaia; in seguito divenne *Emmanuèl* in greco e *Emmanuel* in latino.

PERSONALITÀ - Emanuela: è apparentemente una donna serena e tranquilla. In realtà ha un'anima agitata da mille turbamenti e inquietudini. Nervosa e facilmente impressionabile, dovrebbe sviluppare le sue doti manuali che potrebbero contribuire a calmarla. Emanuele: è un uomo riservato e formale. Preferisce programmare e scandire anticipatamente la sua vita, perché odia tutto quello che è disordine o imprevedibilità.

EMILIA / EMILIO

🕮 ONOMASTICO - *L'onomastico di Emilia è tradizionalmente festeggiato il 2 giugno in memoria di due sante, ambedue di nome Emilia, martirizzate a Lione. L'onomastico di Emilio è tradizionalmente festeggiato il 28 maggio in memoria di sant'Emilio, martirizzato in Sardegna con i santi Felice, Luciano e Priamo.*

ORIGINE E SIGNIFICATO - Deriva dal nome gentilizio latino *Aemilius*, nome che alcuni collegano alla forma etrusca *Aemus*, nome personale di cui si ignora il significato e che si presume, senza presunzione di certezza, voglia dire "cortese", "grazioso". Altri invece lo riconducono al termine latino *aemulus*, che significa "rivale".
PERSONALITÀ - Emilia: è una donna molto affascinante per due motivi: fa pensare ad altri tempi e, contemporaneamente, è una donna moderna, indipendente ed emancipata. Gli uomini si innamorano perdutamente di lei. Emilio: amante della libertà, sogna una società diversa da quella in cui vive. È affascinato dalle culture e dai popoli lontani, e non è detto che non si innamori di una donna straniera.

EMILIANO

📖 *ONOMASTICO* - *L'onomastico è tradizionalmente festeggiato il 6 dicembre in onore di sant'Emiliano martire in Mesia, patrono dei farmacisti.*
ORIGINE E SIGNIFICATO - Deriva dall'antico gentilizio latino *Aemilius*, di probabile origine etrusca, e significherebbe "cortese, grazioso", oppure viene collegato al latino *aemulus*, "emulo", "rivale".
PERSONALITÀ - Di grande spiritualità, Emiliano è contemplativo e bada più all'aspetto interiore delle persone che a quello esteriore. Uomo di profonda religiosità, intesa non tanto come dottrina religiosa, quando come ricerca intima di un contatto con il divino; è sempre un po' inquieto e malinconico. Vorrebbe che tutte le sue esperienze fossero sempre tese a migliorarlo e, quando non ci riesce, si avvilisce molto. In amore è tranquillo e fedelissimo.

EMMA

📖 *ONOMASTICO* - *L'onomastico è tradizionalmente festeggiato il 19 aprile in memoria di santa Emma di Gurk, contessa di Friesach, in Austria, morta il 27 maggio 1045.*
ORIGINE E SIGNIFICATO - Secondo alcuni deriva dall'antico tedesco *Amme* e significa "nutrice", secondo altri potrebbe essere una forma assimilata di Irmo e Irma, ipocoristici di nomi composti con il primo elemento *irmin-*, "grande", "potente".
PERSONALITÀ - Perfezionista e sempre bisognosa di dimostrare agli altri di essere all'altezza di qualsiasi situazione, è sempre sotto pressione. Ha quindi un carattere irascibile e difficile, che a volte la tiene a distanza dagli altri,

che un po' la temono. Negli affetti è tenera e sensibile, ma solo quando si innamora veramente, cosa che le capita assai di rado. Nei flirt di poco conto, fa emergere invece il suo lato più aggressivo e dominante.

ENEA

📖 ONOMASTICO - *L'onomastico può essere festeggiato il 15 novembre in memoria di sant'Enea di Faenza, morto nel 1437.*

ORIGINE E SIGNIFICATO - È un nome classico, presente già nell'*Iliade* di Omero e nell'epica greca postomerica, conosciuto grazie all'*Eneide* di Virgilio. L'eroe troiano, figlio del re Priamo e della dea Afrodite, dopo la distruzione di Troia, approdato in Lazio fonda la stirpe da cui sarebbero discesi i Romani. L'etimologia originaria ha un significato in parte ignoto; il nome greco *Ainéias* o *Ainéas* veniva interpretato – per etimologia popolare – come un derivato dell'aggettivo *ainòs*, che significa "colui che incute rispetto e paura".

PERSONALITÀ - Coraggioso e forte, Enea è un uomo pieno di sfaccettature: insieme a un'aria imponente e autoritaria convive una natura pacifica e bonacciona, che emerge però solo con le persone di cui si fida veramente, che non sono molte. Nei sentimenti cerca una donna che sappia valorizzarlo, facendo emergere il lato più umano e sensibile del suo carattere; spesso però, vuoi per vanità, vuoi per la facilità con cui conquista, lo si vede accompagnato da splendidi esemplari di femminilità ed erotismo, ma con poco cervello.

ENNIO

📖 ONOMASTICO - *Si festeggia il 1° novembre, giorno di Ognissanti, perché non esiste un santo patrono.*

ORIGINE E SIGNIFICATO - È una ripresa del nome gentilizio e poi personale latino *Ennius*, di origine messapica, che significa probabilmente "predestinato", "favorito (da Dio)".

PERSONALITÀ - L'autoironia è la sua arma migliore, quella grazie alla quale sa farsi amare da tutti: mai permaloso o suscettibile, perfettamente conscio dei propri limiti così come delle proprie virtù, sa mettersi in gioco, prendersi in giro con simpatia, accettare le critiche. Negli affetti è sempre presente e il suo senso di responsabilità sviluppa in lui un quasi animalesco istinto di protezione verso i genitori, i figli e la compagna.

ENRICA / ENRICO

📖 ONOMASTICO - *L'onomastico è tradizionalmente festeggiato il 13 luglio in onore di sant'Enrico II, re di Germania, detto "lo zoppo", morto nel 1024. Venerato anche in alcuni luoghi il 15 luglio.*

ORIGINE E SIGNIFICATO - Deriva dal termine germanico composto da *haimi*, che significa "patria", e da *rich*, che vuol dire "re", ma anche "ricco". Sono state trovate due possibili forme: *haimrich*, che significa "signore della patria" o "signore ricco", e *haganrich*, che invece intende "il signore della sua regione".

PERSONALITÀ - Enrica: è una donna pratica e decisa. Ha sempre la situazione sotto controllo e tende a imporre le proprie idee agli altri. È una compagna difficile. Enrico: è timido e introverso. Dotato di grande intelligenza e fascino, è molto amato dalle donne disposte a contenderselo.

ENZA / ENZO

📖 ONOMASTICO - *L'onomastico si può festeggiare insieme a san Lorenzo il 10 agosto.*

ORIGINE E SIGNIFICATO - Deriva dall'antico gentilizio e etnico latino *Laurentius*, cioè "cittadino, oriundo di Laurento", antica città del Lazio che i romani collegavano a *lauretum*, "bosco di lauri".

PERSONALITÀ - Enza: colta e assetata di conoscenza, è una donna d'altri tempi, legata alle tradizione, con un forte senso del dovere e del rispetto. Enzo: è un po' autoritario in famiglia, ma questo nasconde, dietro una facciata di severità, una bontà e una tenerezza profonde, che fatica a manifestare per eccesso di timidezza.

EOLO

📖 ONOMASTICO - *Si festeggia il 1° novembre, giorno di Ognissanti, perché non esiste un santo patrono.*

ORIGINE E SIGNIFICATO - Deriva dal greco *aiolos*, che significa "veloce".

PERSONALITÀ - Giocherellone e sempre un po' bambino, è gioviale e di molta compagnia. Gli amici lo cercano sempre, perché con lui non ci si annoia mai, dotato com'è di grande iniziativa e fantasia. Poco affidabile in campo sentimentale, fatica a innamorarsi, forse per una certa forma di misoginia, che lo induce a non stimare troppo le donne.

CURIOSITÀ - *Una leggenda racconta di Eolo, un principe greco, che governava una colonia sulle isole Eolie. Essendo un uomo perspicace, raggiunse una certa fama perché riusciva a prevedere il tempo dalla forma delle nubi di vapori che sovrastavano un vulcano attivo, probabilmente Stromboli. Gli abitanti del luogo erano pescatori e la conoscenza delle condizioni meteorologiche era un importante elemento della loro vita quotidiana. Così, probabilmente, con il passare delle generazioni la capacità di prevedere gli eventi è stata confusa con la capacità di farli avvenire; non sorprende quindi se nella mitologia si incontra Eolo quale Dio del vento.*

ERA

🕮 ONOMASTICO - *Si festeggia il 1° novembre, giorno di Ognissanti, perché non esiste un santo patrono.*

ORIGINE E SIGNIFICATO - Deriva dal greco ed è sinonimo della dea Afrodite.

PERSONALITÀ - Caparbia quando si tratta di fare una scelta importante, flessibile se si tratta di adattarsi alle esigenze altrui nelle piccole decisioni di tutti i giorni. Era è una donna completa, matura e pienamente consapevole dei propri talenti, così come dei propri difetti.

CURIOSITÀ - *Nella mitologia greca, è sorella di Zeus in quanto figlia di Crono e di Rea e secondo Esiodo sua settima moglie. Da Zeus ebbe quattro figli: Ares, Efesto, Ilizia ed Ebe. Invidiosa del marito che senza di lei aveva avuto Atena, generò senza il concorso dello sposo il gigante Tifone. Era nota nell'antichità non solo per la sua gelosia e le sue vendette nei confronti delle tante donne di Zeus ma anche per la sua bellezza ed il culto di se stessa. È nota la persecuzione che diede a Paride e a tutti i troiani perchè le aveva preferito Afrodite. Le era sacro il melograno e tra gli animali il cuculo, il pavone e la cornacchia. Nella mitologia latina è identificata con Giunone.*

ERALDO

🕮 ONOMASTICO - *L'onomastico si festeggia il 25 giugno o il 12 luglio, in ricordo di sant'Eraldo, vescovo di Moriana nel XII secolo.*

ORIGINE E SIGNIFICATO - Deriva dall'antico germanico e il suo significato sembra essere "signore animoso".

PERSONALITÀ - La sincerità, ecco la sua dote più spiccata: Eraldo è un uomo che non ha paura a dire tutto ciò che pensa, senza peli sulla lingua; sempre cortese, anche quando deve dire qualcosa di spiacevole, è apprezzato dagli amici, che lo scelgono proprio per la sicurezza di sapere che da lui riceveranno sempre e solo verità. In amore, però, soffre di gelosia e non sempre lascia la propria compagna sufficientemente libera di esprimersi come crede.

ERASMO

🕮 ONOMASTICO - *L'onomastico è tradizionalmente festeggiato il 2 giugno in onore di sant'Erasmo, vescovo e martire di Formia, detto "Elmo", morto nel 303. Patrono dei pescatori del Mediterraneo, si invoca contro le coliche intestinali e le tempeste marine.*

ORIGINE E SIGNIFICATO - Deriva dal nome personale greco *Erasmos*, connesso all'aggettivo *eramios*, che significa "desiderato". Veniva imposto ai bambini a lungo aspettati. In latino divenne *Erasmus*.

PERSONALITÀ - Erasmo è un uomo molto tenace. Anche se un po' brontolone e pignolo, in fondo è una persona dall'animo generoso, altruista e anche gioviale. È un ottimo collaboratore, specialmente se deve occuparsi di attività d'ufficio.

ERCOLE

🕮 ONOMASTICO - *L'onomastico viene festeggiato il 12 agosto in ricordo di sant'Ercole, o Ercolano, antico patrono di Maderno e della Riviera di Salò, che fu vescovo di Brescia.*

ORIGINE E SIGNIFICATO - Deriva dal nome greco *Herakles*, adattato dall'etrusco *Hercles*, composto dal *He'ra*, di origine incerta, connesso con *heros*, "eroe" e da *-kles* o *kleos*, "fama", "risonanza", con il significato di "colui che è illustre per la protezione della dea Era". È il nome del semidio, figlio di Zeus e Alcmena, celebre per la sua forza e per le imprese eroiche.

PERSONALITÀ - Umanamente è un'ottima persona, tranquilla, cordiale, disponibile, ma professionalmente è meglio dimenticarsene: pigro in maniera quasi patologica, non ha voglia di far niente. Ogni momento è buono per fare una pausa, per distrarsi, per pensare ad altro. Spesso rimproverato dai superiori, riesce a non farsi licenziare solo perché dotato di una contagiosa simpatia che lo rende amabile da tutti.

ERIBERTO

🕮 ONOMASTICO - *L'onomastico si festeggia il 16 marzo in ricordo di san Eriberto di Bois-Villiers, vescovo di Colonia, morto nel 1210.*

ORIGINE E SIGNIFICATO - Deriva dal latino *Heribertus*, tratto dal ger-

manico *Heribert* e significa "splende nell'esercito".
PERSONALITÀ - È un uomo astuto e molto adattabile: si trova a proprio agio in qualsiasi circostanza e a contatto con qualsiasi persona. Sa muoversi con disinvoltura anche negli ambienti più snob e sofisticati senza apparire fuori luogo. In amore è appassionato e molto romantico, non manca mai di fare tanti piccoli regali alla propria donna, che fa sentire unica e speciale. Sempre teso a migliorare e a pretendere il massimo da se stesso, è amato da tutti.

ERIK / ERIKA

📖 ONOMASTICO - *Si festeggia il 18 maggio.*
ORIGINE E SIGNIFICATO - Deriva dal termine germanico *einrich*, composto da *ein*, che significa "uno", "unico" e da *rich*, che significa "padrona", ma anche "ricco". Il significato complessivo è "unica padrona", oppure "unico ricco".
PERSONALITÀ - Erika: è dolce e tenera, affamata di amore. Viene voglia di proteggerla e di prendersi cura di lei. Tende a sottovalutarsi ritenendo più comodo legarsi a qualcuno dalla forte personalità. È portata per gli studi, perché ha una memoria eccezionale. Erik: di poche parole e timido, non ama esporsi troppo, soprattutto di fronte a persone appena conosciute. Negli affetti è poco maturo, preferisce delegare piuttosto che assumersi delle responsabilità.

ERMANNO

📖 ONOMASTICO - *L'onomastico è tradizionalmente festeggiato il 7 aprile in onore del beato Ermanno Giuseppe di Colonia, morto nel 1241. Patrono dei celibi. Vengono ancora ricordati alcuni beati con questo nome, come ad esempio: uno dell'Ordine dei Premonstratensi, il 6 agosto; un benedettino di Niederaltaich, il 3 settembre; ed altri ancora il 21 gennaio, 8 febbraio, 6 luglio, 25 e 29 settembre e 23 dicembre.*
ORIGINE E SIGNIFICATO - Deriva dal termine germanico *harimann*, e dalle sue diverse forme: *hermann*, *hairman*, compresa quella latinizzata *hermannus*. *Hariman* è composto da *harja*, che significa "esercito", e da *mann*, che vuol dire "uomo". Il suo significato complessivo è, quindi, "uomo di guerra".
PERSONALITÀ - Ermanno è un uomo forte e buono. Uno di quegli uomini che non devono dimostrare niente a nessuno, nemmeno a se stessi, così rilassanti e così rari al giorno d'oggi. Ama la propria casa che abbellisce e cura in maniera quasi maniacale.

ERMES

📖 *ONOMASTICO - Si festeggia il 1° novembre, giorno di Ognissanti, perché non esiste un santo patrono.*

ORIGINE E SIGNIFICATO - Alla base è il nome greco Hermes del dio figlio di Zeus e di Maia. Protettore degli araldi, dei mercanti, dei viandanti, dei ladri, delle greggi, corrisponde al dio romano Mercurio.

PERSONALITÀ - Chi volesse, per sfida o per divertimento, mettere alla prova la pazienza di qualcuno, può senz'altro cimentarsi con Ermes, che è la resistenza fatta persona. È assolutamente imperturbabile e calmo, non si inquieta e non si arrabbia quasi mai, ma se gli succede, meglio non girargli attorno, perché come tutte le "acque chete", quando esplode, fa veramente paura. In amore è farfallone: si lega a una sola donna, ma, incapace di resistere al richiamo delle belle donne, non è raro che tradisca.

ERMINIA / ERMINIO

📖 ONOMASTICO - *L'onomastico di Erminia si festeggia il 25 agosto in ricordo di santa Erminia vergine, martire a Reims nell'anno 1396. L'onomastico di Erminio viene festeggiato il 25 aprile in ricordo di sant'Erminio di Lobbes, vescovo e confessore del Belgio.*

ORIGINE E SIGNIFICATO - Deriva dal femminile del latino *Herminius*, secondo alcuni di origine etrusca e di significato ignoto, secondo altri di origine etnica con il significato di "nativa di Armenia".

PERSONALITÀ - Erminia: sembra placida, ma in realtà è un fuoco; ha una personalità doppia per antonomasia. Chi non la conosce a fondo, la reputa contraddittoria e sfuggente, invece lei è proprio così, in eterno conflitto con gli aspetti contrastanti del suo carattere. Erminio: indeciso per le piccole cose, determinato nelle scelte importanti, dolce con i deboli, indipendente in amore, ma sotto sotto bisognoso di affetto e calore.

ERNESTO

📖 ONOMASTICO - *L'onomastico è tradizionalmente festeggiato il 7 novembre in memoria di sant'Ernesto, abate di Zwiefalten, martire in Arabia nell'anno 1147.*

ORIGINE E SIGNIFICATO - Secondo alcuni deriva dal termine germanico *arni*, che significa "severo"; secondo altri, discenderebbe da *arn*, termine germanico che significa "aquila".

PERSONALITÀ - Ernesto ha un'anima vagabonda e bizzarra. Ama viaggiare, preferibilmente per mare, perché ama scoprire il mondo e comprendere gli usi e costumi di altre culture. In amore è passionale e misterioso.

EROS

🕮 ONOMASTICO - *L'onomastico si può festeggiare il 24 giugno in ricordo di sant'Eros, martire in Armenia.*

ORIGINE E SIGNIFICATO - Deriva dal greco *Eros*, nome del dio dell'amore, diventato già in età ellenistica nome personale, usato anche a Roma.

PERSONALITÀ - Frizzante e pieno di entusiasmo per la vita, è un uomo positivo e ottimista. Ama godersi ogni esperienza fino in fondo, vivere le emozioni più intense, sperimentare nuovi luoghi e conoscere nuove culture. Cosmopolita e aperto al nuovo, si fa amici ovunque, senza pregiudizi e senza diffidenze. Tra le sue passioni, il rafting, il paracadutismo e tutti gli sport estremi in generale. Con le donne è affascinante e navigato, ma un po' sfuggente.

ERRICO

🕮 ONOMASTICO - *L'onomastico si festeggia il 13 luglio in memoria di sant'Enrico II, re di Germania, detto "lo zoppo" morto nel 1024.*

ORIGINE E SIGNIFICATO - Variante di Enrico, deriva dal nome germanico *Haimirich*, composto di *haimi*, "casa", "patria" e *rikja*, "ricco", "potente", "signore", "dominatore", con il significato originario di "potente", "dominatore in patria".

PERSONALITÀ - Non si sa molto del carattere di Errico, se non per quanto riguarda la sua possessività, veramente eccessiva.

ERSILIA

🕮 ONOMASTICO - *Si festeggia il 1° novembre, giorno di Ognissanti, perché non esiste un santo patrono.*

ORIGINE E SIGNIFICATO - Deriva dal latino *Hersilia*, nome della mitica moglie di Romolo, nata in Sabina, madre di Prima e di Aollio. Significa "tenera", "mordida".

PERSONALITÀ - Poco equilibrata, vede tutto "in bianco e nero": passa frequentemente da stati di euforia accentuata e immotivata ad altrettanto immotivate depressioni. Starle vicino non è semplice, perché i suoi cambiamenti sono così repentini e improvvisi che solo chi la conosce molto, molto bene, sa coglierne i segnali. Finisce quindi che spesso gli uomini che l'accompagnano si esasperino e si sentano frustrati. Sul lavoro è meno lunatica, ma solo perché sicura delle proprie capacità professionali.

ESMERALDA

🕮 ONOMASTICO - *L'onomastico può essere festeggiato il 1° agosto in ricordo di santa Speranza, figlia di santa Sofia, martirizzata con le sorelle.*

ORIGINE E SIGNIFICATO - Nome femminile spagnolo tratto dal nome dello smeraldo, pietra preziosa che significa "speranza".

PERSONALITÀ - La sua femminilità è carnale e istintiva: sostenuta da un aspetto fisico appariscente e molto curato, seduce quasi senza accorgersene, per come cammina, per come sorride, per come parla. Sensibile e facile alle infatuazioni, quando si accorge di essere considerata una "donna-oggetto", patisce molto e reagisce all'opposto, sfruttando la propria avvenenza per vendicarsi degli uomini e farli soffrire.

CURIOSITÀ - *Personaggio femminile centrale nel romanzo di Victor Hugo* Nötre-Dame de Paris, *Esmeralda è una zingarella quindicenne, una creatura fondamentalmente ingenua, innocente, che si trova coinvolta e travolta da una vicenda che la porterà a morte; la sua immaturità e la totale incapacità di distinguere il bene dal male la portano a mitizzare l'amore per un capitano degli arcieri dell'ordinanza del re, Phoebus, luccicante di qualità solo in superficie come l'armatura che indossa e parimenti vuoto.*

ESPERANZA

🕮 ONOMASTICO - *Si festeggia il 1° novembre, giorno di Ognissanti, perché non esiste un santo patrono.*

ORIGINE E SIGNIFICATO - Di origine latina, il suo significato non è sicuro e, solo per assonanza, può essere richiamato al concetto di "speranza".

PERSONALITÀ - Egocentrica e narcisista, cerca sempre l'attenzione e il riconoscimento altrui. In realtà, è una donna selettiva, che stima poche persone e di poche diventa amica nel vero senso della parola. Caratterizzata anche da una sostanziale fragilità emotiva, ha bisogno di continue rassicurazioni affettive, anche se non sentite e formali. Adatta più alla libera professione che all'impiego da dipendente, potrebbe diventare una brava criminologa, un affermato ingegnere, una consulente finanziaria capace.

ESTER

🕮 ONOMASTICO - *L'onomastico è tradizionalmente festeggiato il 1° luglio in ricordo della beata, regina di Babilonia, che salvò gli ebrei dallo sterminio ideato da Aman.*

ORIGINE E SIGNIFICATO - Secondo una teoria contestata da molti, la radice del nome *Ester* va ricercata nell'assiro *Ishtar*, nome di una dea femminile di origine assiro-babilonese. Secondo altre interpretazioni, deriva invece da un nome persiano, *Istareh*, che significa "stella".

PERSONALITÀ - Ester è una donna dolce e dalla ferrea volontà e decisione. Può essere molto testarda; contemporaneamente sono ammirevoli l'impegno e l'energia che investe nei progetti in cui crede.

ETTORE

🕮 ONOMASTICO - *L'onomastico si festeggia il 20 giugno in ricordo di sant'Ettore martire, che in qualche località viene venerato il 23 dicembre.*

ORIGINE E SIGNIFICATO - Deriva dal termine greco *hektor*, il cui significato sembra esser legato al verbo *echo*, ovvero "reggere", e quindi significa "colui che regge".

PERSONALITÀ - Ettore è un uomo dal carattere deciso e autorevole con una grande forza di volontà. È un conquistatore nato, tanto che è amato sia dalle donne sia dagli amici, che lo ammirano per la sua grande generosità e disponibilità.

EUDORA

🕮 ONOMASTICO - *Si festeggia il 1° novembre, giorno di Ognissanti, perché non esiste un santo patrono.*

ORIGINE E SIGNIFICATO - Origine e significato sono sconosciuti.

PERSONALITÀ - Poco carismatica e accentratrice, al ruolo di leader le si addice senz'altro di più quello della gregaria: solidale con colleghi e amici, disponibile al sacrificio in nome di un progetto comune, grande ascoltatrice, preferisce che altri, meno timidi di lei, si espongano, anche quando il merito di un successo o di un'idea, e accade spesso, le andrebbero attribuiti per intero.

EUGENIA / EUGENIO

🕮 ONOMASTICO - *L'onomastico di Eugenia è tradizionalmente festeggiato il 25 dicembre in ricordo di santa Eugenia Smet, detta "Maria della Providenza"; viene commemorata il 7 febbraio. L'onomastico di Eugenio è tradizionalmente festeggiato il 17 novembre in onore di sant'Eugenio, diacono di san Zenobio in Firenze, morto nell'anno 422, patrono di Firenze. Numerosi i santi, beati, papi e vescovi con questo nome che vengono ricordati: 4 e 24 gennaio, 4 e 20 marzo, 2 maggio, 2 giugno, 6, 8, 13, 18, 23 e 29 luglio, 6 e 25 settembre, 13, 15 e 17 novembre, 13, 20 e 30 dicembre.*

ORIGINE E SIGNIFICATO - Bisogna risalire all'ambito greco, tenendo presente che la forma maschile e quella femminile sembrano avere una genesi diversa; la prima deriva, infatti, da *Eughénios*, che viene dall'aggettivo *eughenes*, e significa "nato bene". La seconda deriva da *Eughenía*, nome tratto dall'aggettivo omofono e significante "nobiltà di nascita".

PERSONALITÀ - Eugenia: è una donna tradizionalista e un po' possessiva perché, dal momento che ha difficoltà a esprimere i propri sentimenti, ha paura di rimanere sola. Malgrado ciò, è una donna affascinante e intrigante. Eugenio: ha un carattere equilibrato anche se, quando è sotto pressione, può risultare presuntuoso e poco socievole. È portato per le scienze matematiche.

EULALIA

📖 ONOMASTICO - *L'onomastico è tradizionalmente festeggiato il 12 febbraio in onore di santa Eulalia, martire, nata in Spagna nel 289 e crocifissa durante la persecuzione di Diocleziano nel 303. In talune località viene commemorata il 10 dicembre. Patrona di Barcellona e delle partorienti.*

ORIGINE E SIGNIFICATO - Forma femminile del nome greco *Eylalios* che significa "ben parlante".

PERSONALITÀ - Facile vittima di complessi che si autocrea, è una donna che trova solo in età matura il proprio equilibrio interiore: in realtà, chi la conosce la apprezza per la sua dolcezza e la sua naturale propensione a mettere gli altri a proprio agio, ma la stima altrui non basta a sconfiggere il suo radicato senso di inadeguatezza. In amore, cerca un uomo che sappia trasmetterle sicurezza, che le infonda entusiasmo per la vita, che la aiuti a conquistare maggiore leggerezza e autoironia.

EURIDICE

📖 ONOMASTICO - *Si festeggia il 1° novembre, giorno di Ognissanti, perché non esiste un santo patrono.*

ORIGINE E SIGNIFICATO - Deriva dal greco e significa "dispensatrice di giustizia".
PERSONALITÀ - Donna molto poetica, ha un animo ricco di romanticismo e umanità: è capace di perdersi completamente di fronte a un tramonto marino o a sciogliersi di tenerezza per il sorriso di un bimbo. Sul lavoro è adatta a qualsiasi professione che la metta in contatto col pubblico.

EURO

🕮 ONOMASTICO - *Si festeggia il 1° novembre, giorno di Ognissanti, perché non esiste un santo patrono.*
ORIGINE E SIGNIFICATO - Nell'antichità classica Euro era il nome attribuito al vento che spirava da sud a est. Figlio di Eos, l'Aurora e di Astro, progenitore di Astrea, dea della giustizia.
PERSONALITÀ - Un po' bugiardo, non resiste alla tentazione di apparire diverso da ciò che è, pertanto, se messo sotto pressione competitiva, non esita a inventare storie o a "ritoccare" eventi, in modo tale da risultare sempre vincente; in classe quindi è sempre il primo, in ufficio il più stimato, dalle donne il più ricercato. Peccato che, spesso, preso com'è dalle invettive fantasiose, esageri e non si accorga di essere deriso.

EUSEBIO

🕮 ONOMASTICO - *L'onomastico è tradizionalmente festeggiato il 26 settembre in onore di sant'Eusebio papa, morto nel 309. Venerato anche il 17 agosto.*
ORIGINE E SIGNIFICATO - Di origine greca, significa "pio", "religioso".
PERSONALITÀ - La sua qualità più evidente è la flessibilità, sia intellettuale, che lo porta ad acquisire nuove conoscenze con facilità e a comprendere gli altri senza preconcetti, sia corporea, dove rivela una particolare predisposizione per tutto ciò che è dinamismo, sport, movimento, elasticità muscolare; molto dotato nel ballo e amante della cultura sud-americana, è un fanatico delle danze caraibiche e argentine. Nei sentimenti è travolgente e senza limiti.

EVA

🕮 ONOMASTICO - *L'onomastico è tradizionalmente festeggiato il 6 settembre in onore di santa Eva vergine, martire a Dreux.*
ORIGINE E SIGNIFICATO - Deriva dal termine latino *heva*, traduzione del

greco *eua*, a sua volta risalente all'ebraico *hauuah*. Il significato originale del nome è oscuro. La radice è comunque la stessa di *hayah*, che significa "vivere". Esiste anche l'ipotesi che il termine ebraico *hauuah* sia connesso con una forma semitica che significa "serpente".
PERSONALITÀ - Eva è una donna allegra che ama viaggiare. Ha una personalità curiosa e ricettiva, che le permette di entrare in sintonia con chiunque. Negli affetti segue il motto: "In amore vince chi fugge!", perché le piace essere conquistata in modo romantico e bizzarro. Organizza così delle vere e proprie gare, in cui mette se stessa come premio in palio: il fortunato avrà così il suo amore e la sua perpetua devozione.

EVANIA

📖 *ONOMASTICO - Si festeggia il 1° novembre, giorno di Ognissanti, perché non esiste un santo patrono.*
ORIGINE E SIGNIFICATO - Probabile derivazione di Eva, si richiama a quest'ultima per l'origine e il significato.
PERSONALITÀ - Incostante e inaffidabile, non per scarsa volontà o cattiveria, ma per una incorreggibile testa perennemente tra le nuvole, che la induce a distrarsi con facilità e a farsi attrarre da mille cose contemporaneamente. Nonostante questo, Evania è la classica brava ragazza di buoni principi, rispettosa del prossimo, disponibile e genuina.

EVARISTO

📖 *ONOMASTICO - L'onomastico è tradizionalmente festeggiato il 26 ottobre in onore di san Evaristo papa, nativo di Betlemme, che subì il martirio, forse nell'anno 117, durante la persecuzione di Traiano.*
ORIGINE E SIGNIFICATO - Deriva dal greco *Eyaristos*, latinizzato in *Evaristus* e significa "assai prestante".
PERSONALITÀ - La quintessenza della goffaggine, questo è Evaristo. Vorrebbe tanto essere un uomo prestante e carismatico, ma, che lui lo voglia o no, finisce sempre con l'apparire simpaticamente buffo. Non è ridicolo, sia chiaro, solo un po' sbadato con la testa e legnoso nei movimenti. In realtà, le donne lo trovano divertente e piacevole perché con lui possono essere completamente loro stesse, senza maschere e senza finzioni: lui sa farle sentire sempre a loro agio, che siano struccate o in tuta da ginnastica. Di lui apprezzano il dialogo aperto, e perché no, gli atteggiamenti impacciati e, proprio per questo, teneri.

EVELYN

📖 ONOMASTICO - *L'onomastico viene festeggiato il 2 dicembre in ricordo della beata Eve d'Inghilterra.*

ORIGINE E SIGNIFICATO - Evelyn è un nome che è stato importato dalla Gran Bretagna. Infatti, sempre nell'ipotesi che non venga considerato come una derivazione di Eva, la sua origine risale al vocabolo germanico *avo*, un personale maschile che significa "ringraziamento". La versione femminile compare nell'inglese antico *avelin*, la cui forma latinizzata è Evelina.

PERSONALITÀ - Evelyn è una donna allegra, maliziosa e molto affascinante. È portata per l'intrigo, infatti ha la tendenza a vivere più vite parallelamente; per questo motivo, di solito, non è né fedele né coerente. Determinata e decisa, può intraprendere con successo una carriera da imprenditrice.

EVERARDA / EVERARDO

📖 ONOMASTICO - *L'onomastico viene festeggiato il 15 giugno in ricordo di sant'Everardo, o Eberardo di Bthune, vissuto in Francia nel XIII secolo. Un santo del Friuli, morto nell'anno 867, viene invece commemorato il 16 dicembre.*

ORIGINE E SIGNIFICATO - Si tratta di un nome di origine germanica che significa "forte come un cinghiale".

PERSONALITÀ - Everarda: a prima vista può sembrare insignificante: poco appariscente, timida, introversa; nel gruppo di amici o in ufficio è quella che sta sempre più defilata. In realtà ha una volontà di ferro, è intelligente e molto perspicace. Everardo: sa il fatto suo, e dietro un'aria apparentemente placida e tranquilla si cela un uomo determinato e decisionista. In amore il suo carattere si trasforma e diventa debole e insicuro, probabilmente a causa delle infinite ed estenuanti storie con donne prepotenti ed arroganti che incontrerà.

EVITA

📖 ONOMASTICO - *Nonostante il peccato originale Eva, da cui Evita deriva, insieme con Adamo, è ricordata nella liturgia cattolica il 19 settembre. Ma se le donne che portano questo nome preferiscono una santa diversa per il loro onomastico, possono scegliere fra santa Eva martire a Dreux, in Francia, festeggiata il 6 settembre, e la beata Eva, monaca di san Martino*

di Liegi del XIII secolo, ricordata il 14 marzo.
ORIGINE E SIGNIFICATO - È un bellissimo nome che nell'ebraico *Hawah* significava, secondo un'etimologia popolare, "vita" perché sarebbe derivato dalla radice *hayoh*, "vivere". A questa etimologia si ispira la Genesi, quando narra che Adamo diede a sua moglie il nome di Eva perché doveva essere "la madre di tutti i viventi". Ma Eva ricorda, fra gli ebrei e i cristiani, il peccato originale e il frutto con cui venne condannato il genere umano all'esclusione dal Paradiso Terrestre, frutto che è il simbolo dell'orgoglio, del voler essere uguali al Signore. Il reale significato del nome resta però incerto: la Genesi, infatti, dice: "con la costola che aveva tolto ad Adamo formò il Signore Dio una donna... questa sarà chiamata Virago, perché è stata tratta dall'uomo". Virago equivaleva a *virgo* in latino, ossia "vergine". Poi, secondo la Bibbia, Adamo lo avrebbe mutato in Eva, ossia, madre di tutti i viventi.
PERSONALITÀ - Sobria e sempre elegante, è una donna che si fa notare subito per la raffinatezza con cui si muove, parla, veste e si pone agli altri: sempre misurata, sa dire le parole giuste al momento giusto, con garbo e cortesia. Sa essere, però, allo stesso tempo, forte e severa quando serve, ma senza esasperare mai i toni o le reazioni.
CURIOSITÀ - *Il nome Eva ha avuto una temporanea eclissi nel primo dopoguerra perché ricordava quello dell'amante di Hitler, Eva Braun. Si è invece diffuso, il diminutivo Evita, frequentissimo nei paesi di lingua spagnola. Così era chiamata una bella attrice, Eva Duarte, che nel 1945 sposò il futuro presidente della Repubblica Argentina, Juan Domingo Peron. Evita Peron divenne molto popolare perché intervenne attivamente nelle organizzazioni femminili e nelle questioni sindacali appoggiando i lavoratori, tant'è vero che le fu dedicata persino una celebre commedia musicale,* Evita, *che è stata uno dei grandi successi degli anni Settanta.*

EZIO

ONOMASTICO - L'onomastico è tradizionalmente ricordato il 6 marzo in onore di sant'Ezio martire. Un altro santo di Barcellona è commemorato il 14 agosto.
ORIGINE E SIGNIFICATO - Deriva dal nome gentilizio *Eetius*, ritenuto dalla maggioranza delle interpretazioni di origine etrusca e, quindi, di significato sconosciuto. Altre ipotesi interpretative lo fanno invece risalire al termine greco *aetios*, che significa "aquila".

PERSONALITÀ - Ezio è un uomo pratico ed efficiente, che non tollera i consigli altrui e che, anche quando sbaglia, non vuole sentire critiche. Nonostante ciò è un uomo generoso e molto stabile che quindi funge da figura d'appoggio nella cerchia delle sue amicizie. Crede nei colpi di fulmine, che lo colgono continuamente. Infatti in amore non è molto affidabile; spesso è infedele e bugiardo.

F

Fabia / Fabio

🕮 ONOMASTICO - *L'onomastico viene solitamente festeggiato il 31 luglio in memoria di san Fabio, vescovo di Antiochia durante il III secolo, decapitato in Mauritania. La Chiesa ricorda ancora un altro martire che viene venerato l'11 maggio.*

ORIGINE E SIGNIFICATO - Derivato dal nome della *gens Fabia*, il cui significato rimane incerto. Infatti la tradizione romana lo fa risalire al termine *faba*, che significa "fava", giacché spesso i personali latini provenivano da nomi di pianta. Un'altra possibilità è che derivi dal termine etrusco *fapi*, un nome personale di cui si ignora il significato. Il nome Fabio fu adottato anche dai cristiani grazie al culto di san Fabio martire.

PERSONALITÀ - Fabia: è una donna affascinante e intrigante. Il suo scopo è fare un buon matrimonio e sistemarsi. Fabio: insicuro e indeciso, cerca sempre di posporre ogni decisione avendo paura di prendere quella sbagliata e poi pentirsene. È un ritardatario cronico.

Fabiana / Fabiano

🕮 ONOMASTICO - *L'onomastico è tradizionalmente festeggiato il 20 gennaio in ricordo di san Fabiano vescovo e papa che nel 250 subì la decapitazione con san Sebastiano. Patrono degli idraulici, lo si invoca contro i disturbi cerebrali.*

ORIGINE E SIGNIFICATO - L'origine e il significato di questi nomi è molto simile a quella di Fabio: derivano dal nome della *gens Fabia* col significato di "colui che fa parte dei Fabiani".

PERSONALITÀ - Fabiana: ama la vita all'aria aperta e, in qualche modo, questa sua caratteristica si trova anche nella sua personalità: ama la libertà e odia qualsiasi tipo di costrizione, sia che venga dall'ambiente lavorativo che dalle persone cui vuol bene. È una grande lavoratrice, ma non ascolta i consigli di chi ne sa più di lei e ciò la porta a compiere errori banali. Fabiano: è un inguaribile confusionario. Non riesce a mettere in ordine la sua vita che risulta un gran caos di idee e strade intraprese e mai concluse. In amore è romantico, ma sempre indeciso.

CURIOSITÀ - *Diversamente da Fabio, Fabiano non ha avuto che un solo personaggio celebre, il papa di cui si è parlato a proposito dell'onomastico. Era di origine romana e venne eletto nel 236 dopo un miracolo. Fabiano era venuto a Roma con alcuni amici per partecipare all'assemblea che doveva eleggere il nuovo pontefice. Nessuno pensava a lui. Ma a un tratto una colomba scese dal cielo e si posò sul suo capo. E il popolo, convinto che fosse un segno divino, lo acclamò papa.*

FABIOLA

ONOMASTICO - *L'onomastico è festeggiato il 27 dicembre in ricordo di santa Fabiola, matrona romana, martire nel 399.*

ORIGINE E SIGNIFICATO - L'origine e il significato sono gli stessi di Fabio. Fabiola, infatti, ne è il diminutivo femminile. Si è molto diffuso nei secoli scorsi, ma oggi è decisamente in declino.

PERSONALITÀ - Timida e riservata, Fabiola in cuor suo è determinata nel perseguire i suoi ideali di correttezza e giustizia. Non sopporta i soprusi di ogni giorno ed è disgustata dai grandi casi internazionali e dalla politica in generale. Il suo carattere introverso, però, non fa sfociare il suo idealismo in qualcosa di attivo e produttivo: il più delle volte si limita a lamentarsi e lanciarsi in grandi filippiche fini a se stesse.

CURIOSITÀ - *Fabiola divenne molto popolare nell'Ottocento grazie al successo dell'omonimo romanzo del cardinale Wiseman, ambientato nei primi secoli del cristianesimo, dove la protagonista - Fabiola - era una ricca matrona romana che abbracciava la fede di Cristo dedicando tutta la vita alle opere di carità.*

FABRIZIA / FABRIZIO

ONOMASTICO - *L'onomastico è festeggiato il 22 agosto in memoria di san Fabrizio martire, detto anche Fabriziano.*

ORIGINE E SIGNIFICATO - Deriva dal termine latino *faber*, che significa "artigiano", "artefice". Un'altra teoria lo riconduce all'etrusco *harpnal* il cui corrispettivo latino era *fabrinius*. Questo divenne il nome gentilizio di un'antica famiglia romana: i *Fabricii*.

PERSONALITÀ - Fabrizia: è una donna molto furba e intelligente, con tendenze aggressive. Ha l'attitudine al comando che tende ad assumere sia sul lavoro sia a casa. Viene messa in difficoltà dalla sua irruenza quando si tratta di conoscere nuove persone che, spesso, non la capiscono o tendono a evitarla. Fabrizio: è ingegnoso e laborioso. Eccelle in qualsiasi impresa grazie all'entusiasmo con cui conduce la propria vita. In amore sarà marito dolce e sensibile, forse troppo permissivo con i figli, e diventerà più autoritario e deciso con il raggiungimento dell'età matura.

CURIOSITÀ - *Durante la guerra tra Roma e Taranto, i Romani inviarono un'ambasceria a Pirro, re dell'Epiro e alleato dei tarantini, per riscattare i prigionieri romani. Faceva parte della legazione il console Gaio Fabrizio Luscino che Pirro cercò di corrompere perché persuadesse il Senato alla pace. Ma Fabrizio rispose che, anche se era povero, possedeva come tutti i cittadini romani il bene massimo, la libertà, e se si fosse venduto a Pirro non sarebbe stato che uno schiavo di un tiranno. Ammirato dalla nobiltà d'animo del console, il re dell'Epiro liberò tutti i prigionieri senza riscatto. Da quella volta Fabrizio divenne simbolo di onestà e integrità morale.*

FAITH

ONOMASTICO - *Il 22 ottobre, nei calendari anglosassoni, è dedicato a questo nome che, nella tradizione cattolica, non conosce santi protettori.*

ORIGINE E SIGNIFICATO - Nonostante non abbia avuto diffusione in una versione italiana, Faith deriva dal latino col significato di "fedele".

PERSONALITÀ - Costruttiva e rigorosa, Faith porta avanti i suoi impegni con scrupolo e dedizione. Molto controllata nelle spese, potrebbe apparire avara ma, in realtà, è soltanto parsimoniosa e oculata. In amore non troverà facilmente il partner poiché fatica ad accorciare le distanze con gli appartenenti all'altro sesso.

FALCO

ONOMASTICO - *L'onomastico è festeggiato il 9 agosto in ricordo di san Falco eremita.*

ORIGINE E SIGNIFICATO - Si tratta di un nome personale diffuso nell'alto Medioevo e derivante dal latino *falco*, che designa il noto rapace.

PERSONALITÀ - Forte e autoritario, come l'animale di cui porta il nome, è ambizioso e molto orgoglioso. Mira sempre a essere un vincente e non permette agli altri di essere sorpassato; quando ciò accade perde il controllo di se stesso e ciò non gli giova certo nei rapporti che deve intrattenere sul lavoro. In amore è pretenzioso, ma anche affidabile e sincero.

FARA

🕮 ONOMASTICO - *L'onomastico è festeggiato il 7 dicembre in ricordo di santa Fara, detta anche Burgondofàra, vergine badessa del VII secolo, nata il 3 aprile, fondatrice del monastero di Faremoutiers.*

ORIGINE E SIGNIFICATO - Deriva dal termine ebraico *farah* che significa "fruttifera".

PERSONALITÀ - Solida e pratica, è ambiziosa e costruttiva. Non ama frequentare molte persone, ma preferisce selezionare quelle poche che le garantiscono un'amicizia duratura e sincera. Sul lavoro si addossa pesanti impegni che cerca con tenacia di portare a compimento.

FATIMA

🕮 ONOMASTICO - *L'onomastico può essere festeggiato il 13 maggio in ricordo della Apparizione della beata Maria Vergine di Fatima.*

ORIGINE E SIGNIFICATO - Fatima o Fatma è un nome piuttosto recente insorto con il culto della Madonna di Fatima, centro portoghese sede di un celebre santuario. In arabo *fatima* significa "colei che svezza i bambini".

PERSONALITÀ - Dietro una scorza di timidezza e diffidenza, Fatima nasconde una personalità raffinata e passionale. Quando si alleggerisce dal peso della sua riservatezza, si dimostra di una simpatia travolgente e contagiosa.

☞ CURIOSITÀ - *Così si chiamò la figlia di Maometto, una delle quattro donne perfette e così si chiamano ancor oggi l'amuleto detto appunto "mano di Fatima" e un'eroina delle* Mille e una notte.

FAUSTO

🕮 ONOMASTICO - *L'onomastico è tradizionalmente festeggiato il 19 novembre in memoria di san Fausto, diacono e martire di Alessandria nel IV secolo.*

ORIGINE E SIGNIFICATO - L'origine di questo nome è latina: *Faustus* era un nome personale romano, derivante dall'aggettivo *faustus*, che significa "felice", "prospero".

PERSONALITÀ - Fausto è un uomo a cui piace accumulare: denaro, conoscenze e qualsiasi altra cosa. A questo lo spinge il desiderio di essere unico e speciale. Può avere un comportamento bizzarro, che si accentuerà con gli anni, che rende perplesso chi gli sta accanto. È una persona allegra e ottimista.

CURIOSITÀ - *Tanti secoli fa, un pastore di nome Fausto o Faustino, che stava pascolando il gregge nei pressi del Palatino, scoprì sotto un fico due neonati che qualcuno aveva abbandonato in una cesta e che erano stati allattati miracolosamente da una lupa: si trattava di Romolo e Remo. Per questo il nome divenne molto in uso nella Roma antica. Si diffuse poi anche negli ambienti cristiani, tant'è vero che molti sono i santi Fausto, Fausta e Faustino.*

FEBE / FEBO

ONOMASTICO - *L'onomastico si festeggia il 3 settembre in ricordo di santa Febe di Corinto.*

ORIGINE E SIGNIFICATO - Deriva dal nome femminile greco *Phoebe*, trasformazione dell'aggettivo *phoibos*, che significa "luminoso, splendido". Era l'appellativo del Sole.

PERSONALITÀ - Febe: è una donna vaga e stralunata, che vive in un mondo tutto suo. La realtà non la scalfisce minimamente e si circonda prevalentemente di persone complementari a lei. Febo: il suo carattere fondamentalmente introverso lo porta a essere diffidente e critico nei confronti delle donne che pure lo cercano e l'ammirano per la decisione e l'affascinante forza d'animo.

FEDELE

ONOMASTICO - *L'onomastico è solitamente festeggiato il 13 marzo in onore di san Fedele Carpoforo, patrono di Arona.*

ORIGINE E SIGNIFICATO - Deriva dal termine latino *fides*, che significa "fede".

PERSONALITÀ - Ha un carattere ombroso e diffidente. Gli piace vivere protetto all'interno del suo cerchio di vita conosciuta diffidando delle novità. Sul lavoro, ciò si traduce in qualche difficoltà di ambientazione, ma stabilitosi nelle posizioni che contano, Fedele si circonderà solo di persone fedelissime e sicure. In amore tende ad avere poche relazioni, a sposarsi in età giovane e a crescere la famiglia con rigore.

CURIOSITÀ - *Un personaggio su tutti: Fidel (in italiano "Fedele") Castro, presidente di Cuba.*

FEDERICA / FEDERICO

🕮 ONOMASTICO - *L'onomastico è festeggiato il 3 settembre, in onore di san Federico, vescovo di Liegi, morto nel 1121, venerato anche il 27 maggio. In qualche località della Francia è commemorato il 13 settembre e lo si invoca per riconquistare l'udito.*

ORIGINE E SIGNIFICATO - Deriva dal termine germanico *frithurik*, composto da *frithu*, che significa "pace", "protezione", e da *rich*, ossia "potente", "ricco", "re". Il suo significato completo potrebbe essere sia "colui che domina con la pace", sia "colui che domina con il potere".

PERSONALITÀ - Federica: ha sempre uno sguardo trasognato che trapassa cose e persone; è molto generosa ed estremamente disponibile. In amore forse è un po' troppo ansiosa e apprensiva. Federico: è esuberante e con la sua carica vitale trascina gli amici in memorabili serate. Sul lavoro preferisce invece mansioni sedentarie e poco dinamiche.

CURIOSITÀ - *Molti furono i principi, gli imperatori e i sovrani di tutta Europa che portarono questo nome dal Medioevo fino al secolo scorso. Tra i più conosciuti vi è l'imperatore Federico Barbarossa che, disceso dalla Germania, tentò invano di restaurare l'Impero in Italia. La sua fama presso la popolazione tedesca era così grande che, nonostante fosse morto annegato in un fiume durante una crociata, lo si credette immerso in un arcano sonno nel cuore della montagna del Kyffahufer in Turingia. Da lì sarebbe emerso alla fine dei tempi come protagonista di una mistica restaurazione imperiale. Celebre è anche suo nipote, Federico II, imperatore e sovrano del Regno di Sicilia e Puglia, che alla corte di Palermo, nel XIII secolo, raccolse filosofi, alchimisti, astrologi e soprattutto poeti.*

FEDORA

🕮 ONOMASTICO - *L'onomastico si festeggia il 6 febbraio, in ricordo di santa Dorotea, martire nel 320 ad Alessandria.*

ORIGINE E SIGNIFICATO - È il corrispondente russo di Teodoro che, derivante dal greco, significa "dono di Dio".

PERSONALITÀ - È una persona tenace e riflessiva, ma molte volte si lascia trasportare dall'impeto fino a divenire collerica. Pratica, ma decisamente poco fantasiosa, Fedora si rivela buona organizzatrice del menage familiare. È intransigente nelle spese e ha una buona attitudine al risparmio.

FEDRA / FEDRO

📖 *ONOMASTICO - L'onomastico ricorre il 29 novembre, in memoria di san Fedro, martirizzato in data non accertata.*

ORIGINE E SIGNIFICATO - Deriva dal termine greco *fedra* e significa "lieta". Era un nome augurale che si dava alle bambine.

PERSONALITÀ - Fedra: è una donna dalla personalità complessa. Le piace vivere di sogni e illusioni; solitamente il risveglio è assai traumatico. In amore è incostante e ben poco passionale. Le piace essere corteggiata perché questo corrisponde all'idea di donna fatale che ha di se stessa, non perché abbia voglia di costruire un rapporto di intimità con un'altra persona. Fedro: sotto certi punti di vista è un po' fatuo. È molto suscettibile e per questo può apparire freddo o antipatico; in realtà è, al contrario, una persona positiva circondata da molti amici, che riscuote successi in ambito professionale e vive una vita sentimentale appagante e positiva

CURIOSITÀ - Nella mitologia greca Fedra è la mitica figlia di Minosse e moglie di Teseo che, innamorata non corrisposta del figliastro Ippolito, lo fece uccidere, uccidendosi a sua volta.

FELICIA / FELICE

📖 *ONOMASTICO - L'onomastico è per tradizione festeggiato il 14 gennaio in memoria di san Felice di Nola, prete imprigionato durante le persecuzioni di Diocleziano e liberato da un angelo. Lo si invoca contro le distorsioni degli arti, le malattie contagiose e la guerra.*

ORIGINE E SIGNIFICATO - Deriva dall'aggettivo latino *felix*, che significa "felice"; da qui è nato il sostantivo *felicitas*, ossia "felicità"; dall'aggettivo si è sviluppato il nome Felix. L'etimologia originaria faceva comunque riferimento a una condizione di fertilità, e *felix* voleva dire "fruttifero", "fecondo". Nel tempo è diventato "favorito dagli Dei" e infine, con la nascita del Cristianesimo, ha assunto il significato che conserva ancor oggi.

PERSONALITÀ - Felicia: è una donna piena di fantasia ed entusiasmo. Come il suo corrispettivo maschile fa suoi i valori tradizionali della famiglia, tanto che sogna di avere, già in giovane età, dei figli da accudire con amore. Felice: è un uomo abitudinario molto attaccato alla famiglia. È anche notevolmente solido e affidabile ed è un compagno prezioso nonché un padre entusiasta, anche perché è un amante dei giochi infantili.

⇨ CURIOSITÀ - *Così volle chiamarsi Lucio Cornelio Silla dopo la vittoria contro tutti i suoi avversari nell'82 a.C.: Felìx, nel senso che portava fortuna. Successivamente i cristiani adottarono questo nome conferendogli un significato religioso e benaugurante. Grazie al culto di più di cento santi, patroni di molte cittadine italiane, Felice è un nome diffusissimo nel nostro Paese. Vi sono anche circa 10.000 donne che si chiamano Felicia con i più rari diminutivi Felicetta, Felicina e Feliciana.*

FELICIANA

📖 ONOMASTICO - *Essendo un diminutivo di Felicia, il suo onomastico può essere festeggiato nello stesso giorno di Felice.*

ORIGINE E SIGNIFICATO - L'etimo e il significato sono gli stessi di Felice.

PERSONALITÀ - È una donna meditativa ed equilibrata. È gentile, sensibile e timorosa della solitudine. Per questo ama partecipare alle feste e circondarsi di amici e conoscenti. In amore, rappresenta il tipo di moglie perfetta, serena e armoniosa, perfino troppo sottomessa al marito. Sul lavoro è infaticabile, ma non aspira al potere e al successo.

FELICITA

📖 ONOMASTICO - *Le donne che hanno questo nome festeggiano il loro onomastico il 23 novembre, in onore di santa Felicita martire del II secolo (madre del martire Felice di Roma). La si invoca per avere dei figli maschi.*

ORIGINE E SIGNIFICATO - Felicita è un nome che deriva dal latino *Felicitas*, la dea romana dell'abbondanza, della ricchezza e del successo, la quale veniva raffigurata con in mano la cornucopia, il corno dispensatore d'abbondanza.

PERSONALITÀ - Tradizionale, ma creativa, Felicita è flessibile e battagliera. Idealista quanto basta per non arrendersi di fronte a chi le si pone contro, sul lavoro incontrerà qualche problema soprattutto nei confronti dei colleghi uomini. In amore si innamora facilmente e ciò non sempre è un bene per lei che è facile ai colpi di testa e alle depressioni.

⇨ CURIOSITÀ - *Il nome Felicita fu adottato dai cristiani perché alludeva alle felicità della vita eterna; per questo è portato da alcune sante.*

FELIPE

📖 ONOMASTICO - *Lo si festeggia nello stesso giorno di Filippo di cui è la traduzione spagnola.*

ORIGINE E SIGNIFICATO - Il nome è la traduzione spagnola di Filippo, pertanto deriva dal greco *Phìlippos* e significa "amante dei cavalli". Altre varianti straniere sono: Philip, Philipp (tedesco), Philippe (francese), Felipa (femminile, spagnolo), Filip.

PERSONALITÀ - Carattere allegro e gioviale, Felipe non rinuncia però a farsi valere quando è necessario: in questi casi emerge il suo lato forte e autoritario talvolta addirittura aggressivo. In amore è un gran romantico, capace di inseguire la donna che desidera fino a quando non la raggiunge. In giovane età è un farfallone incapace di concentrarsi sui veri affetti. Sul lavoro non raggiunge risultati eccelsi, ma di certo non gli mancano le proposte e i guadagni.

FENELLA

📖 ONOMASTICO - *Si festeggia il 1° novembre, giorno di Ognissanti, perché non esiste un santo patrono.*

ORIGINE E SIGNIFICATO - Deriva dal celtico e significa "che ha bianche spalle".

PERSONALITÀ - Forte e autoritaria, è ambiziosa e vincente. In amore è romantica e seducente, ma è anche molto pretenziosa e vuole essere ripagata pienamente dal partner. Affidabile e sincera, sul lavoro si dimostra molto competitiva e rispettata.

FERDINANDA / FERDINANDO

📖 ONOMASTICO - *L'onomastico è tradizionalmente commemorato con particolare solennità a Siviglia, il 30 maggio in memoria di san Ferdinando III re di Castiglia e di Leòn, morto nel 1252, patrono della Spagna.*

ORIGINE E SIGNIFICATO - Deriva dal termine germanico *frithunanths*, composto da *frithu*, ossia "pace" e da *nanth*, che significa "audace". Il significato complessivo è "coraggioso nella pace". Fu portato nella Penisola Iberica dai Visigoti e tradotto in latino nelle forme *Fredenandus*, *Frenandus* e *Fernandus*. In Spagna venne tradotto in Fernàn, Fernando, Hernàn e Hernando.

PERSONALITÀ - Ferdinanda: è una donna volubile che corre il rischio di sprecare la sua intelligenza dietro a chimere che cambiano quasi ogni giorno. Ferdinando: ha bisogno di una compagna concreta che lo aiuti ad ancorarsi alla realtà.

CURIOSITÀ - *Quando gli spagnoli cominciarono a occupare l'Italia meridionale il nome, soprattutto Ferdinando, si diffuse nel sud e poi, con la conquista della Lombardia, anche nel Nord; ciononostante, il maggior numero di Ferdinando si trovano nel napoletano, dove fino all'Ottocento vi furono dei re borbonici con questo nome. Fernando o Ferdinando, come il femminile Fernanda, venne adottato nei territori italiani dominati dagli spagnoli in onore dei tanti re che portavano questo nome in Spagna.*

FERMO

ONOMASTICO - *L'onomastico è tradizionalmente festeggiato il 1° giugno in memoria di san Fermo, martire sotto Massimiano. San Fermo con san Rustico è il patrono di Bergamo celebrato il 9 agosto.*

ORIGINE E SIGNIFICATO - Deriva dal latino *firmus* cioè "solido", "duraturo".

PERSONALITÀ - Perseverante e tenace, come il nome suggerisce, Fermo è dotato di un carattere combattivo e orgoglioso. Otterrà, se incoraggiato, un discreto successo nelle lettere e nelle arti perché creativo e originale.

CURIOSITÀ - *Ne* I Promessi Sposi *è il nome del perseverante innamorato di Lucia prima che il Manzoni lo mutasse in Renzo.*

FERRUCCIO

ONOMASTICO - *L'onomastico viene, per tradizione, festeggiato il 16 giugno in ricordo di san Ferruccio diacono martirizzato con san Ferreolo.*

ORIGINE E SIGNIFICATO - Riprendendo l'antico personale Ferrutio o Ferruzio, nome di un martire che si ricorda il 28 ottobre e 16 giugno, si può far derivare Ferruccio dal termine *ferro* che costituì anticamente anche un nome a se stante.

PERSONALITÀ - Decisione, audacia, diplomazia sembrano i tratti salienti della personalità di Ferruccio, non esente però, in amore, da colpi di testa e forti emozioni. Sentimentalmente enfatico, roboante, rivela un fondo di esacerbata suscettibilità.

CURIOSITÀ - *A diffondere il nome, nel Risorgimento, fu principalmente il ricordo di quel famoso Francesco Ferrucci che, già gravemente ferito, venne ucciso dal soldato Maramaldo al quale pronunciò la fatidica frase: "Tu uccidi un uomo morto!".*

FIAMMA

🕮 ONOMASTICO - *Si festeggia il 1° novembre, giorno di Ognissanti, perché non esiste un santo patrono.*

ORIGINE E SIGNIFICATO - Deriva da un antico soprannome e poi nome medievale nell'accezione di "splendente come fiamma".

PERSONALITÀ - Saggezza, prudenza e una profonda affettuosità, nascoste sotto un aspetto timido e malinconico, sono le doti di Fiamma. Paziente e leale, ma generalmente poco compresa in amore, si sposa giovanissima o non si sposa affatto. È seria e coscienziosa nello studio e nel lavoro dove eccelle grazie alla sua caparbietà.

☞ CURIOSITÀ - *Madonna Fiammetta è la donna amata dallo scrittore e poeta medievale Giovanni Boccaccio che le dedicò le sue elegie.*

FIAMMETTA

🕮 ONOMASTICO - *Si festeggia il 1° novembre, giorno di Ognissanti, perché non esiste un santo patrono.*

ORIGINE E SIGNIFICATO - È il diminutivo di Fiamma, pertanto il significato e l'origine sono gli stessi.

PERSONALITÀ - Dotata di un carattere deciso, talvolta appare troppo dura e seria. In amore si salva grazie alla simpatia che sa irradiare al momento giusto. Sul lavoro deve imparare a mantenere la concentrazione: si distrae facilmente perché si accolla troppi impegni contemporaneamente.

FIDEL

🕮 ONOMASTICO - *L'onomastico viene festeggiato lo stesso giorno di Fedele.*

ORIGINE E SIGNIFICATO - Anche l'origine e il significato sono gli stessi di Fedele di cui è la traduzione spagnola.

PERSONALITÀ - Piuttosto incerto in amore, se si affeziona lo fa però sul serio. Carattere ombroso e introverso, è un gran risparmiatore, ma non è avaro. Non ama viaggiare e anzi, appena può, adora rifugiarsi in ambienti caldi e confortevoli: in poche parole, è decisamente un pantofolaio.

⇨ CURIOSITÀ - *Buona parte della diffusione di questo nome è dovuta alla notorietà del dittatore cubano Fidel Castro.*

FILIBERTO

📖 ONOMASTICO - *L'onomastico è festeggiato il 20 agosto in ricordo di san Filiberto di Jumièges, abate della Vandea.*

ORIGINE E SIGNIFICATO - Deriva dal germanico *filuviel*, che significa "molto", e *berhta*, cioè "illustre", significa quindi "celebre", "molto famoso".

PERSONALITÀ - D'animo inquieto e avventuroso, è un instancabile viaggiatore e scopritore di luoghi e persone. Filiberto odia la vita sedentaria e difficilmente metterà radici in un luogo, preferendo invece spostarsi di continuo. Schivo nei sentimenti, è molto riservato. Quando finalmente deciderà di formare una famiglia, amerà però teneramente i figli e i nipoti. Sul lavoro raggiunge facilmente ottimi traguardi, grazie alla sua cultura che amplia di continuo per via dei suoi enciclopedici interessi.

⇨ CURIOSITÀ - *È uno dei nomi più comuni nella famiglia Savoia.*

FILIPPA / FILIPPO

📖 ONOMASTICO - *L'onomastico è tradizionalmente festeggiato il 26 maggio in memoria di san Filippo Neri detto "Pippo il Buono", patrono degli insegnanti e degli educatori in genere.*

ORIGINE E SIGNIFICATO - Deriva dal termine greco *philippos*, composto da *philos*, che significa "amico" e da *hippos*, ossia "cavallo". Il significato complessivo del nome è "colui che ama i cavalli". In principio era *Philippos* poi la *ph* si trasformò in *f*.

PERSONALITÀ - Filippa: dotata di grande fascino e dolcezza, è completamente priva di volontà. Per questo incontra serie difficoltà sul lavoro dove, nonostante tutto, riesce comunque a ben figurare grazie alla creatività e alla disponibilità. Filippo: è un uomo poco espansivo e molto materialista. Legato ai soldi e alla posizione sociale, rischia di trascurare le cose veramente importanti. Ha bisogno di una compagna allegra che lo scuota e lo stimoli, prendendolo un po' in giro.

⇨ CURIOSITÀ - *Il nome divenne popolare fin dall'antichità perché lo portarono molti re macedoni fra cui Filippo II. Si diffuse anche in Occidente, e nel Medioevo fu portato da molti re francesi. Tra il Rinascimento e l'età barocca, Filippo ebbe un'ulteriore popolarità e diffusione per due motivi, uno religioso e l'altro laico. Alla fine del Cinquecento viveva a Roma uno dei grandi santi della Riforma cattolica: san Filippo Neri, che i romani hanno soprannominato Pippo Bono e che si festeggia il 26 maggio; ebbene, per questo "motivo religioso" il nome divenne molto popolare, soprattutto al centro-sud, dove tuttora è abbastanza diffuso. D'altra parte, tutti i re di Spagna successori di Carlo I fino al XVIII secolo si chiamarono Filippo; di questi il più celebre fu Filippo II. Un ultimo contributo alla diffusione del nome Filippo lo hanno dato due duchi di Orléans, il ramo cadetto dei Borboni francesi: Philippe Egalité, cioè Filippo Eguaglianza (così si era soprannominato) che fu uno dei protagonisti della Rivoluzione francese e venne ghigliottinato nel 1793; e suo figlio Luigi Filippo che divenne poi re di Francia dal 1830 al 1848.*

FILLIDE

🕮 ONOMASTICO - *Si festeggia il 1° novembre, giorno di Ognissanti, perché non esiste un santo patrono.*

ORIGINE E SIGNIFICATO - È il nome della mitica principessa della Tracia trasformata in mandorlo. Etimologicamente deriva dal greco *phillon* che significa "foglia" e "petalo".

PERSONALITÀ - Generosa ed estroversa, si adatta a tutte le situazioni e, soprattutto con chi le sta vicino, è disponibile e tollerante. Queste caratteristiche, unite a una bontà d'animo quasi eccessiva, fanno sì che troppo spesso Fillide venga sfruttata da persone con pochi scrupoli. Chiaramente, sul lavoro gli episodi si moltiplicano e per questo dovrebbe stare più attenta nel selezionare i collaboratori, ma anche gli amici.

FILOMENA

🕮 ONOMASTICO - *L'onomastico è tradizionalmente ricordato il 5 luglio in memoria di santa Filomena vergine delle Marche, patrona di san Severino Marche.*

ORIGINE E SIGNIFICATO - Deriva dalla lingua greca: Filomena sarebbe "colei che resta fedele all'amore o all'amicizia", oppure "colei che ama il canto" o ancora "colei che ha cura del gregge".

PERSONALITÀ - Raffinata e intelligente, Filomena dimostra di essere fin da piccola portata per tutte le arti. È una sognatrice e adora perdersi in lunghi sogni a occhi aperti. Purtroppo la realtà non è mai all'altezza di quanto vorrebbe e lei, facile a depressioni e bruschi cali d'umore, ne risente molto. Sul lavoro si sforza di sfruttare la sua creatività, ma non sempre raggiunge il successo. In amore non ha certo problemi grazie al suo fascino da intellettuale, anche se le sue esperienze si riducono troppo spesso a brevissime storie con uomini superficiali e immaturi.

CURIOSITÀ - *Filomena è un nome ancora diffuso nel nostro Paese, anche se i genitori più giovani lo hanno scartato ormai da qualche decennio perché lo trovano poco elegante. Il culto di santa Filomena ha favorito la diffusione del nome soprattutto nel sud. Le due Filomene più celebri della letteratura sono invece una delle voci narranti del* Decamerone *e la protagonista della celebre commedia di Eduardo de Filippo,* Filumena Marturano, *a cui si addice l'interpretazione del nome "colei che resta fedele"; e infatti Filomena Marturano rimase fedele per tutta la vita a un unico proposito: dare un cognome ai suoi tre figli di padre sconosciuto.*

FIONA

ONOMASTICO - *Fiona non è un nome di origine cristiana e, non esistendo alcun santo che lo porti, non è conosciuto il suo onomastico.*

ORIGINE E SIGNIFICATO - Deriva dal termine celtico che significa "bianca".

PERSONALITÀ - Fiona è forte e combattiva. Non si arrende di fronte ai primi intoppi e ciò non può che giovarle nell'ambiente lavorativo. In amore è passionale e molto affascinante. Le occasioni, pertanto, non le mancano ma lei, frettolosa ed eccessiva, si intestardisce troppo spesso sulle persone sbagliate e pertanto troverà molto tardi il partner ideale.

FIORE

ONOMASTICO - *L'onomastico si festeggia il 31 dicembre in ricordo di san Fiore martire a Catania con i santi Cornelio, Minervino, Ponziano, Stefano e altri compagni di fede.*

ORIGINE E SIGNIFICATO - Deriva dal latino *flos, floris* che significa "fiore". Oggi ormai viene utilizzato quasi esclusivamente nelle sue accezioni femminili diminutive e vezzeggiative.

PERSONALITÀ - D'animo gentile e amorevole, Fiore è incredibilmente dolce ed educato. In amore saprà rendere felici tutte le donne che avrà la fortuna di incontrare. Sul lavoro deve imparare a essere più duro e reattivo, altrimenti verrà divorato dagli squali che popolano certi ambienti competitivi.

FIORELLA / FIORELLO

ONOMASTICO - L'onomastico si festeggia il 31 dicembre in ricordo di san Fiore, martire a Catania con i santi Cornelio, Minervino, Ponziano, Stefano e altri compagni di fede.

ORIGINE E SIGNIFICATO - Per l'origine e il significato di questi nomi si richiama quanto detto per Fiore e quanto si dirà per Flora.

PERSONALITÀ - Fiorella: come tutti i nomi derivanti dal termine latino *flos*, gode di una eccezionale delicatezza di sentimenti. Alle caratteristiche tipiche della sua etimologia, aggiunge una notevole caparbietà che la aiuterà nella vita lavorativa e affettiva. Fiorello: deve imparare a essere più sincero con gli altri e in campo affettivo dovrà fare i conti con la sua incostanza.

FIORENZA / FIORENZO

ONOMASTICO - L'onomastico viene festeggiato il 10 novembre in ricordo di santa Fiorenza martire, con Tiberio e Modesto, ad Agde in Francia. Un'altra santa, detta "di Poitou", martirizzata nel 360, viene onorata il 1° dicembre. L'onomastico maschile per tradizione è festeggiato il 14 febbraio in onore di san Fiorenzo, patrono di Avellino, con i santi Modestino e Flaviano.

ORIGINE E SIGNIFICATO - Questo nome deriva dal *cognomen* latino *florens*, nato dal participio del verbo *floreo*, che significa "fiorire". Il significato del *cognomen* prima, e del nome dopo è "fiorente", "che fiorisce".

PERSONALITÀ - Fiorenza: è una donna graziosa e gentile. Molto rispettosa dell'altrui spazio, corre il rischio di aver sempre paura di disturbare, comportandosi così in maniera eccessivamente cerimoniosa. Fiorenzo: è dotato di un buon carisma e una parlantina sciolta. Nei sentimenti è straripante ed eccessivo almeno quanto nella vita. Sul lavoro dovrà fare i conti con la sua totale incapacità a risparmiare.

CURIOSITÀ - In età imperiale Florentis *era inizialmente un soprannome, diventando poi un nome personale augurale nelle forme* Florentius *e* Florentia *che tradotti in italiano diedero vita a questi due nomi.*

FLAMINIA / FLAMINIO

📖 ONOMASTICO - *L'onomastico si festeggia il 2 maggio in ricordo di santa Flaminia, martire in Nicomedia nel 303, onorata in particolare a Clermont-Ferrant e a Devajac (Francia), ove si conservano le reliquie. S'invoca contro i mali agli occhi e per avere una buona vista.*

ORIGINE E SIGNIFICATO - *Flamines*, da cui deriva il nome, erano i sacerdoti romani così chiamati dal fiocchetto (*filamen*) che ornava il loro cappello. Potrebbe derivare anche dal termine sanscrito *brahman* che significa "officiante".

PERSONALITÀ - Flaminia: al femminile il nome conferisce sensibilità, spiccato altruismo, paura della solitudine. Flaminia è un'ottima madre e una moglie discreta e tranquilla. È molto saggia, studiosa, meditativa. Flaminio: ama profondamente lo studio ma manca completamente di senso pratico e di grinta. Si rivela tuttavia un ottimo pittore, scultore, orafo o scrittore. Non attribuisce importanza al denaro ma lo sa amministrare con perizia.

CURIOSITÀ - *La via romana che collega il Lazio alle Marche ci ricorda il più noto Flaminio della storia, il console che la costruì, ucciso da Annibale sul lago Trasimeno.*

FLAVIA / FLAVIO

📖 ONOMASTICO - *L'onomastico di Flavia ricorre il 7 maggio in memoria di santa Flavia vergine che subì il martirio nel I secolo a Terracina. Si invoca contro la caduta dei denti. L'onomastico maschile invece si festeggia il 22 giugno in onore di san Flavio Clemente, martire a Roma assieme a sua moglie Domitilla durante le persecuzioni di suo cugino Domiziano.*

ORIGINE E SIGNIFICATO - Deriva da un *cognomen* romano, appartenuto alla *gens flavia* che diede gli imperatori Vespasiano, Tito e Domiziano. *Flavius* deriva da *flavus*, *cognomen* che significava "biondo" oppure "dorato".

PERSONALITÀ - Flavia: ha un fascino sottile che risulta però fatale. È un po' pigra e indolente e si circonda di uomini che soddisfano ogni suo desiderio. Flavio: è un uomo molto intelligente, curioso e coraggioso. Ama viaggiare e conoscere gli usi e costumi dei paesi lontani. In amore si lega a una donna solo se questa è disposta a seguirlo nelle sue avventure. Potrebbe fare l'esploratore o l'archeologo.

CURIOSITÀ - *La fortuna di Flavio è cominciata nel I secolo d.C. e precisamente nel 69 quando il generale Tito Flavio Vespasiano, che da tre anni combatteva in Palestina per domare la rivolta degli Ebrei, veniva riconosciuto come nuovo imperatore dal senato romano.*

FLORA

ONOMASTICO - *L'onomastico viene festeggiato il 24 novembre in onore di santa Flora martire con santa Maria a Còrdoba in Spagna nell'851.*

ORIGINE E SIGNIFICATO - Flora, il cui nome derivava dal sostantivo latino *flos, floris*, che significa "fiore", era anche la dea che aveva la funzione di proteggere le piante utili e soprattutto gli alberi nel periodo della fioritura.

PERSONALITÀ - Sensibile e delicata, Flora ha come difetto quello di stancarsi con troppa facilità. È decisamente emotiva e istintiva. Quando ama qualcuno, gli si dona completamente risultando così una moglie pressoché perfetta.

CURIOSITÀ - *Il nome della dea Flora, sposa di Zefiro, divenne un nome proprio femminile con i derivati Floriana e Florinda, e ispirò anche il maschile Fionís, che poi divenne in italiano Floro con le varianti Fiorio, Florese, Fioris e i derivati Florindo e Floriano. Il nome Flora si diffuse per il culto di due sante: la prima era una martire romana del IV secolo, festeggiata il 29 luglio; la seconda, martire nel 845, viene festeggiata il 24 novembre.*

FLORIA

ONOMASTICO - *Essendo un nome derivato da Flora, la si può festeggiare nel suo stesso onomastico.*

ORIGINE E SIGNIFICATO - L'origine e il significato sono gli stessi di Flora.

PERSONALITÀ - Floria, come Flora e le altre sue varianti, è dotata di un carattere molto delicato, ma a differenza degli altri, unisce a questa dote una non gradevole nota di pigrizia e oziosità. Sul lavoro ciò non può che causarle qualche problema, mentre in amore le basterà trovare un uomo che, conquistato dalla sua bellezza, sappia apprezzarla per quello che è.

FLORIANA / FLORIANO

ONOMASTICO - *L'onomastico femminile può essere festeggiato il 2 giugno, giorno in cui la Francia commemora santa Floriana, o Flora, vergine di Baulieu. L'onomastico di Floriano invece ricorre il 4 maggio, in memoria di san Floriano di Nantem che prima venne flagellato e poi gettato in un fiume.*

ORIGINE E SIGNIFICATO - Questo nome e tutti i suoi derivati e trasformazioni derivano dal nome della dea latina dei fiori, sposa di Zefiro. Veniva dato ai bambini nati in primavera.

PERSONALITÀ - Floriana: è una donna istintiva che possiede una grande sensibilità. Si stanca facilmente, però, forse perché percepisce la realtà troppo profondamente. In un rapporto di coppia sa dare tutta se stessa al proprio partner. Floriano: è apparentemente un allegro sbruffone. La sua anima, tuttavia, è velata di malinconia. Si affeziona molto in fretta alle persone, perché è aperto e generoso. Nel rapporto di coppia è un ottimo amante.

FOLCO

🕮 ONOMASTICO - *L'onomastico è per tradizione festeggiato l'11 ottobre in memoria di san Folco, monaco irlandese che divenne vescovo di Pavia e di Piacenza, in alcune località viene venerato il 26 ottobre.*

ORIGINE E SIGNIFICATO - Folco deriva dal longobardo *fulca*, l'odierno lemma tedesco *Volk* che significa "popolo", unito a *haria* e cioè "signore" o a *gaina*, "lancia", nel significato di "signore" o "lancia del popolo".

PERSONALITÀ - Temperamento dinamico e inquieto, Folco è un gran idealista. Possiede un forte senso della giustizia e si impegna a fondo perché la si rispetti. È dotato di un buon eloquio che lo può far apparire superbo e, talvolta, indiscreto. Chi lo conosce bene sa però che è una persona di rare doti umane. In amore non ama stringere legami duraturi preferendo avventure poco impegnative.

⚭ CURIOSITÀ - *Già ritenuto aristocratico nel Medioevo, Folco fu nome comune nel casato degli Este e dei principi Ruffo di Calabria. È ricordato, inoltre, come nome del padre della Beatrice dantesca, Folco Portinari.*

FORTUNA

🕮 ONOMASTICO - *Si festeggia il 1° novembre, giorno di Ognissanti, perché non esiste un santo patrono.*

ORIGINE E SIGNIFICATO - Si tratta del nome latino della dea bendata.

PERSONALITÀ - Dinamica e comunicativa, si dimostra persona brillante con uno spiccato senso per gli affari. È espansiva, versatile e curiosa. Ama ogni genere di sport ed eccelle soprattutto dove non serve solo la forza, ma anche una buona capacità di autocontrollo e riflessione.

FORTUNATA / FORTUNATO

🕮 ONOMASTICO - *L'onomastico femminile ricorre il 14 ottobre in memoria di santa Fortunata, vergine e martire in Cesarea. Fortunato è festeggiato il 6 dicembre, in memoria di san Fortunato, martire in Africa.*
ORIGINE E SIGNIFICATO - Deriva dall'aggettivo latino *fortunatus* e significa "che ha buona sorte".
PERSONALITÀ - Fortunata: incredibilmente determinata, riesce ad emergere anche quando tutto e tutti sembrano contro di lei. Fortunato: sul lavoro le sue grandi capacità oratorie, unite a un carisma eccezionale, fanno sì che sia particolarmente portato per le posizioni di spessore e responsabilità.

FOSCA / FOSCO

🕮 ONOMASTICO - *Per Fosca l'onomastico si festeggia il 13 febbraio in ricordo di santa Fosca vergine, martire nel 250 assieme a santa Maura, nei pressi di Ravenna. Per Fosco l'onomastico è festeggiato il 2 giugno in ricordo di san Fosco, martirizzato a Roma.*
ORIGINE E SIGNIFICATO - È un nome che deriva dal *cognomen* latino *fusca*, preso dalla forma femminile del nome *fuscus*. Il significato dell'aggettivo *fuscus*, da cui proviene, è "scuro", ed era inizialmente inteso come riferito al colore dei capelli o della pelle.
PERSONALITÀ - Fosca: è una donna con un complesso di superiorità. Alquanto snob, detesta la volgarità e le inutili perdite di tempo. Fosco: è un uomo silenzioso e osservatore. Portato per la logica e per l'elaborazione di teorie, preferisce vivere in zone appartate, lontane dalle città e dalla confusione.

FRANCA / FRANCO

🕮 ONOMASTICO - *L'onomastico femminile è festeggiato il 25 aprile in ricordo di santa Franca, martirizzata in un anno non accertato storicamente. Per Franco l'onomastico è tradizionalmente ricordato il 23 giugno in memoria di san Lanfranco Beccaria, vescovo di Pavia, morto nel 1194.*
ORIGINE E SIGNIFICATO - Si tratta di un nome di origine germanica:

francko, che pare derivi a sua volta dal termine anglosassone *frami*, che significa "ardito", oppure dal termine *franka*, ossia "lancia".
PERSONALITÀ - Franco: è un uomo che vive con i piedi ben ancorati a terra. Indispensabile nel risolvere problemi di tipo pratico, ama le comodità. In amore dà tanto, ma pretende di più visto che ha il brutto difetto della gelosia. Franca: è una donna di grande forza e sicurezza. In amore è una persona che non accetta la fine di un rapporto e, in questi casi, combatte fino allo sfinimento.

FRANCESCA / FRANCESCO

🕮 ONOMASTICO - *L'onomastico di Francesca è tradizionalmente festeggiato il 9 marzo, in onore di santa Francesca Romana, vissuta tra il 1384 e il 1440, patrona degli automobilisti e delle vedove. L'onomastico maschile è, per tradizione, festeggiato il 4 ottobre in memoria di san Francesco d'Assisi, patrono d'Italia, di Assisi e di Massa Carrara, dell'ecologia, di commercianti, cordari, floricoltori, tappezzieri e mercanti. Tra i molti santi, beati e martiri, che hanno portato questo nome ricordiamo: il Sales, vescovo di Ginevra, dottore delle Chiesa, patrono di scrittori, giornalisti, tappezzieri e di Torino, il 24 e il 29 gennaio e anche il 28 dicembre; il beato F. Saverio Bianchi, morto nel 1815 il 31 gennaio; il santo, detto "di san Michele", morto nel 1597, il 6 febbraio; il santo confessore di Paola, fondatore dell'Ordine dei Minimi, patrono di Cosenza, Napoli, dei marinai e dei pescivendoli, il 2 aprile; il gesuita di Girolamo da Grottaglie, il 2 maggio; il santo de Geronimo, morto nel 1716, l'11 maggio; il santo confessore Caracciolo, fondatore della Congregazione dei Chierici Regolari Minori in Abruzzo, patrono di Napoli, il 4 giugno; il santo Regis, nato il 31 gennaio 1597, che si invoca contro l'idropisia, il 16 giugno; il beato minore di Pinerolo, il 19 giugno; il santo Solano, dell'Ordine dei Minori, confessore a Lima in Perù, il 14 luglio; il santo di Pesaro morto nel 1350, il 5 agosto; il beato Calderola, morto nel 1507, il 12 settembre; il santo francescano, da Campobasso, il 20 settembre; il gesuita Borgia, patrono del Portogallo, il 30 settembre e il 10 ottobre; il santo gesuita Saverio, patrono di Giappone, India, Pakistan, delle missioni, dei marinai e dei turisti, il 2 e 3 dicembre. Il santo Fasani, morto nel 1742 viene commemorato il giorno 29 novembre.*
ORIGINE E SIGNIFICATO - Deriva da *franciscus*, aggettivo latino che significava "dei Franchi". Da esso si sviluppò dapprima il soprannome

indicante coloro che appartenevano a quelle popolazioni e poi il nome personale, svincolato però da ogni sua origine inter-etnica.
PERSONALITÀ - Francesca: è una sognatrice e lo rimane a tutte le età, perché non perde mai la gioia di vivere. Possiede uno spiccato senso artistico che spesso non approfondisce perché preferisce dare spazio ai sentimenti. Francesco: apparentemente allegro e spensierato, è un uomo serio e responsabile. Sa essere un ottimo amico.

FRIDA

📖 ONOMASTICO - *Santa Frida viene festeggiata il 25 settembre.*
ORIGINE E SIGNIFICATO - Questo nome è la forma troncata dell'antico termine celtico *ceolfrido*, che indica "colui che ha trovato la pace". Potrebbe derivare semplicemente dal termine tedesco *friede* che significa "pace".
PERSONALITÀ - Frida è una donna paziente. È molto sicura di sé e sa cosa vuole, quindi tesse le sue fila e poi aspetta che qualcosa accada. Il destino infatti spesso non la delude, regalandole una vita fondamentalmente serena. In amore è molto dolce e premurosa. Sul lavoro si deve abituare a lottare un po' più apertamente, se non vuole vedersi sorpassata da chi ha meno capacità di lei.

FRINA

📖 ONOMASTICO - *Non è conosciuto l'onomastico di questo nome che, per assonanza, potrà essere festeggiato assieme a Frida.*
ORIGINE E SIGNIFICATO - Questo nome deriva dal termine greco *phryne*, che significa "bruna".
PERSONALITÀ - Frina è una donna dall'anima dolcissima, vibrante di passione e di vitalità. Umile e modesta, è una persona che si mette in gioco veramente e in continuazione perché vuole migliorarsi costantemente. Solitamente si innamora di un solo uomo, perdutamente e per sempre. Estremamente confusionaria e disordinata, sul lavoro viene spesso richiamata dai suoi superiori ma, grazie alla sua dolcezza, ne uscirà sempre in piedi.

FULVIA / FULVIO

📖 ONOMASTICO - *L'onomastico viene festeggiato il 7 maggio in memoria di san Fulvio martirizzato con i fratelli Agostino, Augusto e Fulvia.*

ORIGINE E SIGNIFICATO - Proviene dall'aggettivo latino *fulvus*. Nasce come *cognomen* sia nella versione maschile *Fulvus* sia in quella femminile *Fulva*. Indicava le persone dai capelli biondo-rossiccio.
PERSONALITÀ - Fulvia: è una donna decisa e consapevole. Possiede enormi doti artistiche pienamente sfruttate. È molto indipendente e, a un rassicurante matrimonio, preferisce una brillante carriera. Solo con la maturità si deciderà a mettere su famiglia. Fulvio: è molto intelligente, estroverso e decisamente lunatico, tanto che il suo umore e il suo atteggiamento con le persone possono variare in qualsiasi momento.

FURIO

📖 ONOMASTICO - *Si festeggia il 1° novembre, giorno di Ognissanti, perché non esiste un santo patrono.*
ORIGINE E SIGNIFICATO - Il nome deriva dal *cognomen* di una *gens* romana: i *furius*, di origine probabilmente etrusca. Questo, a sua volta, deriva dall'aggettivo *furius*, che significa "essere infuriato".
PERSONALITÀ - Furio è un uomo abile dotato di una furbizia non proprio limpida. È portato all'intrigo e non è affidabile. Possiede, però, un codice d'onore personale che rispetta. Sul lavoro è il capo che nessuno vorrebbe avere, ma sa premiare i meritevoli e punire chi sbaglia.

FUTURA

📖 ONOMASTICO - *Si festeggia il 1° novembre, giorno di Ognissanti, perché non esiste un santo patrono.*
ORIGINE E SIGNIFICATO - È un nome moderno che deriva dalla parola italiana "futuro".
PERSONALITÀ - Piuttosto ingenua e ipersensibile, Futura passa facilmente dalla depressione più cupa a crisi di collera furibonde e liberatorie. Tende a innamorarsi follemente e frequentemente, non preoccupandosi mai di come andrà a finire e ponendo poi gli amori perduti su un piedistallo. Sul lavoro è molto stimata e apprezzata per via della sua grande caparbietà e conoscenza del mondo degli affari.

G

GABRIELE / GABRIELLA

📖 ONOMASTICO - *L'onomastico ricorre il 29 settembre in onore dell'Arcangelo Gabriele. Patrono di corrieri, postini, giornalai, filatelisti, ambasciatori, radiotelevisione e telecomunicazioni. In alcuni luoghi viene ricordato il 24 marzo.*

ORIGINE E SIGNIFICATO - Deriva da *Gabriel* forma ebraica composta da una radice collegata a *gabar*, che significa "esser forte", e da *El*, ovvero uno dei nomi di Dio. È tradizionalmente interpretato come "l'Eterno è forte".

PERSONALITÀ - Gabriele: è un raffinato uomo di cultura; ama l'arte, la poesia e in genere tutto ciò che è bello. Il suo lavoro ha il fine di potersi permettere una vita confortevole, quando non lussuosa. Ama l'ozio come lo intendevano i Romani: tempo dedicato a se stessi. È molto sensibile ma anche suscettibile e rischia di cadere in profonde crisi di pessimismo. Gabriella: soprattutto in amore saranno possibili delle delusioni in giovane età. Carattere e personalità sono affini al corrispettivo maschile; in particolare, ama l'architettura e la poesia.

CURIOSITÀ - *In ogni quadro che rappresenta l'Annunciazione, si vede un angelo che offre un giglio alla Madonna: quell'angelo, anzi quell'arcangelo, secondo il Vangelo, è Gabriele. Egli era già comparso a Zaccaria per annunciargli che la moglie Elisabetta, fino ad allora sterile, gli avrebbe dato un figlio, Giovanni il Battista. Prima ancora, secondo l'Antico Testamento, Gabriele si era presentato con sembianze umane al profeta Daniele per annunciargli la venuta del Messia. Pertanto il suo nome divenne popolare fra i cristiani, che l'adottarono per i loro figli.*

GAETANO

📖 ONOMASTICO - *L'onomastico ricorre il 7 agosto in memoria di san Gaetano di Tiene, morto nel 1547 e canonizzato nel 1675 da papa Clemente X.*

Patrono di Ariano nel Polesine, viene invocato per guarire dalle cisti.
ORIGINE E SIGNIFICATO - Deriva dal *cognomen* latino *caietanus*, che significava "abitante di Gaeta". In latino si diceva *Caietanus* perché la cittadina si chiamava *Caieta*. Inizialmente fu un soprannome, cioè un secondo cognome che serviva a individuare meglio una persona. Poi *Caietanus* divenne un nome proprio fin dalla seconda metà del I secolo a.C.
PERSONALITÀ - È un uomo dall'anima tormentata e complessa. Capace di gesti estremi, sia nel bene sia nel male, è un amante appassionato e incostante.

GAIA / GAIO

🕮 ONOMASTICO - *L'onomastico è festeggiato il 10 marzo a ricordo di san Gaio, che subì il martirio in Frigia con i santi Alessandro ed Apamèa.*
ORIGINE E SIGNIFICATO - Si ritiene che Gaia e Gaio siano nomi derivati dal latino. In effetti *Caius*, che si leggeva *Gaius*, era un prenome latino con cui si indicava di solito una persona generica e la traduzione in italiano, ossia Caio, ha mantenuto questa funzione. Tuttavia il nome latino non aveva il significato che si è soliti attribuire al nome Gaia che è di recente diffusione, cioè quello, se lo si considera un nome augurale dato a una donna, riconducibile all'aggettivo *gaio*; Gaia, che è stato introdotto dalla poesia provenzale, deriva da una parola del dialetto germanico, *gahi*, "pronto", "audace". Gaia è dunque una donna "vivace".
PERSONALITÀ - Gaia: di indole fiera, ma anche idealista, è intuitiva e intelligente: per questo si rivela un'ottima confidente in grado di capire al volo i sentimenti e gli stati d'animo altrui e trovare le parole giuste per confortarli. Gaio: la sua allegria e spensieratezza lo rendono l'anima di qualsiasi compagnia.

GALATEA

🕮 ONOMASTICO - *Si festeggia il 1° novembre, giorno di Ognissanti, perché non esiste un santo patrono.*
ORIGINE E SIGNIFICATO - Si tratta di un nome mitologico tratto dalla ninfa del mare Galatea che, a sua volta, doveva la sua origine al termine *gala*, "latte".
PERSONALITÀ - Tranquilla e riflessiva, è sognatrice e introspettiva. In amore è tenera con il partner e protettiva verso i figli. Sul lavoro è creativa e intuitiva.

CURIOSITÀ - *Nella mitologia, Galatea venne invano corteggiata dal ciclope Polifemo che di lei si era perdutamente innamorato.*

GALEAZZO

ONOMASTICO - *L'onomastico viene festeggiato, in ricordo di san Galeazzo vescovo, il 5 novembre.*

ORIGINE E SIGNIFICATO - Deriva dal latino *galea*, che significa "elmo", o dal celtico *gail* e cioè "letizia". Si è affermato dal Quattrocento in poi come personale aristocratico perché tradizionale dei Visconti e degli Sforza di Milano.

PERSONALITÀ - Orgoglioso ed egocentrico, è talmente ambizioso da avere un costante bisogno dell'approvazione altrui. La personalità di Galeazzo, però, presenta anche tratti piacevoli: è creativo, sereno in famiglia e con la partner; rappresenta il classico tipo socievole, sempre circondato da amici e ammiratrici.

GALILEO

ONOMASTICO - *Si festeggia il 1° novembre, giorno di Ognissanti, perché non esiste un santo patrono.*

ORIGINE E SIGNIFICATO - Deriva dall'ebraico *Ghalil* che significa "circondario", "regione".

PERSONALITÀ - Introverso e riflessivo, non ama la compagnia di troppe persone e, anzi, seleziona i propri amici con rigore e severità. È ipercritico verso gli altri e verso se stesso: cerca la perfezione in tutto e in tutti e ciò non solo non lo aiuta in amore, ma gli rende difficile coltivare anche normali rapporti sociali. Sul lavoro si distingue per le capacità creative e la fantasia sopraffina.

CURIOSITÀ - *Non si può mancare di menzionare il genio Galileo Galilei.*

GARDENIA

ONOMASTICO - *Si festeggia il 1° novembre, giorno di Ognissanti, perché non esiste un santo patrono.*

ORIGINE E SIGNIFICATO - Si tratta di un nome augurale in omaggio alla freschezza e al profumo dell'omonimo fiore.

PERSONALITÀ - Dinamica e comunicativa, è versatile e curiosa. Ama gli sport, soprattutto quelli che le permettono di restare a lungo all'aria aperta. Viaggia volentieri anche se, ai lunghi periodi fuori casa, preferisce vacanze corte ma magari frequenti. Sul lavoro non è troppo affidabile, ma viene apprezzata per le iniziative argute e intelligenti. È affettuosa, fedele e altruista, perciò non tollera i tradimenti.

GASPARE

📖 ONOMASTICO - *L'onomastico è tradizionalmente festeggiato il 6 gennaio in memoria di Gaspare, uno dei re Magi, che in alcune località è venerato il 1° gennaio o l'11 di settembre.*

ORIGINE E SIGNIFICATO - Risale all'iranico *gathaspar* che significa "splendente", oppure al sanscrito *gathaspic* e cioè "colui che ispeziona". Il nome riflette la devozione verso i Re Magi giunti dall'Oriente a recare doni a Gesù Bambino.

PERSONALITÀ - Gaspare è uno sportivo nato e applica i principi dello sport anche alla vita e all'amore: dà sempre il massimo e in ogni situazione cerca di vincere. In amore è un dominatore e ciò gli crea dei grattacapi perché tende a voler avere sempre ragione. Queste caratteristiche aggressive e spigolose si limano con l'avanzare dell'età quando, finalmente, troverà in un maggior equilibrio la via più confacente alla propria personalità.

GASTONE

📖 ONOMASTICO - *L'onomastico è festeggiato il 6 febbraio in memoria di san Gastone di Arras, martire nel 540. In alcune località viene onorato il 24 aprile.*

ORIGINE E SIGNIFICATO - Deriva dal germanico *gast*, *gastiz*, "forestiero", o dal nome del monaco *Vaast*, santo fiammingo. Può anche essere considerato come variante di *gascon* che significa "oriundo della Guasconia".

PERSONALITÀ - Semplice, disinvolto e affascinante, Gastone è un buon lavoratore e un ottimo marito capace di nascondere, sotto un'apparente freddezza, un cuore generoso, impulsivo e una non comune volontà. Ambizioso e tenace, è dotato di spirito di iniziativa. In amore cerca una donna tranquilla, come lui profondamente legata alla famiglia. Ha un ottimo feeling con il teatro. Riuscirà bene nelle lettere, nella fotografia e in tutto quanto sia stimolante e creativo.

GAVINO

📖 ONOMASTICO - *L'onomastico è festeggiato tradizionalmente il 25 ottobre in ricordo di san Gavino soldato, martire con Proro e Gennaro a Porto*

Torres nel 130. Patrono di Sassari, viene anche onorato il 30 maggio. La Chiesa ricorda ancora un martire a Milano, il 6 maggio.

ORIGINE E SIGNIFICATO - Deriva dal latino *Gabinus*, nome etnico che vuole dire "abitante di Gabium", antica località nel Lazio.

PERSONALITÀ - Testardo e irriverente, Gavino è un vero e proprio lottatore: non si ferma davanti a nessuno pur di portare avanti le sue idee e non accetta discussioni in merito alla loro correttezza o validità. In amore si trasforma nel paladino della donna amata, che si sentirà protetta e adorata.

CURIOSITÀ - *Il nome attualmente è poco diffuso, ma è ancora abbastanza presente in Sardegna.*

GEA

ONOMASTICO - *Si festeggia il 1° novembre, giorno di Ognissanti, perché non esiste un santo patrono.*

ORIGINE E SIGNIFICATO - Il nome deriva dalla parola greca *ghe* che significa "terra" e identifica la dea greca della Terra.

PERSONALITÀ - Pratica e concreta, Gea è ambiziosa quanto basta per divenire una vincente. È capace di impegnarsi a fondo per realizzare i propri sogni e i propri ideali. Sul lavoro ama le posizioni di responsabilità che riesce a mantenere a lungo grazie al carattere autoritario, ma anche franco e onesto.

GELSOMINA

ONOMASTICO - *Si festeggia il 1° novembre, giorno di Ognissanti, perché non esiste un santo patrono.*

ORIGINE E SIGNIFICATO - Il nome Gelsomina è un nome di origine italiana che continua la serie dei nomi dedicati alle piante e ai fiori. Deriva dal persiano *yasimin* che significa appunto "gelsomino".

PERSONALITÀ - Dinamica e comunicativa, è una brillante oratrice. In compagnia si fa notare per l'espansività e per il carattere estroverso. Talvolta non riesce a trattenersi e si interessa talmente a fondo dei fatti altrui da sembrare inopportuna. Sul lavoro è piuttosto inconcludente perché si distrae con facilità. In amore si preoccupa già in giovane età di stabilire relazioni serie e stabili che possano sfociare nel matrimonio.

CURIOSITÀ - *L'attuale moda esterofila fa sì che siano molto più diffuse le sue varianti Jasmine (traduzione francese), Yasmin e Jamina.*

GELTRUDE

📖 ONOMASTICO - *L'onomastico è tradizionalmente festeggiato il 16 novembre in ricordo di santa Gertrude di Eisleben, sorella di santa Matilde e badessa di Roberdof, vissuta nel XIII secolo. Si invoca per ottenere la guarigione dal diabete.*

ORIGINE E SIGNIFICATO - Deriva dal termine germanico *gertrud*, composto da *ger*, che significa "lancia" e da *trut* ossia "amico". Il significato completo potrebbe essere, secondo alcune teorie, "amica della lancia". Altri sostengono invece che significhi "vergine della lancia", poiché il termine *trut* potrebbe essere un componente di nomi tipicamente femminili significante "vergine".

PERSONALITÀ - Geltrude ha un'anima fiera e orgogliosa, ma un po' malinconica. È pronta a lottare per ciò in cui crede e per difendere i più deboli. Potrebbe fare l'assistente sociale, ma anche la sindacalista. In amore è una compagna sincera, presente e affettuosa, sebbene la maggior parte della sua energia sia concentrata verso il mondo esterno.

GEMMA

📖 ONOMASTICO - *L'onomastico è festeggiato tradizionalmente il 14 maggio in ricordo di santa Gemma Galgani, vergine di Lucca che si invoca per ottenere la guarigione delle scottature. Viene onorata anche il giorno 11 aprile.*

ORIGINE E SIGNIFICATO - Germoglio della vite e poi pietra preziosa, Gemma è nome augurale tardo latino, portato anche dalla moglie di Dante.

PERSONALITÀ - È una donna estremamente pudica che fa dell'introspezione quasi una malattia. Ama l'arte, il movimento, la compagnia, ma troppe volte si trattiene a causa del suo bizzarro ed eccessivo senso del pudore. In amore è possessiva ed egoista. Cerca la realizzazione nel matrimonio e, se non la trova, rischia di trasformarsi in una creatura apatica e triste. Spesso però si rifà in ambito professionale, dove raggiunge sovente posizioni di successo.

CURIOSITÀ - *In Giappone Gemma corrisponde a una divinità infernale, una specie di Belzebù al femminile.*

GENNARO

📖 ONOMASTICO - *L'onomastico è tradizionalmente festeggiato il 19*

settembre in ricordo di san Gennaro, vescovo di Benevento, martirizzato nel 305 a Pozzuoli, patrono di Napoli. Viene invocato contro le coliche e i mali intestinali in genere. I napoletani, poi, che con lui hanno un rapporto quasi familiare, lo invocano per qualsiasi preghiera.

ORIGINE E SIGNIFICATO - Il nome Gennaro deriva dalla forma latina *ienarius*, ovvero dalla trasformazione di *ianuarius*, il primo mese dell'anno dedicato al dio *Ianus*. Inizialmente il nome era diffuso soprattutto fra i nati in gennaio. Con il tempo, e soprattutto in epoca cristiana, diventò invece appannaggio di liberti e servi.

PERSONALITÀ - Gennaro è un uomo impulsivo ma non è affatto irrazionale, al contrario ha la grande capacità di saper valutare e capire le persone in un attimo, cosicché sa come comportarsi in ogni circostanza. Pecca un po' di presunzione ed è probabile che debba soffrire per amore, dal momento che si crede irresistibile e ha la tendenza a dare troppe cose per scontate.

CURIOSITÀ - *San Gennaro, secondo la leggenda, fu martirizzato all'inizio del IV secolo a Pozzuoli. Le sue reliquie erano state trasportate nelle catacombe della città napoletana, finché durante la pestilenza del 1526-1528, in aumento in seguito all'assedio della città da parte dell'esercito francese, lo si invocò come protettore. Oggi è il principale patrono di Napoli ed è diventato celebre per il miracolo della liquefazione del sangue contenuto in due ampolle di vetro: una leggenda vuole siano state riempite poco dopo la decapitazione del santo.*

GENOVEFFA

ONOMASTICO - *L'onomastico ricorre il 3 gennaio in memoria di santa Genoveffa, vergine di Nanterre, vissuta nel V secolo. Viene invocata in tempo di guerra, durante le inondazioni e per guarire dai reumatismi.*

ORIGINE E SIGNIFICATO - Viene dal termine germanico che significa "donna di nobile stirpe", o dal celtico "tessitrice di corone fatate", oppure "abitatrice dei boschi" o, ancora, "donna dalle belle guance". Acquista, nella versione francese Geneviève, una inflessione più dolce e armoniosa.

PERSONALITÀ - Di aspetto fragile e grazioso, si rivela tuttavia dotata di una ferrea forza di volontà e di un non comune coraggio che la rendono oltremodo affascinante. Genoveffa è paziente, tenera, comprensiva sino a eccedere in indulgenza col marito e con i figli. Non di rado sceglie la via del convento.

CURIOSITÀ - *Santa Genoveffa è la patrona di Parigi perché, secondo la leggenda, promettendo agli abitanti la salvezza in cambio di un lungo digiuno, risparmiò la città dalla distruzione di Attila.*

GENZIANA

ONOMASTICO - *Si festeggia il 1° novembre, giorno di Ognissanti, perché non esiste un santo patrono.*
ORIGINE E SIGNIFICATO - Dal latino *gentiana*, è nome di una pianta selvatica aromatica, dai fiori gialli o blu intenso.
PERSONALITÀ - Sportiva e amante dei viaggi, è una vera giramondo, più attenta a se stessa che agli affetti. Sa adattarsi a diverse situazioni e ciò l'aiuta a cavarsela in condizioni a volte, almeno all'apparenza, disperate. Arguta, brillante e intelligente, è portata per le lingue e socializza con estrema facilità.

GEORGE

ONOMASTICO - *Essendo la traduzione di Giorgio, si richiama a quest'ultimo per il suo onomastico. Nei paesi anglosassoni è festeggiato il 22 febbraio.*
ORIGINE E SIGNIFICATO - L'origine e il significato sono gli stessi di Giorgio.
PERSONALITÀ - Sensibile e simpatico, George, dietro un sipario di forza e rude mascolinità, nasconde un carattere talmente dolce da commuoversi per un nonnulla. In amore manifesta una completa dedizione al partner e un grande affetto per i figli. È più ribelle e anticonformista sul lavoro, dove viene apprezzato per le sue grandi idee e per le sue capacità creative.

CURIOSITÀ - *Grande impulso alla diffusione di questo nome deriva dal successo del noto attore americano, l'affascinante George Clooney.*

GERARDO

ONOMASTICO - *L'onomastico è festeggiato tradizionalmente il 30 ottobre in ricordo di san Gerardo vescovo, deceduto nel 1122. Patrono di Potenza, delle ostetriche e delle partorienti, viene invocato per ottenere la guarigione da fratture, calcolosi, gotta e tumori.*

ORIGINE E SIGNIFICATO - Si tratta di un nome composto da *gaira*, "lancia", e da *hardhu*, "forte", "valoroso", sicché significa "forte, valoroso con la lancia". Gerardo, con la "g" dolce, è di derivazione francese, simile infatti a Gérard.

PERSONALITÀ - Razionale e molto determinato, è un uomo coraggioso e un avventuriero. Gerardo affronta la realtà con piglio deciso senza perdere tempo in soluzioni fantasiose, ma inutili. Non ha un carattere espansivo, ma è generoso e giusto. È amato dalle donne ma, nonostante ciò, si impegnerà seriamente solo raggiunta l'età matura.

CURIOSITÀ - *Gerardo, con le varianti Gherardo e Geraldo, è diffuso in tutta Italia. Nella forma Gerardo è accentrato soprattutto in Campania e Lucania perché riflette il culto di uno dei santi più popolari in quella zona: san Gerardo Maiella, vissuto nel XVIII secolo e molto venerato nel Sud come protettore delle partorienti.*

GERDA

ONOMASTICO - *Si festeggia il 1° novembre, giorno di Ognissanti, perché non esiste un santo patrono.*

ORIGINE E SIGNIFICATO - Nella mitologia germanica è la sposa di Freyr, dio della fecondità.

PERSONALITÀ - Diffidente e critica, Gerda è generalmente molto severa e dura sia in amore che sul lavoro. Il suo carattere selettivo e rigoroso, comunque, fa sì che abbia delle solide basi per costruire i propri rapporti. È molto pratica e concreta, anche se parsimoniosa e frugale.

GEREMIA

ONOMASTICO - *L'onomastico, per tradizione, è festeggiato il 7 giugno in ricordo di san Geremia, monaco e martire di Còrdoba.*

ORIGINE E SIGNIFICATO - Il nome deriva dall'ebraico *yirme*, il cui significato è "innalzato", e *yah*, ossia "Dio", quindi "innalzato da Dio".

PERSONALITÀ - Geremia non è certo una persona che fa della simpatia la sua arma migliore. Tende anzi a essere introverso e chiuso a ogni tentativo di "sfondamento" di chi cerca di coinvolgerlo in qualche iniziativa goliardica. Grande studioso, ricerca il successo in ambito scolastico prima e lavorativo poi.

CURIOSITÀ - *Geremia fu uno dei personaggi biblici più importanti, in quanto fu uno dei maggiori profeti d'Israele, famoso per le sue lamentele.*

E infatti il termine "geremiadi", da tempo nel vocabolario della lingua italiana, significa appunto "lamentele prolisse e fastidiose".

GERMANA / GERMANO

🕮 ONOMASTICO - *L'onomastico è tradizionalmente festeggiato il 15 giugno in ricordo della santa Germana Cousin, vergine di Pibrac, presso Tolosa, patrona dei pastori. Viene invocata nel caso in cui vi sia il pericolo di perdere la vista. L'onomastico per tradizione è festeggiato il 31 luglio in ricordo di san Germano vescovo, nato ad Auxerre e morto a Ravenna nel 448. Patrono dei bambini, lo si invoca contro le malattie dell'infanzia.*

ORIGINE E SIGNIFICATO - Nella Roma imperiale il nome proprio *Germanus* col femminile *Germana* era un nome etnico, indicava cioè l'origine di chi lo portava. I cristiani adottarono questo nome ma gli conferirono una valenza religiosa. *Germanus* era colui che era "fratello in Cristo" con gli altri cristiani.

PERSONALITÀ - Germana: è forte di carattere, ma in lei si riscontrano una simpatia e una capacità empatica che mancano a Germano. Nonostante l'aria da sognatrice, si dimostra ben presto pratica e combattiva. Germano: è dotato di un carattere duro e fermo. È estremamente solido e sincero nelle sue idee. Grazie alla buona intelligenza e alla grande combattività, non perde occasione per prendere l'iniziativa in nuove avventure che, il più delle volte, lo vedono vincente.

⊸ CURIOSITÀ - *Il nome si diffuse nel Medioevo grazie soprattutto al culto di molti santi, primo fra tutti san Germano, che fu vescovo di Parigi nel VI secolo ed è festeggiato il 28 maggio. È un santo celebre anche perché ha dato il nome a una chiesa e a un quartiere di Parigi, quello di Saint Germain-des-Prés.*

GEROLAMO

🕮 ONOMASTICO - *L'onomastico è tradizionalmente festeggiato il 9 maggio in ricordo di san Gerolamo; padre della Chiesa, nativo di Strindone, in Dalmazia, visse tra il 346 ed il 429. In alcune località viene venerato il 30 settembre.*

ORIGINE E SIGNIFICATO - Deriva dal greco *ieronymos* e significa "nome sacro".

PERSONALITÀ - Grande comunicatore, Gerolamo sa infondere sicurezza e coraggio in chi lo ascolta. Per questo è un ottimo amico, sempre

ricercato e ben voluto. È anche un padre sensibile e amorevole.
CURIOSITÀ - *San Gerolamo tradusse in latino la Bibbia e per questo viene considerato il protettore dei traduttori e dei librai.*

GERTRUDE

ONOMASTICO - *San Gertrude, che si festeggia il 17 marzo e il 15 novembre, è ritenuta patrona dei viandanti e di chi combatte per la giusta causa.*
ORIGINE E SIGNIFICATO - L'origine e il significato di questo nome sono gli stessi di Geltrude, pertanto si richiama quest'ultimo nome.
PERSONALITÀ - Razionale e determinata, Gertrude corre il rischio di non lasciarsi mai andare. Inutile dire che questa caratteristica le creerà qualche problema in amore, dove preferirà sempre relazioni stabili e poco intense a slanci di passione che, qualche volta, le farebbero solo bene.
CURIOSITÀ - *Il nome ebbe una certa diffusione anche grazie all'omonimo personaggio della monaca di Monza nei* Promessi Sposi *di A. Manzoni.*

GERVASIA / GERVASIO

ONOMASTICO - *L'onomastico, per tradizione, è festeggiato il 19 giugno in ricordo di san Gervasio, martire di Milano nell'anno 62 con il fratello Protaso, assai venerato a Domodossola. In alcune località è commemorato il 17 giugno.*
ORIGINE E SIGNIFICATO - Trae origine dall'antico tedesco *ger* e *was*. Significa "guerriero dalla lancia acuta".
PERSONALITÀ - Gervasia: è molto introversa e fatica a integrarsi nelle grandi compagnie preferendo pochi ma selezionati amici. Sul lavoro è affidabile e pratica, ma non sopporta le posizioni di responsabilità. Gervasio: è intelligente e saggio, ma spesso si lascia andare a comportamenti troppo altezzosi. È portato per lo studio delle lettere e della grammatica e, per questo, sviluppa una parlantina sciolta e convincente. In amore è piuttosto timido, ma saprà conquistare l'anima gemella con la sensibilità e la dolcezza.

GESSICA

ONOMASTICO - *Si festeggia il 1° novembre, giorno di Ognissanti, perché non esiste un santo patrono.*

ORIGINE E SIGNIFICATO - La forma latina *Iescà* è una traduzione, attraverso il greco *Ieschà*, del nome ebraico *Iskah*, derivato forse da *sakah*, "guardare", e che quindi potrebbe significare "Egli guarda", "Dio vede", e in senso traslato, "colei che è guardata da Dio".
PERSONALITÀ - È dotata di un temperamento coraggioso e di una forte ambizione. Serena e creativa, si adatta facilmente a tutte le situazioni. È particolarmente sensibile all'incoraggiamento altrui.

CURIOSITÀ - Molto diffuso nei paesi anglosassoni, Jessica, italianizzato in Gessica, è stato introdotto in Italia di recente, probabilmente grazie alle numerose serie televisive di successo in cui qualche personaggio femminile portava questo nome. Gli inglesi lo avevano adottato dopo l'apparizione de Il mercante di Venezia *opera giovanile di Shakespeare, in cui Jessica è la figlia di un ricco ebreo innamorata del cristiano Lorenzo. Per caratterizzare l'amante di Lorenzo come ebrea, Shakespeare aveva ripreso il nome Jessica dall'Antico Testamento, dove compare una certa Lescà, imparentata con Abramo.*

GIACINTA / GIACINTO

ONOMASTICO - L'onomastico femminile è tradizionalmente festeggiato il 30 gennaio in ricordo di santa Giacinta Marescotti vergine, terziaria francescana, vissuta tra il 1585 ed il 1640, patrona di Viterbo. Per Giacinto, invece, l'onomastico è tradizionalmente festeggiato il 17 agosto in ricordo di san Giacinto Odrowatz, predicatore domenicano; nato nel 1185 fu missionario nell'Europa orientale. In alcune località viene commemorato il 15 e il 16 agosto.
ORIGINE E SIGNIFICATO - Deriva al greco *yachintos* e significa "simile al giacinto, di colore violetto".
PERSONALITÀ - Giacinta: curiosa e intelligente, è una donna che ama interessarsi di tante cose contemporaneamente. Ciò, se da una parte la aiuta, facendole vivere esperienze uniche, dall'altra la danneggia perché non riesce a focalizzare l'attenzione su ciò che veramente le importa. In amore è vitale e affascinante. Sul lavoro non avrà grandi successi, ma riuscirà comunque a togliersi delle soddisfazioni. Giacinto: è molto simile al suo omonimo femminile, ma, diversamente da Giacinta, sul lavoro è deciso a non lasciarsi sfuggire ruoli di importanza e successo. In amore si dimentica con troppa facilità che nulla è scontato.

CURIOSITÀ - Nella mitologia greca, Yàkinthos era un grazioso giovinet-

to, figlio di Amicle, re di Sparta. Il giovane fu ferito mortalmente alla testa da Zefiro e tramutato in fiore da Apollo.

GIACOBBE

📖 ONOMASTICO - *L'onomastico è tradizionalmente festeggiato il 15 luglio in ricordo del santo vescovo di Nisibi in Siria, morto nel 338, uno dei partecipanti al Concilio di Nicea. La Chiesa ricorda inoltre un martire, con san Filippo, il 3 maggio, e il noto patriarca biblico, il 5 febbraio.*

ORIGINE E SIGNIFICATO - Deriva dall'ebraico *Jaakob* e significa "seguace di Dio".

PERSONALITÀ - Forte e deciso, non è mai imbarazzato dalla gente. Si getta a capofitto in imprese che, agli occhi di molti, sono inutili o controproducenti, riuscendo invece a trarne buoni profitti. In amore succede un po' la stessa cosa: coraggiosamente osa e, spesso, viene premiato. Meno fortunato sul lavoro, si trova spesso a ricoprire incarichi inferiori alle sue competenze e alle sue aspettative.

GIACOMO

📖 ONOMASTICO - *L'onomastico si festeggia, per tradizione il 25 luglio in ricordo di san Giacomo apostolo, detto "il Maggiore" che subì il martirio, per decapitazione, nel 44 d.C. Patrono del Guatemala, della Spagna, di cappellai, pellegrini, viaggiatori e delle località di Averara, Pistoia e di Bellino (Cn), viene invocato per guarire dalla foruncolosi.*

ORIGINE E SIGNIFICATO - Il nome Giacomo è l'evoluzione del nome Giacobbe. *Jaaqobh* era il fratello gemello di Esaù e gli imposero questo nome perché alla nascita teneva fra le dita della mano il piede del fratello. Il nome è infatti composto da *aqebh*, che significa "tallone". Il nome ebraico venne tradotto in greco con la forma *iakob*, che divenne il latino *jacob*.

PERSONALITÀ - Giacomo è un uomo attivo e indipendente. Purtroppo, però, è molto dispersivo e non riesce a concentrarsi per raggiungere i suoi obiettivi. Queste esperienze tendono a frustrarlo e conseguentemente a irritarlo profondamente, rischiando di avvelenargli l'esistenza.

GIADA

📖 ONOMASTICO - *Si festeggia il 1° novembre, giorno di Ognissanti, perché non esiste un santo patrono.*

ORIGINE E SIGNIFICATO - Deriva dallo spagnolo *jada*, che significa

"fianco"; la giada, bellissimo minerale di vari colori, era appunto chiamata "pietra del fianco" per le sue supposte virtù protettive delle reni.
PERSONALITÀ - Calma, metodica e ordinata, Giada è il prototipo della casalinga superorganizzata e della segretaria inappuntabile. Discreta, riservata, intransigente più con se stessa che con gli altri, si rivela adatta alle professioni scientifiche, in particolare la matematica e la fisica, e a quelle legali. È ostinata e programmatrice anche in amore.

GIANCARLO

🕮 ONOMASTICO - *Il nome è composto da Gianni, o Giovanni, e Carlo, pertanto, chi porta questo nome potrà essere festeggiato nei giorni a questi ultimi dedicati.*
ORIGINE E SIGNIFICATO - Per l'origine e il significato di Giancarlo si richiamano i nomi di cui è composto.
PERSONALITÀ - Giancarlo è una persona ottimista, dotata di ingegno e saggezza. La calma è una delle sue doti e per questo riesce bene nei lavori di responsabilità e dove è necessaria una buone dose di sangue freddo. In amore cercherà presto il matrimonio e sarà un marito affettuoso, anche se non particolarmente eccitante. Molto attento all'aspetto fisico, andrà incontro facilmente alle crisi "di mezza età".

GIANFRANCO

🕮 ONOMASTICO - *Il nome è composto da Gianni, o Giovanni, e Franco, pertanto, chi porta questo nome potrà essere festeggiato nei giorni a questi ultimi dedicati.*
ORIGINE E SIGNIFICATO - Per l'origine e il significato di Gianfranco si richiamano i nomi di cui è composto.
PERSONALITÀ - Gianfranco ha un carattere duro e introverso. Chi riesce a penetrare la prima scorza, però, scopre una persona molto affidabile negli affetti e onesta e fedele in amore. Sul lavoro preferisce le attività manuali. Non gli piace viaggiare, ma si concede spesso brevi pause rilassanti non lontane da dove vive.

GIANIRA

🕮 ONOMASTICO - *Si festeggia il 1° novembre, giorno di Ognissanti, perché non esiste un santo patrono.*
ORIGINE E SIGNIFICATO - Deriva dalla mitologia greca dove *Gianira* è

una delle ninfe oceanine.

PERSONALITÀ - Sofisticata ed elegante, Gianira attrae l'interesse di chi gli sta attorno per l'aura mistica che la circonda. Non ha nessuna difficoltà con gli uomini, che trovano in lei sensualità e amore. Sul lavoro pretende troppo da chi le sta accanto e per questo non sempre ottiene i risultati cercati.

GIANLUCA

ONOMASTICO - *Il nome è composto da Gianni, o Giovanni, e Luca. Si richiamano pertanto gli onomastici di questi due nomi.*

ORIGINE E SIGNIFICATO - Per l'origine e il significato di Gianluca si richiamano i nomi di cui è composto.

PERSONALITÀ - Simpatico e chiacchierone, Gianluca, soprattutto da giovane, non sta mai fermo. Si diletta nell'organizzare feste, viaggi o semplici serate e quant'altro possa far divertire se stesso e i suoi numerosi amici. È sempre ben voluto e amato dalle donne, che trovano in lui gioia di vivere e spensieratezza.

CURIOSITÀ - *Questo composto è uno dei più antichi del nostro Paese. Compare in Italia fin dal Settecento: si chiamava infatti Gianluca Pallavicini il governatore della Lombardia che comandò la flotta austriaca contro i turchi.*

GIANMARCO

ONOMASTICO - *Il nome si compone dei personali Gianni, o Giovanni, e Marco. Lo si può festeggiare in uno degli onomastici dedicati a questi nomi.*

ORIGINE E SIGNIFICATO - Per l'origine e il significato di Gianmarco si richiamano i nomi di cui è composto.

PERSONALITÀ - La sua forza è la determinazione. Gran calcolatore, si impegna moltissimo in tutto ciò che lo coinvolge, a partire dallo sport fino ad arrivare al lavoro. La tenacia lo porta a ottenere più di quanto effettivamente merita. In amore non desidera una famiglia numerosa, ma si dimostra comunque dolce e amorevole.

GIANMARIA

ONOMASTICO - *Il nome si compone dei personali Gianni, o Giovanni, e Maria. Lo si può festeggiare in uno degli onomastici dedicati a questi nomi.*

ORIGINE E SIGNIFICATO - Per l'origine e il significato di Gianmaria si richiamano i nomi di cui è composto.
PERSONALITÀ - È un uomo delicato e modesto. Sa sempre stare al suo posto e, grazie anche al suo amore per l'eleganza, non sfigura mai anche in ambienti che, per qualche ragione, non gli appartengono. Sul lavoro si cimenta volentieri in ruoli di comando e responsabilità: qui riesce a ottenere dai suoi sottoposti il massimo ottenibile. In amore è un po' mammone.

GIANNA / GIANNI

📖 ONOMASTICO - *Sono nomi derivati da Giovanni come suoi diminutivi. Si possono festeggiare nel giorno di Giovanni.*
ORIGINE E SIGNIFICATO - Nascono come diminutivi di Giovanni e Giovanna, ma ormai sono da considerare nomi propri a tutti gli effetti.
PERSONALITÀ - Gianna: è una ribelle fiera e idealista. Non accetta alcuna imposizione e cerca sempre di lottare prima di abbandonare una sua tesi. Le piace viaggiare, ma non si trova sempre in accordo con le persone che incontra poiché fatica a capire le culture diverse dalla propria. Gianni: è un uomo tranquillo e riflessivo. Non ama gli eccessi e, anzi, adora trascorrere le giornate di festa in completo relax. In amore non sempre è capace di capire e assecondare i bisogni degli altri.
CURIOSITÀ - *Assieme a Giovanni e Giuseppe, è il nome più diffuso in Italia.*

GIGLIOLA

📖 ONOMASTICO - *Si festeggia il 1° novembre, giorno di Ognissanti, perché non esiste un santo patrono.*
ORIGINE E SIGNIFICATO - Diverse le interpretazioni etimologiche. La prima farebbe derivare questo nome dal nome proprio romano *gilio*. Altri, più opportunamente, lo riconducono al *lilius*, il fiore del candore. Veniva originariamente impartito con valenza affettiva, augurale.
PERSONALITÀ - Gigliola è una donna semplice, apparentemente docile, metodica e ordinata. Sotto questa apparenza c'è una persona ben definita, attenta a non lasciarsi sfuggire nessuna occasione a lei apparentemente propizia.
CURIOSITÀ - *Negli anni passati la sua diffusione venne aumentata dal successo della cantante Gigliola Cinquetti.*

GILBERTA / GILBERTO

📖 ONOMASTICO - *L'onomastico è tradizionalmente festeggiato il 4 febbraio in ricordo di san Gilberto di Sempringham, vissuto in Inghilterra tra il 1083 e il 1189. Viene invocato contro l'isterismo.*

ORIGINE E SIGNIFICATO - Deriva dal termine germanico *giselbert* o *giselpert*, nomi composti da *gisil*, che significa "dardo", e da *berth*, ossia "illustre", sicché Gilberto è "colui che è famoso per la bravura nel lanciare le frecce o l'asta".

PERSONALITÀ - Gilberta: in amore è molto schietta: quando sente spegnersi la scintilla rompe senza indugi la relazione. Non è però un infedele, perché fin quando è innamorata dà il meglio di sé con lealtà. Gilberto: è un uomo ingegnoso e creativo, che potrebbe costruire qualsiasi cosa. Forse a causa di questa sua innata manualità è un uomo estremamente pratico e realista.

CURIOSITÀ - *Gilberto ha avuto uno strano destino: nato come nome adatto a un guerriero è diventato celebre soprattutto per i vescovi, i teologi, i santi e gli artisti che l'hanno portato. L'unico generale passato alla storia fu il francese Gilbert La Fayette, maresciallo di Francia nel XIV secolo e uno dei più accaniti sostenitori della guerra contro gli inglesi.*

GILDA

📖 ONOMASTICO - *Santa Gilda si festeggia il 29 gennaio e il 13 febbraio.*

ORIGINE E SIGNIFICATO - Gilda nasce come la versione femminile del molto raro Gildo, ovvero l'abbreviazione di Ermenegildo, traduzione italiana dall'antico tedesco *Erminigild* o *Herminigild*. Questo era un nome composto da *ermin*, che significa "grande", e da *gild*, ossia "aver valore".

PERSONALITÀ - Gilda è alla ricerca del principe azzurro, come soluzione dei suoi desideri. In questo è però molto chiara e sincera e forse la maggior parte del suo fascino deriva dalla sfrontatezza con cui affronta la vita e le sue situazioni. Nel campo lavorativo è in grado di svolgere qualsiasi attività con dedizione e successo.

CURIOSITÀ - *Negli anni '40, l'attrice americana Rita Hayworth, famosa per la sua chioma rossa, fece impazzire l'America impersonando il ruolo di Gilda, nell'omonimo film di C. Vidor, che i soldati americani, tornati dal fronte, andavano a vedere con mogli o fidanzate, le quali spesso tornavano a vederlo una seconda volta per scoprire il segreto del magnetismo della Hayworth. Il successo divenne planetario quando l'equipaggio incaricato del lancio della prima bomba atomica, la battezzò con il titolo del film, incollandovi sopra una fotografia dell'attrice. La Hayworth era riuscita a fare di una donna dalla moralità ambigua e dai sentimenti instabili, una straordinaria presenza sessuale, tempestosa, amorale, vendicativa e bellissima. Ormai mitico il ballo sopra le note di* Amado mio.

GINESTRA

📖 ONOMASTICO - *Si festeggia il 1° novembre, giorno di Ognissanti, perché non esiste un santo patrono.*

ORIGINE E SIGNIFICATO - Deriva dal nome del fiore selvatico giallo e profumato.

PERSONALITÀ - È fortunata nella vita familiare e non ha certo problemi legati alla sfera sentimentale. La bella Ginestra è una donna passionale ed altruista. È attratta dalla moda, dalla bellezza e tende a dilapidare le proprie sostanze in abiti e profumi. Teme la solitudine e per questo cade nella mitizzazione dell'amore come risoluzione di tutti i problemi. La pigrizia è uno dei suoi aspetti negativi.

GINEVRA

📖 ONOMASTICO - *L'onomastico può essere festeggiato il 2 aprile, giorno in cui si commemora la beata Ginevra, o Genoveffa di Brabante.*

ORIGINE E SIGNIFICATO - Deriva dal nome della moglie di re Artù, *Gwenhwyfar,* che significa "spirito bianco". Passando dal gallese al francese diventò *Guenièvre,* che è la forma riconosciuta nella letteratura, fino a diventare in italiano Ginevra.

PERSONALITÀ - Ginevra è una donna luminosa piena di grazia e gentilezza. Aspira a un'esistenza serena e odia gli imprevisti, i contrattempi e tutto ciò che potrebbe turbare il suo perfetto equilibrio. Sul lavoro non accetta ruoli troppo impegnativi e preferisce rimanere in un tranquillo anonimato.

CURIOSITÀ - *Nell'ultimo periodo si è diffusa molto la variante Jennifer, con la sua abbreviazione Jenny. Grazie alla popolarità dei romanzi del ciclo della Tavola Rotonda, il nome si diffuse anche in Italia e soprattutto nel Cinquecento con l'*Orlando Furioso *dell'Ariosto dove appare, sebbene* *un po' trasformata, la storia di Ginevra. Ma già un poemetto del XV secolo, Ginevra degli Almieri, aveva reso il nome molto popolare nel nostro Paese.*

GIOACCHINA / GIOACCHINO

🕮 ONOMASTICO - *L'onomastico di Gioacchina si festeggia il 28 agosto in memoria della beata Gioacchina Vedruna, morta nel 1854. L'onomastico di Gioacchino, invece, è tradizionalmente festeggiato il 16 aprile in ricordo di Gioacchino Piccolomini da Siena, dell'Ordine dei Servi di Maria. San Gioacchino, marito di sant'Anna e padre della Vergine Maria, è patrono dei nonni e viene festeggiato il 26 luglio.*

ORIGINE E SIGNIFICATO - Il nome ha origini ebraiche, da *yohaqim* che significa "Dio rende forti".

PERSONALITÀ - Gioacchina: non si lascia andare e questo, in certi casi, rappresenta un limite, soprattutto in amore. Gioacchino: è un gran lavoratore ed è portato per tutti quei mestieri che richiedono concentrazione e manualità ottima. Sarà un padre affettuoso e moderno.

GIOBBE

🕮 ONOMASTICO - *L'onomastico è festeggiato il 10 maggio in memoria di san Giobbe, il patriarca biblico vissuto nella terra di Us, in Arabia. È il patrono dei tessitori lombardi, degli allevatori di bachi da seta, dei lebbrosi. Viene invocato per guarire dalle ulcere.*

ORIGINE E SIGNIFICATO - Proviene dall'ebraico *Jojòb* e significa "perseguitato", "che sopporta le avversità".

PERSONALITÀ - Come vuole la tradizione legata al suo nome, Giobbe trova forza nella pazienza e nella costanza. Ama molto lo studio delle lettere e raggiunge ottimi risultati nella carriera scolastica. Meno portato per lo sport, sul lavoro sarà invece ricercato: ricoprirà posizioni ben retribuite e remunerative anche dal punto di vista delle soddisfazioni personali.

GIOCONDA

🕮 ONOMASTICO - *L'onomastico è tradizionalmente festeggiato il 25 novembre in ricordo di santa Gioconda vergine vissuta in Emilia fra il IV e il V secolo. Sono inoltre ricordate dalla Chiesa una martire di Tarso, il 10 maggio; un'altra di Roma il 2 giugno e una martire di Nola, il 27 luglio.*

ORIGINE E SIGNIFICATO - Deriva, come nella forma maschile, dal latino e il suo significato è assai evidente.

PERSONALITÀ - Timida e introversa, Gioconda cerca con attenzione le persone cui accompagnarsi. In amore non vive molte esperienze e preferisce le relazioni durature alle avventure brevi e poco impegnative. Sul lavoro è molto attenta e precisa, e per questo è stimata e le vengono proposti incarichi delicati, di fiducia e di responsabilità.

CURIOSITÀ - L'omonima opera di Leonardo ha dato sicuramente un grande impulso alla diffusione di questo nome che, comunque, rimane raro.

GIOELE

ONOMASTICO - L'onomastico è per tradizione festeggiato il 13 luglio in ricordo di san Gioele, uno dei dodici profeti minori.

ORIGINE E SIGNIFICATO - Gioele, o Joel, è un nome di origine ebraica e significa "Dio è il mio signore".

PERSONALITÀ - Gioele è una persona molto coraggiosa, un amico fidato e un amante non sempre fedele. È solitamente una persona positiva e ottimista, piena di voglia di vivere: difficile vederlo fermo. Sul lavoro preferisce rimanere in disparte e non occuparsi di questioni che comportino un eccessivo carico di stress.

CURIOSITÀ - È un nome ormai poco usato, derivante dal culto cristiano per un profeta dell'Antico Testamento (IV-III sec. a.C.) e per un abate vissuto nel XII sec.

GIOIA

ONOMASTICO - Si festeggia il 1° novembre, giorno di Ognissanti, perché non esiste un santo patrono.

ORIGINE E SIGNIFICATO - Deriva dal termine latino *gaudia*, che significa "piena di gioia". Era un nome augurale.

PERSONALITÀ - Gioia è una donna tenera e affettuosa che vive per i sentimenti. In amore tende a mettere il compagno al centro del suo mondo, con il risultato di diventare morbosa nel suo attaccamento. È portata naturalmente a servirsi del ricatto emotivo per ottenere attenzione. Sul lavoro è instancabile e con ciò sopperisce alle sue mancanze intellettive.

GIONA

ONOMASTICO - L'onomastico è tradizionalmente festeggiato l'11 febbraio in ricordo di san Giona monaco, vissuto nel VII secolo.

ORIGINE E SIGNIFICATO - Il nome deriva dall'ebraico *yonah* che significa "colomba". Esiste anche la versione Gionata.

PERSONALITÀ - Forte e autoritario, Giona è ambizioso e tenace. Nella vita, a conti fatti, risulterà un vincente. Orgoglioso e pretenzioso, ama con un'intensità esemplare, ma vuole essere ricambiato in pieno. Amico affidabile e sincero, è sempre circondato da persone che gli vogliono bene sinceramente. Un punto a suo sfavore è l'esibizionismo che spesso lo rende antipatico a chi non lo conosce bene.

CURIOSITÀ - *Fu il nome del figlio del re Saul e migliore amico di David.*

GIONATA

ONOMASTICO - *L'onomastico è lo stesso di Giona.*

ORIGINE E SIGNIFICATO - L'origine e il significato di questo nome sono gli stessi di Giona.

PERSONALITÀ - Simpatico ed estroverso, Gionata adora le feste e le compagnie numerose. Fa della voglia di vivere la sua carta vincente. Amato e rispettato, non avrà problemi con le persone del sesso opposto. Sul lavoro è un po' confusionario e non sempre preciso, ma saprà guadagnare consensi grazie alla sua fantasia e creatività.

GIORDANA / GIORDANO

ONOMASTICO - *L'onomastico di Giordana è tradizionalmente festeggiato il 5 settembre in ricordo del beato Giordano, abate in Puglia nel XII secolo. Per Giordano l'onomastico è tradizionalmente festeggiato il 5 settembre in ricordo del beato Giordano, abate in Puglia nel XII secolo.*

ORIGINE E SIGNIFICATO - Il nome Giordano deriva dall'ebraico *ior*, che significa "fiume", e *Dan*, il nome di una antica città biblica, in sintesi "scorre presso Dan".

PERSONALITÀ - Giordana: estremamente portata per le materie artistiche, è una persona brillante, ma un po' egocentrica. Fatica in amore a trovare l'uomo giusto. Giordano: sul lavoro viene apprezzato per la sua costanza e voglia di riuscire. Decide di sposarsi solo in età matura, quando troverà colei che si dimostrerà capace di capirlo profondamente lasciandogli i suoi spazi vitali.

CURIOSITÀ - *Giordano è il fiume dove furono battezzati Gesù e i primi cristiani, e da allora divenne nome proprio.*

Giorgia / Giorgio

📖 ONOMASTICO - *L'onomastico femminile è per tradizione festeggiato il 15 febbraio in ricordo di santa Giorgia, o Giorgina, vergine di Clermont, in Francia, vissuta nel V secolo. Giorgio festeggia il 23 aprile in memoria di san Giorgio di Lydda, tribuno martirizzato al tempo di Diocleziano. Patrono di san Giorgio di Susa, di Caresana (Vercelli), di Arcinazzo Romano, Ferrara, Campobasso, Genova, Reggio Calabria, dell'Inghilterra, degli armaioli, dei militari, degli schermitori, della Cavalleria e degli scouts.*

ORIGINE E SIGNIFICATO - Deriva dal nome latino *Georgius*, trasformazione del nome greco *Gheorghios.* Questo termine è connesso con *gheorgos*, che significa "agricoltore".

PERSONALITÀ - Giorgia: ama l'ordine, la precisione e la pulizia. È interessata all'aspetto tecnico delle cose e delle questioni. A volte è un po' presuntuosa perché pensa di essere sempre talmente precisa da non poter subire critiche. Possiede fantasia che sfrutta abilmente per rendere più vivace la sua vita. Giorgio: è un uomo affascinante che si butta con grande energia in ogni impresa.

CURIOSITÀ - *Giorgio è un nome che deriva dall'Oriente, sulla scia del culto di san Giorgio: i pellegrini, che fin dal V secolo scendevano in Terrasanta, sbarcavano nel porto di Giaffa e s'incamminavano verso Gerusalemme; dopo qualche miglio s'imbattevano in una basilica costantiniana sorta sulla tomba di Giorgio e dei compagni martirizzati sotto Diocleziano. Grazie a quel viavai di pellegrini san Giorgio, sul quale non si avevano notizie, divenne così popolare che su di lui fiorirono numerose leggende. La più celebre era quella del drago che uccise per salvare una principessa. Il santo, che aveva combattuto il mostro a cavallo, diventò il patrono dei cavalieri, ma anche dei crociati e dell'Inghilterra. Così il suo nome si diffuse in tutta Europa dove è uno dei più frequenti e dove è patrono di molte città e paesi.*

Giorgina

📖 ONOMASTICO - *L'onomastico è per tradizione festeggiato il 15 febbraio in ricordo di santa Giorgia, o Giorgina, vergine di Clermont, in Francia, vissuta nel V secolo.*

ORIGINE E SIGNIFICATO - È il diminutivo femminile di Giorgio, pertanto si richiama quest'ultimo per il significato e l'origine di questo nome.

PERSONALITÀ - Timida e introversa, è molto raffinata ed elegante. Pur essendo desiderata dagli uomini per la sua avvenenza, preferisce non lasciarsi andare troppo e cerca con determinazione il matrimonio già in giovane età. È portata per le lettere e l'insegnamento, ma difficilmente questo la induce a scegliere un lavoro legato alla scuola per via delle sue difficoltà a relazionarsi con il pubblico.

CURIOSITÀ - *Il femminile di Giorgio, Giorgia, non ha avuto la sua stessa fortuna. Non sono molte le donne che lo hanno adottato: in genere hanno preferito trasformarlo in questo alterato Giorgina, di cui in Italia se ne contano ben 15.000.*

GIOSUÈ

ONOMASTICO - *L'onomastico è tradizionalmente festeggiato il 1° settembre in memoria di san Giosuè, patriarca della Palestina, uno dei più insigni personaggi della storia d'Israele.*

ORIGINE E SIGNIFICATO - Deriva dall'ebraico *yehoshua* e significa "Dio è salvezza".

PERSONALITÀ - Raffinato e colto, Giosuè si diletta volentieri nello studio delle lingue e delle lettere. È anche portato per l'insegnamento, anche se trova qualche difficoltà a relazionarsi con i bambini. Sul lavoro è preciso e meticoloso. In amore non sarà propriamente un *latin lover*, ma, di fronte alla donna giusta, si dimostra piacevole ed estroverso.

CURIOSITÀ - *Giosuè, nel Vecchio Testamento, è il condottiero che prende il posto di Mosè nella guida del popolo di Israele e che ferma il sole per rendere definitiva la vittoria sul nemico.*

GIOVANNA / GIOVANNI

ONOMASTICO - *L'onomastico femminile è tradizionalmente festeggiato il 30 maggio in ricordo della santa martire Giovanna D'Arco detta "la pulzella di Orleans", condannata al rogo il 31 maggio del 1431. È patrona della Radiotelevisione della Francia. L'onomastico di Giovanni è il 24 giugno, giorno in cui la Chiesa cattolica commemora la nascita di san Giovanni detto "il Battista". La sua morte è invece ricordata il 29 agosto, ed è patrono dei ragionieri e di Ragusa in questa data. Patrono di*

Firenze, Genova, Imperia, Torino, di maniscalchi, albergatori, musicisti, coltellinai, sarti e spazzacamini. Viene invocato per far cessare la grandine, per guarire l'epilessia, contro le convulsioni e gli spasmi.

ORIGINE E SIGNIFICATO - Deriva dal termine ebraico *Johanan*, composto da *Jo*, una forma ridotta dell'impronunciabile nome della divinità, e da *hanan*, che significa "ebbe misericordia". Il significato complessivo è "il Signore ebbe misericordia". Il nome ebraico venne poi tradotto nel greco *Ioànnes* e nel latino *Iohannes*, da cui derivò il nostro Giovanni.

PERSONALITÀ - Giovanna: non è una persona socievole. Essendo molto orgogliosa, vive ritirata, guardando e giudicando un po' troppo il prossimo. Dovrebbe imparare a badare di più ai suoi interessi, perché può facilmente cadere vittima di truffatori. Giovanni: è invece un uomo socievole e disinvolto, che ama le comodità e la buona compagnia. È un padre sincero, affettuoso, ma un po' troppo apprensivo. Forse è un po' troppo suscettibile, ma le sue collere, così come vengono, passano velocemente.

CURIOSITÀ - *È un nome talmente popolare che lo portarono papi, re, eroi, condottieri, scrittori, musicisti, pittori, attori. Fra gli scrittori basterebbe ricordare Boccaccio, Verga e Pascoli; fra i musicisti Bach, Brahms, Pergolesi, Paisiello, Sibelius. Il più celebre protagonista letterario fu Don Juan Tenorio, il personaggio spagnolo, tradotto in italiano in don Giovanni Tenorio, che è tuttora il modello dei seduttori; in Spagna il nome si è diffuso ulteriormente a partire dal Seicento grazie a uno dei più grandi mistici della Chiesa, San Juan de la Cruz, la cui festa si celebra il 3 ottobre. Il nome ha avuto un ulteriore rilancio "laico" nel dopoguerra grazie alla popolarità di Giovanni Agnelli, il presidente della Fiat e senatore a vita da poco scomparso, la cui cortesia divenne proverbiale. Per i cattolici, invece, la figura di papa Giovanni XXIII è stata determinante per l'ulteriore popolarità del nome.*

GIROLAMO

ONOMASTICO - *L'onomastico è tradizionalmente festeggiato l'8 febbraio in ricordo di san Girolamo Emiliani della Congregazione Somasca, che in alcune località viene venerato il 20 luglio. Patrono degli orfani.*

ORIGINE E SIGNIFICATO - Deriva dal greco *ieronymos* e significa "nome sacro".

PERSONALITÀ - Pacato e tranquillo, è la classica persona capace di sopportare qualsiasi torto o ingiustizia. È dotato di un grande carisma e per questo è anche piuttosto comunicativo. Amico esemplare, lo è meno per quanto riguarda la sfera affettiva dove fatica un po' a trovare la donna in grado di sopportarlo.

CURIOSITÀ - *San Gerolamo tradusse in latino la Bibbia e per questo viene considerato il protettore dei traduttori e dei librai.*

GISELLA

ONOMASTICO - *L'onomastico ricorre il 19 maggio in memoria della beata Gisella, moglie di santo Stefano I re d'Ungheria, morta nel 1095. In alcuni luoghi viene onorata il 7 maggio.*

ORIGINE E SIGNIFICATO - Diverse sono le interpretazioni etimologiche. Secondo alcuni deriverebbe dal termine germanico *gisal*, che significa "ostaggio". Secondo altri, invece deriverebbe da *gisl*, ossia "verga", "bacchetta". Un'altra spiegazione vuole un'origine germanica come molti nomi portati dalle invasioni barbariche: sarebbe quindi formato da *gisil*, diminutivo di *gaiw* o *gaira*, che significa "lancia" o "freccia". Originariamente può essere sorto sia come nome autonomo sia come diminutivo di altri nomi composti con *gisil*, come ad esempio Adalgisa e Gismonda, che significano rispettivamente "nobile freccia" e "colei che protegge con la lancia".

PERSONALITÀ - Gisella è una donna dotata di una grande creatività artistica. Purtroppo è contemporaneamente insicura ed è continuamente alla ricerca di gratificazioni e conferme che non le bastano mai.

CURIOSITÀ - *Gisella ha avuto una buona diffusione anche grazie al celebre balletto* Giselle*: rappresentato per la prima volta nel 1841, ha ispirato molti genitori.*

GIUDITTA

ONOMASTICO - *L'onomastico è tradizionalmente festeggiato il 16 giugno in ricordo di santa Giuditta, o Giulitta, martire col figlio Quirico a Tarso in Cilicia, durante la persecuzione di Diocleziano e le cui reliquie sono conservate a Roma. È Patrona di Lonigo. Dalla Chiesa è ricordata anche una santa Giuditta vergine di Prussia, morta il 5 maggio del 1260.*

ORIGINE E SIGNIFICATO - Giuditta, in ebraico *yehudith*, "ebrea", è la

giovane regina di Betulia che liberò la propria città assediata dagli Assiri seducendo il loro generale Oloferne e poi decapitandolo nel sonno.
PERSONALITÀ - Temperamento volitivo, coraggioso e deciso, è una donna indipendente. In amore dimostra una certa insofferenza ai legami e, pertanto rimarrà single a lungo. È dotata di un eccezionale sangue freddo: sa quello che vuole e sempre lo ottiene. Orgoglio e sete di potere la conducono a un facile successo sul lavoro. Eccezionale ma tirannica anche in amore, pretende di essere ricambiata con una dedizione assoluta.

GIULIA / GIULIO

📖 ONOMASTICO - *L'onomastico femminile è tradizionalmente festeggiato il 21 maggio in ricordo di santa Giulia vergine e martire in Corsica nell'anno 450 per essersi rifiutata di partecipare a un rito pagano. Patrona di Livorno e della Corsica, si invoca contro i mali delle estremità. In alcuni luoghi è commemorata il 22 maggio. L'onomastico maschile si festeggia il 12 aprile in ricordo di san Giulio I, papa dal 336 al 352.*
ORIGINE E SIGNIFICATO - Questo nome è la contrazione di Giuliano; ha quindi la medesima etimologia.
PERSONALITÀ - Giulia: è una donna generosa, materna e disponibile. Il suo gran difetto è però la gelosia che, se non controllata, rischia di procurarle inutile dolore e sofferenza. Giulio: è un uomo scaltro e intelligente. Profondo conoscitore dell'animo umano, si diverte a commentare gli avvenimenti e la vita che coinvolgono i suoi conoscenti. È un po' freddo per quanto riguarda i sentimenti.

GIULIANA / GIULIANO

📖 ONOMASTICO - *L'onomastico di Giuliana è tradizionalmente festeggiato il 7 febbraio in ricordo di santa Giuliana vedova, di Bologna. Si invoca contro il paratifo e altre malattie contagiose. L'onomastico di Giuliano ricorre invece il 9 gennaio in memoria di san Giuliano detto "Ospedaliere", martire in Antiochia, sotto Diocleziano. Patrono di Macerata, dei viaggiatori, dei pellegrini, dei pescivendoli, degli osti e degli albergatori, è particolarmente venerato in Belgio, Spagna e Sicilia, e viene, in alcuni luoghi commemorato il 31 agosto e in altri il 29 gennaio.*
ORIGINE E SIGNIFICATO - Giuliano deriva dal *cognomen* di una famiglia romana, la *gens Julia.* Questi sostenevano che la loro stirpe discendesse direttamente da Enea, passando da suo figlio Iulo. In realtà questo nome

è un derivato di *jovilos*, che significa "dedicato a Giove". Un'altra ipotesi lo vuole derivare dal greco *iulis*, che significa "calore ardente".

PERSONALITÀ - Giuliana: è una donna volitiva e coraggiosa, dotata di grande determinazione. In amore chiede una dedizione totale, che rischia di portare all'esaurimento il proprio compagno che deve sostenere troppe responsabilità. Giuliano: è un uomo profondamente onesto, corretto e di cuore. Purtroppo non possiede il senso dell'umorismo e non capisce né gli scherzi né le ironiche battute e si ritrae spesso offeso e avvilito. È però in grado di riconoscere e imparare dai propri errori.

CURIOSITÀ - *Una leggenda romana antica narra che alla morte di Enea il figlio Iulus, chiamato da alcuni storici anche Ascanio, fondò sul monte Albano la città di Albalonga che predominò nel Lazio sino alla fondazione di Roma. Roma sarebbe stata quindi fondata proprio da Romolo e Remo, nipoti di un re di Albalonga, dunque di un discendente di Iulus. A questo mitico Iulus si ricollegava la gens Iulia di cui facevano parte Giulio Cesare e Augusto.*

GIUNIA

ONOMASTICO - *Santa Giunia viene festeggiata il 13 agosto.*

ORIGINE E SIGNIFICATO - Deriva dall'antico gentilizio latino *Iunius* collegato a *Iuno* cioè Giunone col significato di "sacro", "dedicato alla dea", oppure relazionato al mese della nascita, in questo caso giugno.

PERSONALITÀ - Non troppo fortunata nell'aspetto, Giunia riesce a "farsi bella" con le parole. Non è solo una inguaribile romantica, ma anche una donna capace di sedurre e conquistare un uomo con l'intelligenza e l'umorismo. Sul lavoro incontra qualche difficoltà perché si perde facilmente in inutili discorsi dimenticandosi troppo spesso di badare al sodo.

GIUSEPPE / GIUSEPPINA

ONOMASTICO - *L'onomastico è tradizionalmente festeggiato il 19 marzo in ricordo di san Giuseppe, sposo di Maria Vergine e padre di Gesù. Patrono del Canada, del Perù, di falegnami, carpentieri, ebanisti, moribondi e dei papà, viene invocato per ottenere un buon matrimonio. Con questo nome la Chiesa ricorda altri martiri e santi tra cui: il frate cappuccino da Leonessa, morto ad Amatrice in Abruzzo nel 1612, il 4 febbraio; un santo di Antiochia, il 15 febbraio; il santo Giuseppe della Croce, il 5 marzo; il santo Giuseppe d'Arimatea morto in Gerusalemme, patrono di necrofori e becchini, il 17 marzo; il santo Giuseppe Oriol in Barcellona, il 23 marzo;*

il santo Giuseppe Benedetto di Amette (Boulogne), vissuto tra il 1748 ed il 1783, il 16 aprile; un martire in Persia, il 22 aprile; il santo Giuseppe Benedetto Cottolengo, fondatore della "Piccola Casa della Divina Provvidenza" in Torino, patrono di Bra, il 30 aprile; san Giuseppe Artigianato, patrono dei lavoratori, il 1° maggio; il santo Giuseppe Cafasso, sacerdote a Torino, il 23 e anche il 26 giugno; il beato Barsaba detto "Giusto", invocato contro il pericolo di rimanere avvelenati il 20 luglio; il beato Conte di Scitopoli, il 22 luglio; il beato Calasanzio, celeste patrono delle scuole popolari cristiane, il 25 e il 27 agosto e il francescano da Copertino, protettore dei candidati agli esami, vissuto tra il 1603 e il 1663, il 18 settembre, patrono di astronauti, aviatori, deltaplanisti e scolari.

ORIGINE E SIGNIFICATO - Deriva dal nome ebraico *Joseph* che sembra, a sua volta, derivare da *josephiah*, termine composto dalla radice *iasaph* che significa "aggiungere", nel senso di "il Signore aggiunga (un altro figlio)".

PERSONALITÀ - Giuseppe: in amore cerca il matrimonio come coronamento d'amore. È amato e rispettato da tutti. Non si tira mai indietro se può essere di aiuto per qualcuno. Sul lavoro un po' di aggressività in più non guasterebbe. Giuseppina: è una donna che crede nel destino ed è profondamente fatalista. Questo suo lato le fa mantenere, anche quando raggiunge mete importanti, una vita semplice e umile.

CURIOSITÀ - *Il nome maschile più diffuso in Italia è Giuseppe; e anche se oggi i genitori più giovani lo trascurano perché non lo considerano elegante, vi sono quasi due milioni di uomini che lo portano. La sua straordinaria diffusione è dovuta prima di tutto al culto del padre putativo di Gesù. Secondo la Bibbia il nome fu inventato da Rachele, la moglie di Giacobbe, che nonostante fosse sterile riuscì, grazie all'intervento divino, ad avere un figlio. Augurandosi di averne un secondo, esclamò: "Dio me ne aggiunga un altro", Iehowa yasàf da cui è poi derivato, come si diceva, Jehoséf e poi Jòsef. È un nome portato da un'infinità di personaggi celebri, fra cui due padri del Risorgimento, sicché nell'Ottocento la sua diffusione si deve anche al culto patriottico e laico per Giuseppe Garibaldi e Giuseppe Mazzini. Contribuì infine alla sua diffusione anche l'enorme popolarità del nostro maggior compositore e musicista dell'Ottocento, Giuseppe Verdi.*

GIUSTINA / GIUSTO

ONOMASTICO - *L'onomastico di Giustina è, per tradizione, festeggia-*

to l'8 ottobre in ricordo di santa Giustina da Padova, martire nel 304; patrona, con san Marco di Venezia, che in alcune località è venerata il giorno 7 ottobre. Viene invocata contro i "vermi" dei bambini. Per Giusto la festa cade il 3 novembre in ricordo di San Giusto, martire a Trieste nel 279 e patrono della città.

ORIGINE E SIGNIFICATO - Il nome deriva dall'aggettivo latino *iustus* e significa "onesto".

PERSONALITÀ - Giustina: è timida e introversa. Nonostante ciò, riesce a piacere grazie alle sue doti intellettive. In amore non cerca il matrimonio ma una serena e complice convivenza. Sul lavoro preferisce il classico posto fisso e sicuro piuttosto che rischiare l'avventura. Giusto: è un uomo tutto d'un pezzo. Autoritario quanto basta in famiglia, sul lavoro è troppo duro con i colleghi. Ama la poesia, ma anche le materie scientifiche come la biologia e la fisica. Cerca di sposarsi presto proprio per ottenere dalla famiglia la sicurezza e l'amore di cui necessita. Non riesce invece a realizzarsi a dovere in campo professionale.

GLAUCO

📖 ONOMASTICO - *L'onomastico può essere festeggiato il 1° novembre, giorno in cui si commemorano tutti i santi non compresi nel calendario.*

ORIGINE E SIGNIFICATO - Dal greco *glaucos* che significa "verde azzurro", è il nome di un pescatore che, secondo una leggenda, cibatosi di un'erba incantata, cadde in acqua e si trasformò in divinità protettrice dei naufraghi e dei marinai.

PERSONALITÀ - Personalità curiosa e mutevole, Glauco è amante del rischio e dell'avventura. Ama viaggiare e conoscere nuove persone. È dotato di grande coraggio, ma con una vena di infantile incoscienza. Una nota negativa: la passione eccessiva per il gioco. Anche in amore tende a vedere tutto come una giocosa avventura e ciò non lo aiuta a trovare una donna che lo voglia amare per tutta la vita.

GLORIA

📖 ONOMASTICO - *Si festeggia il 1° novembre, giorno di Ognissanti, perché non esiste un santo patrono.*

ORIGINE E SIGNIFICATO - Deriva dal nome comune latino Gloria, inteso in tutte le sue accezioni.

PERSONALITÀ - Gloria è, solitamente, una donna divisa da forti contraddizioni ideologiche. Ha un temperamento pratico e razionale che le permette di affrontare la quotidianità con la giusta lucidità per poter superare le difficoltà della vita.

CURIOSITÀ - *Fino all'inizio del Novecento, Gloria non era un nome molto diffuso nel nostro Paese. Poi, negli anni Venti, apparve sugli schermi l'attrice americana Gloria Swanson che ottenne un grande successo internazionale interpretando film brillanti con i maggiori registi dell'epoca, come Griffith e Cecil De Mille. Molti genitori italiani decisero allora di chiamare le loro figlie Gloria.*

GODIVA

ONOMASTICO - *Si festeggia il 1° novembre, giorno di Ognissanti, perché non esiste un santo patrono.*
ORIGINE E SIGNIFICATO - "Dono di Dio" è il suo significato. L'etimo non è conosciuto con sicurezza.
PERSONALITÀ - Come vuole la leggenda, Godiva è dotata di una bellezza straordinaria, anche se fuori dai canoni moderni. Non avrà problemi con gli uomini e, anzi, si concede molte avventure prima di trovare quello giusto. Sul lavoro è molto incostante e poco precisa: per questo, se non troverà la giusta concentrazione e il giusto interesse, difficilmente raccoglierà grandi successi nella sua carriera.

CURIOSITÀ - *È la leggendaria moglie di Leofric che, per liberare la città di Coventry, accettò di girare nuda sul suo cavallo per le strade. Gli abitanti si chiusero in casa, ma uno di essi che osò spiarne la bellezza, ne rimase accecato.*

GOFFREDO

ONOMASTICO - *L'onomastico è tradizionalmente festeggiato l'8 novembre, in ricordo di san Goffredo vescovo di Amiens, morto nel 1115, patrono di Saluzzo (Cn).*
ORIGINE E SIGNIFICATO - Goffredo è un nome di derivazione germanica, composto originariamente da *gudha*, "Dio", e *frithu*, "sicurezza", "amicizia", "pace": sicché significa "in pace con Dio" o "amico di Dio". Fin dal secolo VII, si trova nell'Italia longobarda da cui si è sviluppato l'attuale Goffredo, che è diffuso soprattutto in Toscana.
PERSONALITÀ - Carattere freddo e poco comunicativo, Goffredo è

scettico verso tutto ciò che non sia materialmente apprezzabile. È introverso al punto da vivere tutta la vita nella dimensione più intima del suo io. Per via di un complesso di superiorità di cui soffre, cerca una ragione in tutte le cose che incontra e non accetta i consigli che gli vengono dati. Solo una donna, molto sensibile e in grado di capirlo, può riuscire a smuoverlo dalle sue convinzioni errate e a fargli vivere una vita più equilibrata e serena.

CURIOSITÀ - *Grazie alla* Gerusalemme Liberata *di Torquato Tasso il nome di Goffredo, già diffuso nel Medioevo, ebbe un ulteriore sviluppo verso la fine del XVI secolo. Il famoso poema cantava infatti le gesta di Goffredo di Buglione, duca di Lorena, che nel 1099 conquistò Gerusalemme cacciando l'esercito musulmano. Tra gli italiani che hanno portato questo nome il più celebre è l'autore dell'inno nazionale, Goffredo Mameli.*

GRAZIA

ONOMASTICO - *L'onomastico può essere festeggiato il 16 aprile in ricordo di santa Grazia, oppure il 2 luglio ricorrenza della Madonna delle Grazie.*

ORIGINE E SIGNIFICATO - Deriva dall'aggettivo latino *gratus*, che significa "ben accetto". In seguito nacque il *cognomen Gratus*. È durante il Cristianesimo che il concetto di *gratia* cominciò a cambiare, assumendo il significato tuttora attuale di "dono divino".

PERSONALITÀ - Grazia è una donna gentile e delicata. Solitamente possiede una voce sottile e leggermente acuta. Appare sempre immersa in profondi pensieri, ma spesso è proprio l'opposto perché, a volte, si rivela una persona sbadata e distratta.

CURIOSITÀ - *Grazia, con l'alterato Graziella, uno dei nomi più diffusi in Italia, ha assunto un significato laico. I genitori lo danno alle figlie per augurare loro di essere graziose e leggiadre. Nel nostro secolo il personaggio più celebre che ha portato questo nome è la scrittrice nonché premio Nobel Grazia Deledda.*

GRAZIANO

ONOMASTICO - *L'onomastico è tradizionalmente festeggiato il 1° giugno, in ricordo di san Graziano martire con san Felino a Perugia.*

ORIGINE E SIGNIFICATO - L'origine e il significato di questo nome sono gli stessi di Grazia.

PERSONALITÀ - Graziano è pedante e volitivo. Molto pignolo negli studi, si rivela adatto all'insegnamento. È di carattere timido e isolato e per questo si dimostra assai suscettibile. In amore è sincero e affettuoso. In famiglia è un padre tenero e amorevole.

GRAZIELLA

📖 ONOMASTICO - *L'onomastico può essere festeggiato il 16 aprile in ricordo di santa Grazia, oppure il 2 luglio, ricorrenza della Madonna delle Grazie.*

ORIGINE E SIGNIFICATO - L'origine e il significato di questo nome sono gli stessi di Grazia.

PERSONALITÀ - Allegra, espansiva e disordinata, Graziella sarà sempre una donna molto giovanile. Ama i viaggi, possibilmente non organizzati, e i bambini. È dotata di una buona capacità oratoria ed è portata per la letteratura: col giusto impegno potrà lei stessa scrivere con risultati molto interessanti.

GREGORIO

📖 ONOMASTICO - *L'onomastico è tradizionalmente festeggiato il 3 settembre in memoria di san Gregorio Magno, papa, morto nel 604, che in alcune località viene venerato il giorno 12 marzo. Patrono di musicisti, cantori e fabbricanti di bottoni, viene invocato contro la gotta, l'artrite e i reumatismi.*

ORIGINE E SIGNIFICATO - Affonda le radici nel greco *grègoréin* e cioè "svegliare, destare", sottinteso, in senso cristiano, alla fede.

PERSONALITÀ - La caparbietà e la decisione nelle scelte caratterizzano il carattere di Gregorio che, comunque, rimane una persona tranquilla e abitudinaria. Tendenzialmente è un fatalista e, anche dopo aver raggiunto risultati ottimi ed elevati, rimane di animo semplice. In amore è possessivo e sceglie come compagna una donna tranquilla e rassicurante su cui riversare tutta la tenerezza di cui è capace.

CURIOSITÀ - *A sostenere e a diffondere il nome sono state alcune figure di santi di un certo rilievo; fra tutti, san Gregorio Magno, creatore del canto gregoriano e patrono dei musicisti, è già festeggiato nell'onomastico il 12 marzo. Volgendo uno sguardo al profano, si ricorda l'indimenticabile attore Gregory Peck.*

GRETA

📖 ONOMASTICO - *L'onomastico può essere festeggiato il 10 giugno in ricordo di santa Margherita di Scozia, patrona dei filandieri.*

ORIGINE E SIGNIFICATO - Si tratta del diminutivo del nome tedesco o svedese *Margarethe*, la cui origine è greca e significa "perla".

PERSONALITÀ - Greta è una vera mangiauomini. Dotata di fascino e bellezza, non si fa alcuno scrupolo in amore ed è disposta a vivere molte avventure prima di conoscere l'uomo ideale. Sul lavoro non è molto affidabile, ma è caparbia e infaticabile. Si sposerà tardi, ma dimostrerà di essere una madre sempre all'altezza della situazione.

CURIOSITÀ - *Alla diffusione in Italia di questo nome contribuì in modo decisivo il fascino dell'attrice cinematografica svedese Greta Garbo.*

GRISELDA

📖 ONOMASTICO - *Si festeggia il 1° novembre, giorno di Ognissanti, perché non esiste un santo patrono.*

ORIGINE E SIGNIFICATO - Deriva dall'antico tedesco *Grisheld*, tratto da *Greis* e *Held*, col significato di "vecchia eroina".

PERSONALITÀ - Generosa ed estroversa, Griselda è dotata di una personalità adattabile ed eterogenea. Fondamentalmente è una persona d'animo buono, affidabile con gli amici e sincera negli affetti. Adora viaggiare per raggiungere i paesi esotici, che adora. È decisamente fortunata nel gioco. In amore è molto espansiva e affettuosa e quando ama lo fa per tutta la vita.

GUALTIERO

📖 ONOMASTICO - *L'onomastico è per tradizione festeggiato il 5 giugno in ricordo di san Gualtiero prete, martire in Frisia.*

ORIGINE E SIGNIFICATO - Deriva dal nome germanico *Walthari*, composto da *walda*, "comandare", "essere potente", e da *harja*, "popolo armato", "esercito", e quindi con il significato di "comandante dell'esercito".

PERSONALITÀ - Per quanto deciso e volitivo, Gualtiero è una persona tranquilla e posata. Affettuoso, ma di poche parole, è intelligente e si interessa di tutto. Ama i viaggi e la compagnia degli amici per i quali rappresenta un vero e proprio faro nella notte. È idealista al punto da sembrare sempre un po' fuori dal mondo reale.

CURIOSITÀ - *La forma italiana Gualtiero ha avuto meno successo della sua traduzione sassone Walter, che oggi è piuttosto diffusa.*

GUENDALINA

ONOMASTICO - *L'onomastico si festeggia il 14 ottobre in memoria di santa Guendalina, vissuta nel VI secolo.*

ORIGINE E SIGNIFICATO - Guendalina, la "donna dalle bianche ciglia" o, più semplicemente, dal gallese *Gwendolen*, "la bianca", "la luminosa" era, nelle leggende del ciclo bretone, la moglie di mago Merlino. Qualcuno però, con una ipotesi meno suggestiva, la vuole derivata da "vandalo" o come nome nobiliare tedesco o inglese, da *wenden* che significa "piegare".

PERSONALITÀ - Dotata di una personalità saggia, meditativa e prudente, Guendalina non ama intrecciare troppe relazioni umane, ma piuttosto punta sulla lealtà e su pochi ma sinceri affetti. È particolarmente portata per professioni artistiche e, a volte, si lascia condizionare da una certa ambizione che non sempre la porta dove vorrebbe. Ha una forte attrazione per l'occulto e per l'astrologia.

GUGLIELMA / GUGLIELMO

ONOMASTICO - *L'onomastico è tradizionalmente festeggiato il 10 febbraio in memoria di san Guglielmo morto nel 1157, che fu eremita a Malavalle nei pressi di Siena. Patrono degli armaioli e dei carcerati. In alcuni luoghi è commemorato il 5 luglio.*

ORIGINE E SIGNIFICATO - Deriva dal termine germanico Willihelm, composto da *willja*, che significa "volontà", e da *helm* ossia "elmo". Il significato completo è quindi "elmo della volontà". Altri pensano, invece, che si tratti di due nomi personali casualmente giustapposti.

PERSONALITÀ - Guglielma: è forte e testarda, sempre intenzionata a raggiungere gli obiettivi che si pone. In amore rischia di perdere troppo tempo in avventure che, sbagliando, considera "vitali". Guglielmo: è un uomo freddo e poco comunicativo che non accetta i consigli altrui, perché pensa di non avere bisogno di nessuno. Solo una donna paziente, armata di tanto amore potrà stargli accanto e aiutarlo.

CURIOSITÀ - *Guglielmo con il femminile Guglielmina ha ispirato tanti diminutivi: Mina, ad esempio, è il diminutivo del femminile Guglielmina e così pure l'inglese Minnie, la compagna di Topolino. Anche Memmo, diffuso soprattutto nel Lazio, deriva da Guglielmo; oppure Billi, che nonostante sia il diminutivo della forma inglese William, è stato adottato anche in Italia. È un nome che ha avuto una grande fortuna soprattutto nei paesi di lingua tedesca e inglese. Si pensi ad esempio a William Shakespeare. Molti sovrani e principi hanno portato questo nome, ma il personaggio più popolare è senza dubbio Guglielmo Tell, su cui Rossini scrisse l'omonima opera lirica; fra i contemporanei, Guglielmo Marconi.*

GUIA

📖 *ONOMASTICO - L'onomastico di Guia è lo stesso di Guido.*

ORIGINE E SIGNIFICATO - Guia è la versione femminile di Guido, pertanto si richiama quest'ultimo nome per il suo significato e la sua origine.

PERSONALITÀ - Persona saggia e meditativa, Guia è anche prudente e attenta a come destreggiarsi nella vita. Non allaccia troppe relazioni preferendo coltivare a fondo quelle poche che ritiene meritevoli. Particolarmente dotata per le professioni artistiche, talvolta si lascia sopraffare da un'eccessiva ambizione che deve tenere a freno se non vuole rovinare tutto.

GUIDO

📖 *ONOMASTICO - L'onomastico tradizionalmente è festeggiato il 7 settembre in ricordo di san Guido, figlio del conte Farolfo, monaco camaldolese, discepolo di san Romualdo, invocato contro le epidemie contagiose e il morbillo.*

ORIGINE E SIGNIFICATO - Deriva dal nome germanico *wido*, una variante del nome *wito*. Il significato è incerto, perché *wito* può esser legato sia a *widus*, nel senso di "foresta" oppure a *wit*, nel senso di "lontano". In ogni caso l'origine è longobarda e comparve in Italia portata da questa etnia.

PERSONALITÀ - Guido è un uomo facilmente adattabile e molto affettuoso. È contemporaneamente deciso, volitivo e di poche parole, perché preferisce agire. Sviluppa facilmente interesse per la meccanica e l'ingegneria.

CURIOSITÀ - Uno dei più bei sonetti di Dante è dedicato al celebre poeta

Guido Cavalcanti. E Guido era anche il nome di un altro poeta del Dolce Stil Novo, Guido Guinizelli. Un nome dunque che si addice ai poeti ma anche ai musicisti: infatti si chiamava Guido l'inventore del rigo musicale di quattro linee e dei nomi delle note musicali: il beato Guido d'Arezzo, un monaco che visse fra il 990 e il 1050. I nomi delle note, che egli ricavò prendendo la prima sillaba di ogni emistichio di un inno gregoriano dedicato a san Giovanni, sono quelli che usiamo ancora adesso. Guido è un nome molto diffuso nel nostro Paese, soprattutto in Toscana.

GUSTAVO

🕮 ONOMASTICO - *L'onomastico è per tradizione festeggiato il 27 novembre, in ricordo di san Gustavo o Gustano, monaco benedettino nella Vandea morto verso l'anno 1009, assai popolare in Germania. Con questo nome sono anche ricordati dalla Chiesa un beato monaco, il 7 maggio e un santo abate, il 2 agosto.*

ORIGINE E SIGNIFICATO - Deriva dallo scandinavo *got*, che indica la popolazione dei Goti, e *stab*, *staf*, che significa "scettro", col significato completo di "re dei Goti".

PERSONALITÀ - Dolce, emotivo e facilmente influenzabile, Gustavo tende a lasciarsi dominare da chi appare più forte. Spesso non reagisce per paura di varcare la linea della maleducazione che tanto deplora. È portato per la medicina, ma anche come insegnante saprà farsi valere. Se ferito nell'amor proprio, si trasforma diventando un irascibile e temibile nemico.

CURIOSITÀ - *Fin dal Cinquecento è il nome comune dei regnanti svedesi.*

H

Haidar

📖 ONOMASTICO - *Si festeggia il 1° novembre, giorno di Ognissanti, perché non esiste un santo patrono.*

ORIGINE E SIGNIFICATO - Deriva dal termine *hindi,* che significa "leone".

PERSONALITÀ - Versatile e curioso, adora lo sport e lo pratica appena gli è possibile. Sul lavoro si giova della sua grande capacità di comunicare e della sua brillante intelligenza. Non è però troppo affidabile e, spesso, si comporta in modo poco ortodosso.

Halia

📖 ONOMASTICO - *Si festeggia il 1° novembre, giorno di Ognissanti, perché non esiste un santo patrono.*

ORIGINE E SIGNIFICATO - Si tratta del nome mitologico della sposa di Nettuno.

PERSONALITÀ - Pratica e concreta, riesce bene sul lavoro dove è autoritaria e ambiziosa al punto giusto per battere la concorrenza. È lucida nelle sue scelte, ma anche troppo calcolatrice: cercherà di formare una famiglia più per convenienza che per vero amore nei confronti del partner.

Hannah

📖 ONOMASTICO - *È la traduzione del nome italiano Anna. Ci si può riferire a quest'ultimo per l'onomastico.*

ORIGINE E SIGNIFICATO - L'origine e il significato sono gli stessi di Anna.

PERSONALITÀ - È una persona tenera, ma al contempo capace di aggredire pesantemente chi la minaccia. In amore sarà ricercata e amata profondamente, ma rovinerà molti rapporti con scenate degne di una rappresentazione teatrale. Allo stesso modo, dovrà prestare molta attenzione sul lavoro dove non può sempre reagire con violenza.

HARRY

🕮 ONOMASTICO - *Nei calendari anglosassoni è celebrato il 30 luglio. Lo si può festeggiare nello stesso giorno di Enrico.*

ORIGINE E SIGNIFICATO - Il nome Harry ha la stessa radice e lo stesso significato di Henry che a sua volta è la traduzione di Enrico. Si richiama a quest'ultimo nome per il suo significato e la sua origine.

PERSONALITÀ - Harry è dotato di un carattere adattabile e disponibile. Sa essere molto comunicativo e questo gli gioverà parecchio sul lavoro. In amore è delicato e fortemente consapevole dei bisogni della sua compagna. Ama viaggiare, ma all'avventura preferisce comode vacanze tranquille e organizzate sotto ogni punto di vista.

CURIOSITÀ - *Il nome sta avendo una grande diffusione anche grazie al successo della serie di film e libri che trovano il loro protagonista nel maghetto Harry Potter. Vi è inoltre la notorietà raggiunta dall'erede al trono d'Inghilterra, figlio di Diana Spencer, il principe Harry.*

HEATHER

🕮 ONOMASTICO - *Può essere festeggiato assieme ad Erika. Nei paesi anglosassoni è ricordato il 12 ottobre.*

ORIGINE E SIGNIFICATO - È il termine sassone che indica la pianta dell'erica.

PERSONALITÀ - Tradizionalista e tenera, Heather ha un gran bisogno di protezione. Molto riflessiva e intuitiva, riuscirà bene nel lavoro dove, pur non amando posizioni di vertice che implichino un eccessivo carico di responsabilità, sarà ricercata e molto considerata. In amore cercherà di formare una famiglia numerosa. Con i figli sarà poco autoritaria ritenendo che le imposizioni non giovino alla formazione del carattere.

CURIOSITÀ - *Impossibile non ricordare la ballerina Heather Parisi che, sicuramente, ha dato un buon impulso alla diffusione di questo nome in Italia.*

HELA

🕮 ONOMASTICO - *Si festeggia il 1° novembre, giorno di Ognissanti, perché non esiste un santo patrono.*

ORIGINE E SIGNIFICATO - È il nome che, nella tradizione germanica, ha la regina degli inferi.
PERSONALITÀ - Carattere solido e pratico, Hela è ambiziosa e severa con se stessa. Sul lavoro è costruttiva e si impegna a fondo per raggiungere le posizioni che contano. In amore non troverà facilmente il partner ideale a causa della sua naturale diffidenza verso gli altri. Pur avendo un buon senso per gli affari, è troppo parsimoniosa.

HELENA

📖 *ONOMASTICO - Questo nome non ha un proprio onomastico, ma, essendo la traduzione di Elena, la si può festeggiare assieme a quest'ultima.*
ORIGINE E SIGNIFICATO - Si richiama integralmente quanto detto per Elena.
PERSONALITÀ - Raffinata e fascinosa, è dotata di grande eleganza. Di temperamento romantico, gli interessa però di più l'amore in sé stesso che l'uomo che decide di amare. Non si sposerà giovane, ma quando lo farà vorrà una famiglia numerosa che le possa dare la felicità a cui aspira. Sul lavoro è distratta e poco reattiva.

HELENE

📖 *ONOMASTICO - Questo nome non ha un proprio onomastico, ma, essendo la traduzione di Elena, la si può festeggiare assieme a quest'ultima.*
ORIGINE E SIGNIFICATO - Si richiama integralmente quanto detto per Elena.
PERSONALITÀ - È una donna raffinata ma talmente romantica da essere sempre in cerca del colpo di fulmine che le faccia conoscere il principe azzurro. Crede troppo nelle fatalità e nel destino. Molte volte rimarrà scottata da relazioni andate male su cui avrà investito troppo. Sul lavoro è precisa e dinamica. Per questo sarà apprezzata e ricercata.

HÉLOÎSE

📖 *ONOMASTICO - Può essere festeggiata assieme a Luisa.*
ORIGINE E SIGNIFICATO - Deriva dal germanico *hold*, "glorioso", e *wild*, "guerriero". Il nome è antenato del personale Luisa.
PERSONALITÀ - Le donne che portano questo nome sono capaci di un amore puro, di un'unica passione che le pervade tutte e che ne forgia la vita. Timida, riservata e riflessiva, Héloîse possiede la vera grazia

femminile che la illumina dal profondo e che la rende fragile come una porcellana.

CURIOSITÀ - *Il nome Héloîse è segnato dalla triste storia d'amore della giovane nobile originaria di Parigi, innamorata del celebre filosofo Abelardo, che divenne segretamente suo amante e in seguito marito. Lo scandalo che ne derivò travolse i due innamorati che si dovettero separare: Héloîse andò in un convento, divenne badessa e scambiò con Abelardo fino alla morte, avvenuta nel 1164, una serie di lettere oggi tradotte in tutte le lingue europee.*

HENRY

ONOMASTICO - *Essendo la traduzione di Enrico, può essere festeggiato nello stesso giorno. Nei calendari anglosassoni è riportata la sua festa al 30 luglio.*

ORIGINE E SIGNIFICATO - L'origine e il significato sono gli stessi di Enrico.

PERSONALITÀ - Tranquillo e riflessivo, Henry è anche introspettivo e sognatore; essendo un tradizionalista, cerca di formare presto una famiglia da educare e allevare secondo gli usi più comuni e senza stravaganze. Sul lavoro è affidabile e concreto. Forse un po' di pepe in più nella sua vita non guasterebbe.

HERMANN

ONOMASTICO - *È la traduzione di Ermanno quindi può essere festeggiato nello stesso suo giorno. Nei calendari anglosassoni è riportata la sua festa il giorno 8 luglio.*

ORIGINE E SIGNIFICATO - L'origine e il significato sono gli stessi di Ermanno.

PERSONALITÀ - Forte, coraggioso e battagliero, Hermann è un tipo che non rinuncia mai alla lotta neppure quando sembra già sconfitto. Anche in amore non molla la preda con facilità e, talvolta, la sua costanza trova riscontri assai positivi. Sul lavoro le sue qualità emergono in pieno: Hermann ottiene brillanti successi e una carriera folgorante.

I

Iacopo

📖 ONOMASTICO - *L'onomastico viene festeggiato il 13 luglio in memoria di san Jacopo da Varagine (Giacomo di Varazze), morto nel 1298.*

ORIGINE E SIGNIFICATO - Forma popolare, tratta dal latino *Jacòb*, equivalente a Giacomo e Giacobbe. Significa "cammina sulle orme di Dio".

PERSONALITÀ - Seppur dotato di molti talenti, è un uomo di grande umiltà: anche di fronte ai tanti riconoscimenti che riceve in ogni ambito, non si monta mai la testa, non cade mai nell'autocompiacimento. In amore è però molto capriccioso: richiede attenzioni e dedizione totali.

Ian

📖 ONOMASTICO - *Si festeggia il 1° novembre, giorno di Ognissanti, perché non esiste un santo patrono.*

ORIGINE E SIGNIFICATO - Origine e significato sono sconosciuti.

PERSONALITÀ - Ottimo cuoco e gran buongustaio, ama le atmosfere conviviali, circondato da amici e parenti. Nei sentimenti è gelosissimo, non solo con la propria donna, ma anche con tutte le persone che ama: vuole sentirsi esclusivo, adorato, speciale. C'è di buono però, che, a sua volta, sa contraccambiare con altrettanta intensità.

Ida

📖 ONOMASTICO - *Le donne che vengono chiamate con questo nome festeggiano il loro onomastico il 15 gennaio in memoria di santa Ida, badessa irlandese vissuta nel VI secolo. La Chiesa ricorda ancora con questo nome la beata, madre di Goffredo da Buglione, nata nel 1040, morta nel 1113, commemorata il 2 aprile e l'8 maggio. La martire di Toggenburg nel VI secolo, il 13 aprile e la santa di Herzfeld, moglie del paladino Egberto, sorella*

di Aleardo e di Vala, ambedue abati di Corvey, venerata il 4 settembre.
ORIGINE E SIGNIFICATO - Deriva dall'antico alto tedesco *Itha* e significa "eroina", "guerriera", "valchiria".
PERSONALITÀ - Frizzante e piena entusiasmo per le novità, è una donna sempre alla ricerca di nuovi stimoli e nuove esperienze. Anche per questo, però, non è adatta a lavori sedentari e monotoni o a storie d'amore particolarmente lunghe e impegnative.

IGEA

📖 ONOMASTICO - *Si festeggia il 1° novembre, giorno di Ognissanti, perché non esiste un santo patrono.*
ORIGINE E SIGNIFICATO - Di origine greca, deriva da *Hyghies*, col significato di "sano".
PERSONALITÀ - Colta e raffinata, ama lo studio, le conversazioni impegnate, i dibattiti politici: non di rado, infatti, la si trova iscritta a qualche partito o a qualche conferenza scientifica. La incuriosiscono tutte le più recenti innovazioni tecnologiche, le scoperte mediche, le ricerche sociologiche. Negli affetti è un po' distratta: non cerca nell'amore la propria completezza; autonoma e poco affettuosa, tiene sempre le distanze e non si lascia mai trasportare troppo dalle passioni più intense.

IGINO

📖 ONOMASTICO - *L'onomastico è per tradizione festeggiato l'11 gennaio in memoria di sant'Igino, papa di origine greca che subì il martirio sotto Antonino Pio nell'anno 142.*
ORIGINE E SIGNIFICATO - Deriva dal greco *Hyghiès* che significa "sano", "prospero", "integro", "fausto" e continua il soprannome e nome latino dell'ultima età repubblicana.
PERSONALITÀ - Ostinato e poco paziente, si arrabbia facilmente quando le cose non vanno come vuole lui. In realtà è tutto frutto del capriccio: è viziato, abituato a imporre sempre le proprie ragioni, privo di autocritica. D'istinto quindi non ispira subito simpatia, ma chi sa andare fino in fondo scoprirà anche una persona affettuosa e socievole.

IGNAZIA / IGNAZIO

📖 ONOMASTICO - *L'onomastico è tradizionalmente festeggiato il 31*

luglio in onore di sant'Ignazio (Inigo Yànez de Onàz y Loyola) fondatore dei Gesuiti. Si invoca contro i malefici e per essere difesi da eventuali aggressioni di lupi. Patrono dei militari.

ORIGINE E SIGNIFICATO - Deriva dall'antico gentilizio latino di origine etrusca *Egnatius*, diventato poi nome personale nella forma Ignatius, con un'etimologia che si connette a *ignis*, "fuoco".

PERSONALITÀ - Ignazia: sensibile oltremisura, si emoziona facilmente. Sul lavoro è determinata e capace: molto professionale, non perde mai il controllo della situazione, anche di fronte alle situazioni più tese e intricate. Ignazio: tenerissimo in amore, è sempre gentile ed educato, e ricopre la propria donna di attenzioni e cure.

IGOR

📖 ONOMASTICO - *L'onomastico viene festeggiato il 5 giugno in memoria di sant'Igor, martire in Russia nel 1147.*

ORIGINE E SIGNIFICATO - Nome di origine scandinava derivato da *Yngvi* o *Ing*, nome di una divinità nordica, importato in Russia dalla popolazione dei Variaghi nell'XI secolo.

PERSONALITÀ - Pieno di sé e supponente, non conosce rimorsi, ripensamenti o ammissioni di colpa: tutto gli è dovuto, tutto ciò che fa è il meglio possibile. Se qualcuno è in difetto, sono sempre gli altri. In amore ha quindi bisogno di una donna che sappia tenergli testa, che si riveli culturalmente alla sua altezza (perché è indubbio che sia anche molto colto); se questo accade, però, perde completamente la testa e si trasforma in uno zuccherino: mite, accondiscendente, completamente succube della partner.

ILARIA / ILARIO

📖 ONOMASTICO - *L'onomastico è festeggiato, dalle donne che portano questo nome, il 3 dicembre in memoria di santa Ilaria martire a Roma. In qualche località è venerata il 31 dicembre. Per Ilario l'onomastico per tradizione è festeggiato il 13 gennaio in onore di sant'Ilario, vescovo di Poitiers morto nel 368, patrono di Argusto, Parma, degli esiliati, che in qualche località è venerato il 14 gennaio. Si invoca contro i morsi dei serpenti.*

ORIGINE E SIGNIFICATO - Deriva dal latino *Hilaris* (prestito dal greco *hilaros*) e significa "allegra", "gaia", "lieta".

PERSONALITÀ - Ilaria: romantica e dal forte erotismo, si muove come un felino: morbida, sinuosa e un po' lasciva, attrae gli uomini con una facilità assolutamente fuori dal comune. Lei lo sa e si fa adorare, a volte persino con un eccesso di malizia e crudeltà. Ilario: uomo tenace e un po' avido, fa di tutto per raggiungere posizioni di potere, anche a scapito di colleghi più bravi di lui. Il detto "il fine giustifica i mezzi" è un suo vero e proprio principio di vita.

ILDA

🕮 ONOMASTICO - *L'onomastico è per tradizione festeggiato il 9 aprile in onore di santa Ilda di Whitby, morta nel 680. In qualche località è venerata il 17 novembre e il 18 novembre.*

ORIGINE E SIGNIFICATO - Deriva dall'antico tedesco *Hilt* e significa "guerriera".

PERSONALITÀ - Sognatrice di natura, dolcissima per scelta: questa è Ilda, donna piena di calore e affetto per l'umanità intera. È la classica compagnona: familiare, affettuosa, aperta, accoglie tutti con un sorriso. Dietro questa affabilità nasconde però il bisogno di stare sempre al centro dell'attenzione.

ILEANA

🕮 ONOMASTICO - *Si festeggia il 1° novembre, giorno di Ognissanti, perché non esiste un santo patrono.*

ORIGINE E SIGNIFICATO - Deriva dal greco e significa "simile al sole".

PERSONALITÀ - Armoniosa ed equilibrata, sa farsi valere in ogni contesto in cui opera: sul lavoro è affidabile e sveglia, negli affetti presente e responsabile. Adora i bambini e per questo è un'ottima maestra di asilo. Un suo difetto? La totale mancanza di ordine.

ILENA

🕮 ONOMASTICO - *L'onomastico si festeggia il 28 maggio.*

ORIGINE E SIGNIFICATO - Di origine greca, come Ileana, da cui ha origine, significa "simile al sole".

PERSONALITÀ - Non dissimile per carattere ad Ileana, si distingue da lei per una maggiore precisione e senso di organizzazione.

ILENIA

🕮 ONOMASTICO - *Si festeggia il 1° novembre, giorno di Ognissanti,*

perché non esiste un santo patrono.
ORIGINE E SIGNIFICATO - Deriva dall'antico ebraico e significa "pianta".
PERSONALITÀ - È una donna insicura, ma con grandi ambizioni; per questo cerca compagnie forti e rassicuranti, che la possano aiutare nella ricerca del successo. Una volta ottenuto ciò che vuole, non sempre ricambia i favori ottenuti e pertanto è da alcuni accusata di falsità e arrivismo.

ILIA

📖 ONOMASTICO - *L'onomastico viene festeggiato il 28 maggio in ricordo del beato Ilia, martire della Dalmazia.*
ORIGINE E SIGNIFICATO - Antico nome di origine greca, latinizzato in *Ilus*, significa "selvaggio".
PERSONALITÀ - Ilia è l'esatta concretizzazione del significato che porta: selvaggia, irruente, un vulcano di idee e azioni. La sua travolgente personalità coinvolge tutti: sul lavoro i colleghi la cercano per studiare nuove strategie commerciali, negli affetti amici e parenti si fanno contagiare dal suo inarrestabile entusiasmo.

ILONA

📖 ONOMASTICO - *Si festeggia il 1° novembre, giorno di Ognissanti, perché non esiste un santo patrono.*
ORIGINE E SIGNIFICATO - Origine e significato sono incerti.
PERSONALITÀ - Ghiotta e pasticciona, è una ragazza solare, amante della compagnia e molto ironica: in ogni situazione che vive sa trovare il lato comico e divertente.

CURIOSITÀ - *Anche i più pudichi lo sanno: il suo nome è inscindibilmente legato alla pornoattrice, nonché deputato, Ilona Staller, meglio nota come Cicciolina.*

IMELDA

📖 ONOMASTICO - *L'onomastico ricorre il 12 maggio in ricordo della beata bolognese Imelda Lambertini, morta il 12 maggio 1333 per aver succhiato il sangue della ferita avvelenata del suo amante, Bonifacio de' Geremei. Viene invocata contro il pericolo di avvelenamento e, in alcune località, è anche venerata il 16 settembre.*
ORIGINE E SIGNIFICATO - Deriva dall'antica forma germanica *Himilheld* che significa "celeste eroina".

PERSONALITÀ - Contemplativa e pia, è una donna animata da una profonda religiosità: trascorre la sua vita alla ricerca della serenità interiore, della pace, del contatto con la parte più mistica del suo io.

IMERA

📖 ONOMASTICO - *Si festeggia il 1° novembre, giorno di Ognissanti, perché non esiste un santo patrono.*

ORIGINE E SIGNIFICATO - Solo per una lontana assonanza, si può richiamare a quanto detto per Imelda.

PERSONALITÀ - Contraddittoria e poco trasparente: questi purtroppo gli aspetti che, prima di altri, emergono in lei. In realtà, oltre a questo, è anche una donna dolce, intelligente e molto affettuosa.

IMMACOLATA

📖 ONOMASTICO - *L'onomastico delle donne che vengono chiamate con questo nome è festeggiato l'8 dicembre, in ricordo della santa Immacolata Concezione, patrona di Roascio e Taranto, dei fabbricanti di calze di seta, della Spagna, degli Stati Uniti e dello Zaire.*

ORIGINE E SIGNIFICATO - Deriva dal latino *immaculata*, composto da *in* e *maculata* (da *macula*, "macchia"), e significa "non macchiata" (dal peccato originale). La sua diffusione è legata alla matrice religiosa.

PERSONALITÀ - È la classica "zia": subito familiare, affabile, coccolona, ama riempire parenti e amici di attenzioni e regali. Sul lavoro è seria e metodica, segue gli incarichi con senso di abnegazione e responsabilità; nei sentimenti è più materna che sensuale e cerca uomini su cui riversare il suo grande bisogno di affetto.

INDRO

📖 ONOMASTICO - *L'onomastico ricorre il 10 febbraio in memoria di san Silvano vescovo, assai venerato in Calabria.*

ORIGINE E SIGNIFICATO - Deriva dal malgascio *indri* che significa "uomo dei boschi" o "uomo silvano".

PERSONALITÀ - Lucido nei pensieri e preciso nei giudizi, è uomo di grande cultura e obiettività: prima di esprimere un parere, soppesa le parole con grande attenzione e saggezza ma, da attento osservatore qual è, raramente sbaglia le proprie valutazioni.

CURIOSITÀ - *Questo nome è indissolubilmente legato al gigante del giornalismo, Indro Montanelli, nato a Fucecchio, in provincia di Firenze, il 22 aprile 1909. Memorabili le sue corrispondenze da Helsinki sul conflitto russo-finlandese. Scrisse anche da Albania, Balcani, Francia, dal fronte greco e da quello russo. Condannato a morte dai tedeschi come capo partigiano nel '45, riuscì a fuggire da san Vittore. Fu testimone diretto dell'invasione sovietica di Budapest del '56 e della Primavera di Praga del '68. Nel '74 lasciò il Corriere della Sera, fondò prima Il Giornale e poi La Voce.*

INES

🕮 ONOMASTICO - *L'onomastico è festeggiato il 21 gennaio in ricordo della beata Ines, martire spagnola vissuta nel IV secolo.*

ORIGINE E SIGNIFICATO - Deriva dal nome greco *haghneia*, che significa "castità", "purezza", adattato in latino come *Ines*, affermatosi in ambienti cristiani per il suo richiamo alla virtù della purezza.

PERSONALITÀ - Letture impegnate, musica leggera italiana, qualche serata a teatro o a ballare: ecco le passioni di Ines, donna versatile, acculturata, attenta alle evoluzioni del suo tempo, dotata di un'eleganza e di una raffinatezza innate.

INGMAR

🕮 ONOMASTICO - *Si festeggia il 1° novembre, giorno di Ognissanti, perché non esiste un santo patrono.*

ORIGINE E SIGNIFICATO - Nome di matrice scandinava, non se ne conosce il significato.

PERSONALITÀ - Pieno di inventiva e di talento artistico, è un acuto osservatore della realtà che lo circonda. Propenso al cinismo e a un certo disfattismo nei confronti dell'umanità, sa di valere molto e di essere apprezzato per la grande intelligenza; pertanto non ama circondarsi di troppi amici, che ritiene spesso opportunisti e adulatori.

CURIOSITÀ - *Famoso su tutti il regista svedese I. Bergman, autore tra gli altri del celebre film "Il settimo sigillo".*

INGRID

🕮 ONOMASTICO - *L'onomastico si festeggia il 2 settembre in ricordo della beata Ingrid Elofsdotter, mota nel 1282.*

ORIGINE E SIGNIFICATO - Deriva dal greco *Gries* che significa "pietra".

PERSONALITÀ - Gran lavoratrice, si dimostra seria e precisa nello svolgere gli incarichi che le vengono affidati. Negli affetti, se in un primo momento fatica a lasciarsi andare, quando entra in confidenza si rivela appassionata e calorosa.

CURIOSITÀ - *Il nome è molto legato alla fama dell'attrice svedese Ingrid Bergman, a lungo compagna del regista Roberto Rossellini, nonché protagonista di capolavori come Casablanca, Angoscia, Notorious, Per chi suona la campana, Dottor Jekyll e Mr.Hyde, Giovanna D'Arco.*

INNOCENZO

ONOMASTICO - *L'onomastico è tradizionalmente festeggiato il 3 marzo in memoria del beato Innocenzo da Berzo.*

ORIGINE E SIGNIFICATO - Deriva dal latino *Innocentius,* con significato evidente.

PERSONALITÀ - Affamato di indipendenza, non esita ad accettare i lavori più umili e faticosi pur di guadagnarsi la tanto sospirata autonomia economica. Altrettanto tenace nei sentimenti, è disposto ad inseguire l'amore in capo al mondo.

IOLANDA

ONOMASTICO - *Le donne chiamate con questo nome festeggiano il loro onomastico il 28 dicembre in ricordo della beata Jolandis monaca portoghese, dell'ordine Cistercense, in alcune località viene festeggiata il 6 maggio. La santa, di origine polacca, morta nel 1292, viene commemorata il 15 giugno.*

ORIGINE E SIGNIFICATO - Deriva dall'adattamento medievale del francese o franco-provenzale *Yolant* o *Yolans,* di origine probabilmente germanica che significa "color della viola".

PERSONALITÀ - Superba e superficiale, accetta le critiche solo se provengono da persone di cui si fida profondamente e non sono molte. Sul lavoro è metodica e responsabile, non sopporta i ritardatari. In amore è un po' fredda e poco fantasiosa.

IOLE

ONOMASTICO - *L'onomastico viene festeggiato per tradizione il 17 gennaio in ricordo della beata Jolanta vergine e martire, figlia del re inglese Bela IV.*

ORIGINE E SIGNIFICATO - Deriva dal greco *jon* che significa “viola”, “violetta”, latinizzato in Iole.
PERSONALITÀ - Trasmette entusiasmo a chiunque la circondi, ma con altrettanta facilità cade vittima della depressione se qualcuno le tarpa le ali. Bisognosa di stimoli, non tollera gli uomini problematici che fanno un dramma di ogni piccola cosa.

IPPOLITA / IPPOLITO

🕮 ONOMASTICO - *L'onomastico è per tradizione festeggiato il 13 agosto in memoria di san Ippolito, ufficiale romano martirizzato con san Lorenzo. Patrono dei carcerieri e degli agenti di custodia.*
ORIGINE E SIGNIFICATO - Deriva dal greco *Ippolytos* e significa “che scioglie i cavalli”.
PERSONALITÀ - Ippolita: ha una virtù indiscutibile e rara: è capace di chiedere scusa. L'arroganza non la sfiora neppure: sa quanto vale e non teme di ammettere i propri errori quando li commette. Ippolito: è molto apprezzato sul lavoro e in famiglia, dove è un impiegato modello e un padre giusto.

IRENE

🕮 ONOMASTICO - *L'onomastico è tradizionalmente festeggiato il 1° aprile in memoria di santa Irene di Tessalonica, martirizzata nel 304, due giorni dopo che le sue tre sorelle Agape, Chionia e Filippa avevano già subito la stessa sorte. Viene anche venerata, a seconda dei luoghi, il 30 marzo o il 3 aprile.*
ORIGINE E SIGNIFICATO - Deriva dal greco *eiréne*, che significa “pace”: tale nome è stato reinterpretato dal Cristianesimo col valore di “pace fra tutti gli uomini”.
PERSONALITÀ - Inquieta e sempre alla ricerca della serenità interiore, è una donna dalle alte aspettative nei confronti delle persone e della vita in genere. Non si accontenta delle briciole e non è facile ai compromessi: disposta a lottare per ciò in cui crede, riesce a raggiungere la felicità tanto cercata, ma non senza fatica e molte delusioni. Per farlo, deve infatti imparare a selezionare amicizie giuste e uomini affidabili.

IRIDE

🕮 ONOMASTICO - *Si festeggia il 1° novembre, giorno di Ognissanti, perché non esiste un santo patrono.*

ORIGINE E SIGNIFICATO - Deriva dal greco *iris* e significa "annunzio".
PERSONALITÀ - Perspicace, acuta, ironica: la sua intelligenza e il suo spirito di osservazione sono doti innegabili. Manca però spesso di sensibilità: sicura delle proprie ragioni, ma fondamentalmente insicura, non esita a schiacciare le altrui personalità, anche con battute talvolta a dir poco infelici, pur di avvalorare le proprie tesi.

IRINA

ONOMASTICO - *L'onomastico si festeggia il 1° aprile.*
ORIGINE E SIGNIFICATO - Di origine incerta, significa "pace".
PERSONALITÀ - Sarcastica e pungente, ecco Irina. Ogni cosa è vittima dei suoi giudizi acidi, ogni persona delle sue valutazioni estreme. Per questo fatica a stringere amicizie sincere e durature e preferisce di gran lunga stare da sola, in cima al suo pulpito, a sparare sentenze su tutto e tutti, assieme a quei pochi che condividono il suo sadico piacere.

IRIS

ONOMASTICO - *Variante di Iride, l'onomastico si festeggia lo stesso giorno di quest'ultima.*
ORIGINE E SIGNIFICATO - Variante di Iride con uguale significato.
PERSONALITÀ - Tendente alla tristezza e alla facile malinconia, ha il difetto di non saper guardare avanti quando le difficoltà incombono. Proiettata più al passato che al futuro, deve risolvere questo suo castrante handicap, altrimenti rischia di non sfondare nel lavoro e di non costruirsi un'esistenza serena e appagante. Le sono congeniali soprattutto lavori creativi, come la grafica pubblicitaria o l'architetto.

IRMA

ONOMASTICO - *L'onomastico delle donne che vengono chiamate con questo nome viene festeggiato il 24 dicembre in ricordo della santa badessa Irma di Treviri, vissuta in Germania tra il 662 e il 710.*
ORIGINE E SIGNIFICATO - È un nome germanico composto, con il primo elemento *irmin-* o *ermin-* che significa "grande", "potente". Il suo significato è analogo a quello di Erminia.
PERSONALITÀ - Irma è la classica mamma-chioccia: con una spiccata propensione alla maternità e alla cura dei pargoli, è un po' disattenta

nei confronti del partner, che tende più ad accudire come un altro figlio che a sedurre.

CURIOSITÀ - *Incantevole la commedia americana Irma la dolce, con un imperdibile Jack Lemmon nella parte di un poliziotto parigino che si innamora di una prostituta, la dolcissima Shirley McLaine.*

ISABELLA

ONOMASTICO - *L'onomastico delle donne che portano questo nome è festeggiato il 4 giugno, in onore di santa Isabella suora clarissa, figlia del marchese siciliano di Gibellina, morta nel 1530.*

ORIGINE E SIGNIFICATO - Deriva dal fenicio *gezabele*, tratto da *ezbel*, che significa "amante di Baal". Può anche essere una variante di Elisabetta.

PERSONALITÀ - Isabella ha una bellezza acqua e sapone, che di certo la può aiutare a trovare l'uomo della sua vita. Sul lavoro è poco concentrata e un po' distratta, ma fuori dall'ufficio si impegna con passione e dedizione in ambito sociale. Per lei la famiglia è uno dei valori più importanti che esistano. Vuole almeno tre bambini, che vizierà smodatamente.

ISACCO

ONOMASTICO - *L'onomastico per tradizione viene festeggiato il giorno 11 aprile in memoria del santo monaco siriano detto "Isacco di Monteluco", vissuto nel VI secolo, assai venerato a Spoleto, dove nel 500 fondò un convento.*

ORIGINE E SIGNIFICATO - Deriva dall'ebraico *Isehaq* e significa "Dio gli sorride".

PERSONALITÀ - Curioso e un po' invadente, detesta essere contrariato, anche perché profondamente permaloso. Nel lavoro è pigro e un po' svogliato, ma essendo molto capace nell'organizzare le mansioni altrui è più portato per posizioni di comando e gestione.

ISAIA

ONOMASTICO - *L'onomastico è per tradizione festeggiato il 6 luglio in onore di san Isaia, uno dei quattro maggiori profeti biblici, figlio di Amos.*

ORIGINE E SIGNIFICATO - Deriva dall'ebraico *Jeschia'jàh*, latinizzato

Esaias e significa "Dio è salvezza".
PERSONALITÀ - Introverso ma estremamente brillante con chi decide di aprirsi, è idealista e di poche parole. Ama le cose semplici e poco dinamiche, tra cui il calcio e le serate con gli amici attorno un buon bicchiere di vino. In amore non è semplice: nonostante un certo fascino lo aiuti, la sua pigrizia di certo non avvicina le donne. Gli piacciono i bambini e per questo, una volta trovata la donna della sua vita, ne metterà al mondo almeno tre.

ISIDORO

📖 ONOMASTICO - *L'onomastico ricorre il 4 aprile in memoria del santo domenicano Isidoro di Siviglia, uomo di immensa cultura, morto nel 636, autore di molte opere tra cui un'enciclopedia intitolata* Origens seu etymologie.
ORIGINE E SIGNIFICATO - Deriva dal greco *Isidòros*, tratto da *Isis* e da *dôron*, e significa "dono di Iside", l'antica divinità egiziana.
PERSONALITÀ - Equilibrato e semplice: è un uomo senza troppi grilli per la testa. Il suo ideale di vita si riassume in due parole: casa e famiglia. Le professioni a lui più congeniali sono l'architettura e, più in generale, tutte quelle legate alla geometria e alla fisica.

CURIOSITÀ - *Questo nome è facilmente collegabile al simpatico gattone rosso-tigrato dei fumetti, Garfield, che nella traduzione italiana ha assunto appunto il nome di Isidoro.*

ISOTTA

📖 ONOMASTICO - *L'onomastico viene festeggiato il 2 aprile in ricordo della beata Iseulte, o Isotta, martire bretone.*
ORIGINE E SIGNIFICATO - Deriva dall'antico celtico *Essylt* che significa "protegge con il ferro".
PERSONALITÀ - Tendente al vittimismo, si sente perseguitata dal destino avverso: tutti sembrano avercela con lei e niente di ciò che desidera dalla vita sembra possibile. Negli affetti cerca quindi un uomo forte che sappia restituirle quella fiducia nel futuro che fatica a conquistare da sè.

ITALO

📖 ONOMASTICO - *L'onomastico viene festeggiato il 19 agosto in ricordo di san Italo martire.*

ORIGINE E SIGNIFICATO - È un nome ideologico, patriottico e nazionalistico, diffusosi soprattutto durante il Risorgimento e la prima Guerra mondiale, relativamente alle guerre per l'unità e l'indipendenza d'Italia.
PERSONALITÀ - Sfortunato in amore, compensa le sue scarse conquiste sentimentali con un'agguerrita corsa al successo professionale, che ottiene con una certa facilità, grazie alla sua ferrea determinazione.

IVA / IVO

📖 *ONOMASTICO* - *L'onomastico si può festeggiare insieme a san Ivo il 19 maggio.*
ORIGINE E SIGNIFICATO - Deriva dal celtico *ivos* che significa "albergo", "legno di tasso": il tasso era un albero sacro, usato per fabbricare sia le armi che le abitazioni.
PERSONALITÀ - Iva: ha un carattere poco indulgente verso gli altri, impone le proprie scelte senza troppe discussioni. Ivo: è autoritario e irascibile; per questo rimane spesso solo.

IVAN

📖 *ONOMASTICO* - *L'onomastico viene festeggiato per tradizione il giorno 8 ottobre in ricordo di sant'Yvan, nato a Rians il 10 novembre 1576. Fondatore nel 1637 dell'Ordine delle Religiose di Nostra Donna della Misericordia, morto nel 1653. Un santo, eremita del IX secolo, viene commemorato il 1° novembre.*
ORIGINE E SIGNIFICATO - Deriva dall'ebraico *Yohanan* e significa "dono del Signore" e anticamente veniva dato ai bambini nati dopo molti anni di matrimonio.
PERSONALITÀ - A dispetto dei forti e celebri personaggi storici che hanno portato questo nome, come l'arcinoto zar delle Russie, Ivan il Terribile, l'Ivan di oggi, seppur dotato di grande cultura, è persona introversa e timida, che fa fatica ad allacciare rapporti con i suoi pari. Spesso, per ovviare a questa difficoltà, reagisce all'estremo opposto, diventando logorroico e un po' pesante. Non di rado è vittima di prese in giro da parte di superiori un po' insensibili e arroganti.

IVANA / IVANO

📖 *ONOMASTICO* - *L'onomastico viene festeggiato per tradizione il giorno*

8 ottobre in ricordo di sant'Yvan, nato a Rians il 10 novembre 1576. Fondatore nel 1637 dell'Ordine delle Religiose di Nostra Donna della Misericordia, morto nel 1653. Un santo, eremita del IX secolo, viene commemorato il 1° novembre.

ORIGINE E SIGNIFICATO - Deriva dall'ebraico *Yohanan* e significa "dono del Signore" e anticamente veniva dato ai bambini nati dopo molti anni di matrimonio.

PERSONALITÀ - Ivana: opportunista e sempre brava a conquistarsi le simpatie altrui, a prescindere dagli effettivi meriti delle proprie azioni, sa ritagliarsi sempre un posto di riguardo negli ambienti che contano. Negli affetti è disponibili e sinceri. Ivano: uomo profondamente concreto e razionale, sembra a volte bastare a se stesso. Perfezionista all'eccesso, è comunque ben voluto e amato da pochi e fidati amici. In amore è volubile e incostante.

J

JACK

📖 ONOMASTICO - *Non si conoscono santi con questo nome ma, presumendolo derivante da Giacomo, si richiama quest'ultimo per il suo onomastico.*

ORIGINE E SIGNIFICATO - Forse traduzione, insieme a James, dell'italiano Giacomo, si richiama quest'ultimo per origine e significato.

PERSONALITÀ - Dolce, amorevole, onesto: queste le doti più evidenti di Jack. Qualche volta è un po' lunatico e non è sempre semplice intuire e spiegare i suoi cambiamenti di umore, ma grazie al suo carattere malleabile, amici e parenti non hanno difficoltà a essere comprensivi e pazienti con lui.

CURIOSITÀ - *Nome tristemente assunto alle cronache per la nota e irrisolta vicenda di sangue legata al* serial killer *Jack lo Squartatore.*

JACOPO

📖 ONOMASTICO - *L'onomastico viene festeggiato il 13 luglio in memoria di san Jacopo da Varagine (Giacomo di Varazze), morto nel 1298.*

ORIGINE E SIGNIFICATO - Consultare Iacopo per origine e significato.

PERSONALITÀ - È il classico bravo ragazzo: sincero negli affetti, rispettoso con le donne, misurato sul lavoro e nei rapporti interpersonali così come nelle conoscenze superficiali. Grande lavoratore, si fa apprezzare subito per l'equilibrio con il quale esprime giudizi e sa rapportarsi con i colleghi e i superiori.

JACQUELINE

📖 ONOMASTICO - *Si festeggia il 1° novembre, giorno di Ognissanti, perché non esiste un santo patrono.*

ORIGINE E SIGNIFICATO - Forse traduzione dell'italiano Gioacchina, non se ne conosce il significato.

PERSONALITÀ - Sobria e sensuale, ha un innato carisma e un'accentuata comunicatività. Adatta ai ruoli dirigenziali, sa prendere le decisioni giuste, senza oscurare i suoi collaboratori, che sa far sentire sempre indispensabili e opportuni.

CURIOSITÀ - *Jacqueline Lee Bouvier, spesso soprannominata Jackie, è stata la moglie di John Fitzgerald Kennedy, trentacinquesimo presidente degli Stati Uniti d'America, e come tale è stata first lady degli Usa dal 20 gennaio 1961 al 22 novembre 1963, data dell'assassinio del marito. Il 20 ottobre 1968, Jackie sposò l'armatore greco Aristotele Onassis, che per l'occasione troncò la relazione con la celebre star lirica, Maria Callas. Per la sua bellezza, grazia, cultura ed eleganza, è rimasta un idolo per generazioni. Tori Amos le dedicò addirittura una canzone nel 1998.*

JAMES

ONOMASTICO - *Per l'onomastico si veda l'omonimo italiano Giacomo.*

ORIGINE E SIGNIFICATO - Origine e significato sono gli stessi di Giacomo.

PERSONALITÀ - Sbruffone ma allo stesso tempo insicuro e timido, ha un incredibile successo con le donne per la sua aria perennemente svagata e distratta, che sembra non interessarsi a nulla o nascondere chissà quali misteri. Sul lavoro non è proprio un disciplinato, ma sa sempre come cavarsela.

JANE

ONOMASTICO - *Per l'onomastico si vedano gli italiani Gianna o Giovanna.*

ORIGINE E SIGNIFICATO - Forma inglese di Gianna, che deriva a sua volta da Giovanna.

PERSONALITÀ - Enigmatica, portata per la criminologia e l'indagine. Negli affetti cerca qualcuno da dominare, che si presti ad accettare tutti i suoi capricci. Fondamentalmente è un'egoista, concentrata solo su se stessa.

JASMINE

ONOMASTICO - *Si festeggia il 1° novembre, giorno di Ognissanti, perché non esiste un santo patrono.*

ORIGINE E SIGNIFICATO - Nome inglese derivante dal persiano *yasmine*

"gelsomino", pianta rampicante dal profumo intenso.
PERSONALITÀ - Fanatica, estremista, idealista, Jasmine vede tutto in bianco e nero, senza mezze misure. Crede molto nelle proprie percezioni e, in effetti, raramente sbaglia.

JENNIFER

📖 *ONOMASTICO* - *Si festeggia il 1° novembre, giorno di Ognissanti, perché non esiste un santo patrono.*
ORIGINE E SIGNIFICATO - Versione americana di Giovanna.
PERSONALITÀ - Il suo carattere è tutto permeato dalla dolcezza: sensibile ed emotiva, è facile vittima della commozione e della nostalgia. Se negli affetti questo lato della sua personalità la rende amabile, sul lavoro può essere un ostacolo perché spesso la sua propensione al coinvolgimento emotivo le impedisce di avere il giusto distacco e la giusta obiettività.

JESSICA

📖 *ONOMASTICO* - *Si festeggia il 1° novembre, giorno di Ognissanti, perché non esiste un santo patrono.*
ORIGINE E SIGNIFICATO - Traduzione del più raro Gessica.
PERSONALITÀ - L'inibizione non rientra certo tra i suoi tratti distintivi: aperta ed estroversa, ha una naturale propensione a socializzare. Odia, infatti, restare sola; preferisce di gran lunga le compagnie rumorose, caotiche e sempre pronte a divertirsi. Questo la rende, spesso, agli occhi di chi non la conosce a fondo, un po' superficiale.

CURIOSITÀ - *Questo nome è apparso per la prima volta nel dramma di Shakespeare Il mercante di Venezia attorno al 1594; a portarlo è la figlia di un usuraio.*

JOLANDA

📖 *ONOMASTICO* - *L'onomastico viene festeggiato il 28 dicembre in ricordo della Beata Jolandis, monaca portoghese.*
ORIGINE E SIGNIFICATO - Derivando da Iolanda si richiama a quest'ultimo nome per l'origine e il significato.
PERSONALITÀ - Come suggerisce il significato del suo nome, Jolanda è una ragazza forte e coraggiosa. Nessun ostacolo sembra spaventarla o scoraggiarla: caparbia e con una tempra d'acciaio, se decide di raggiungere

un traguardo, non smette di insistere finché non lo ottiene. Ammirata da amici e colleghi, è l'orgoglio di marito e genitori.

JONATHAN

📖 *ONOMASTICO - Si festeggia il 1° novembre, giorno di Ognissanti, perché non esiste un santo patrono.*
ORIGINE E SIGNIFICATO - Di origine ebraica, significa "regalo di Geova".
PERSONALITÀ - È un uomo premuroso e attento, ma facilmente suscettibile e condizionabile: se affascinato da qualcuno che stima, è capace di seguirlo fino in capo al mondo o di rinnegare tutto ciò a cui, fino a quel momento, ha creduto. È pertanto l'alunno che tutti gli insegnanti vorrebbero avere: disciplinato, responsabile, ricettivo.

JOSÉ

📖 *ONOMASTICO - Si festeggia il 19 marzo.*
ORIGINE E SIGNIFICATO - Di origine ebraica, significa "dato da Dio".
PERSONALITÀ - Un grande orgoglioso, ecco José. Mai un segno di cedimento o rimorso, mai un atto di pentimento: non che non si accorga dei propri errori, semplicemente non riesce ad ammetterli con gli altri. Questo perché è fondamentalmente un uomo bisognoso di conferme che, incapace di trovare dentro se stesso, cerca negli affetti più cari.

JURI

📖 *ONOMASTICO - Si festeggia il 1° novembre, giorno di Ognissanti, perché non esiste un santo patrono.*
ORIGINE E SIGNIFICATO - Di origine slava, non se ne conosce il reale significato.
PERSONALITÀ - Allegro, divertente, simpatico, è il classico ragazzo di compagnia: sa far sentire chiunque a proprio agio, chiacchiera con persone appena conosciute con rara naturalezza, si adatta ad ogni contesto senza pregiudizi o freni. Nei sentimenti, al contrario, è superficiale e maturerà solo in età avanzata.

K

KAREN

📖 ONOMASTICO - *Dal momento che si tratta della traduzione svedese del nome Caterina, si richiama quest'ultimo per il suo onomastico.*

ORIGINE E SIGNIFICATO - Per gli stessi motivi di cui sopra, si richiama quanto detto per l'origine e il significato di Caterina.

PERSONALITÀ - Solitaria e diffidente, Karen non ama frequentare molte persone perché preferisce stare solo con gli amici più fidati. Sul lavoro è attenta e rigorosa, per questo sarà molto apprezzata e costruirà una brillante carriera. In amore, grazie al suo fascino, è sempre ricercata e desiderata; sarà lei ad essere elitaria e sfuggente.

KARIM

📖 ONOMASTICO - *Si festeggia il 1° novembre, giorno di Ognissanti, perché non esiste un santo patrono.*

ORIGINE E SIGNIFICATO - Karim è un nome di origine araba e significa "generoso", appellativo che talvolta viene attribuito ad Allah. Esiste anche la variante *Krim.*

PERSONALITÀ - Karim è una persona capace di farsi ascoltare, sa convincere coloro che gli stanno vicino ed è, per natura, amante dell'azione. La sua personalità è audace; egli, spesse volte, mette il suo coraggio al servizio della giustizia. È un amante di fuoco, anche se non sempre è possibile pretendere un'assoluta fedeltà da parte sua.

KARL

📖 ONOMASTICO - *Si tratta della traduzione tedesca del nome Carlo, pertanto si richiama quest'ultimo per il suo onomastico.*

ORIGINE E SIGNIFICATO - L'origine e il significato di questo nome sono gli stessi di Carlo.

PERSONALITÀ - Solido e pratico, Karl è ambizioso e costruttivo. Sul lavoro è severo e pretenzioso, per questo motivo spesso si scontra, anche duramente, con i colleghi. Nella coppia si dimostra invece tollerante e disponibile.

CURIOSITÀ - *Come personaggio illustre della storia con questo nome si deve ricordare il filosofo Karl Marx.*

KATIA

ONOMASTICO - *Assieme a Catia e Katiusha è una variante della traduzione russa del nome Caterina. Si richiama quest'ultima per il suo onomastico.*
ORIGINE E SIGNIFICATO - L'etimologia di Katia e il significato sono gli stessi di Caterina.
PERSONALITÀ - Katia è una donna solare e allegra. È dotata di una grande voglia di vivere che la fa ben volere da tutti. In amore sa trasmettere la sua positività al partner e alla famiglia intera: sarà una moglie ideale e un'ottima madre. Sul lavoro spesso si deconcentra al punto di combinare anche dei brutti guai. Se si impegnerà, però, non avrà problemi e raggiungerà agevolmente e facilmente un buon successo.

CURIOSITÀ - *Il successo e la fama raggiunta dalla cantante lirica Katia Ricciarelli, nota anche per essere l'ex moglie del conduttore televisivo Pippo Baudo, hanno dato un certo impulso alla diffusione di questo nome.*

KEVIN

ONOMASTICO - *San Kevin, festeggiato il 4 giugno, fondò un complesso monastico nel VI secolo in Irlanda e diventò patrono di Dublino.*
ORIGINE E SIGNIFICATO - Il nome Kevin è di origine irlandese e il suo significato corrisponde a "gentile", dal gaelico *caomh*, "bello", unito a un suffisso.
PERSONALITÀ - Coraggioso e dinamico, Kevin è un combattente nato. Si impegna nella difesa dei suoi ideali e non permette a nessuno di contraddirlo. In amore queste sue caratteristiche si accentuano, quindi non sarà facile per lui trovare la donna capace di sopportarlo. Sul lavoro, d'altra parte, ama le posizioni di comando e, nella sua carriera, raggiungerà un buon successo sia in termini di fama sia dal punto di vista economico.

CURIOSITÀ - *Grazie alla fama del noto attore Kevin Kostner, questo nome ha incrementato la propria diffusione negli ultimi anni.*

KIM

🕮 *ONOMASTICO - Non è presente alcun santo nella tradizione cattolica che porti questo nome. Nei calendari anglosassoni la sua festa cade il 28 luglio.*

ORIGINE E SIGNIFICATO - Deriva dall'antico termine inglese che significava "capo". Preferibilmente usato in senso femminile, può però essere abbinato anche a un maschietto.

PERSONALITÀ - Raffinata e affascinante, Kim è molto seducente e simpatica. Con gli amici è sempre gradevole e gentile. Grazie al suo essere diplomatica, riesce ad andare d'accordo con tutti. Sul lavoro è un po' pigra, ma nel complesso riuscirà a raggiungere posizioni soddisfacenti.

CURIOSITÀ - *Anche in questo caso, la diffusione del nome deve molto alla notorietà di una star del mondo dello spettacolo: l'attrice Kim Basinger.*

KLAUS

🕮 *ONOMASTICO - È la traduzione svedese di Nicola. Lo si festeggia quindi nello stesso giorno di quest'ultimo.*

ORIGINE E SIGNIFICATO - Per l'origine e il significato di questo nome si richiama quanto detto per Nicola.

PERSONALITÀ - Forte e autoritario, Klaus è certamente una persona tutta d'un pezzo che, sotto una corteccia di durezza, nasconde un animo dolce e gentile. In famiglia, quando serve, sa essere severo con i figli, ma sa anche quando gratificarli e premiarli. In amore non troverà facilmente la donna della sua vita perché non sempre il suo carattere ipersensibile viene capito.

KURT

🕮 *ONOMASTICO - Nei calendari anglosassoni è indicata la sua festa al 9 settembre.*

ORIGINE E SIGNIFICATO - L'origine e il significato di questo nome non sono noti.

PERSONALITÀ - Kurt è dotato di una grande fantasia, ma anche di una dose, forse eccessiva, di sregolatezza. Sul lavoro non riuscirà a svolgere impieghi troppo sedentari o riduttivi per lui che, dentro di sé, sa di essere talentuoso e intelligente. Talvolta è un po' scontroso ed egocentrico, ma, fortunatamente, il suo fascino è talmente forte da renderlo comunque amato e desiderato dalle donne.

⊸ CURIOSITÀ - *Il nome ha avuto una certa diffusione grazie al successo del leader del gruppo musicale Nirvana morto suicida, Kurt Cobain.*

L

Laerte

📖 ONOMASTICO - *Si festeggia il 1° novembre, giorno di Ognissanti, perché non esiste un santo patrono.*

ORIGINE E SIGNIFICATO - Deriva dal termine greco *Laértes*, composto da *laos* "popolo", e da *érein,* "sollevare", "legare": il significato è quindi "colui che solleva (o lega) il popolo".

PERSONALITÀ - Persona introversa e timida, è però saggio e intelligente. È particolarmente portato per gli studi classici e, con buone probabilità, la vita lo condurrà verso l'insegnamento scolastico. In amore deve sforzarsi di vincere la pigrizia e la paura d'esporsi, altrimenti non gli sarà facile conoscere la donna della sua vita.

CURIOSITÀ - *Nella mitologia greca era il nome del padre di Ulisse.*

Lamberto

📖 ONOMASTICO - *L'onomastico viene tradizionalmente festeggiato il 16 di aprile in onore di san Lamberto, martire di Saragozza. Vi è poi san Lamberto vescovo di Lione e patrono dei dentisti che è ricordato il 14 aprile e il 17 settembre.*

ORIGINE E SIGNIFICATO - Lamberto, latinizzato in *Lambertus* e *Lampertus,* deriva dal germanico *lander,* "paese", e *behrt,* che significa "chiaro", "illustre", nel significato di "famoso nel suo paese". Costituiva nel passato un personale aristocratico, adottato da nobili e regnanti.

PERSONALITÀ - È dotato di un temperamento pratico e sbrigativo ma altruista, generoso e insofferente alle ingiustizie. Timido e impacciato in amore, è soggetto, per la sua ingenuità, a numerose delusioni che lo feriscono nel profondo. Malinconico, modesto, molto conciso, non bada all'esteriorità; risulta essere anche piuttosto parsimonioso.

Lanfranca / Lanfranco

📖 ONOMASTICO - *L'onomastico è tradizionalmente ricordato il 23 giu-*

gno in memoria di san Lanfranco Beccaria, vescovo di Pavia, morto nel 1194.

ORIGINE E SIGNIFICATO - Personale di tradizione francese e tedesca, dal germanico *land,* "paese" e *frank,* che significa "libero", vuol dire quindi "uomo libero nel paese", "non soggetto a imposte".

PERSONALITÀ - Lanfranca: carattere turbolento, diffidente, coraggioso ma piuttosto ombroso. In amore Lanfranca si rivela accentratrice, dispotica eppure fedele. Lanfranco: interessato alla poesia, di sovente compone versi oppure canzoni. Tende a largheggiare nelle spese ma con la stessa facilità riesce a guadagnare, controbilanciando così i rischi dovuti alla sua prodigalità.

LAPO

📖 ONOMASTICO - *È una variante del nome Iacopo, pertanto si richiama a quest'ultimo per l'onomastico.*

ORIGINE E SIGNIFICATO - L'origine e il significato di Lapo sono gli stessi di Iacopo.

PERSONALITÀ - Ambizioso e orgoglioso, Lapo è un uomo competitivo ed esibizionista. Non è molto amato sin dalla prima adolescenza per il suo carattere arrogante. In amore non cerca il matrimonio e preferisce perdersi in una miriade di avventure frivole e, a dire il vero, un tantino adolescenziali. Non riesce a prendere niente sul serio e sul lavoro si dimostra inaffidabile e al contempo alquanto pretenzioso verso i collaboratori.

CURIOSITÀ - *Il nome ha avuto diffusione grazie a Lapo Elkann, uno dei nipoti dell'avvocato Giovanni Agnelli, deceduto presidente onorario della Fiat.*

LARA

📖 ONOMASTICO - *L'onomastico si ricorda l'11 agosto in memoria della fondatrice delle suore Clarisse, ossia santa Chiara d'Assisi.*

ORIGINE E SIGNIFICATO - Lara prende origine dai nomi russi Larissa e Larisa, di cui è il diminutivo. Questi corrispondono all'italiano Laura, da cui acquisiscono il significato. Si può riferire anche al nome Clara.

PERSONALITÀ - Carattere difficile e contraddittorio, Lara è sempre in movimento in cerca di qualcosa che la possa stimolare e stupire. Vive intensamente tutte le avventure possibili e immaginabili, sia amorose che non. È anche una donna dotata di una loquacità eccezionale e una personalità assai giovanile. Sul lavoro non ama le posizioni di comando, ma è comunque molto affidabile, precisa e ben voluta dai superiori. In amore non vuole assolutamente il matrimonio e rifuggerà ogni proposta in questo senso.

LAURA / LAURO

🕮 ONOMASTICO - *L'onomastico di Laura è festeggiato tradizionalmente il 19 ottobre in ricordo di santa Laura, martirizzata a Cordova nell'anno 864. Per Lauro invece l'onomastico si celebra il 18 agosto in ricordo del santo tagliapietre illirico martirizzato con san Floro.*

ORIGINE E SIGNIFICATO - Laura deriva dal latino *laurus* che indica il lauro o alloro e, in origine, era un nome solo di genere femminile. La vera origine di Laura è però mitologica: in greco il lauro si diceva *dafne.* E Dafne era il nome di una delle ninfe della mitologia greca.

PERSONALITÀ - Laura: è vivace e sveglia, apprende senza problemi anche grazie a un'ottima memoria. Lauro: è dotato di una fantasia notevolissima ed è portato per la poesia e per le lettere in generale. Per lui si prevede una brillante carriera come umanista.

CURIOSITÀ - *Grazie al Petrarca e al suo Canzoniere, il nome Laura, che nel Medioevo era ancora poco diffuso, diventò molto popolare. Ma Laurea, con il maschile Laurus meno frequente, era già un nome proprio nell'età imperiale: augurava a chi lo portava "vittoria, sapienza, conoscenza". E con questi stessi significati fu poi adottato dai cristiani.*

LAVINIA / LAVINIO

🕮 ONOMASTICO - *Si festeggia il 1° novembre, giorno di Ognissanti, perché non esiste un santo patrono.*

ORIGINE E SIGNIFICATO - Nome di matrice classica ripreso dall'*Eneide* col probabile significato di "oriunda di Lavinio", la città fondata dall'eroe troiano (da *lavos* che significa "popolo").

PERSONALITÀ - Lavinia: carattere curioso e dinamico, è un'instancabile lavoratrice. Chiusa e riservata, a chi la conosce poco appare fredda e distaccata, ma, con il tempo, il fascino di cui è dotata emerge. Schietta e molto onesta, detesta la routine, gli obblighi, i compromessi. Lavinio: avrà un grande successo nel mondo dello spettacolo o nelle professioni artistiche e letterarie. Avrà una vita sentimentale all'insegna del movimento e della spensieratezza.

CURIOSITÀ - *Una Lavinia da ricordare, soprattutto per la sua professione, quanto mai insolita nel passato: Lavinia Fontana, ritrattista del '500.*

LAZZARO

ONOMASTICO - *L'onomastico è per tradizione festeggiato il 17 dicembre in onore di san Lazzaro di Betania, fratello di Maria, resuscitato da Gesù. Patrono degli ammalati, dei lebbrosi e di Castelnuovo di Ceva. Lo si invoca contro la lebbra.*

ORIGINE E SIGNIFICATO - Deriva dall'ebraico *Eleazar* che significa "colui che è assistito da Dio".

PERSONALITÀ - Lazzaro è un vero buontempone. Ama scherzare e far divertire le persone che gli sono vicine forse anche perché, fondamentalmente, è un incorreggibile esibizionista. In amore è corteggiato da molte donne ma difficilmente è sincero e fedele: in questo senso la sua avarizia finanziaria non è altro infatti che la proiezione della sua fatica ad abbandonarsi con fiducia ai sentimenti.

LEA / LEO

ONOMASTICO - *L'onomastico femminile è tradizionalmente festeggiato il 22 marzo in memoria di una santa vedova romana, morta nel 384, patrona delle vedove. La Chiesa ricorda ancora una martire in Africa, il 28 settembre. L'onomastico di Leo è festeggiato invece il 5 maggio, in ricordo di san Leo di Montefeltro, nelle Marche.*

ORIGINE E SIGNIFICATO - Leo è la forma troncata del nome Leone, con significato e origini uguali. Lea deriva dal greco *Leaina* e significa "leonessa".

PERSONALITÀ - Lea: è molto femminile, appare intrigante nel suo look sempre ricercato e all'ultima moda, contraddittoria e golosa di dolci. Nel momento del bisogno, sa dimostrarsi però equilibrata e giudiziosa. Leo: mente sottile, abile, acuta. Ama viaggiare per vedere e conoscere nuove culture e nuovi popoli. Ha un modo di comportarsi decisamente *sui generis*, vistoso ed esagitato negli abiti come nei gesti.

LEANDRO

ONOMASTICO - *L'onomastico è tradizionalmente festeggiato il 27 feb-*

braio in ricordo di san Leandro, evangelizzatore dei Visigoti, arcivescovo di Siviglia nel VI secolo e che, negli anni bisestili, viene commemorato il 28 febbraio. Dalla Chiesa viene anche ricordato un vescovo a Treviri, il 5 ottobre.

ORIGINE E SIGNIFICATO - Deriva dal greco *laos*, "popolo", o da *leios*, cioè "tranquillo" e *anèr*, *andros* che vuol dire "uomo"; il nome può significare "uomo del popolo" oppure "uomo tranquillo".

PERSONALITÀ - Leandro è altruista, sensibile, fedele. Si innamora facilmente e di frequente, mitizzando poi all'eccesso ogni amore perduto. Apprezza la musica, l'arte, la bellezza ma la sua scarsa ambizione gli rende difficile il successo. Gli bastano la serenità e un certo benessere per consentirgli un'esistenza comoda e tanto, tanto amore per sentirsi completamente felice.

CURIOSITÀ - *Leandro è, nel mito, il giovanotto di Abido che, innamorato della sacerdotessa Ero, residente sulla riva opposta dell'Ellesponto, morì tra i flutti mentre, come ogni notte, stava raggiungendola a nuoto, guidato dalla luce di una fiaccola tenuta accesa per lui.*

LEDA

ONOMASTICO - *Si festeggia il 1° novembre, giorno di Ognissanti, perché non esiste un santo patrono.*

ORIGINE E SIGNIFICATO - Il nome, probabilmente derivato dal greco *loidorein* che significa "ingiuriare", è collegato da alcuni all'incerto etimo *lada*, di significato pari a "donna", "sposa".

PERSONALITÀ - Di umore bizzarro e mutevole, Leda si presenta come una persona appassionata e romantica. Durante i suoi sbalzi d'umore, spesso si intristisce al punto da essere famosa per i suoi lunghi bronci e per una gelosia smodata. Suscettibile e tuttavia sprovveduta di fronte a uomini brillanti e "in carriera", rischia parecchi guai e delusioni in amore.

CURIOSITÀ - *Nome personale di matrice classica, è il nome della bella moglie di Tindaro che, posseduta da Zeus in forma di cigno, gli partorì da due uova i gemelli Castore e Polluce e la bellissima Elena, causa della rovina di Troia.*

LEILA

ONOMASTICO - *Si festeggia il 1° novembre, giorno di Ognissanti,*

perché non esiste un santo patrono.
ORIGINE E SIGNIFICATO - Il nome Leila richiama il significato dell'oscurità. Se guardiamo l'etimologia ebraica il suo significato è infatti "nata durante la notte", se invece si ricorre a quella arabo-persiana vuol dire è "nera", "scura".
PERSONALITÀ - Generosa ed estroversa, Leila possiede un carattere tollerante e adattabile. Con gli amici è sempre disponibile e affidabile. In amore, il suo carisma e la grande forza comunicativa la rendono irresistibile ai più. Cerca presto il matrimonio e, in famiglia, sa affrontare di buon grado tutte le situazioni che le si presentano.

CURIOSITÀ - *Ha contribuito molto alla sua diffusione il romanzo di Fogazzaro* Leila.

LEONARDO

ONOMASTICO - *L'onomastico è tradizionalmente festeggiato il 6 novembre, in onore di san Leonardo, abate di Noblac in Francia vissuto nel VI secolo; patrono di Campobasso, carcerati, agricoltori, fabbri, fruttivendoli; lo si invoca per ottenere un parto facile.*
ORIGINE E SIGNIFICATO - Leonardo fa parte di quella lunga schiera di nomi che derivano dal re degli animali: Leone in primo luogo, poi Leonida, Leonildo, Leonisio e Leonzio. Ma Leonardo ha una sua particolarità: inventato dalle popolazioni germaniche, è mezzo latino e mezzo germanico. Letteralmente significa "il leone valoroso" e in senso traslato vuol dire "colui che è valoroso come un leone".
PERSONALITÀ - Leonardo è uno sportivo eccellente che coltiva i miti della forza e della tenacia; privo di slanci affettivi dimostra in compenso un raro fiuto negli affari. Sul lavoro sarà un bravo economista e matematico. Una volta incontrata la donna capace di fargli perdere la testa, si dimostrerà un uomo dolce e premuroso.

CURIOSITÀ - *Si è diffuso dapprima nell'Italia meridionale, specialmente in Puglia e in Sicilia, grazie al culto di un santo francese portato dai Normanni quando conquistarono il nostro meridione: si tratta di san Leonardo di Nobiliacum, un abate francese del VI secolo, festeggiato il 6 novembre. Non un santo ma uno dei maggiori artisti italiani di tutti i tempi, Leonardo da Vinci, contribuì poi a rendere popolare questo nome a partire dal Rinascimento e addirittura ispirò, all'inizio del nostro seco-*

lo, il titolo della rivista culturale Il Leonardo, *che, diretta da Giovanni Papini, segnò l'inizio del rinnovamento culturale del Novecento.*

LEONE

📖 ONOMASTICO - *L'onomastico è festeggiato il 10 novembre, in ricordo di san Leone I, papa detto "il Magno", nato in Toscana verso l'anno 390 e morto a Roma nel 461. Patrono di Manta (Cuneo) e delle gestanti, viene invocato per guarire dal torcicollo.*

ORIGINE E SIGNIFICATO - Leone, come Orso, Lupo e, nel Medioevo, anche Cane, rappresenta un personale di carattere totemico, imposto cioè per infondere al neonato gli attributi propri dell'omonimo animale. Oltre alla forma dotta Leo e Lea (che discendono direttamente dal latino) e a quella tipicamente italiana Leone con le sue numerose varianti, l'onomastica propone una lunga serie di composti tutti in qualche modo collegati al re della foresta.

PERSONALITÀ - In Leone si ritrova un individuo coraggioso, indipendente, molto erudito, dotato di buona memoria e portato per le professioni scientifiche. È in fondo un pignolo e un perfezionista, ed è sempre circondato da uno stuolo di amici.

LEONIDA

📖 ONOMASTICO - *Questo nome può essere festeggiato assieme a Leone.*

ORIGINE E SIGNIFICATO - Leonida, come l'indomito comandante spartano alle Termopoli, significa, dal greco *lèun* e *èides* "colui che ha aspetto di leone".

PERSONALITÀ - Leonida ama lo sport. Piuttosto rigido e di poche parole, cerca in ogni situazione di ottenere il massimo risultato. Riuscire nelle imprese che la vita gli propone è per lui un vero e proprio obbligo. La cocciutaggine, la decisione e la capacità di rischiare, sue prerogative, lo conducono spesso al successo che però a volte paga a caro prezzo.

LEONORA

📖 ONOMASTICO - *L'onomastico viene festeggiato il 21 febbraio, in ricordo di santa Eleonora di Provenza, regina d'Inghilterra, figlia di Beatrice di Savoia e madre del re Edoardo I, morta nel 1292.*

ORIGINE E SIGNIFICATO - Il significato e le origini sono gli stessi di Eleonora.

PERSONALITÀ - Chiacchierona e testarda, Leonora non accetta mai compromessi. Sul lavoro è sempre tesa a sorpassare i colleghi in bravura e impegno. In amore non accetta sconfitte: una volta conosciuto l'uomo giusto, fa di tutto per averlo. In questi casi Leonora si libera con disinvoltura di tutti i limiti che normalmente la accompagnano nella vita di ogni giorno.

LEOPOLDO

🕮 ONOMASTICO - *L'onomastico è tradizionalmente festeggiato il 15 novembre in onore di san Leopoldo III Margravio, austriaco detto "il pio", morto a Kahlemberg, presso Vienna, nel 1136. Patrono dell'Austria.*

ORIGINE E SIGNIFICATO - Si tratta di un personale di derivazione germanica comune nelle dinastie degli Asburgo e dei Badenberg. Significa, da *liud* e *bald*, "valoroso fra il popolo".

PERSONALITÀ - Leopoldo è un individuo tenero e positivo ma, in situazioni che lo vedono coinvolto in prima persona, emergono in lui certi risvolti negativi come l'egoismo e una propensione al sarcasmo che lo possono rendere antipatico. L'aiuto di una compagna un po' ambiziosa gli può prospettare una buona riuscita in ambito professionale e sociale.

LETIZIA

🕮 ONOMASTICO - *L'onomastico per tradizione, viene festeggiato il 13 marzo in ricordo della santa vergine Laetitia.*

ORIGINE E SIGNIFICATO - In latino *laetus*, tradotto poi nell'italiano "lieto", significava non soltanto "allegro", "contento", "soddisfatto", ma anche "favorevole", "propizio", "di buon augurio" e, se riferito al mondo agricolo, "rigoglioso", "fertile", "fecondo". Sicché si diceva, a seconda del contesto, *laetus* di un campo e *laeta* dei greggi. Da *laetus* derivò poi il sostantivo *laetitia* che significava tutte queste cose insieme e divenne poi anche il nome di una dea minore della fertilità e dell'abbondanza.

PERSONALITÀ - La personalità di Letizia è caratterizzata da una contagiosa voglia di vivere. Dolce, ma al contempo fiera, può arrivare ad essere anche vendicativa. Intelligente ma svogliata, è attratta dalla moda e dalle frivolezze. In amore è molto esigente: pretende dal partner dedizione assoluta, serietà e fedeltà incondizionate.

LIA

📖 ONOMASTICO - *L'onomastico si festeggia il 1° giugno, in ricordo di santa Lia martirizzata in Basilicata dai saraceni, col marito Stefano e i figli.*

ORIGINE E SIGNIFICATO - Il nome Lia deriva dalla parola ebraica *le'àh*, il cui significato è "laboriosa". Potrebbe anche essere l'accorciativo di Aurelia e, in questo caso, ne condividerebbe il significato e l'onomastico.

PERSONALITÀ - Lia non sta mai ferma. Ha un carattere nervoso che spesso la porta a soffrire anche per cose di poco conto. È una donna sempre impegnata sia come casalinga perfetta che come impiegata modello e amante passionale.

CURIOSITÀ - *Fu la prima moglie di Giacobbe, sorella di Rachele, divenuta il simbolo dell'operosità.*

LIALA

📖 ONOMASTICO - *Si festeggia il 1° novembre, giorno di Ognissanti, perché non esiste un santo patrono.*

ORIGINE E SIGNIFICATO - Il nome è ripreso dallo pseudonimo della scrittrice Liala Negretti, creato da G. D'Annunzio.

PERSONALITÀ - Liala ha un carattere solido e pratico. È ambiziosa e costruttiva. Non ama le grandi compagnie preferendo al caos la solitudine. Sul lavoro è estremamente critica e severa: controlla più volte il lavoro degli altri fino a sembrare diffidente. È un tantino parsimoniosa, ma non avara. In amore cerca di sposarsi presto e desidera avere molti figli.

LIANA

📖 ONOMASTICO - *Si richiama per questo nome quanto si dirà per Liliana.*

ORIGINE E SIGNIFICATO - L'origine potrebbe essere quella del nome di una pianta esotica oppure il diminutivo di Eliana.

PERSONALITÀ - Forte e autoritaria, Liana è ambiziosa e orgogliosa.

LIBERO

📖 ONOMASTICO - *L'onomastico viene festeggiato il giorno 23 settembre, in ricordo di san Libero, papa di origine romana, vissuto tra il 300 e il 366.*

ORIGINE E SIGNIFICATO - I nomi Libero e Libera, insieme a tutte le varianti come Liberato e Liberto (e i rispettivi femminili) derivano dalla parola latina *liber*, che significa "libero", "di condizione libera"; nell'antica Roma veniva usato anche come soprannome.

PERSONALITÀ - Serio, quasi ombroso, l'uomo Libero incute una certa soggezione sia tra gli amici più intimi che tra i colleghi. In amore è riflessivo e prudente.

CURIOSITÀ - *Questo nome è piuttosto diffuso in Italia, la versione femminile specialmente è presente in Puglia, dove l'accezione cristiana (Libera Maria) vuol significare "libera dal peccato originale".*

LICIA

ONOMASTICO - *Si festeggia il 1° novembre, giorno di Ognissanti, perché non esiste un santo patrono.*

ORIGINE E SIGNIFICATO - Si tratta della traduzione di un nome etnico greco, *Lykìa*, che significava "originaria della Licia", una regione dell'Asia Minore. Fu poi tradotto nel latino *Licia*, ma non ebbe una grossa diffusione.

PERSONALITÀ - Poco appariscente e schiva, è onesta, fedele e un po' permalosa.

CURIOSITÀ - *Licia è uno di quei nomi che devono la loro fortuna a un romanzo e ai suoi successi nel cinema. Fino alla fine del secolo scorso era rarissimo nel nostro Paese, come d'altronde il maschile Licio, che è diffuso prevalentemente nel centro-nord. Ma alla fine del secolo scorso, lo scrittore polacco Henryk Sienkievicz pubblicava un romanzo,* Quo vadis?, *che ebbe un successo straordinario, tant'è vero che fu il libro più venduto in Europa in quel periodo. All'interno di una dettagliata cornice storica, Sienkievicz racconta una storia d'amore fra una principessa barbara, Licia, che si era convertita al cristianesimo, e Vinicio, un patrizio romano, che si sarebbe convertito pure lui per amore. Dopo molte vicissitudini i due riuscivano a sposarsi felicemente. Il successo del romanzo fu poi amplificato dai numerosi film, sicché molti genitori adottarono il nome della bella principessa per le loro figlie.*

LIDIA

ONOMASTICO - *L'onomastico viene tradizionalmente festeggiato il 3 agosto, in ricordo di santa Lidia, venditrice di porpora a Filippi, nella*

Macedonia, che prima fra tutti gli abitanti della sua città credette al Vangelo. Patrona dei malati di tumori, della Teologia e dei tintori.
ORIGINE E SIGNIFICATO - È un nome di origine orientale, nato per definire gli abitanti della Lidia, un regno che si estendeva in una parte della odierna Turchia asiatica, dove si trovano le città di Smirne, Mileto ed Efeso. Il nome greco *Lydios* e *Lydìa* indicava, appunto, "colui che viene dalla Lidia".
PERSONALITÀ - È saggia e lucida in ogni circostanza, tranne nel gioco, e in particolare in quello delle carte, sua grande passione, dove rivela tutto il suo istinto e la sua irrazionalità.

CURIOSITÀ - *Oggi le Lidia sono molto numerose, più di centomila, accentrate nel centro-nord, mentre la variante Lida è propria della Toscana dove troviamo anche la forma maschile, Lido, ma meno numerosa.*

LILIA

ONOMASTICO - *Si festeggia il 1° novembre, giorno di Ognissanti, perché non esiste un santo patrono.*
ORIGINE E SIGNIFICATO - Con ogni probabilità è una variante di Eliana, pertanto per il suo significato e origine si richiama quest'ultima.
PERSONALITÀ - Simile in tutto e per tutto a Eliana, si distingue da lei per l'infinita pazienza.

LILIANA

ONOMASTICO - *L'onomastico di Liliana si festeggia il 5 novembre, quando si celebra santa Elisabetta, madre del Battista.*
ORIGINE E SIGNIFICATO - Si ritiene che Liliana derivi dal latino *lilium*, "giglio", o da *liliale*, "candido come il giglio", che è indubbiamente un significato molto poetico. Ma in verità Liliana deriva dall'inglese *Lilian*, che è un diminutivo di *Elisabeth*.
PERSONALITÀ - Pacifica e gentile, è una donna molto educata e pudica. Neanche negli amori più appassionati perde il controllo.

CURIOSITÀ - *Liliana è diventato col tempo un nome vero e proprio, che viene portato in Italia da circa 150.000 donne.*

LINA / LINO

ONOMASTICO - *L'onomastico è tradizionalmente festeggiato il 23 settembre in ricordo di san Lino papa. Nato a Volterra, fu predicatore in*

Francia. Nel 67 salì al soglio pontificio dopo la morte di san Pietro e subì il martirio nel 78 durante la persecuzione di Vespasiano.
ORIGINE E SIGNIFICATO - Antico nome di origine greca che significa "rete", Lino può anche essere l'accorciativo di altri nomi quali, Michelino, Angelino, Natalino, ecc. Anche la forma femminile Lina può essere l'accorciativo di nomi quali Paolina, Michelina, Angelina.
PERSONALITÀ - Lina: fortunata e intraprendente, è una donna piena di risorse ed energie: propositiva e dinamica, ama lo sport e la vita all'aria aperta. Lino: in amore è molto passionale, pieno di fantasia e con quella giusta dose di mistero che lo rende intrigante.

LINDA

📖 ONOMASTICO - *L'onomastico è tradizionalmente festeggiato il 22 gennaio in ricordo di santa Linda che subì il martirio con santa Nilde. La santa di Maaseyk, martire nel 745, detta anche Herlinda, viene commemorata il 22 marzo. L'onomastico si può festeggiare anche il 22 gennaio, in ricordo di santa Teodolinda, la sovrana dei Longobardi che favorì la conversione al cristianesimo del suo popolo. Altrimenti si festeggia il 29 ottobre, festa di santa Ermelinda vergine.*
ORIGINE E SIGNIFICATO - Probabilmente è la forma abbreviata di nomi femminili di origine germanica come Teodolinda, Adelinda, Emelinda o Rosalinda. Deriva dal germanico *linta*, che significa "tiglio", un albero la cui legna serviva per fabbricare gli scudi.
PERSONALITÀ - La resistenza è la sua dote più spiccata: più che forte, infatti, si rivela tenace e testarda.

CURIOSITÀ - *Si è diffuso nel secolo scorso grazie a un'opera lirica di Gaetano Donizetti, Linda di Chamonix, e tra gli anni Sessanta e Settanta è tornato alla ribalta per una celebre canzone di Lucio Battisti il cui testo era stato composto da Mogol.*

LINNEA

📖 ONOMASTICO - *Si festeggia il 1° novembre, giorno di Ognissanti, perché non esiste un santo patrono.*
ORIGINE E SIGNIFICATO - Deriva dalla antica lingua finnica e significa "vischio".
PERSONALITÀ - Festosa e di compagnia, è una donna amabile e ben voluta da tutti. Soffre però di un'inguaribile pigrizia: grande pantofolaia,

se non venisse trascinata fuori casa dalle amiche, trascorrerebbe tutto il suo tempo libero comodamente seduta sul divano, a gustarsi buona musica e letture impegnate.

LISA

📖 ONOMASTICO - *L'onomastico si festeggierà lo stesso giorno di Elisabetta.*

ORIGINE E SIGNIFICATO - È una variante del nome Elisabetta o Elisa, pertanto si richiamano questi ultimi per il suo significato e la sua origine.

PERSONALITÀ - È la faccia della serenità: serafica e sempre sorridente, è un toccasana per chiunque la frequenti. Chi ha bisogno di aiuto trova in lei una disponibilità rara. In amore sa essere responsabile e seria, ma talvolta questo suo eccesso di perfezione rischia di farla apparire fredda e un po' noiosa.

LISETTA

📖 ONOMASTICO - *L'onomastico si festeggierà lo stesso giorno di Elisabetta.*

ORIGINE E SIGNIFICATO - È una variante vezzeggiativa del nome Elisabetta o Elisa, pertanto si richiamano questi ultimi per il suo significato e la sua origine.

PERSONALITÀ - Credulona e piena di fiducia verso il prossimo, tende ad appoggiarsi troppo alle parole degli altri, senza mai valutarne l'effettiva affidabilità. Sul lavoro è precisa ma poco creativa.

LIVIA / LIVIO

📖 ONOMASTICO - *L'onomastico viene festeggiato il 23 febbraio in ricordo di san Livio martire romano.*

ORIGINE E SIGNIFICATO - Livio, *Livius* in latino, non era originariamente un nome proprio: era un gentilizio, cioè il nome della *gens* o casata cui si apparteneva. Sull'origine e sul significato non si hanno notizie precise, ma pare derivi da un nome etrusco, *Livus*, di significato ignoto. Qualche studioso lo farebbe derivare dal verbo latino *livère*, cioè "impallidire": sicché *Livius* avrebbe il significato di "livido", "pallido" e sarebbe riferito originariamente alla carnagione chiarissima di una persona. Ma si tratta soltanto di una congettura priva di riscontri.

PERSONALITÀ - Livia: flemmatica e sempre misurata, ha un carattere più nordico che latino. Livio: non si lascia guidare dalle emozioni e dalle passioni della prima ora, preferendo all'istinto la moderazione e la razionalità.

LODOVICA / LODOVICO

📖 ONOMASTICO - *L'onomastico femminile è tradizionalmente festeggiato il 31 gennaio in ricordo della beata Lodovica Albertoni, vedova terziaria francescana, nata a Roma nel 1474 e morta nell'anno 1534. Per Lodovico l'onomastico si celebra il 30 aprile in memoria di san Lodovico, martire a Cordoba con san Matore prete e san Pietro monaco.*

ORIGINE E SIGNIFICATO - Deriva dal germanico, o meglio dal francone *Hlodowig*, composto da *hloda*, che significa "fama", "gloria", e da *wigaz*, "combattente". Pertanto Lodovico è "il combattente valoroso". Fu un nome molto diffuso nel Medioevo, sia nella forma tradizionale Lodovico, che deriva direttamente da *Hlodowig* attraverso la romanizzazione in *lod*, sia nella forma Ludovico proveniente dal tedesco *Ludwig*.

PERSONALITÀ - Lodovica: pur di godersi le esperienze fino in fondo e vivere emozioni intense, è disposta a rischiare il tutto per tutto. Lodovico: in amore è facile alle sonore "scottature", di cui però mai si pente.

LOLA

📖 ONOMASTICO - *Essendo l'ipocoristico spagnolo di Lorenza, si richiama a quest'ultimo nome per l'onomastico di Lola.*

ORIGINE E SIGNIFICATO - L'origine e il significato sono gli stessi di Lorenza.

PERSONALITÀ - Socievole ed estroversa, ama le atmosfere conviviali e le amicizie in cui poter tessere grandi complicità. Sul lavoro è una stakanovista, sempre pronta a sacrificare tempo libero e interessi pur di portare a compimento gli impegni presi.

LORA

📖 ONOMASTICO - *Santa Lora viene festeggiata il 27 dicembre.*

ORIGINE E SIGNIFICATO - Il significato e l'origine sono gli stessi di Lorenza. Da ricordare le forme Lorisa, Lorinda, Loriana, Lora, Loretta e Loris.

PERSONALITÀ - Le donne con questo nome appaiono piuttosto ambiziose: il loro coraggio, unito a un'eccezionale volontà, le conduce facilmente al successo, pagato però spesso con la solitudine affettiva. Indipendenza, insofferenza ai legami e alla routine, unite a una certa dose di orgoglio ed eccessive pretese in campo sentimentale, sono le caratteristiche distintive della loro personalità. Preferiscono un compagno a un fidanzato o marito.

LOREDANA

📖 ONOMASTICO - *L'onomastico è tradizionalmente festeggiato il 10 dicembre in ricordo della santa vergine di Loreto. Patrona degli aviatori e degli astronauti.*

ORIGINE E SIGNIFICATO - Loredana è un nome recente, inventato da Luciano Zuccoli per la protagonista del romanzo *L'amore di Loredana*, pubblicato nel 1908. Lo scrittore forse si era ispirato al cognome Loredan che appartiene a un'antica famiglia aristocratica veneziana, originaria di Loredo. Per altri invece sarebbe legato al culto della Madonna di Loreto.

PERSONALITÀ - Pazzerella ed eccentrica, Loredana è una perenne sorpresa: ogni sua scelta è imprevedibile, ogni suo cambiamento di umore inaspettato. Negli affetti è ostinata e non sempre lucida a sufficienza, soprattutto quando si tratta di elaborare i rifiuti.

LORELLA

📖 ONOMASTICO - *Essendo un vezzeggiativo di Lora, si festeggia il 27 dicembre, giorno di santa Lora.*

ORIGINE E SIGNIFICATO - È un diminutivo di Loredana, pertanto si richiama quest'ultimo nome per origine e onomastico.

PERSONALITÀ - Atletica e con l'argento vivo addosso, ama tenersi in forma: sopportando bene la fatica fisica, non esita a fare estenuanti tour de force in palestra, che la rendono sempre perfetta, ma talvolta un po' troppo pretenziosa con se stessa.

LORENA

📖 ONOMASTICO - *Si festeggia il 1° novembre, giorno di Ognissanti, perché non esiste un santo patrono.*

ORIGINE E SIGNIFICATO - Si tratta di un nome ideologico, sorto alla fine del Settecento come manifestazione di solidarietà nei confronti dei duchi di Toscana della dinastia di Lorena, benvoluti per le loro idee liberali e riformiste.

PERSONALITÀ - Temperamento gentile, sensibile, altruistico ma spesso contraddittorio, Lorena è alla costante ricerca dell'equilibrio interiore o dell'armonia con gli altri, motivo per cui tende a evitare con tutti i mezzi controversie e litigi che giudica insopportabili. Leggermente masochista e affettata nell'intimo, si aggrappa al rapporto di coppia cercando di mantenerlo saldo a ogni costo.

LORENZA / LORENZO

📖 ONOMASTICO - *L'onomastico femminile è tradizionalmente festeggiato l'8 ottobre in ricordo di santa Lorenza, martire ad Ancona con san Palazia. Per Lorenzo l'onomastico si celebra il 10 agosto in ricordo di san Lorenzo arcidiacono, incaricato dell'amministrazione dei beni della Chiesa. Durante la persecuzione di Valeriano, nell'anno 258, subì il martirio a fuoco lento su una graticola di ferro. È patrono di bibliotecari, cuochi, librai, pasticceri, pompieri, rosticceri e lavoratori del vetro, della città di Alba, di Ardenno, di Attigliano, di Carignano, di Grosseto e di Roma.*

ORIGINE E SIGNIFICATO - Nella Roma antica i nomi *Laurentius* e *Laurentia*, da cui derivarono Lorenzo e Lorenza, significavano "cittadino oriundo di Laurentum". A dire il vero, originariamente non erano nomi propri, ma gentilizi, cioè cognomi che indicavano l'appartenenza a una *gens*, a una casata; poi divennero dei supernomina, ossia secondi cognomi che permettevano di individuare meglio una persona.

PERSONALITÀ - Lorenza: di temperamento vivace e un po' inquieto, cerca nell'impegno sociale la propria gratificazione esistenziale. Lorenzo: uomo serio e fedele, ma più che per convinzione o etica personale, per la paura di far soffrire le persone care; se seguisse l'istinto più vero e profondo, sarebbe portato a sperimentare emozioni forti anche se poco durature.

LORETTA

📖 ONOMASTICO - *L'onomastico può essere festeggiato il 27 dicembre giorno in cui si commemora la beata Loreta Fusconi, morta nel 1430.*

ORIGINE E SIGNIFICATO - Forma variata di Laura, dal latino *Laurus*, simbolo di vittoria e pianta sacra ad Apollo.

PERSONALITÀ - È una donna che fa molto caso alle convenzioni sociali e ai giudizi altrui. Questo atteggiamento le impedisce di vivere la vita liberamente.

LOUIS

📖 ONOMASTICO - *È la traduzione francese di Luigi, pertanto può essere festeggiato nel suo stesso giorno. Nei calendari anglosassoni è riportata la festa di Louis il 9 luglio.*

ORIGINE E SIGNIFICATO - Il significato e l'origine sono gli stessi di Luigi.

PERSONALITÀ - Solare ed estroverso, tende ad essere un uomo sostanzialmente allegro e di buona compagnia. Se cambia repentinamente umore, tuttavia, si può trasformare altrettanto facilmente in una persona irascibile e nervosa.

LUANA

📖 ONOMASTICO - *Si festeggia il 1° novembre, giorno di Ognissanti, perché non esiste un santo patrono.*

ORIGINE E SIGNIFICATO - È un nome di origine incerta, probabilmente legata al territorio polinesiano, e dal significato oscuro.

PERSONALITÀ - Sagace e acuta, in compagnia è amata per le sue uscite fuori dal comune, molto efficaci: di poche parole, quando parla, non lo fa mai a caso, con giudizi sempre calzanti e acuti.

CURIOSITÀ - *Sembra incredibile ma in Italia ci sono circa novemila fra donne, ragazze e bambine che si chiamano Luana. Questo perché molti genitori, soprattutto del centro-nord dove il nome è più diffuso, furono influenzati dal successo del film di King Vidor Cynara, bird of paradise, del 1932, in cui Luana, impersonata dalla bellissima Dolores Del Rio, era una giovane polinesiana.*

LUCA

📖 ONOMASTICO - *L'onomastico è festeggiato il 18 ottobre, in ricordo di san Luca evangelista, medico di origine pagana e forse anche pittore. Patrono di miniaturisti, pittori, scultori, indoratori, artisti, chirurghi, notai e medici, lo si invoca contro l'impotenza.*

ORIGINE E SIGNIFICATO - Originariamente, in greco antico, era il diminutivo di *Lykanòs*, che poteva significare "oriundo, nativo della Lucania" oppure "nato alle prime luci, di primo mattino" perché aveva la stessa radice di *lyke*, “luce”. Da *lycanòs* derivò il diminutivo *Lycàs*, che fu poi latinizzato in *Lucas* o *Luca*, e si diffuse fra i cristiani per il culto dell’evangelista Luca, autore anche degli Atti degli Apostoli, e le cui reliquie, secondo una tradizione padovana, si troverebbero nella chiesa di santa Giustina di Padova.

PERSONALITÀ - È un eterno bambinone, sempre pronto a giocare e con un buon umore contagioso, ma poco propenso alla responsabilizzazione. Dotato di un magnetico fascino, attrae le donne con naturalezza e senza grossi sforzi, per farle però poi fuggire quando si tratta di costruire qualcosa di duraturo e affidabile. Adora fare lunghe passeggiate in montagna e trascorrere il tempo libero immerso nella natura.

CURIOSITÀ - *San Luca è celebre per una leggenda che cominciò a circolare nel V secolo: si narra che fosse non soltanto medico ma anche pittore e che avesse raffigurato in un quadro la Madonna, che aveva conosciuto personalmente. Di quel quadro, poi smarrito, si fecero tante copie che giunsero, secondo questa leggenda, in Occidente: si tratta delle famose Madonne Nere bizantine o Madonne di san Luca, che si trovano in tutta Europa.*

LUCE

ONOMASTICO - *Si festeggia il 1° novembre, giorno di Ognissanti, perché non esiste un santo patrono.*

ORIGINE E SIGNIFICATO - Di origine sconosciuta, ha un significato evidente.

PERSONALITÀ - Contrariamente al nome che porta, la donna Luce propende più alla malinconia e alla contemplazione che al dinamismo e all’allegria. Nonostante questo è apprezzata, sul lavoro come in famiglia, per la sua profonda sensibilità.

LUCIA / LUCIO

ONOMASTICO - *L’onomastico femminile è festeggiato il 13 dicembre, in memoria di santa Lucia, vergine martire siracusana del 304, assai venerata a Venezia. Patrona di ciechi, elettricisti, oculisti e di Siracusa, la si invoca contro le malattie degli occhi, la dissenteria, le emorragie. Per Lucio l’onomastico viene tradizionalmente celebrato il 4 dicembre in onore di san Lucio I, martire nel 254, patrono dei pizzicagnoli e dei caseari.*

ORIGINE E SIGNIFICATO - Deriva dal latino *Lucia*, femminile di *Lucius*, che poi ha dato luogo al nostro Lucio. In Inghilterra e negli Stati Uniti

il nome diventa *Lucy*. Entrambi derivavano a loro volta dal latino *lux*, "luce", e significavano, come d'altronde Luca, "nato o nata alla prima luce del mattino oppure durante le ore di luce".
PERSONALITÀ - Lucia: attribuisce grande importanza ai sentimenti, ma nasconde la passione sotto un aspetto chiuso e timido. Lucio: buono, gentile, innamorato dell'arte ma soprattutto dell'amore, Lucio riscuote sempre numerosi successi affettivi.

CURIOSITÀ - *In Svezia il culto di santa Lucia è diffusissimo e la sua festa viene celebrata con una serie di cerimonie molto suggestive durante le quali si canta - in svedese - la bella canzone napoletana Santa Lucia.*

LUCIANA / LUCIANO

ONOMASTICO - *L'onomastico di Luciana viene festeggiato il 18 maggio, in ricordo di santa Luciana martire di Bisanzio. Quello maschile si celebra il 7 gennaio, in onore di san Luciano di Antiochia. Il giorno dopo si ricorda un altro san Luciano, martire francese, di Beauvais.*
ORIGINE E SIGNIFICATO - Sono la traduzione del soprannome o secondo cognome latino *Lucianus*, che come *Lucius*, derivava a sua volta da *lux*, ovvero "luce". Il suo significato è quindi "nato al mattino, alle prime luci", oppure "durante il giorno". Ma secondo un'altra interpretazione deriverebbe direttamente da *Lucius* e significherebbe "figlio di Lucio".
PERSONALITÀ - Luciana: suscettibilità, pigrizia, immaginazione e instabilità si fondono dando vita a una creatura iperemotiva e sognatrice. Luciano: è un sentimentale, vivace e pieno di fascino. Leale e sincero, è apprezzato dagli amici e dalle donne per il suo carattere disponibile, gioviale e per la sua incredibile serenità.

CURIOSITÀ - *Luciano è uno dei nomi più diffusi in Italia. Difficile capirne il motivo perché i suoi santi non sono popolari né vi sono personaggi celebri, tranne uno: lo scrittore greco Luciano vissuto nel II secolo. Probabilmente la fortuna di Luciano e Luciana, soprattutto in epoca moderna, è dovuta alla loro eufonia: hanno infatti un suono gradevole e dolce che ben si adatta ai neonati.*

LUCILLA

ONOMASTICO - *L'onomastico viene festeggiato il 31 ottobre, in memoria di santa Lucilla vergine, martire a Roma con suo padre, il beato diaco-*

no Nemesio. In qualche località è venerata il 25 agosto e l'8 dicembre.
ORIGINE E SIGNIFICATO - È una variante di Lucia, pertanto si richiama quel nome per il suo significato.
PERSONALITÀ - Lucilla è allegra e spensierata. È la tipica cicala che vive alla giornata, corteggiatissima e civetta ma molto gelosa ed esclusiva in amore. Prodiga specialmente se il denaro in questione non le appartiene, invecchiando migliora smussando l'egoismo e la vanità dell'età giovanile.

LUCREZIA / LUCREZIO

📖 *ONOMASTICO* - *L'onomastico è tradizionalmente festeggiato il 15 marzo in onore di santa Lucrezia, martire spagnola, uccisa a Còrdoba nell'anno 859 dai saraceni e assai venerata a Mèrida, il 23 novembre.*
ORIGINE E SIGNIFICATO - Deriva dal gentilizio romano *Lucretius*, di origine etrusca e di significato incerto, forse dal nome del monte *Lucretilis* della Sabina.
PERSONALITÀ - Lucrezia: brontolona e un po' tesa al vittimismo, è una donna introspettiva e problematica. Lucrezio: spesso portato per le attività manuali, è amato da tutti per la sua grande generosità.

CURIOSITÀ - *Non ci si può scordare, parlando di Lucrezia, della nobile Lucrezia Borgia. In realtà, ella non fu che una vittima, uno strumento di potere nelle mani del papa e del fratello, il temibile Valentino. Ma la sua leggendaria fama di "avvelenatrice" contribuì, a partire della seconda metà del secolo scorso, a far diminuire la frequenza delle Lucrezia, non solo in Italia, ma in tutta Europa.*

LUDMILLA

📖 *ONOMASTICO* - *Santa Ludmilla si festeggia il 16 ottobre.*
ORIGINE E SIGNIFICATO - Deriva dallo slavo *ljod*, "popolo" e *mir*, che significa "amato" col significato originario di "cara al popolo".
PERSONALITÀ - Ama il lusso e le comodità, la facile scalata al successo, la popolarità, la gloria anche se immeritata: Ludmilla è una donna senza troppi scrupoli, disposta a tutto pur di raggiungere la tanta agognata fama. Negli affetti è orgogliosa e un po' dispotica, ma se si innamora seriamente può anche arrivare a rinunciare alle proprie conquiste pur di soddisfare e prendersi cura del proprio partner.

LUDOVICA / LUDOVICO

📖 ONOMASTICO - *L'onomastico femminile è tradizionalmente festeggiato il 31 gennaio, in ricordo di santa Ludovica (o Lodovica) Albertoni, vedova francescana, morta nel 1534. La beata Ludovica di Savoia, morta nel 1503, viene commemorata, secondo i luoghi, l'11 agosto o il 1° ottobre. Per Ludovico l'onomastico si festeggia il 25 agosto in memoria di san Ludovico (Luigi IX, re dei Franchi), nato a Poissy nel 1215 e morto di peste nei pressi di Tunisi, durante una crociata, nell'anno 1270. Venne canonizzato nel 1297 da papa Bonifacio VIII. Patrono di carpentieri, barbieri, parrucchieri, marmisti, lapicidi, merciai, muratori e di Fenestrelle, si invoca contro le malattie infettive.*

ORIGINE E SIGNIFICATO - Il significato e l'origine di questo nome sono gli stessi di Lodovico.

PERSONALITÀ - Ludovica: loquace e frenetica, adora circondarsi di amici e condurre una vita spensierata. Ludovico: sensibile oltremisura, soffre notevolmente le donne aggressive ed autoritarie da cui però, inevitabilmente, rimane sovente attratto.

LUIGI

📖 ONOMASTICO - *L'onomastico è festeggiato il 21 giugno in onore di san Luigi Gonzaga, gesuita, figlio del marchese Ferdinando di Castiglione, morto nel 1591. Patrono degli studenti, della gioventù e di Villafaletto. Si può anche ricordare san Luigi IX, che si festeggia il 25 agosto.*

ORIGINE E SIGNIFICATO - Luigi e i femminili Luigia e Luisa con l'alterato Luigina sono fra i nomi più diffusi in Italia. Provengono dal francese *Louis* che a sua volta derivava da *Hlodowig*, un nome di origine germanica e di tradizione francone: composto da *hluda*, che significava "famoso", e da *wigaz*, "combattente", Luigi è il "combattente illustre, famoso". *Hlodowig* ha originato vari nomi propri che hanno lo stesso significato di Luigi: Lodovico, Luise, Aloisio e Clodoveo.

PERSONALITÀ - È sbadato e sempre con la testa tra le nuvole, ma dotato di un grande cuore, che lo rende molto amato da tutti.

CURIOSITÀ - *Luigi si è diffuso dal Medioevo fino al Settecento in tutta Europa per il prestigio di vari re francesi: basti pensare al celeberrimo Luigi XIV, soprannominato "il Re Sole". Diversi personaggi celebri hanno porta-*

to questo nome, dai compositori Luigi Boccherini e Luigi Cherubini allo scienziato Louis Pasteur, lo scopritore del siero antirabbico; da Luigi Pirandello al cantante Louis Armstrong. Per non parlare dei numerosi attori e cantautori, come il compianto Luigi Tenco, Gino Paoli o Gigi Proietti che portano due degli ipocoristici di Luigi più diffusi in Italia: Gino e Gigi, che insieme con Gigetto, Gigino, Gigio e i femminili Gigia, Gigetta, Gigina e Gina, sono i nomi di circa cinquemila italiani.

LUISA

📖 ONOMASTICO - *L'onomastico si festeggia il 15 marzo, in ricordo di santa Luisa de Marillac, vedova Le Gras, fondatrice assieme a san Vincenzo de' Paoli, delle Figlie della Carità, ossia* les soeurs grises, *le sorelle grigie di Parigi. In qualche località è venerata il 2 marzo. Patrona delle assistenti sociali.*

ORIGINE E SIGNIFICATO - Il significato e l'origine di questo nome sono gli stessi di Luigi: Luisa è infatti la traduzione del francese Louise che è il femminile di Louis, l'italiano Luigi.

PERSONALITÀ - Dolce e materna in famiglia, è volenterosa e tenace sul lavoro: se negli affetti non teme confronti, la sua soddisfazione professionale passa dagli attestati di stima dei suoi superiori più che dai risultati effettivamente conseguiti.

LUMINOSA

📖 ONOMASTICO - *Santa Luminosa si festeggia il 9 maggio. È la patrona delle bancarelle di libri usati.*

ORIGINE E SIGNIFICATO - Nome dall'intuibile significato di "colei che di luce propria splende".

PERSONALITÀ - Donna dai gusti semplici, sa divertirsi e star bene con poco: buoni amici, serate al cinema, cene con i parenti. Di buon carattere, è facilmente adattabile e sempre ben disposta nei confronti degli altri. Mai eccessivamente critica o rancorosa, è considerata un'ottima consigliera.

LUNA

📖 ONOMASTICO - *Non ha un onomastico: chi volesse inventarne uno, può riferirsi, per esempio, alla prima luna piena di primavera, che di solito cade ad aprile e che è facile da calcolare perché la Pasqua cristiana coincide con la prima domenica dopo questa luna piena: è dunque la data che le si addice perché la luna in ogni civiltà è stata il simbolo della Grande Madre che presiede alle nascite e alle morti.*

ORIGINE E SIGNIFICATO - Si tratta di un nome derivante dall'omonimo satellite, con il quale si augura di diventare luminosa e bella come "l'astro d'argento".

PERSONALITÀ - Il nome che porta è l'emblema del suo carattere: lunatica per natura, cambia umore molto di frequente, e senza motivazioni comprensibili. Questo suo lato impalpabile è però anche parte integrante del suo ipnotico fascino, che la rende attraente e seduttiva.

M

Mabel

📖 ONOMASTICO - *Santa Mabel si festeggia l'11 luglio.*

ORIGINE E SIGNIFICATO - Deriva dal nome di una leggendaria principessa inglese che veniva invocata contro i fulmini e i serpenti.

PERSONALITÀ - Dotata di grandi capacità intellettive, Mabel è per tutti una inesauribile fonte di saggezza e pertanto la sua presenza non è solo benvoluta ma anche ricercata. Forte e autoritaria, è una donna vincente sia sul fronte professionale, sia su quello affettivo.

CURIOSITÀ - *Mabel Normand fu l'indiscussa regina della commedia all'epoca gloriosa e pionieristica del muto.*

Maddalena

📖 ONOMASTICO - *L'onomastico si celebra il 22 luglio in ricordo di santa Maria, soprannominata "la Maddalena". Sorella di Lazzaro, fu una delle prime a seguire Gesù. Invocata per guarire dalla meningite, è patrona dei parrucchieri, dei giardinieri e dei profumieri.*

ORIGINE E SIGNIFICATO - Deriva dal nome latino *Magdalena*, a sua volta risalente al greco *magdalene*. Il nome compare per la prima volta nei Vangeli: Maria Maddalena era così chiamata perché originaria di Migdala, un paese sul lago di Galilea. Migdala deriva, a sua volta, dal termine *migdal* che significa "torre".

PERSONALITÀ - Dietro l'apparenza gentile ed educata, Maddalena nasconde un'anima ribelle. Insofferente verso le convenzioni e i doveri, conduce un'esistenza sopra le righe, aiutata dal fatto che possiede una creatività geniale e avveniristica. È facile che viva storie d'amore appassionate e tragiche, ma che raramente lasciano tracce.

CURIOSITÀ - *Nel 1279 Carlo II, nipote di Luigi re di Francia, sostenne di avere scoperto il sepolcro leggendario di Maria Maddalena e da quel mo-*

mento cominciò la diffusione del nome anche nella sua forma troncata.

MAENA

🕮 ONOMASTICO - *Si festeggia il 1° novembre, giorno di Ognissanti, perché non esiste un santo patrono.*
ORIGINE E SIGNIFICATO - Viene dal greco *mene* e significa "luna".
PERSONALITÀ - Si caratterizza per la forza, l'energia e il dinamismo. Impulsiva, collerica e intransigente, non sopporta la slealtà, considerandola il più grosso difetto.

MAEVA

🕮 ONOMASTICO - *L'onomastico, date le origini del nome, si festeggia nel giorno di san Benvenuto e cioè il 22 marzo, ma taluni gli preferiscono il 30 ottobre, data in cui ricorrono i festeggiamenti della beata Benvenuta.*
ORIGINE E SIGNIFICATO - Maeva è originario dell'isola di Tahiti e, insieme a Moana, è il nome tahitiano più diffuso al mondo. Letteralmente è traducibile col nome italiano di Benvenuta.
PERSONALITÀ - È dolce e socievole. Per questi motivi non le mancano mai gli ammiratori che, per conquistarla, devono però essere corteggiatori romantici.

CURIOSITÀ - *In una leggenda irlandese era una regina guerriera regina di Connacht che organizzò la morte dell'eroe Cuchulainn.*

MAFALDA

🕮 ONOMASTICO - *L'onomastico viene festeggiato il 7 agosto in ricordo della beata Mafalda, regina di Portogallo figlia di re Sancio I, che morì benedettina nel 1552. Un'altra santa, vissuta nel XIII secolo, viene commemorata il 2 maggio.*
ORIGINE E SIGNIFICATO - L'origine di questo nome è nordica e in germanico suonava *Mechtild* o *Matchild*: composto da *mathi*, "forza", "potenza" e da *hildjo*, "battaglia", "combattimento" è in senso traslato "colei che è forte in battaglia". Venne poi tradotto nel latino medievale in *Mahthildis* e *Mathildax* e quindi in Matilda e Matilde. Mafalda è un'alterazione di quest'ultimo nome.
PERSONALITÀ - Mafalda è una donna intelligente e acuta: si pone molte domande e spesso sa trovare anche le risposte. Soffre però di una certa dose di presunzione e pertanto per lei non è facile legarsi a un

uomo: nessuno le sembra abbastanza degno.

CURIOSITÀ - *L'alterazione del nome Matilde in Mafalda nasce da una tradizione portoghese, secondo la quale il re, non riuscendo a chiamare correttamente la propria moglie Matilde (o Mahalt) di Savoia, finiva sempre con lo storpiarla in Mafalda. Il portoghese non comprende infatti tra i suoi fonemi l'*h *contenuta in Mahalt, pronunciato perciò Mafalt, e infine Mafalda.*

MAGDA

ONOMASTICO - *L'onomastico si festeggia il 22 luglio in ricordo della santa di Magdala, sorella di Lazzaro, ma secondo alcuni sarebbe più appropriato il 25 maggio, festa di santa Maddalena Sofia Barat, fondatrice della società del Sacro Cuore di Gesù.*

ORIGINE E SIGNIFICATO - Forma tronca di Maddalena, è specialmente gradita dai tedeschi. Deriva dal culto della santa Maria Maddalena, in greco *Maria he Magdalène*, dove Magdalène era l'etnico di Màgdala, che significava "nativa, oriunda di Màgdala". Màgdala a sua volta era la traduzione dell'ebraico *Migdal*, che significava "torre".

PERSONALITÀ - Magda ama molto lo sport, soprattutto se le permette di socializzare e di stare a contatto con molte persone. Per questo motivo predilige i giochi di squadra.

CURIOSITÀ - *Nella cinematografia comica italiana, il nome è strettamente legato al ruolo della povera mogliettina del pedante Furio, nel film* Rosso, bianco e verdone *di Carlo Verdone, interpretato dall'attrice Irina Sanpiter.*

MAGDALENA

ONOMASTICO - *L'onomastico si festeggia il 22 luglio, ma, come per la sua forma tronca, secondo alcuni sarebbe più appropriato il 25 maggio, festa di santa Maddalena Sofia Barat, fondatrice della società del Sacro Cuore di Gesù.*

ORIGINE E SIGNIFICATO - Riflette il culto di una celebre santa, Maria Maddalena, il cui nome in greco era *Maria he Magdalène* dove Magdalène era l'etnico di Màgdala, che significava "nativa, oriunda di Màgdala".

PERSONALITÀ - Donna forte e coraggiosa, Magdalena si distingue anche per la sua caparbietà. Grazie a questi innegabili pregi, riesce a risolvere problemi per altri insormontabili e a volgere a suo favore situazioni apparentemente a lei contrarie.

MAIA

🕮 ONOMASTICO - *Si festeggia il 1° novembre, giorno di Ognissanti, perché non esiste un santo patrono.*

ORIGINE E SIGNIFICATO - Deriva dal termine greco *maia* che significa "nutrice". Secondo la mitologia greca Maia, figlia di Atlante, era la donna più bella delle Pleiadi. Fu amata da Zeus e partorì Ermes, che accudì amorevolmente.

PERSONALITÀ - Maia è una donna misteriosa, che non ama parlare di sé e dei suoi sentimenti. È vagamente egoista: non per cattiveria, ma per superficialità. Non ha la costanza di coltivare le proprie amicizie, che cambia ogni qualvolta cambia innamorato. Possiede però un intuito profondo, che le permette di salvarsi da qualsiasi situazione difficile.

CURIOSITÀ - *Nella mitologia nordica è la fata dei fiori e della primavera.*

MAIRA

🕮 ONOMASTICO - *Le donne che portano un nome derivante da quello di Maria, come Maira, possono festeggiare l'onomastico l'8 settembre, Natività della beata Vergine, oppure il 12, quando ricorre la festa del santissimo Nome di Maria.*

ORIGINE E SIGNIFICATO - Maira altro non è che un'alterazione del nome Maria e pertanto trova la sua origine nel termine egiziano antico *mry* che significava "amato".

PERSONALITÀ - Maira è volubile negli umori, negli interessi e nelle decisioni. Alterna continuamente malinconia e allegria e si perde spesso tra sogni e ricordi del passato. È timida, fantasiosa, amante delle comodità, del lusso e delle tradizioni.

MALCOLM

🕮 ONOMASTICO - *L'onomastico viene festeggiato il 6 giugno.*

ORIGINE E SIGNIFICATO - Deriva dal termine celtico che significa "colomba" e da ciò trae il significato di "portatore di pace".

PERSONALITÀ - Forte e intraprendente, Malcolm è dotato di una grandissima forza interiore che, nel nome di un ideale, lo può condurre anche a compiere azioni estreme.

CURIOSITÀ - *Un personaggio importante con questo nome fu Malcolm X, il "rosso di Detroit", grande ideologo della lotta dei diritti civili degli afroamericani negli Usa.*

MALVINA

ONOMASTICO - *Si festeggia il 1° novembre, giorno di Ognissanti, perché non esiste un santo patrono.*

ORIGINE E SIGNIFICATO - Il nome sembra essere un composto del gaelico *maol,* "fronte" e *min,* "bella", "gentile" con l'evidente significato di "donna dalla bella fronte". Altre fonti etimologiche lo considerano invece composto da *mal* e *win,* ovvero "amica della giustizia".

PERSONALITÀ - Malvina è una donna molto precisa e puntigliosa. Le piace truccarsi e vestirsi alla moda, anche a costo di spendere tutto il suo stipendio in cosmetici e vestiti. Non è però una ragazza superficiale. Esuberante, anche se talvolta malinconica, la sua leggerezza e l'allegria la rendono ricercatissima in compagnia. Tenera, idealista e facile all'innamoramento, le può capitare di vivere cocenti delusioni sentimentali.

CURIOSITÀ - *Introdotto alla fine del Settecento attraverso i poemi "ossianici" di J. Macpherson, Malvina è forse un nome di invenzione dell'autore, come frutto dell'invenzione è la sua opera i* Canti di Ossian, *che sosteneva aver tradotto da un manoscritto del III secolo.*

MAMMOLA

ONOMASTICO - *Si festeggia il 1° novembre, giorno di Ognissanti, perché non esiste un santo patrono.*

ORIGINE E SIGNIFICATO - Trova la propria origine nella tradizione maremmana e, come altri nomi di quella regione, forse è stato modellato su personaggi della mitologia greca o della storia ellenica, ma sono in molti a ritenere che Mammola sia semplicemente un nome preso in prestito dalla botanica dove, secondo il linguaggio dei fiori, la viola "mammola" porta il significato di pudore, modestia e timidezza.

PERSONALITÀ - La timidezza impedisce a Mammola di stabilire rapporti profondi con le persone che le stanno attorno. La sua sicurezza più grande è la famiglia, da cui non vorrebbe staccarsi mai.

MANFREDO

📖 ONOMASTICO - *In onore di san Manfredo l'onomastico si festeggia il 28 gennaio. Il 27 ottobre la Chiesa commemora però anche un altro san Manfredo, priore a Eberbach, nella diocesi di Magonza, in Germania.*
ORIGINE E SIGNIFICATO - Si tratta di un nome di evidente origine germanica composto da *magin,* "forza" e *fridu,* "pace", ossia "colui che assicura la pace con la forza".
PERSONALITÀ - Considera il lavoro come il modo migliore per ottenere ciò che vuole e anche per vincere la sua naturale indolenza. È un eccellente commerciante, ma preferisce avere un "impiego fisso" perché bisognoso di certezze, soprattutto economiche.

CURIOSITÀ - *Alla diffusione in Italia ha contribuito il prestigio del re Manfredi, figlio di Federico II, morto in battaglia contro gli Angioini, rievocato da Dante Alighieri.*

MANLIO

📖 ONOMASTICO - *L'onomastico viene festeggiato il 23 ottobre in ricordo di san Anicio Manlio Torquato Severino Boezio, filosofo e poeta, cancelliere del re ostrogoto Teorico, ucciso nel 525.*
ORIGINE E SIGNIFICATO - Manlio deriva probabilmente dal latino *mane,* "mattino", come personale adatto ai bambini nati all'alba oppure da *manes,* le anime dei morti, o da *manus,* "buono".
PERSONALITÀ - Manlio è una persona tenace, dinamica, talvolta nervosa. Vive sogni romantici e avventure cavalleresche che riesce di sovente a trasformare in realtà. Per Manlio il lavoro è quasi una droga: il suo desiderio più grande è quello di far carriera, per cui trascorre in ufficio molte ore più del dovuto. Non sempre i suoi sforzi vengono però ripagati come meriterebbe, perché tende a trascurare i rapporti con i colleghi e ad attirarsi così le loro invidie. In amore è un compagno attento ai bisogni della propria compagna.

MANOLA / MANOLO

📖 ONOMASTICO - *Può essere festeggiato, come fanno gli spagnoli, il 6 gennaio quando la Chiesa commemora l'Epifania del Signore, ossia quan-*

do il Messia si è rivelato al mondo. In Italia la festa si celebra il 26 marzo, quando si ricorda sant'Emanuele.

ORIGINE E SIGNIFICATO - Si tratta dei diminutivi (femminile e maschile) di Emanuele nella lingua spagnola, pertanto si rimanda a quest'ultimo nome per la l'origine e per il significato.

PERSONALITÀ - Manola: è una donna sensuale e attraente, spesso circondata da ammiratori innamorati, che raramente degna di uno sguardo. Manolo: è un romanticone, che ama passare piacevoli serate in compagnia della persona cui è legato sentimentalmente.

CURIOSITÀ - *Manolo e Manola hanno avuto una grande diffusione in Italia a partire dagli anni Settanta fino all'inizio degli anni Ottanta probabilmente per l'incalzare della moda esotica incrementata da successi musicali (per esempio* Manuela *di Julio Iglesias) e* telenovela *latino-americane di grande successo.*

MANUEL

ONOMASTICO - *L'onomastico si festeggia il 17 giugno in ricordo di san Manuele, martire con i santi Ismaele e Sabele, in Calcedonia, durante il IV secolo.*

ORIGINE E SIGNIFICATO - Come per Manolo e Manola l'origine di Manuel si trova nella traduzione spagnola di Emmanuele, pertanto si rimanda a quest'ultimo per l'origine e per il significato.

PERSONALITÀ - È un introverso che spesso si presenta con atteggiamenti scostanti. Apparentemente calcolatore, freddo e vendicativo, dietro questa facciata cela una grande forza e disponibilità verso gli altri.

MANUELA / MANUELE

ONOMASTICO - *L'onomastico si festeggia il 17 giugno in ricordo di san Manuele, martire con i santi Ismaele e Sabele, in Calcedonia, durante il IV secolo.*

ORIGINE E SIGNIFICATO - Si tratta di forme abbreviate di Emmanuele, pertanto si rimanda a quest'ultimo per l'origine e per il significato.

PERSONALITÀ - Manuela: adora guardare vecchi film con le amiche e con i familiari. Per lei l'amicizia è uno dei più importanti valori della vita. Manuele tiene molto in considerazione l'opinione degli affetti più cari e la ricerca in ogni occasione, anche per le questioni più banali. La sua è, in sostanza, una forma di insicurezza.

MARA

📖 ONOMASTICO - *Le donne che portano questo nome possono, se vogliono, festeggiare l'onomastico il 3 agosto in ricordo di santa Marana, martire, con Cira, a Berea nella Siria.*

ORIGINE E SIGNIFICATO - Diverse le possibili interpretazioni etimologiche per questo nome. È sicuramente un nome di origine inglese, nelle forme *marah* e *mara*, ma, secondo la prima ipotesi, proverrebbe dal termine ebraico *marah*, che significa "afflitta". Questo è l'appellativo che si dà Noemi, suocera di Ruth, nel libro omonimo della Bibbia ebraica: "Non chiamatemi Noemi (che in ebraico significa gioia), chiamatemi Mara (che significa amara) perché l'Onnipotente mi ha colmato assai di amarezza". Contemporaneamente, però, sempre nella Bibbia, nel capitolo dell'Esodo, viene citata la località *marà*, così chiamata perché le sue acque erano amare ("Giunsero a Marà, e non poterono bere le acque di Marà perché erano amare", *Esodo*, XV-23). La seconda ipotesi, invece, fa ricondurre l'origine al sanscrito, dove *mara* è il nome di un demone.

PERSONALITÀ - Mara è una donna calma e riflessiva. La sua vita scorre con apparente lentezza, ma va diritta e sicura fino al successo. È, infatti, molto sicura di sé e delle sue capacità e niente la intimorisce o la può fermare, al punto che, a volte, sembra mancare di elasticità mentale.

CURIOSITÀ - *Alcuni studiosi di onomastica sostengono che Mara altro non sarebbe se non una variante di Maria e pertanto festeggerebbe il proprio onomastico il 12 settembre, festa del nome di Maria.*

MARCELLA / MARCELLO

📖 ONOMASTICO - *L'onomastico si festeggia il 31 gennaio in ricordo di santa Marcella vedova, morta a Roma nel 410. Con questo nome si ricorda anche un martire con Eraclide, Raide, Potamiena e altri compagni di fede, il 28 giugno. L'onomastico di Marcello si festeggia invece il 16 gennaio, in memoria di papa Marcello I, martire durante le persecuzioni di Massenzio, nel 309. Patrono di san Marcello Pistoiese e delle altre località omonime in provincia di Ancona e Macerata, san Marcello è anche patrono degli spallieri.*

ORIGINE E SIGNIFICATO - Deriva dal termine latino *marcellus*, un

cognomen tradizionale della *gens Claudia.* Questo era il diminutivo di *marcus*, termine con cui si indicava ciò che era dedicato al dio Marte.
PERSONALITÀ - Marcella: è una donna mite, gentile e devota. Quest'ultima caratteristica non è positiva in lei, perché rischia di portarla all'annullamento quando si imbatte, e succede spesso, in uomini che vogliono approfittare di lei. Dal momento che è testarda si fissa su una relazione e non riesce a troncarla nemmeno quando si rivela disastrosa per il suo benessere. Marcello: è un uomo allegro e spensierato, dotato di un senso dell'umorismo mai volgare. Inoltre possiede una buona dose di fortuna che gli permette di avere molte buone occasioni nella vita, che riesce a cogliere perché, quando il caso lo richiede, sa essere preciso e determinato. In amore è il classico farfallone: è sempre innamorato, ma di donne costantemente diverse.

CURIOSITÀ - *Il Marcello più celebre, storicamente parlando, è stato forse il console Marco Claudio Marcello che vinse i Galli nel 222 a Clastidio, uccidendo il loro duce Virdumaro, e conquistando Milano. Poi combatté la seconda guerra punica contrastando Annibale e infine assediò nel 211 Siracusa, che si era schierata contro i Romani, riuscendo alla fine ad espugnarla. Fu in quell'occasione che i suoi soldati, durante il saccheggio, uccisero Archimede.*

MARCO

ONOMASTICO - *L'onomastico si festeggia il 25 aprile in onore di san Marco Evangelista, patrono di Latina, Pordenone e Venezia, di allevatori, interpreti, notai, ottici, segretari, vetrai e si invoca contro le insufficienze renali. In alcuni luoghi è venerato il 31 gennaio.*
ORIGINE E SIGNIFICATO - Deriva dal nome latino *marcus*, che veniva dato nell'antica Roma ai bambini nati nel mese di *martius* (marzo), mese dedicato al dio della guerra Marte. Pertanto *marcus* significa "dedicato a Marte". Altre interpretazioni, invece, lo riconducono al termine latino *mas, maris*, che significa "maschio". Infine può essere riportato anche alla radice germanica *mar*, che vuol dire "spezzare".
PERSONALITÀ - Amante della natura e della vita all'aria aperta, possiede una mente vulcanica che congegna nuove idee e attività a ritmo quasi frenetico. È inoltre dotato di una forte creatività artistica di cui, a volte, può avere paura perché, inevitabilmente, può metterlo di

fronte a parti di sé che vuole ignorare, e che lo indurrebbero, nei casi limite, a correre dei rischi. In amore è un compagno fedele, affettuoso e sempre presente.

CURIOSITÀ - *Marco ebbe un enorme incremento della propria diffusione quando nell'anno 828 i veneziani, allora potentissimi, portarono le reliquie di san Marco nella loro cattedrale dopo averle sottratte agli egiziani. Ancora oggi, insieme con Matteo, Luca e il sempre popolare Giovanni, è frequentissimo anche fra le generazioni più giovani.*

MARGHERITA

ONOMASTICO - *L'onomastico è tradizionalmente festeggiato il 16 maggio in onore di santa Margherita di Cortona, morta nel 1297, patrona di Casteldelfino. In alcune località viene venerata il 22 febbraio.*

ORIGINE E SIGNIFICATO - Deriva dal termine greco *margarites*, un nome comune maschile che significa "perla". Da qui si è giunti al latino *margarita*, diventato nome comune femminile che mantiene lo stesso significato del termine greco, ma in più veniva usato sia per indicare il fiore *bellis perennis*, e in seguito come personale femminile. Altre interpretazioni riconducono invece l'origine di questo nome al termine sanscrito *maujari*, che significa "bottone di fiore".

PERSONALITÀ - Margherita è una donna determinata, sia nella vita che nella professione. Possiede un'etica integerrima che la sostiene e la guida e le impedisce di usare mezzi impropri per ottenere il buon risultato dei propri obiettivi. Inoltre ha molta stima di sé e mai rinuncerà a se stessa per amore di un uomo.

CURIOSITÀ - *Grazie alla popolarità della regina Margherita di Savoia, sposa del re Umberto I, il nome divenne molto frequente alla fine dell'Ottocento. Margherita è tuttora molto diffuso in tutta la penisola (ve ne sono circa trecentomila), mentre i diminutivi Marga e Ghita, rari, sono presenti soprattutto al nord, il diminutivo Rita, invece, è diventato un vero nome proprio diffuso in tutto il Paese.*

MARIA

ONOMASTICO - *L'onomastico si festeggia il 12 settembre in onore della santa Madre di Gesù, patrona dei barbieri di Roma. Con questo nome la Chiesa ricorda ancora innumerevoli sante e beate, tra cui: santa Maria*

Madre di Dio, il 1° gennaio di Lourdes, patrona dei pastori, l'11 febbraio; santa Maria Egiziaca, detta "la peccatrice", il 2 aprile; santa Maria Cleofe, il 9 aprile; santa Maria Bernarda Soubirous di Nevers, il 16 aprile; santa Maria Anna "di Gesù" de Parèdes e Flores di Quito nell'Equador, il 26 maggio; santa Maria Domenica Mazzarello, fondatrice delle Figlie di Maria Ausiliatrice, il 14 maggio; santa Maria Maddalena de' Pazzi, vergine carmelitana a Firenze, il 25 maggio come anche la traslazione di santa Maria di Giacomo a Vèroli; santa Maria di Oignies, patrona delle gestanti, il 23 giugno; santa Maria, madre di Giovanni soprannominato Marco, a Cipro, il 29 giugno; santa Maria Goretti vergine e martire, a Nettuno, patrona di Latina e di Gottasecca (Cn) il 6 e 7 luglio; santa Maria Maddalena Postel, fondatrice dell'Istituto delle Suore delle Scuole Cristiane della Misericordia, in Francia, il 16 luglio; santa Maria Maddalena, patrona di giardinieri, parrucchieri, profumieri, il 22 luglio; la beata Maria Maddalena Martinengo, cappuccina, il 27 luglio; santa Maria Michela vergine, fondatrice della Congregazione delle Ancelle del santissimo Sacramento e della Carità a Vlaenza, il 24 agosto; la beata Maria di Cervellione vergine a Barcellona, il 19 settembre assieme a santa Maria Guglielma Emilia de Rodat, vergine, fondatrice delle Suore della Sacra Famiglia, a Druelle in Francia; santa Maria Giuseppa Rosselle, fondatrice delle Figlie di Nostra Signora della Misericordia a Savona, il 3 ottobre; santa Maria Francesca delle Cinque Piaghe, vergine Terziaria francescana a Napoli, il 6 ottobre; santa Maria della Vittoria, il 7 ottobre; santa Maria Salomè, madre dei santi apostoli Giacomo e Giovanni, a Gerusalemme, il 22 ottobre; santa Maria, serva e martire, il giorno 1° novembre; santa Maria Vergine e martire a Còrdoba, il 24 novembre e una martire a Roma con altri compagni di fede, il 2 dicembre. Maria Santissima della Consolazione è la patrona dei pensionati.

ORIGINE E SIGNIFICATO - All'origine del nome troviamo il termine ebraico *maryam* (di cui *myriam* è una forma più moderna) che esisteva già in epoca pre-cristiana. Era molto diffuso in Israele e fu il nome della madre di Gesù Cristo. Esistono diverse teorie rispetto al significato; la prima lo riporta a "goccia del mare", poiché in ebraico *mar* significa "goccia" e *yam* vuol dire "mare"; la seconda teoria, più recente, riporta il nome ebraico al termine egizio *mrj*, verbo il cui significato è "amare". Infine, l'ultima teoria ricondurrebbe il nome al termine assiro *mariam*, che significa "padrona".

PERSONALITÀ - Maria si nasconde dietro l'aspetto di donna assolutamente normale, ma questa è una maschera, perché in effetti è una donna decisa e volitiva. È molto attaccata alla famiglia, per la quale è pronta a battersi strenuamente, anche perché è una donna a cui non pesano i sacrifici. Adora cucinare e si cimenta spesso e volentieri con ricette sempre nuove.

CURIOSITÀ - Maria è il nome più diffuso in Italia. Da Maria deriva il nome delle marionette, infatti nel Medioevo erano chiamati così i personaggi delle Tre Marie durante le rappresentazioni sacre.

MARIA ELENA

ONOMASTICO - Essendo composto da Maria e Elena, può essere festeggiata riferendosi all'onomastico di uno dei due nomi.

ORIGINE E SIGNIFICATO - È composto da Maria e Elena, pertanto si rimanda a questi per il suo significato.

PERSONALITÀ - Maria Elena è una donna tradizionalista e autoritaria, molto temuta sul lavoro e in famiglia. La sua opinione viene sempre chiesta per il timore di scatenare le sue ire nel caso lei sia contraria a qualcosa. Possiede una buona dose di fortuna nella vita.

MARIA GRAZIA

ONOMASTICO - Essendo composto da Maria e Grazia, può essere festeggiata riferendosi all'onomastico di uno dei due nomi, a scelta.

ORIGINE E SIGNIFICATO - Poiché composto da Maria e Grazia, si rimanda a questi ultimi per il suo significato.

PERSONALITÀ - Donna sicura di sé e molto determinata, sul lavoro e nello studio è disposta a ogni compromesso pur di riuscire nei propri intenti. Se necessario, non si fa scrupolo di pestare i piedi ai colleghi pur di fare carriera. Per questo, non è facile per lei coltivare amicizie di lungo periodo. In amore è passionale, ma gelosa fino alla malattia.

MARIA STELLA

ONOMASTICO - Essendo composto da Maria e Stella, può essere festeggiata riferendosi all'onomastico di uno dei due nomi.

ORIGINE E SIGNIFICATO - È composto da Maria e Stella, pertanto si rimanda a questi ultimi nomi per il suo significato.

PERSONALITÀ - Maria Stella è una donna sveglia e intelligente. La sua timidezza, però, fa sì che solo le persone che la conoscono più intimamente si rendano conto di queste doti. Tuttavia, quando riceve fiducia da parte di chi le sta intorno, acquisisce forza e sicurezza, riuscendo così a farsi apprezzare sia in ambito professionale che negli affetti.

MARIA TERESA

📖 ONOMASTICO - *Così come tutti i nomi composti legati al nome di Maria, viene più facilmente celebrata il 12 settembre, ma ciò non toglie che può essere sempre festeggiata anche in occasione dell'onomastico di Teresa.*

ORIGINE E SIGNIFICATO - Essendo composto da Maria e Teresa, si rimanda a questi ultimi nomi per il suo significato.

PERSONALITÀ - Sentimentale e romantica in amore, spera in un matrimonio solido, che possa durare per tutta la vita. Ottima amministratrice della casa, materna e accondiscendente, trova la propria gratificazione nel compiacere marito e figli.

MARIANGELA

📖 ONOMASTICO - *Essendo la contrazione di Maria e Angela, Mariangela può essere festeggiata riferendosi all'onomastico di uno di questi ultimi nomi.*

ORIGINE E SIGNIFICATO - Questo nome nasce dalla contrazione di Maria e Angela e pertanto si rimanda a questi ultimi per il suo significato.

PERSONALITÀ - Mariangela è una donna contraddittoria: forte e determinata nei momenti più difficili, si rivela insicura e ingenua di fronte alle questioni apparentemente più sciocche. Molto idealista, le sono congeniali professioni nel sociale, come psicologa o assistente sociale.

MARIANNA

📖 ONOMASTICO - *L'onomastico cade il 17 febbraio, festa di santa Mariamne, sorella dell'apostolo Filippo.*

ORIGINE E SIGNIFICATO - Marianna può essere l'unione del doppio Maria Anna. Ma può essere anche la traduzione di un nome proprio greco: *Mariàmne*, che derivava dall'egizio *mrj-ima*: composto da *mrj*, "amata", e da *ima*, il dio Amon. Sicché letteralmente Marianna signi-

ficherebbe "amata dal dio Amon".
PERSONALITÀ - Marianna è una donna emotiva ed affettuosa. Possiede un fascino discreto intriso di malinconia, che suscita negli uomini il bisogno di proteggerla. Anche se è perfettamente in grado di cavarsela da sola, le piace gratificare il suo uomo in tutti i modi, sentendosi così indispensabile.

CURIOSITÀ - "La Marianna" è il nome di una società segreta sorta nella provincia francese dopo il colpo di stato di Napoleone III del 2 dicembre 1851. Ne fece parte anche il nostro Giuseppe Mazzini tramite il Comitato democratico europeo di Londra. Quando finalmente in Francia si instaurò la III Repubblica, La Marianna indicò la Costituzione e poi anche la Repubblica francese ed è spesso raffigurata nelle vesti di una giovane fanciulla che indossa il cappello frigio.

MARIANO

ONOMASTICO - Si festeggia il 17 gennaio, ma, vista l'esistenza di alcune festività collegate allo stesso santo, può essere festeggiato anche il 30 aprile, il 19 agosto e il 1° dicembre.
ORIGINE E SIGNIFICATO - Possiede lo stesso etimo di Mario (il *nomen* gentilizio latino *Marius*), di cui è una trasformazione ma, per lo più, viene collegato alla devozione per Maria Vergine e al culto da lei detto appunto "mariano".
PERSONALITÀ - Mariano è un uomo debole e insicuro, che passa l'esistenza a stringere alleanze con chi, più forte e determinato, può aiutarlo nelle incombenze quotidiane. Non è una persona di cui ci si possa fidare, perché è talmente pauroso che, alla prima avvisaglia di pericolo, è pronto ad abbandonare chiunque e rivolgersi a nuovi protettori. Una volta sposato si comporta da vero gentiluomo, è sempre gentile, accomodante e servizievole, perché non sopporta discussioni e bronci.

MARIDA

ONOMASTICO - Essendo la contrazione di Maria e Ida, Marida può essere festeggiata riferendosi all'onomastico di uno di questi due nomi.
ORIGINE E SIGNIFICATO - Questo nome nasce dalla contrazione di Maria e Ida e pertanto si rimanda a questi nomi per il suo significato.
PERSONALITÀ - Le donne che portano questo nome hanno la caratte-

ristica di essere estroverse e disinvolte nei rapporti esterni. Facili alle amicizie, sanno essere altruiste e affidabili. Se un'amica ha bisogno di aiuto o di conforto, sono sempre le prime ad arrivare e ad essere presenti. Grazie alla facile comunicativa e alla spigliatezza, non sono mai in imbarazzo, nemmeno a scuola quando non hanno studiato.

MARIELLA

📖 ONOMASTICO - *Essendone un diminutivo, si richiama alle date riferite all'onomastico di Maria.*

ORIGINE E SIGNIFICATO - L'origine e il significato del nome sono identiche a quelle del nome Maria.

PERSONALITÀ - È l'essenza della femminilità e della seduzione. Spesso contraddistinta da una spiccata bellezza, Mariella non esita a farne uso per raggiungere gli obiettivi fissati. Opportunista e ben consapevole delle proprie capacità, non si ferma davanti a nessun ostacolo.

MARIKA

📖 ONOMASTICO - *L'onomastico può essere festeggiato il 10 novembre.*

ORIGINE E SIGNIFICATO - Possiede la medesima etimologia di Mara, di cui è una trasformazione, pertanto si richiama quest'ultima per il suo significato e la sua origine.

PERSONALITÀ - Marika è una donna maliziosa che gioca con il suo innegabile fascino per conquistare favori e posizioni sociali. Attratta dal lusso e dal potere, in un uomo cerca soprattutto l'agiatezza economica. Ama viaggiare, non per conoscere luoghi lontani e culture diverse, ma per staccare da una routine che, anche se dorata, dopo un po' trova irrimediabilmente noiosa.

MARILENA

📖 ONOMASTICO - *Essendo la contrazione di Maria e Elena, può essere festeggiata riferendosi all'onomastico di uno di questi due nomi.*

ORIGINE E SIGNIFICATO - Nonostante l'aspetto esotico, Marilena non è altro che l'ipocoristico di Maria Maddalena affermatosi come nome di moda durante la seconda guerra mondiale per la grande notorietà della sentimentale, nostalgica *Lili Marlène*, la canzone resa celebre dall'ammaliante *femme fatale* e attrice tedesca Marlene Dietrich.

PERSONALITÀ - Marilena è una persona fedele, in cerca di un amore che desidera perfetto, al punto che, se non lo trova, preferisce vivere da single. Ma non ha motivo di annoiarsi perché, attiva e sociale com'è, è sempre molto impegnata e circondata da amici.

MARILÙ

📖 ONOMASTICO - *Essendo la contrazione di Maria e Luisa, può essere festeggiata riferendosi all'onomastico di uno di questi due nomi.*

ORIGINE E SIGNIFICATO - Marilù nasce dalla contrazione di Maria e Luisa e pertanto si rimanda a questi nomi per il suo significato.

PERSONALITÀ - Le donne con questo nome sono portate a scegliere una vita tradizionale all'insegna della stabilità. Tuttavia conservano un'esigenza sempre insoddisfatta di passionalità e di sogno che mantengono segreta.

MARINA

📖 ONOMASTICO - *L'onomastico viene festeggiato il 17 luglio in ricordo di santa Marina, vergine di Venezia.*

ORIGINE E SIGNIFICATO - L'etimologia di questo nome è piuttosto controversa. Una prima interpretazione porta all'aggettivo latino *marina*, che significa "che si riferisce al mare". Altre interpretazioni, invece, lo riconducono al termine etrusco *maru*, indicante una carica pubblica, il cui primo significato doveva essere "uomo". Infine c'è chi riconduce il nome al sostantivo latino *mas, maris*, che significa maschio, ma in questo caso avente il significato di "appartenente all'uomo".

PERSONALITÀ - Marina è una donna dolce, disponibile e molto idealista. Sogna una società utopica ed è disposta a lottare perché questo sogno diventi realtà. È un'amica leale e fidata anche se ha la tendenza, quando è nervosa o stanca, a prendersela con le persone che ama. È molto socievole e la sua esistenza è colma di amici fidati. In amore, invece, è molto esigente e troverà l'anima gemella solo in tarda età.

MARIO

📖 ONOMASTICO - *L'onomastico si festeggia il 19 gennaio in onore di san Mario, o Maris, di origine persiana. Venne martirizzato a Roma sulla via Cornelia nel 270.*

ORIGINE E SIGNIFICATO - Discende dal nome classico della latinità *marius*. La sua origine è misteriosa, nonostante lo si riconduca al ter-

mine etrusco *maru*, designante una carica politica.
PERSONALITÀ - Mario è un uomo semplice e tranquillo che non sopporta le complicazioni. È attratto dalle belle donne, di cui però ha un po' timore, e dalle feste. Tutto sommato è una persona estremamente superficiale che vive la vita quasi senza consapevolezza. Anche in amore dimostra insensibilità e indifferenza, nonostante a parole si dichiari spesso follemente innamorato. Ama parlare di sé, perché ha una personalità narcisistica. La sua dote più grande è però la generosità che lo trasforma, in caso di necessità, in un uomo presente e affidabile.

CURIOSITÀ - *Caio Mario fu generale e uomo politico romano. Combatté in Spagna sotto il generale Scipione Emiliano; nel 119 a.C. diventò tribuno della plebe. A capo del partito popolare governò Roma per una ventina d'anni difendendo gli interessi dei più poveri. Morì nell'86 a.C.*

MARISA

ONOMASTICO - *L'onomastico ricorre il 17 ottobre in onore della santa Maria Luisa Vanot, delle Orsoline di Valenciennes.*
ORIGINE E SIGNIFICATO - Questo nome nasce dalla contrazione di Maria e Luisa e pertanto si rimanda a questi nomi per il suo significato.
PERSONALITÀ - Marisa è una persona molto puntigliosa e precisa. Non riesce a uscire di casa se non è vestita e truccata a puntino e tiene in gran considerazione l'opinione di coloro che vivono attorno a lei. In famiglia tende ad essere dominatrice, ha un temperamento aggressivo e, a tratti, dispotico. È affidabile: su di lei si può sempre contare.

MARISTELLA

ONOMASTICO - *Essendo composto da Maria e Stella, può essere festeggiata riferendosi all'onomastico di uno di questi due nomi.*
ORIGINE E SIGNIFICATO - È composto da Maria e Stella, pertanto si rimanda a questi nomi per il suo significato.
PERSONALITÀ - L'ideale più grande di Maristella è il matrimonio. Vuole sposarsi infatti molto giovane per coronare il suo sogno d'amore. Riflessiva e metodica, non si stanca di vagliare ogni uomo che incontra fino a quando non raggiunge la certezza assoluta di aver trovato quello giusto. Sul fronte professionale è una lavoratrice affidabile e instancabile.

MARTA

📖 *ONOMASTICO - L'onomastico si festeggia il 29 luglio in onore di santa Marta, sorella di Lazzaro e Maria di Betania. Questa santa è patrona delle cuoche, degli osti, degli albergatori, dei padroni di casa, delle massaie e delle casalinghe.*

ORIGINE E SIGNIFICATO - Questo nome deriva dal termine ebraico *mar,* che significa "signore", di cui *martà* è il corrispettivo femminile, diventato in greco *màrtha* e *marta* in latino.

PERSONALITÀ - Marta è una donna precisa, che pretende tantissimo da se stessa e ancor di più dagli altri. È un'amante gelosa che chiede continue attenzioni e gratificazioni. Inoltre non è mai del tutto sincera, e dietro ogni suo atto ci potrebbe essere una sorpresa, raramente piacevole.

MARTINA / MARTINO

📖 *ONOMASTICO - L'onomastico ricorre il 30 gennaio in ricordo di santa Martina, vergine e martire di Roma, che in talune località viene venerata il 1° gennaio.*

ORIGINE E SIGNIFICATO - Questo nome deriva dal termine latino *martina,* che significa "dedicato a Marte". Era impartito alle bambine nate nel mese di marzo, dedicato al dio Marte.

PERSONALITÀ - Martina: è una persona cocciuta e superba. Dal momento che si sente superiore al resto dell'umanità, vive sempre un po' appartata. Martino: in amore non è per niente generoso; pretende la fedeltà e la devozione del partner come un atto dovuto, ma non è disposto a fare altrettanto. È comunque circondato da molti affetti perché possiede una simpatia irresistibile e un notevole senso dell'umorismo.

MARY

📖 *ONOMASTICO - Per l'onomastico del nome si rimanda a Maria.*

ORIGINE E SIGNIFICATO - Per il significato e l'origine del nome si rimanda a Maria.

PERSONALITÀ - Mary è una donna esuberante, ma nonostante la sua leggerezza e la sua allegria la rendano ricercatissima in compagnia, talvolta cade vittima di profonde malinconie. Tenerissima e attenta in amore, sa rivelarsi la compagna ideale quando ne sente il bisogno.

MARZIA / MARZIO

📖 *ONOMASTICO - L'onomastico viene festeggiato il 21 giugno in onore di santa Marzia, martirizzata a Siracusa con san Rufino. Marzio, invece, viene festeggiato l'8 ottobre in memoria del beato Marzio, morto in Umbria nel 1301.*

ORIGINE E SIGNIFICATO - Deriva dall'aggettivo latino *martialis*, divenuto in seguito cognome e infine nome personale. Il significato originario derivava dal dio latino *Mars*, il dio Marte, e indicava qualcosa a lui inerente. Sempre dall'aggettivo si è sviluppato il nome personale femminile, in epoca però più recente rispetto al corrispettivo maschile.

PERSONALITÀ - Marzia: assomiglia a un gatto: agile, indipendente, furba e bellissima. Spesso conduce un'esistenza fuori dalla norma, perché possiede una grande sensibilità e un sesto senso che le procurerà successo negli affari. È una di quelle donne che non resteranno mai sole, perché dotate di fascino, simpatia e generosità. Non usa la sua bellezza come un'arma perché può contare su doti ben più durature. Marzio: è un uomo buono, ma sempre scontento: dalla lamentela facile, rischia di rimanere solo, perché è un egocentrico noioso. Queste caratteristiche rischiano di oscurare le molte qualità che invece possiede, come la grande dolcezza.

MARZIANO

📖 *ONOMASTICO - L'onomastico cade il 30 giugno quando si ricorda un vescovo di Pamplona vissuto alla fine del VII secolo.*

ORIGINE E SIGNIFICATO - Essendo una derivazione del nome Marzio, per il significato e l'origine si richiama quest'ultimo.

PERSONALITÀ - Fermo sostenitore dell'idealismo, Marziano trae dal dio Marte la voglia di lottare sempre e comunque per affermare i propri convincimenti. Il suo carattere non è però facile e ciò lo porta spesso a essere frainteso.

MASCIA

📖 *ONOMASTICO - È la traduzione russa del nome Maria: pertanto, per l'onomastico si richiama quest'ultimo.*

ORIGINE E SIGNIFICATO - Per lo stesso motivo, anche l'origine e il significato sono identici a quelli di Maria.

PERSONALITÀ - Mascia ha una personalità tranquilla e riflessiva. È sognatrice e tradizionalista, anche se, quando vuole, sa essere molto concreta e capricciosa. Si rivela particolarmente adatta a professioni in cui è preponderante il rapporto con il pubblico.

MASSIMILIANO

📖 ONOMASTICO - *L'onomastico si festeggia il 12 marzo, festa di san Massimiliano martire a Tebessa in Africa perché, durante la persecuzione di Diocleziano, aveva rifiutato il servizio militare. Ma vi è un altro san Massimiliano, martire di Roma e ricordato il 26 agosto.*

ORIGINE E SIGNIFICATO - Deriva dalla contrazione dei nomi Massimo e Emiliano e pertanto si rimanda a questi ultimi per il suo significato.

PERSONALITÀ - Rivoluzionario quanto basta per trovarsi sempre in qualche guaio, Massimiliano ha una fortuna sfacciata che, sorretta da un sano ottimismo, gli rende comunque la vita facile. Amante appassionato, è sempre circondato da belle donne.

MASSIMO

📖 ONOMASTICO - *L'onomastico viene festeggiato il 25 giugno in onore di san Massimo, vescovo di Torino nel V secolo, invocato per ottenere la pioggia durante la siccità.*

ORIGINE E SIGNIFICATO - Deriva dall'aggettivo latino *maximus*, che significa "maggiore" (nel senso di età). Divenne un diffuso *cognomen* latino e, in seguito, un nome personale. Da *maximus* discese il diminutivo *maximillus*, che divenne poi *cognomen* nella forma *maximillianus* e poi *maximilianus*. Corrisponde all'italiano Massimiliano.

PERSONALITÀ - Massimo ha l'atteggiamento dello spaccone; molto sicuro di sé, del suo fascino e delle sue capacità, è un potenziale narciso. In realtà possiede grande sensibilità e generosità, che però rischiano di rimanere nascoste e inutilizzate. È un amante della bellezza femminile e riesce a essere fedele solo se profondamente e sinceramente innamorato.

MATILDE

📖 ONOMASTICO - *L'onomastico si festeggia il 14 marzo in ricordo di santa Matilde regina, madre dell'imperatore Ottone I, patrona delle ricamatrici. Con questo nome si commemorano anche: la beata, contessa Matilde, il 23 marzo; la santa, figlia di santa Margherita di Scozia, regina d'Inghilterra, il 30 aprile; la beata, contessa palatina, il 21 maggio e la beata, badessa di Diessen, il 31 maggio. La beata di Hackenborn, morta nel 1200, viene onorata il 19 novembre.*

ORIGINE E SIGNIFICATO - Il nome è di origine germanica. In germanico suonava *Mechtild* o *Matchild*: composto da *mathi*, "forza", "potenza", e da *hildjo*, "battaglia", "combattimento", è in senso traslato "colei che è forte in battaglia". Venne poi tradotto nel latino medievale in *Mahthildis* e *Mathilda*.

PERSONALITÀ - Molto attenta nel dare giudizi perché capace di soppesare ogni situazione, è una donna dotata di grande personalità e coraggio. Autoritaria e sempre tesa al successo, Matilde in amore è molto gelosa ed esclusiva, al limite dell'ossessione.

MATTEO

📖 ONOMASTICO - *L'onomastico si festeggia il 21 settembre in ricordo di san Matteo Levi evangelista, patrono di banchieri, bancari, doganieri, guardie di finanza, cambiavalute, contabili, ragionieri, esattori, di Salerno, Nichelino (To) e Asiago.*

ORIGINE E SIGNIFICATO - Questo nome deriva dal termine ebraico *matithyah* composto da *matath*, che significa "dono", e da *yah*, forma accorciata di *Yahvè*, nome del Signore. Il significato del nome è "dono del Signore" e veniva imposto ai bambini lungamente attesi.

PERSONALITÀ - Matteo è un uomo riservato, silenzioso e fondamentalmente timido. Piace alle donne perché ha il fascino del bel tenebroso e queste immaginano che dietro ai suoi silenzi si nascondano chissà quali profondità di pensiero. In amore si rivela molto geloso perché è un insicuro. Amante degli sport di squadra, è dotato di buone doti atletiche e di un sano spirito competitivo.

MATTIA

📖 ONOMASTICO - *L'onomastico viene festeggiato il 14 maggio in onore di san Mattia apostolo, patrono degli ingegneri; si invoca contro il vaiolo ed è venerato anche il 24 febbraio.*

ORIGINE E SIGNIFICATO - Possiede la stessa etimologia di Matteo, di cui è un derivato.

PERSONALITÀ - Mattia è un uomo ambizioso e molto competitivo, sia nella vita sia in amore. Tende a non legarsi sentimentalmente in maniera profonda perché non è capace di provare sentimenti duraturi. Possiede un'intelligenza analitica che gli permette di analizzare fatti, dati e situazioni in brevissimo tempo e che sul lavoro lo rende spesso impareggiabile.

CURIOSITÀ - *Il Mattia apostolo era un esattore fiscale quindi malvisto nel suo ambiente, ma abbandonò il suo ingente patrimonio per diffondere la nuova dottrina cristiana.*

MAUDE

ONOMASTICO - *Si festeggia il 1° novembre, giorno di Ognissanti, perché non esiste un santo patrono.*

ORIGINE E SIGNIFICATO - Di origine germanica ha il significato di "potente in battaglia".

PERSONALITÀ - In amore è costante e fedele, ma troppo pratica ed eccessivamente razionale. Anche quando è innamorata tende comunque a voler rimanere padrona della situazione. Questo non significa che sia priva di sentimenti, ma che semplicemente cerchi di dominarli per paura di esserne travolta. Chi riuscirà infatti a infiltrarsi nelle crepe del muro di diffidenza che, a volte, la contraddistingue, troverà una persona affettuosa e appassionata.

MAURA / MAURO

ONOMASTICO - *L'onomastico viene festeggiato il 13 febbraio in onore di santa Maura vergine, martire a Ravenna con santa Fosca, nell'anno 258. Patrona delle nutrici e delle* baby-sitter. *Si invoca per guarire dalle incontinenze urinarie. L'onomastico di Mauro viene invece solitamente festeggiato il 15 gennaio in onore del beato Mauro di Glanfeuil, abate, discepolo di san Benedetto, morto nel 584. Fondò un'abbazia nell'Angio ed è patrono dei calderai. Per antica tradizione viene invocato per essere preservati dalla polmonite e dalle emorragie.*

ORIGINE E SIGNIFICATO - Deriva dal termine latino *maurus*, nome etnico indicante coloro che provenivano dalla popolazione dei Mauri e quindi dalla regione in seguito nominata Mauritania. Si ignora il significato esatto del termine *maurus*, anche se alcuni lo riconducono al termine greco *amauros*, che significa "scuro".

PERSONALITÀ - Maura: è una donna ingenua e riservata, che preferisce osservare la vita piuttosto che viverla in prima persona. È portata per la ricerca, perché nello studio può impiegare le sue grandi doti osservative e vivere un'esistenza protetta. Preferibilmente si tiene lontana dalle storie d'amore, perché ha paura dei sentimenti profondi e potenzialmente destabilizzanti. Mauro: è un uomo dolce e generoso. Leale con gli amici e difensore dei deboli, è dotato di un grande istinto e di amore per la verità. Potrebbe diventare un grande giornalista di reportage, un paladino che gira il mondo alla ricerca di verità da svelare.

MAURIZIA / MAURIZIO

📖 ONOMASTICO - *L'onomastico si festeggia il 22 settembre in onore di san Maurizio, martire a Sion nel Vallese, con Esuperio, Candido, Vittore, Vitale e Innocenzo. Patrono degli Alpini, dei militari e dei tintori. Si invoca contro il demonio e la gotta. Viene anche commemorato il 28 agosto.*

ORIGINE E SIGNIFICATO - Derivando dal nome Maura/Mauro, si richiamano questi ultimi nomi.

PERSONALITÀ - Maurizia: è una donna aggressiva e dispotica che pretende di avere sempre ragione e che non riesce mai ad ammettere i propri errori, neppure di fronte all'evidenza. Maurizio: cerca una compagna che si occupi delle sue necessità materiali, anche se sovente ne resta poi deluso; cambia pertanto partner assai spesso, e così non ha certo una vita affettiva soddisfacente.

MEDEA

📖 ONOMASTICO - *Si festeggia il 1° novembre, giorno di Ognissanti, perché non esiste un santo patrono.*

ORIGINE E SIGNIFICATO - Deriva dal greco *Medeia* ovvero "abile", "scaltra".

PERSONALITÀ - Forte e autoritaria, Medea si rivela molto ambiziosa ed orgogliosa; pertanto, pur essendo anche affidabile e sincera, a volte pecca di eccessiva competizione ed esibizionismo. Potrebbe diventare un grande avvocato essendo dotata di molta dialettica ed essendo estremamente determinata. In ambito affettivo è sfortunata e si innamora spesso di uomini egoisti e superficiali.

CURIOSITÀ - *Nella tragedia greca portava questo nome la moglie abbandonata da Giasone per la bella Glauce, che uccise i due figli grazie alle arti magiche.*

MEDUSA

📖 ONOMASTICO - *Si festeggia il 1° novembre, giorno di Ognissanti,*

perché non esiste un santo patrono.
ORIGINE E SIGNIFICATO - Deriva dal termine *Medein* che in greco significa "potente".
PERSONALITÀ - Combattiva e temeraria, Medusa in amore è impulsiva e passionale. Talvolta è eccessivamente spericolata e ciò non la porta sempre alla vittoria. Nelle amicizie è facile alle invidie.

CURIOSITÀ - *Nella mitologia greca Medusa col suo sguardo pietrificante era la più terribile delle Gorgoni e venne uccisa solo dall'astuzia dell'eroe Perseo.*

MELANIA

ONOMASTICO - *L'onomastico si festeggia il 31 dicembre, in onore di santa Melania, giovane sposa, martire, col marito san Piniano, a Gerusalemme nell'anno 439.*
ORIGINE E SIGNIFICATO - Deriva dal greco *melas, melanos* che significa "scuro" o dal sanscrito *malinah* e cioè "sporco", "nero".
PERSONALITÀ - Melanconica, riservata ma molto decisa, Melania è una donna intelligente attratta dalla cose che, sotto una apparente semplicità, nascondono grandi significati. Estremamente femminile, è capace di slanci affettivi commoventi.

CURIOSITÀ - *L'antico personale Melania era un tempo riservato alle donne brune di origine orientale; oggi si è diffuso attraverso il popolare romanzo* Via col Vento *di Margharet Mitchell.*

MELBA

ONOMASTICO - *Melba si festeggia il 7 dicembre.*
ORIGINE E SIGNIFICATO - Questo nome deriva dal greco e significa "dolce".
PERSONALITÀ - Melba è una donna elegante e raffinata, naturalmente portata per il gusto della bellezza e la sua ricerca in ogni forma espressiva. Ha la vocazione della collezionista e le piace girare il mondo alla ricerca di oggetti particolari. In amore è una compagna un po' fredda e poco passionale.

MELIA

ONOMASTICO - *L'onomastico di Melia è sconosciuto. Per assonanza può essere festeggiata il 24 aprile (onomastico di Melissa) o il 31 dicembre (onomastico di Mela).*

ORIGINE E SIGNIFICATO - Si tratta di un nome mitologico greco: così si chiama la figlia del dio Oceano. Sconosciuto il suo significato.

PERSONALITÀ - Si realizza nell'amicizia poiché aspira a essere in sintonia con tutti gli esseri umani e con il creato. In amore è anticonformista e liberale, non tollera limitazioni, ma nemmeno ne impone. Intuitiva e fantasiosa, è particolarmente incline a svolgere attività che lascino spazio alla sua creatività sempre in movimento.

MELINDA

📖 ONOMASTICO - *L'onomastico di Melinda è sconosciuto. Per somiglianza fonetica, può essere festeggiata il 22 gennaio o il 22 marzo, onomastico di Linda.*

ORIGINE E SIGNIFICATO - Deriva dalla lingua greca in cui significa "gentile", "delicata".

PERSONALITÀ - Sostenuta da una intelligenza brillante, è una persona dal carattere fermo e deciso. La sua determinazione la porta però spesso a diventare prepotente e capricciosa, soprattutto nei confronti delle tante persone che subiscono il suo fascino.

MELISSA

📖 ONOMASTICO - *L'onomastico si festeggia il 24 aprile.*

ORIGINE E SIGNIFICATO - Deriva dal termine greco *melissa*, che significa "ape".

PERSONALITÀ - Melissa è una donna espansiva, intelligente, amante della natura e della vita semplice. Inoltre possiede un'intelligenza viva che le permette di avere successo in ogni campo.

MICAELA

📖 ONOMASTICO - *Si tratta di una variante femminile di Michele a cui si richiama per l'onomastico di Micaela.*

ORIGINE E SIGNIFICATO - La sua origine è la stessa di Michele.

PERSONALITÀ - Micaela appare romantica, dolce e disinteressata. Il suo centro vitale è rappresentato dall'amore. Sensibile, elegante e molto fine, eccelle nelle professioni legate all'arte e alla moda. Facile alle depressioni dovute a delusioni sentimentali.

MICHELANGELO

🕮 ONOMASTICO - *L'onomastico viene festeggiato il 10 luglio in memoria del beato Michelangelo di san Francesco, morto nel 1800.*
ORIGINE E SIGNIFICATO - Questo nome nasce dalla contrazione di Michele e Angelo e pertanto si rimanda a questi ultimi per il suo significato.
PERSONALITÀ - Profondamente orgoglioso e capriccioso, punta sempre al meglio, certo di ottenere i risultati che spera. Coltiva molteplici interessi nei campi più disparati. Professionalmente è portato soprattutto per i mestieri artigianali, dove può mettere a frutto la sua spiccata e sempre originale creatività.

MICHELA / MICHELE

🕮 ONOMASTICO - *L'onomastico si festeggia il 24 agosto in onore di santa Maria Michela, fondatrice delle Ancelle del santissimo Sacramento. Michele invece viene festeggiato il 29 settembre, in ricordo della consacrazione del santuario dedicato all'arcangelo Michele sul monte Gargano, effettuata secondo una pia leggenda, personalmente da san Michele Arcangelo. Patrono di poliziotti, armaioli, arrotini, bancari, commercianti, giudici, paracadutisti, pasticcieri, merciai, radiologi, radioterapisti, di Feletto (To), Caltanissetta, Caserta, Cuneo, Verduno, Argelato, Arisio e Arpaia.*
ORIGINE E SIGNIFICATO - Deriva dal nome ebraico *mikhael*, tradotto in greco come *michaèl* e in latino *michael*. Il significato corrisponde a una domanda, perché è composto da *mi-kha-el*, dove le prime due parole corrispondono a "chi è come" e *El* è uno dei nomi di Dio. Il significato del nome è quindi "chi è come il Signore"?
PERSONALITÀ - Michela: è sincera e un poco ingenua. È molto brava a prendersi cura degli altri, rischiando però di dimenticare se stessa, cadendo così in crisi depressive lunghe e dolorose. Ricerca l'amore, che però troverà tardi, dopo una lunga serie di rapporti sbagliati. Michele: è un uomo intelligente, sensibile, ma con la tendenza all'arroganza e alla prevaricazione. Possiede una personalità complessa e piena di sfaccettature. Sa essere spietato e contemporaneamente ha dentro di sé una grande tenerezza che dimostra ampiamente a coloro che ama.

MICOL

🕮 ONOMASTICO - *Si tratta della traduzione ebraica di Michela, quindi*

si festeggia lo stesso giorno di quest'ultima.
ORIGINE E SIGNIFICATO - Per il significato e l'origine di Micol si rimanda al nome Michele.
PERSONALITÀ - Tende a ponderare e analizzare tutto. Instancabile lavoratrice è spinta al sacrificio dal bisogno di affermarsi sempre e non solo economicamente. Raggiunge grandi soddisfazioni in ambito professionale; più difficile trovare invece gratificazioni in quello affettivo.

MILENA

📖 ONOMASTICO - *Si festeggia il 1° novembre, giorno di Ognissanti, perché non esiste un santo patrono.*
ORIGINE E SIGNIFICATO - È un nome di origine slava. Secondo alcune interpretazioni potrebbe derivare dal termine *milu*, che significa "amabile"; secondo altri, invece, è una forma ridotta di *milosava*, un nome personale composto dal termine *milu*, che significa "caro", e da *slava*, che vuol dire "gloria". Secondo questa interpretazione significherebbe quindi "gloriosa per la sua misericordia".
PERSONALITÀ - Milena è una donna timida e riservata, dotata di una creatività visionaria. Ama circondarsi di amici perché teme la solitudine. In amore rischia di rimanere legata a un uomo che non ama più per pigrizia e abitudine. Dà l'impressione di vivere un po' fuori dal mondo ed è quasi sempre una ritardataria cronica.

MILVA

📖 ONOMASTICO - *Si festeggia il 1° novembre, giorno di Ognissanti, perché non esiste un santo patrono.*
ORIGINE E SIGNIFICATO - Deriva dal nome del ponte Milvio dove si svolse la battaglia decisiva tra Costantino e Massenzio. Era dunque un nome celebrativo.
PERSONALITÀ - Milva è una donna che difficilmente passa inosservata. È molto orgogliosa e un po' controllata nell'esternazione dei suoi sentimenti. Crede però nell'amore, in cui investe moltissimo, senza dimenticare la sua unicità; è quindi una compagna stimolante e generosa.

MIMMA / MIMMO

📖 ONOMASTICO - *Sono nomi diminutivi e vezzeggiativi di Michele o di Domenico che pertanto si richiamano per i relativi onomastici.*

ORIGINE E SIGNIFICATO - Per l'origine e il significato di Mimmo e Mimma si richiamano Domenico e Michele.
PERSONALITÀ - Mimma: divertente ma anche raffinata, grazie alla sua gradevole simpatia, sa essere molto apprezzata e diplomatica. Qualche volta si dimostra però troppo arrendevole, soprattutto nei confronti degli affetti più cari. Mimmo: è un grande sognatore, disordinato e confusionario. Idealista e altruista, è sempre disponibile per tutti coloro che gli chiedono aiuto.

MIMOSA

📖 *ONOMASTICO* - *Per l'importanza simbolica della omonima pianta, Mimosa viene festeggiata lo stesso giorno della festa della donna, l'8 marzo.*
ORIGINE E SIGNIFICATO - Il nome trae la sua origine dall'omonimo fiore giallo donato alle donne nel giorno della loro festa. Ha un significato di gioia e amore.
PERSONALITÀ - Donna profonda e sognatrice, Mimosa è riflessiva e mistica. Talvolta confusionaria e disordinata, fatica a star ferma nello stesso luogo per troppo tempo. È quindi più adatta alle professioni dinamiche e imprevedibili.

MIRA

📖 *ONOMASTICO* - *Mira, pur non avendo una tradizione cattolica, viene festeggiata il 27 maggio.*
ORIGINE E SIGNIFICATO - Deriva presumibilmente dal latino *mirari* che significa "colei che è degna di ammirazione", ma presenta altresì una interessante connessione con lo slavo antico *mer,* "gloria" o *mir,* "pace", che ne lascia intravedere una qualche origine slava.
PERSONALITÀ - È decisamente adatta alle arti del cinema e dello spettacolo. Sa essere eclettica, indipendente e disprezza le convenzioni. Tra i suoi difetti, la sua innata superficialità e l'incapacità di interessarsi seriamente a qualcosa o qualcuno.

MIRANDA

📖 *ONOMASTICO* - *L'onomastico si festeggia il 2 maggio.*
ORIGINE E SIGNIFICATO - Tratto dal latino *mirari* col significato di "colei che è degna di ammirazione", si diffuse con il dramma di William Shakespeare *La tempesta* e, nella variante Mirandolina, con *La*

locandiera di Goldoni.
PERSONALITÀ - Ha dell'amicizia un'alta concezione e in essa si realizza appieno. È innamorata dell'amore e adora essere corteggiata. Nel rapporto di coppia desidera che permanga per sempre il romanticismo, tipico della prima fase dell'innamoramento, e spesso pertanto la realtà finisce col deluderla.

MIRCO

📖 ONOMASTICO - *L'onomastico può essere festeggiato il 5 ottobre in memoria di san Placido monaco, martire coi suoi fratelli Eutichio, Vittorino e la sorella Flavia vergine, a Messina. Viene per antica tradizione, invocato contro il pericolo di annegamento.*
ORIGINE E SIGNIFICATO - Forma italiana di Mirko, abbreviazione del nome slavo Miroslaw che significa "pacifico" e "placido".
PERSONALITÀ - Ambizioso e orgoglioso, Mirco è molto sensibile all'incoraggiamento e alla adulazione. È, di solito, molto ottimista, capace di adattarsi senza problemi a ogni situazione anche se sfavorevole. Fortunato, raggiunge presto e senza sforzo il benessere economico ed è attratto dalle professioni che implicano contatti sociali. Spende molto, ma si procura il denaro con la stessa facilità. Desidera avere presto una famiglia con parecchi figli.

MIREA

📖 ONOMASTICO - *Essendo una derivazione di Mira, Mirea può essere festeggiata riferendosi all'onomastico di quest'ultima.*
ORIGINE E SIGNIFICATO - Per il suo significato e per la sua origine si richiama Mira.
PERSONALITÀ - Pacifica e introversa, Mirea non ama la compagnia e tende ad estraniarsi dal resto delle persone, ma al contempo sa essere molto seduttiva e piacevole. La sua professione ideale? L'artigianato.

MIRELLA

📖 ONOMASTICO - *L'onomastico si festeggia il 12 settembre.*
ORIGINE E SIGNIFICATO - Questo nome deriva dal verbo latino *mirari*, "essere ammirata". Prima dell'Ottocento Mirella era un nome molto raro in Italia. Nel 1859 lo scrittore provenzale Frédéric Mistral stampò ad Avignone *Miréio* e ciò aiutò la diffusione del nome. Miréio, infatti, venne poi

tradotto nel francese *Mireille* e si diffuse nel nostro Paese come *Mirella*.
PERSONALITÀ - Mirella è una donna ostinata, che rincorre la fortuna e spesso riesce a conquistare una posizione di prestigio. Forse è un po' troppo chiacchierona, caratteristica che può renderla noiosa, ma nel complesso si rivela una persona fidata e piacevole da frequentare.

MIRIAM

📖 ONOMASTICO - *L'onomastico si festeggia il 2 aprile, in onore di santa Maria Egiziaca, di Palestina, detta "la Peccatrice".*
ORIGINE E SIGNIFICATO - Si tratta della forma ebraica originaria del nome Maria.
PERSONALITÀ - Miriam è una di quelle donne interessate alla qualità delle esperienze piuttosto che alla quantità. Si circonda di pochi amici fidati, con cui condividerà le esperienze, che solitamente le assomigliano per indole o per interesse. Nell'amore attenderà a lungo quello che sentirà essere l'uomo giusto per lei. Anche se il suo arrivo dovesse tardare, lei lo attenderà fiduciosa e appagata dagli amici e dalla sua vita ricca di interessi.

MIRIANA

📖 ONOMASTICO - *L'onomastico di Miriana è sconosciuto. Può essere festeggiata il 2 aprile assieme a Miriam.*
ORIGINE E SIGNIFICATO - Si tratta del nome germanico con cui questo popolo chiamava la regina delle Amazzoni. Il suo significato è "combattente", "coraggiosa".
PERSONALITÀ - Miriana è una donna molto curiosa e avventurosa. Purtroppo però è un'incostante e la sua attenzione non si sofferma mai troppo a lungo su cose e persone. È un po' frivola e capricciosa.

MIRKA / MIRKO

📖 ONOMASTICO - *L'onomastico può essere festeggiato il 5 ottobre in memoria di san Placido monaco, martire coi suoi fratelli Eutichio, Vittorino e la sorella Flavia vergine, a Messina. Viene per antica tradizione, invocato contro il pericolo di annegamento.*
ORIGINE E SIGNIFICATO - Si tratta di un nome di origine slava, diminutivo di *miloslav*, termine composto di due parti che, a seconda dell'interpretazione, acquisiscono diversi significati. La prima componente potrebbe essere *mir*, che significa "mondo", oppure *mer*, che invece vuol

dire "gloria". Nessun dubbio per quanto riguarda la seconda parte del nome che è slava e si traduce con "gloria". Il significato complessivo del nome potrebbe quindi essere "gloria nel mondo" oppure "glorioso".
PERSONALITÀ - Mirka: è allegra e ottimista, amante della vita e della natura. Non è per niente ambiziosa e il suo sogno è di avere una bella casa, possibilmente in riva al mare, un compagno dolce e affettuoso e tanti figli da accudire. Sembra uscita dalle fiabe, ma spesso i suoi sogni riescono ad avverarsi. Mirko: è un uomo con un'unica grande debolezza: l'adulazione. Questa caratteristica lo rende facile preda degli arrampicatori sociali, che usano la sua forza e la sua intelligenza per raggiungere i propri scopi.

MIRRA

📖 *ONOMASTICO - L'onomastico è sconosciuto. Può essere festeggiata assieme a Mira. La sua traduzione sassone Muriel viene festeggiata il 28 giugno.*
ORIGINE E SIGNIFICATO - La sua origine va ricercata nel nome della ninfa che, avendo incestuosamente amato il padre, fu trasformata nell'albero dal quale si estrae la omonima resina aromatica e dal cui tronco, secondo il mito, nacque Adone.
PERSONALITÀ - Dinamica, comunicativa e brillante è anche intelligente ed espansiva. A volte bisbetica con gli affetti più cari, eccelle negli sport e ama viaggiare.

MIRTA

📖 *ONOMASTICO - Si festeggia il 1° novembre, giorno di Ognissanti, perché non esiste un santo patrono.*
ORIGINE E SIGNIFICATO - Deriva dal nome della pianta sacra ad Afrodite: il mirto, simbolo dell'amore e della poesia sentimentale.
PERSONALITÀ - Mistica e riflessiva, è una profonda sognatrice. Per questo spesso è inaffidabile, confusionaria e disordinata. Professionalmente è particolarmente adatta all'insegnamento.

MISIA

📖 *ONOMASTICO - Si festeggia il 1° novembre, giorno di Ognissanti, perché non esiste un santo patrono.*
ORIGINE E SIGNIFICATO - Probabilmente deve la sua origine alla Misia, un'antica regione nel nord-est dell'Anatolia, circondata dal mare, la cui omonima capitale diede i natali a Niceta, un vescovo della Dacia, nato

nel 341 e morto martire il 7 gennaio del 415.

PERSONALITÀ - È molto testarda, ma non bisogna dimenticare che la testardaggine ha un risvolto favorevole che si chiama tenacia e che assieme a un'altra dote, la pazienza, porta a superare le difficoltà. Ha molti amici e adora passare le serate con loro.

MODESTA / MODESTO

📖 *ONOMASTICO - L'onomastico viene festeggiato il 12 gennaio o il 15 giugno in onore di san Modesto, martire con i santi Càstolo, Rogato e Zòtico. Viene invocato contro i morsi dei serpenti.*

ORIGINE E SIGNIFICATO - Deriva dal latino *modus,* "moderazione", col significato di "mite", "moderato".

PERSONALITÀ - Modesta: in amore è molto romantica e quando trova l'amicizia è pronta a donare tutta se stessa. I mestieri più indicati sono quelli legati alla libera professione che le consente di fare di testa propria, senza dover sottostare alle imposizioni altrui. Modesto: ha un carattere tranquillo; potrebbe quasi sembrare un po' timoroso per la sua pacatezza, invece, è semplicemente una persona accomodante che cerca di trovare l'armonia in ogni situazione.

MOIRA

📖 *ONOMASTICO - L'onomastico è sconosciuto. Può essere festeggiato, per assonanza, lo stesso giorno di Maria.*

ORIGINE E SIGNIFICATO - È uno dei nomi con cui i Greci chiamavano le Parche. Divinità romane figlie della Notte che, attraverso la filatura, la tessitura e la recisione del filo, decidevano la lunghezza della vita di ogni uomo. Da qui il suo significato di "tessitrice".

PERSONALITÀ - Moira è solitamente una donna vanitosa e prepotente, con picchi di aggressività preoccupante. Si nasconde dietro una maschera di grazia e simpatia, ma la sua vera natura è in agguato e aspetta solo il momento favorevole. È dotata di un fascino ipnotico e non sono poche le persone disposte a fare qualsiasi cosa per lei. Quando però si lega profondamente a qualcuno sarà fedelissima.

MONIA

📖 *ONOMASTICO - Essendo una variante di Monica, può essere festeggiata il 27 agosto o il 4 maggio.*

ORIGINE E SIGNIFICATO - Per l'origine e il significato del nome si richiama Monica.
PERSONALITÀ - Talento artistico e gusto estetico fanno di Monia una persona portata all'arte e alla cultura, ma l'indecisione la frena. Manca di volontà e odia le responsabilità. In amore è sfuggente e poco propensa alla fedeltà.

MONICA

📖 *ONOMASTICO - L'onomastico viene festeggiato il 27 agosto in onore di santa Monica, madre di sant'Agostino, morta nel 387. In alcuni luoghi viene venerata il 4 maggio e in altri il 9 aprile. Patrona delle vedove e dei tipografi.*
ORIGINE E SIGNIFICATO - Esistono due diverse interpretazioni possibili per questo nome. La prima lo riconduce al termine greco *monikos*, che significa "solitario", "eremita", la seconda al termine *monna*, che significa "madre", "sposa".
PERSONALITÀ - Monica è una donna viziata. Vive di sogni e di fantasia e quando la realtà bussa alla sua porta, lei fa finta di nulla. È incapace di vivere veramente un rapporto perché passa il suo tempo a proiettare i suoi desideri e le sue aspettative sulle persone e quando tutto ciò crolla si sente tradita e vittima della cattiveria altrui. È generosa e farebbe qualsiasi cosa per coloro che ama, solo che spesso non è in grado di dimostrare tutte queste emozioni.

MORANA

📖 *ONOMASTICO - Si festeggia il 1° novembre, giorno di Ognissanti, perché non esiste un santo patrono.*
ORIGINE E SIGNIFICATO - Deriva dal nome della divinità slava della Fine, ma se ne ignora l'esatto significato.
PERSONALITÀ - Carattere solido, pratico e ambizioso, Morana è rigorosa, severa e diffidente verso chi non conosce. Ama gli animali di piccola taglia, le feste e i viaggi esotici. Il suo più grande ideale è il matrimonio, per ottenere il quale ricerca continuamente l'uomo della vita.

MORENA / MORENO

📖 *ONOMASTICO - Si festeggia il 3 giugno, giorno di san Morando.*
ORIGINE E SIGNIFICATO - Questo nome deriva da un termine spagno-

lo che significa "bruno". Potrebbe essere una variante del nome *moro,* con cui si indicavano gli arabi insidiati in Spagna.
PERSONALITÀ - Morena: è una donna leale e sincera e possiede un'intelligenza acuta unita a tanto buon senso. È una persona su cui si può fare affidamento, sia nella vita privata che sul lavoro dove si rivela un'ottima collaboratrice. Moreno: forse non è molto passionale e nel rapporto gli manca un po' di inventiva e allegria, ma riuscirà comunque ad avere relazioni gratificanti.

MORGANA

📖 *ONOMASTICO - Si festeggia il 25 maggio.*
ORIGINE E SIGNIFICATO - Deriva dal termine gallese significante "riva del mare". È anche il nome della fata benefica del ciclo bretone.
PERSONALITÀ - Morgana è raffinata, fascinosa e seduttiva. È anche romantica e gentile, ma troppo indecisa e arrendevole.

MOSÈ

📖 *ONOMASTICO - L'onomastico viene festeggiato il 4 settembre in memoria di san Mosè, legislatore e profeta biblico.*
ORIGINE E SIGNIFICATO - Il nome Mosè deriverebbe, secondo alcuni studiosi, dalla radice del verbo ebraico "salvare", indicando, così, la condizione originaria dell'esistenza del profeta biblico, cioè l'essere stato "salvato dalle acque". Secondo altri, invece, deriverebbe dal verbo *mashah,* "estrarre", "tirare fuori" in riferimento al ritrovamento del piccolo Mosè da parte della figlia del faraone nelle acque del Nilo. Più semplicemente, forse, l'origine di Mosè deriva dall'egizio *mshj,* "partorire" con significato di "figlio" o dall'identico vocabolo, sempre egiziano, "ragazzo", terminazione molto frequente dei nomi egiziani.
PERSONALITÀ - Saggio e forte, Mosè è inflessibile nelle sue decisioni che spesso risultano le più giuste in relazione al caso. Dotato di un acume eccezionale sarà un buon leader anche grazie al grande carisma.

MUGHETTA

📖 *ONOMASTICO - Si festeggia il 1° novembre, giorno di Ognissanti, perché non esiste un santo patrono.*
ORIGINE E SIGNIFICATO - Questo nome, legato al profumatissimo fiore, aveva una valenza augurale e si dava alle bambine in segno di

buon auspicio.
PERSONALITÀ - Mughetta è una donna dinamica e molto pratica. Possiede doti artistiche e sensibilità poetica. Sul lavoro è instancabile e per questo, se da una parte sa conquistarsi la fiducia e la stima dei suoi superiori, dall'altra rischia di cadere vittima di invidie e malelingue dei colleghi.

MURIEL

🕮 *ONOMASTICO - Nella tradizione sassone si festeggia il 28 giugno.*
ORIGINE E SIGNIFICATO - Questo nome deriva dal termine ebraico che significa "mirra".
PERSONALITÀ - Muriel è una donna dall'animo dolce e sensibile. Ama i viaggi, la musica e la poesia. Nonostante l'apparenza un po' superficiale possiede una grande forza interiore che la sostiene e la fa procedere nei momenti difficili. Possiede, nei modi di porsi agli altri, una delicatezza sofisticata con la quale attrae qualsiasi uomo.

N

NADA

📖 ONOMASTICO - *Essendo una variante di Nadia, si festeggia il 1° dicembre.*
ORIGINE E SIGNIFICATO - Si richiamano integralmente il significato e l'origine di Nadia.
PERSONALITÀ - Temperamento intransigente e molto chiuso nei primi anni della sua vita, Nada diviene più morbida con la maturità. È una persona che fa dell'entusiasmo la sua arma migliore, con cui contagia tutti coloro che la frequentano e le vogliono bene.

NADIA

📖 ONOMASTICO - *L'onomastico, tradizionalmente, viene festeggiato il 1° dicembre e il 17 gennaio, in ricordo di santa Nadia, vergine e martire ungherese, detta di "Loudoun" e anche "Neosnadia" uccisa nel V secolo.*
ORIGINE E SIGNIFICATO - Questo nome ha un'origine russa e deriva dal termine *nadiejda*, che significa "speranza".
PERSONALITÀ - Nadia è al contempo una donna forte e dolce. È una di quelle persone che rappresentano un punto di riferimento per quanti ne condividono la vita. La sua saggezza innata la rende un'ottima consigliera e gli stessi requisiti di tenerezza ed equilibrio fanno di lei una compagna preziosa. Tra i suoi difetti vi sono la testardaggine, che la spinge a voler imporre sempre l'ultima parola e la gelosia, che però sa contenere senza cadere in drammi o scenate.

NAOMI

📖 ONOMASTICO - *Pur non avendo un onomastico cattolico, nella tradizione sassone è festeggiata il 2 aprile.*
ORIGINE E SIGNIFICATO - Deriva dall'ebraico e significa "piacevole".
PERSONALITÀ - Carattere mistico e profondo, ma anche inaffidabile

e confusionario, Naomi sa essere molto altruista. In amore cerca le situazioni un po' inafferrabili e senza futuro, forse per timore di legarsi troppo e di soffrire.

CURIOSITÀ - *Il venire alla ribalta, non solo nel mondo della moda ma anche del* gossip, *della modella Naomi Campbell, ha amplificato la diffusione di questo nome che, fino agli anni '90, era tutt'altro che frequente.*

NARA

ONOMASTICO - *Si festeggia il 1° novembre, giorno di Ognissanti, perché non esiste un santo patrono.*

ORIGINE E SIGNIFICATO - Deriva dal linguaggio pellerossa e significa "quercia".

PERSONALITÀ - Nara preferisce sfuggire alle responsabilità e alle attività pratiche per dedicarsi interamente ai suoi interessi spirituali. È una persona piacevole, ma vive fuori dal mondo e per questo ispira tenerezza e desiderio di protezione. Crede molto nelle amicizie, che però, sempre per la sua vaghezza caratteriale, fatica a coltivare con costanza.

NARILLA

ONOMASTICO - *Si festeggia il 1° novembre, giorno di Ognissanti, perché non esiste un santo patrono.*

ORIGINE E SIGNIFICATO - Probabilmente significa "scuro", ma l'etimo di questo nome è incerto.

PERSONALITÀ - Pratica e concreta, Narilla è ambiziosa e autoritaria. È una buona amica ma la sua franchezza rischia spesso di offendere chi le sta vicino o di essere fraintesa. Pur nel suo pragmatismo, nelle relazioni sentimentali ama gli uomini romantici, nel senso più classico del termine, del tipo "rose rosse e cene sul mare".

NARCISO

ONOMASTICO - *L'onomastico è festeggiato il 29 ottobre in ricordo di san Narciso, vescovo di Gerusalemme morto nel 212.*

ORIGINE E SIGNIFICATO - Le sue origini vanno ricercate nel greco *Nàrkisos*, tratto da *Narke*, il cui significato è "sapore".

PERSONALITÀ - Sicuro e deciso nel difendere le sue posizioni, Narciso può apparire troppo pieno di sé, ma sotto la scorza nasconde un cuore tenero e sensibile. In amore è piuttosto irrequieto e ciò non mancherà di creargli qualche problema. Sul lavoro, è competente e preparato, con una buona dose di ambizione e senso di responsabilità.

CURIOSITÀ - *È il nome del bellissimo ragazzo che, nella mitologia greca, si racconta essersi specchiato così a lungo da trasformarsi nel fiore omonimo, le cui virtù antispasmodiche erano note fin dall'antichità e che ha originato la parola italiana narcotico.*

NATALE

ONOMASTICO - *L'onomastico è festeggiato il 16 marzo in ricordo di san Natale Chabanel, gesuita, martirizzato nel 1649 in Canada.*

ORIGINE E SIGNIFICATO - I Romani antichi chiamavano *dies natalis*, "giorno della nascita", quello in cui erano nati perché l'aggettivo *natalis* derivava dal verbo *nasci*, nascere. Si festeggiava il 25 dicembre il *dies natalis Solis Invicti*, una festa istituita dall'imperatore Aureliano, il "Natale dei Sole Invitto", in cui si onorava la rinascita sull'orizzonte del nuovo Sole che era simbolicamente morto al solstizio d'inverno, cioè era giunto al punto più basso dell'orizzonte. Il 25 invece il Sole era già risalito percettibilmente sull'orizzonte, cioè era "rinato".

PERSONALITÀ - Natale, e tutti gli altri nomi da esso derivati, si caratterizzano per una personalità originale e passionale. Portati agli slanci sentimentali, questi individui ostinati e testardi seguono difficilmente i consigli altrui. Non si arrendono davanti a nulla, riuscendo casomai a convincere il prossimo della validità del loro agire. Credono profondamente nel matrimonio e sono idealisti e romantici in amore.

CURIOSITÀ - *La festa latina divenne così popolare che vi partecipavano anche i cristiani. La Chiesa romana, per distoglierli da quelle cerimonie pagane, decise allora di celebrare alla stessa data il* dies natalis *del Cristo, cioè il giorno della sua nascita che fino ad allora non era una festa importante per la cristianità; quella fondamentale era la Pasqua. La nascita di Gesù si era celebrata fino a quel momento in diverse date, il 28 marzo, il 18 aprile o il 29 maggio, più accettabili storicamente del 25 dicembre: il Cristo infatti non poteva essere nato d'inverno, perché vi erano le greggi al pascolo intorno alla sua grotta e si sa che i pastori ebrei partivano per i pascoli con la prima luna piena di primavera, tornando in autunno. Il Natale cristiano divenne a poco a poco sempre più popolare soppiantando quello del "Sole Invitto". Sicché i fedeli, quando un loro figlio nasceva in quel giorno, cominciarono a chiamarlo* Natalis. *I bizantini coniarono anche il femminile Natalia, che si diffuse in tutti i paesi di influenza bizantina.*

NATALIA

📖 ONOMASTICO - *L'onomastico si festeggia il 27 luglio in ricordo di santa Natalia, martire col marito Aurelio, a Córdoba, nell'852, assieme a Felice e Liliosa, sua moglie.*

ORIGINE E SIGNIFICATO - Deriva dall'aggettivo latino *natalis*, che significa "riferito alla nascita". Usato insieme al sostantivo *dies*, ovvero "giorno", dava la frase *dies natalis*, che indicava il giorno della nascita. Inizialmente il nome *Natalia* veniva impartito alle bambine nate il 25 dicembre.

PERSONALITÀ - Natalia è una donna determinata. Lotta e lavora sodo per realizzare i propri sogni, senza dimenticare né le amicizie né l'amore. In questo campo, però, tende a contrarre fidanzamenti quasi eterni, perché distratta dai suoi impegni lavorativi. È un'ottima organizzatrice e questo nella quotidianità può risultare fastidioso a quanti si vedono regolare la vita da questa donna che a volte pare un ciclone. Altra sua caratteristica è una spiccata emotività che, se normalmente viene considerata un pregio, nel suo caso invece, può essere un impedimento.

NATALINA

📖 ONOMASTICO - *L'onomastico viene tradizionalmente festeggiato il primo giorno di dicembre, in memoria di santa Natalina, moglie del martire Adriano, martirizzata in Nicomedia.*

ORIGINE E SIGNIFICATO - Si richiamano il significato e l'origine di Natalia.

PERSONALITÀ - Per la personalità di Natalina si richiama quanto detto per Natalia.

NATASCIA

📖 ONOMASTICO - *Come Natalia si festeggia il 1° dicembre.*

ORIGINE E SIGNIFICATO - Possiede lo stesso etimo di Natalia, di cui è la traduzione russa.

PERSONALITÀ - Natascia è una donna passionale e totalmente priva di logica. La sua emotività e la sua sensibilità sono talmente alte che sostituiscono totalmente il comune raziocinio. Non ha nessun rispetto per le convenzioni e fa sempre e soltanto ciò che desidera. È una compagna allegra e generosa, ma un rapporto con lei può essere molto faticoso dal momento che il suo umore può variare da un momento all'altro senza alcun preavviso.

CURIOSITÀ - *Natascia è divenuto un nome famoso e si è diffuso grazie al romanzo* Guerra e pace *di Tolstoj.*

NAZARENO

ONOMASTICO - *L'onomastico si festeggia il 28 luglio, in ricordo di san Nazario, detto "di Milano", primo vescovo e patrono di Capodisteria, che in qualche località viene pure venerato al 10 maggio. Secondo alcuni deve essere festeggiato il 10 dicembre, giorno della celebrazione della traslazione della casa di Nazareth ad opera degli angeli.*

ORIGINE E SIGNIFICATO - Deriva dal termine latino *nazareus*, nome con cui si identificavano le genti provenienti dalla città di *Nazareth*. Il nome della città deriva dal termine *nazrat*, che significa "guardiana".

PERSONALITÀ - Nazareno è un uomo assolutamente asociale. Può essere considerato un genio perché la sua intelligenza è notevolmente superiore alla media, ma questo lo fa sentire lontano e superiore al resto dell'umanità, per cui prova un leggero disprezzo. Non entra mai veramente in confidenza con nessuno, nemmeno con la donna che deciderà di amare per tutta la vita. Nel lavoro è una persona molto affidabile e scrupolosa.

NEDA

ONOMASTICO - *Si festeggia il 1° novembre, giorno di Ognissanti, perché non esiste un santo patrono.*

ORIGINE E SIGNIFICATO - Deriva dal greco *nedé* che significa "gorgogliante". È il nome della ninfa oceanica nutrice di Zeus.

PERSONALITÀ - Sprezzante della paura, niente la può fermare. In amore è possessiva, gelosa, ma anche appassionata e sensuale. Apparentemente anticonformista, in realtà non desidera altro che mettere su famiglia, meglio se numerosa: vuole avere tanti figli, cani, gatti e tutto ciò che può fare allegria. Per lei è difficile trovare un uomo che condivida questi desideri.

NELLA / NELLO

🕮 ONOMASTICO - *L'onomastico viene tradizionalmente festeggiato il 1° maggio in ricordo di santa Nella, o Petronilla, di Moncel, morta nel 1355.*

ORIGINE E SIGNIFICATO - Probabilmente non è altro che il diminutivo variato di Nilla, troncato di Petronilla, ma secondo alcuni deriva dal nome della figlia del mitico Nelios re di Pilo, personaggio dell'*Iliade* e dell'*Odissea.*

PERSONALITÀ - Entrambi hanno un carattere dinamico, comunicativo e brillante. Sono intelligenti, espansivi e curiosi, per questo amano interessarsi di tutto ciò che li circonda; ciò che più li diverte è viaggiare verso mete poco praticate dal turismo di massa.

NEREA / NEREO

🕮 ONOMASTICO - *L'onomastico, per tradizione, viene festeggiato, il 25 dicembre in ricordo di santa Nerea Vergine. L'onomastico di Nereo si festeggia il 12 maggio, in ricordo di san Nèreo martire nel 306 con i santi Achilleo, Crazio e Flavia a Tessalonica, durante l'impero di Traiano.*

ORIGINE E SIGNIFICATO - Deriva da un gruppo di nomi mitologici. Nereo, secondo la mitologia greca figlio di Oceano e Teti e padre delle Nereidi, trae origine dal greco *nareo* che significa "scorrere". Da Nereide, attraverso Nereina, si giunge a Nerina/Nerino che però assieme a Nera/Nero può costituire l'ipocoristico del medievale Ranieri o Guarnieri.

PERSONALITÀ - Nerea: le sue doti sono mitezza e immaginazione. Probabili le incomprensioni in amore poiché Nerea difficilmente incontra un partner capace di entrare nel suo ricchissimo mondo interiore. Ama la natura, i viaggi, la musica e tutte le discipline artistiche. Incontra problemi, a volte, per la sua eccessiva riservatezza, che la porta a non aprirsi agli altri. Nereo: personalità contraddittoria e complessa, ma proprio per questo affascinante. Si presenta come un individuo multiforme, gioviale, amante della campagna e della vita sana all'aria aperta. Sportivo, ama il calcio e, in generale, tutti i giochi di squadra in cui può esprimere il suo agonismo. Amante attento e fedele, sa donare alla sua donna dolcezze senza fine. A volte però, con il rischio di apparire stucchevole.

CURIOSITÀ - *Il nome Nerea è tipico di diversi personaggi mitici ed è stato adottato dai poeti Virgilio, Orazio e Tibullo per designare la donna amata.*

NERINA

🕮 ONOMASTICO - *L'onomastico si festeggia il 17 giugno.*

ORIGINE E SIGNIFICATO - L'origine e il significato sono quelli descritte per il nome Nerea. È il più diffuso dei nomi personali derivanti dal dio Nereo.

PERSONALITÀ - Nerina è volubile e fragile: è facile trovarla assorta nei suoi pensieri e nei suoi tormenti, spesso frutto più della sua immaginazione che di un reale stato d'animo. Romantica fino allo sfinimento, è avida lettrice di romanzi rosa. Insomma, un po' fuori moda rispetto ai canoni femminili attuali, che impongono donne disinibite e prive di falsi pudori.

CURIOSITÀ - *Dei nomi derivanti dalle* Nereidi *Nerina è sicuramente il più diffuso forse perché presente in diverse opere letterarie del passato tra cui la* Aminta *di Torquato Tasso e, soprattutto, nelle* Ricordanze *di Giacomo Leopardi.*

NESTORE

🕮 ONOMASTICO - *L'onomastico viene festeggiato per tradizione, il 4 marzo, in ricordo di san Nestore vescovo, martire nel Chersoneso, con i santi Agatodoro, Basilio, Capitone, Efrem e altri compagni di fede.*

ORIGINE E SIGNIFICATO - Deriva dal latino *Nestoris* e significa "conduttore", "guida".

PERSONALITÀ - Nestore ha un carattere introverso e serioso, ma è anche capace di trovare le compagnie giuste per far emergere il suo insospettabile lato giocoso. Dotato di grande temperamento non è secondo a nessuno in qualsiasi tipo di competizione, vuoi professionale, vuoi sportiva.

NEVA

🕮 ONOMASTICO - *L'onomastico si celebra nel giorno 5 agosto in onore della Madonna delle Nevi di Roma.*

ORIGINE E SIGNIFICATO - Viene dal latino *nix* che vuol dire "neve". Veniva imposto per celebrare il culto della madonna delle Nevi cui è dedicata la basilica di santa Maria Maggiore sull'Esquilino, costruita dopo che una stupefacente nevicata avvenuta il 5 di agosto fece gridare al miracolo.

PERSONALITÀ - Praticamente l'unico interesse di Neva è la famiglia. Di indole mite e fedele è troppo romantica in amore per non rischiare cocenti delusioni. È attratta dalla musica e dalle arti. Desidera il benessere economico da cui un certo consumismo non sarà escluso.

NICODEMO

📖 ONOMASTICO - *L'onomastico si festeggia il 3 agosto, in ricordo di san Nicodemo, membro del Sinedrio, martire con i santi Abibone e Gamaliele.*

ORIGINE E SIGNIFICATO - Il nome è di origine greca e significa "vincitore tra il popolo". Deriva forse dal biblico fariseo, capo e dottore dei Giudei, che venne da Gesù una notte per parlare con lui e, capita la grandezza di Cristo, in seguito lo difese davanti ai capi sacerdoti perché non l'avevano sentito e aiutò Giuseppe di Arimatea a seppellirlo.

PERSONALITÀ - Critico e ambizioso Nicodemo è di carattere severo e diffidente. A queste caratteristiche unisce un grande senso pratico che lo porta a scegliere la posizione più redditizia in tutte le situazioni. In amore è vivace e sempre pieno di iniziativa: ama organizzare piccole gite, feste, cene a sorpresa, tutto pur di tenere alta l'attenzione della propria donna verso di lui.

CURIOSITÀ - *Oggi è un nome in declino ma rimane piuttosto diffuso nel meridione dove viene abbreviato in Nico.*

NICOLA

📖 ONOMASTICO - *L'onomastico si festeggia il 6 dicembre, in ricordo di san Nicola, vescovo di Mira nella Licia, morto nel 350 e detto "da Bari", perché sepolto in quella città. È patrono di avvocati, bambini, droghieri, marinai, prigionieri, profumieri, scaricatori, scolari, studenti, della Russia ortodossa, della Grecia e delle città di Berlino, Arcola, Arcidosso, Arena, Bari, Vernante.*

ORIGINE E SIGNIFICATO - Questo nome ha origine dal termine greco *nikòlaos*, nome composto da *nike*, che significa "vittoria" e da *laòs*, che vuol dire "popolo". Il suo significato è quindi "vincitore fra il popolo". Da qui derivarono Nicolao, un nome personale attualmente molto raro, e la forma più moderna Nicola.

PERSONALITÀ - Nicola è un uomo gioviale, amante degli scherzi e della compagnia. Cambia totalmente identità quando si trova sul posto di lavoro, diventando formale, preciso e intollerante agli errori altrui. Ma quando torna alla sua vita ritrova la disponibilità e la tenerezza di cui fa dono alla sua compagna e ai suoi figli.

CURIOSITÀ - *Secondo molte tradizioni, san Nicola sarebbe l'equivalente della nostra befana, che visita i pantaloni dei bambini buoni recando loro dei doni. Nel Nord Europa invece santa Klaus ha dato origine alla leggenda di Babbo Natale. Il collegamento costante e positivo che lega san Nicola ai bambini è dovuto alla tradizione secondo la quale il santo di Bari, taumaturgo e miracolista, avrebbe resuscitato tre bambini fatti a pezzi.*

NICOLETTA

ONOMASTICO - *L'onomastico si festeggia il 6 dicembre, in ricordo di san Nicola, vescovo di Mira nella Licia, morto nel 350 e detto "da Bari", perché sepolto in quella città. Come Nicola anche Nicoletta è quindi patrona di avvocati, bambini, droghieri, marinai, prigionieri, profumieri, scaricatori, scolari, studenti, della Russia ortodossa, della Grecia e delle città di Berlino, Arcola, Arcidosso, Arena, Bari, Vernante.*

ORIGINE E SIGNIFICATO - Si richiamano il significato e l'origine di Nicola, di cui Nicoletta è il diminutivo femminile.

PERSONALITÀ - Nicoletta è caratterizzata da una natura contraddittoria. Intelligente e curiosa riesce facilmente ad acquisire una vasta cultura. La sua versatilità le impedisce di legarsi durevolmente a cose e persone. Ciò nonostante questo nome pare esercitare un influsso particolarmente benefico; è una donna originale, sottile e molto fantasiosa. È più inquieta del corrispettivo maschile e, non di rado, si rivela litigiosa. Si prefigge grandi scopi che generalmente riesce a realizzare grazie all'abilità e alla capacità di adattamento di cui è dotata. Le si prospettano successi in ambito letterario, artistico e psicologico.

NICOLÒ

ONOMASTICO - *L'onomastico si festeggia il 6 dicembre, in ricordo di san Nicola, vescovo di Mira nella Licia, morto nel 350 e detto "da Bari", perché sepolto in quella città. È patrono di avvocati, bambini, droghieri, marinai, prigionieri, profumieri, scaricatori, scolari, studenti, della Russia ortodossa, della Grecia e delle città di Berlino, Arcola, Arcidosso, Arena, Bari, Vernante.*

ORIGINE E SIGNIFICATO - Si richiamano il significato e l'origine di Nicola di cui Nicolò è una variante.

PERSONALITÀ - È di carattere piuttosto debole e trova difficoltà nell'imporsi agli altri. Insicuro ma perseverante fino a rendersi noioso, raggiunge la meta a passi lentissimi. Di gusti raffinati, ama la compagnia, soprattutto femminile, e la buona tavola.

NILDE

🕮 ONOMASTICO - *L'onomastico si festeggia il 22 marzo, in ricordo di santa Nilde, martirizzata con santa Linda. Un'altra santa, vissuta nel VII secolo, viene commemorata il 21 luglio.*

ORIGINE E SIGNIFICATO - Deriva dall'antico sassone *Hilde* e significa "guerriera".

PERSONALITÀ - Si presenta come una donna poco comunicativa e poco combattiva nella vita come nell'amore. Ottima collaboratrice in ambito professionale purché abbia accanto una guida che compensi la sua mancanza di iniziativa.

NINA / NINO

🕮 ONOMASTICO - *L'onomastico si festeggia, per antica tradizione, il giorno 15 dicembre, in memoria di santa Nina, martirizzata in Georgia nel IV secolo.*

ORIGINE E SIGNIFICATO - Il nome ha origine ebraica e significa "bello". Molte volte è da intendersi come diminutivo di Giovanna e Giovanni o Antonia e Antonio: in questi casi si rimanda a tali nomi.

PERSONALITÀ - Nina: sognatrice e non molto affidabile in determinate circostanze, sa rivelarsi persona altruista e generosa. A volte può apparire un po' confusionaria e disorganizzata. Nino: pur assomigliando a Nina, se ne discosta perché di carattere più dolce, malleabile e perseverante.

NINFA

🕮 ONOMASTICO - *L'onomastico viene festeggiato il 10 novembre, in ricordo di santa Ninfa, vergine e martire, figlia di un prefetto di Palermo, del V secolo.*

ORIGINE E SIGNIFICATO - Deriva dal greco *nynphe* e indicava le giovani donne in età da marito. Le ninfe erano anche divinità femminili minori dei boschi, dei fiumi, dei monti e dei laghi.

PERSONALITÀ - Solida, pratica, ambiziosa e costruttiva. Così può essere definita Ninfa. È severa e diffidente verso gli altri, sempre alla ricerca di una perfezione difficile da rinvenire. È parsimoniosa, ma sa dare molto se lo ritiene giusto secondo i suoi rigidi canoni. La sua bellezza è leggendaria così come il suo fascino. Molti sono gli uomini che spasimano per lei e che le regalano degli splendidi fiori.

CURIOSITÀ - *Ninfa è una città medievale abbandonata alla fine del XIV secolo, dove sopravvivono resti di chiese, di abitazioni, del castello e il municipio (restaurato), immersi in uno splendido giardino all'inglese, attraversato dall'omonimo fiume Ninfa.*

NISSA

ONOMASTICO - *Si festeggia il 1° novembre, giorno di Ognissanti, perché non esiste un santo patrono.*

ORIGINE E SIGNIFICATO - Deriva dal nome di un'ammaliatrice della mitologia scandinava, ma il suo significato è sconosciuto. Per deduzione può significare appunto "ammaliatrice".

PERSONALITÀ - Critica e ambiziosa, unisce un ottimo senso pratico alla grande affidabilità. Pecca però di eccessiva parsimonia e frugalità. In amore è romantica e dolce e non faticherà a trovare l'anima gemella.

NIVES

ONOMASTICO - *Essendone una variante può essere festeggiata nel giorno dell'onomastico di Neva.*

ORIGINE E SIGNIFICATO - Deriva dal termine latino *nix*, che significa "neve". Il nome era riferito alla Madonna delle Nevi. Si richiama il nome Neva di cui Nives è una variante.

PERSONALITÀ - Nives è una donna fedele ma capace, se tradita, di grandi vendette e rancori. Vive per gli affetti e la famiglia e, per questa ragione, arrivata a una certa età può sentirsi frustrata. In questi momenti tende a dare la colpa di tutte le sue angosce al partner. Ma questo è tipico di lei, perché non riesce ad assumersi la responsabilità delle proprie azioni.

NOÈ

ONOMASTICO - *L'onomastico si festeggia il giorno 18 novembre, in ricordo del patriarca biblico Noè. Il santo martire, Noè Mwaggali, morto nel 1886, viene commemorato il 3 giugno.*

ORIGINE E SIGNIFICATO - Deriva dall'ebraico *Nóah* e significa "quiete", "riposo".

PERSONALITÀ - Detesta le bugie e gli inganni che non concepisce neppure se a fin di bene. Persona tranquilla e talvolta pigra, è fantasioso e adora le novità che lo destano dalla monotonia della giornata. Deve tenere a freno l'orgoglio e i pregiudizi, che talvolta lo inducono a farsi idee sbagliate anche sulle persone a lui più care.

NOEMI

📖 *ONOMASTICO* - *L'onomastico si festeggia il 14 dicembre, in ricordo della beata Noemi, suocera di Ruth, che in qualche località è venerata il 15 dicembre.*

ORIGINE E SIGNIFICATO - Il nome ha origine ebraica ed è tratto da *Noam* e significa "gioia, delizia". È il nome della matrigna di Ruth, che nella Bibbia, dopo la morte del marito volle mutare il suo nome da *Noemi*, "piacevolezza" in *Mara*, "amarezza". A volte viene modificato in Naomi o Naomia.

PERSONALITÀ - Temperamento ottimista e felice, per un nonnulla è capace di trovare il lato piacevole di ogni persona o evento. Appassionata in amore, è comprensiva e molto materna con i figli. Le professioni a lei più adatte sono due: l'hostess o la restauratrice di mobili.

NORA

📖 *ONOMASTICO* - *L'onomastico viene festeggiato il 23 aprile in memoria di santa Norina detta anche "signorina", vissuta a Vieira nel X secolo.*

ORIGINE E SIGNIFICATO - Ha origine iberica e significa "ragazza non sposata". È usata anche la forma Norina. Secondo altri, il nome deriverebbe dalla contrazione del nome *Leonor*, la forma spagnola di Eleonora, che si era molto diffuso nella Penisola Iberica nel Medioevo, proveniente dalla Provenza, dove si era imposto fin dal XII secolo come *alienor*, una parola d'origine germanica di cui si conosce soltanto il significato di *ali* che vuol dire "crescere"; sicché possiamo ipotizzare che Eleonora, così come le sue derivazioni, significhi "colei che cresce o che fa crescere".

PERSONALITÀ - Coraggio e passione sono i pilastri della personalità di Nora. L'idealismo che nutre queste caratteristiche la porta spesso ad avere pregiudizi e convinzioni erronee che non la aiutano a stringere buoni rapporti con tutti. In amore è decisa e travolgente, come nella vita: l'uomo che saprà conquistarla resterà ammaliato dalla sua prorompente carica erotica.

NORBERTO

📖 ONOMASTICO - *L'onomastico si festeggia il 6 giugno, in ricordo di san Norberto, arcivescovo di Magdeburgo che visse tra il 1080 e il 1134. Patrono delle partorienti, fondò l'ordine dei Premonstratensi.*

ORIGINE E SIGNIFICATO - Deriva dall'antico tedesco *nordberth* che significa "splendore al nord" o forse da *northa* che vuol dire "forza". Se ne hanno tracce fin dal VII secolo e potrebbe significare sia "famoso del nord" sia "famoso per la sua forza".

PERSONALITÀ - Saturnino, pessimista e severo, quasi arcigno, Norberto tende a mantenere le distanze con qualsiasi persona. È portato per le scienze esatte come la matematica e la meccanica. Fiero e freddo in amore, aspira a una vita tranquilla, ritirata e senza troppe complicazioni. Difficilmente e solo in tarda età raggiungerà i propri obiettivi, soprattutto affettivi e familiari.

CURIOSITÀ - *Filosofo, giurista e politologo, professore per lunghi anni all'università di Torino, Norberto Bobbio è una delle più illustri figure della cultura del Novecento italiano.*

NORMA

📖 ONOMASTICO - *Si festeggia il 1° novembre, giorno di Ognissanti, perché non esiste un santo patrono.*

ORIGINE E SIGNIFICATO - Questo nome è un'invenzione di Felice Romani, che scrisse il libretto dell'opera di Vincenzo Bellini intitolata appunto *Norma*, rappresentata per la prima volta nel 1831. Le ipotesi etimologiche conducono al termine latino *norma*, ovvero "regola", "prescrizione". Un'altra ipotesi ricondurrebbe il nome al nordico *norn*, cioè la "dea del destino". Infine potrebbe essere il troncamento del nome germanico *nordmann*, che significa "uomo del nord", che è alla base del nome inglese e tedesco *norman*.

PERSONALITÀ - Norma è una donna ottimista e tendenzialmente portata alla felicità. Il suo spirito materno è molto sviluppato e questo la porta ad occuparsi di qualsiasi creatura bisognosa che attraversi la sua strada. Sa rendere la vita di coppia un'avventura sempre nuova e piacevole perché la sua creatività e il suo buon umore non hanno limiti. Dal punto di vista professionale incontra invece qualche delusione e fatica prima di trovare un'occupazione stabile.

NOVELLA

📖 ONOMASTICO - *Si festeggia il 1° novembre, giorno di Ognissanti, perché non esiste un santo patrono.*
ORIGINE E SIGNIFICATO - Il nome ha origine dal termine latino *novus* e significa "nuova nata". È un nome soprattutto usato in Toscana, dato per devozione verso santa Maria Novella. Vengono dette così tutte le chiese che si devono distinguere da un'altra più antica. Famosissima quella di Firenze, dei Domenicani, coi dipinti di Giotto, di Masaccio e del Ghirlandaio.
PERSONALITÀ - Forte e coraggiosa, Novella è combattiva e si esalta facilmente alla difesa dei suoi ideali. È tanto impulsiva e spericolata da risultare eccessiva e frettolosa, ciò nonostante venga considerata una vincente. Amorevole con i propri genitori e con i figli, è meno propensa alla cura del marito, che lamenta scarsa propensione in cucina e poca fantasia tra le lenzuola.

NUCCIA

📖 ONOMASTICO - *Si festeggia il 1° novembre, giorno di Ognissanti, perché non esiste un santo patrono.*
ORIGINE E SIGNIFICATO - È l'accorciativo di Giuseppina, attraverso Pina e Pinuccia. Pertanto si richiamano questi ultimi per il significato e l'origine.
PERSONALITÀ - Dolce e simpatica Nuccia assomiglia molto a Giuseppina. È propensa alle professioni che si sviluppano nel sociale e ama stare con la gente. È sempre ben accettata dai compagni perché affidabilissima nelle relazioni interpersonali e sa essere un'ottima amica.

NUNZIA / NUNZIO

📖 ONOMASTICO - *L'onomastico, tradizionalmente, si festeggia il 25 marzo, giorno commemorativo dell'Annunciazione, patrona di Cerretto Langhe, Montaldo Roero, Roddi e Sale Langhe. Il maschile Nunzio è festeggiato il 5 maggio, in memoria del beato Nunzio Sulprizio, morto nel 1836.*
ORIGINE E SIGNIFICATO - Il nome deriva dal latino *nuntio* e significa "annunciare", "riferire". Si tratta di un nome prevalentemente diffuso nel sud della penisola, collegato alla devozione verso la Madonna e in

particolare all'Annunciazione dell'arcangelo Gabriele circa la futura maternità di Maria Vergine.

PERSONALITÀ - Nunzia: dotata di un forte istinto materno, tende a un matrimonio precoce. Molto sensibile e tenera ma pessimista fino all'eccesso, non sa sempre godere delle gioie che la vita le riserva. Nunzio: per il suo spirito di carità, la sua ponderatezza e l'attitudine al risparmio, in ambiente professionale è spesso stimato, soprattutto dai superiori, quando non invidiato.

O

Oceania

📖 ONOMASTICO - *Si festeggia il 1° novembre, giorno di Ognissanti, perché non esiste un santo patrono.*

ORIGINE E SIGNIFICATO - Trova la sua origine nel nome del dio Oceano, signore dei mari. È di rarissima diffusione.

PERSONALITÀ - Grande seduttrice, Oceania ottiene ciò che vuole con la malizia e l'abilità di saper facilmente conquistare la complicità di chi l'ascolta. Ama l'amore più che la persona amata.

Oddo

📖 ONOMASTICO - *Si festeggia il 30 giugno in onore di Ottone, vescovo di Bamberga, oppure l'8 novembre in onore di Oddone di Cluny.*

ORIGINE E SIGNIFICATO - Oggi Oddone, Oddo e Ottone sono nomi poco diffusi, ma nel Medioevo erano frequenti grazie alla celebrità di imperatori vissuti fra il X e l'XI secolo, che in tedesco si chiamavano Otto, una variante di Oddo che è ancora frequente nella provincia autonoma di Bolzano, dove la maggioranza della popolazione è tirolese e di lingua tedesca. Tutti questi nomi, con le forme femminili Odetta e Odette che sono le più frequenti, derivano dal germanico *audha*, ossia "ricchezza", "possesso", "potere", sicché significano "potente e ricco". Il nome Oddone, che oggi è il più diffuso nel nostro Paese, ci giunge dai Longobardi attraverso il latino medievale *Audo, Audonis*, documentato fin dall'VIII secolo.

PERSONALITÀ - Oddo, come Otto, è un individuo pratico per gli affari. Sembra trarre dal proprio nome un presagio di ricchezza. Severo con i propri figli, è freddo ed organizzativo coi propri collaboratori. In fondo è però sognatore e gelosissimo del proprio equilibrio. In amore e in famiglia è fermamente determinato a mantenere i suoi affetti.

ODELL

📖 *ONOMASTICO - L'onomastico di Odell è sconosciuto. Può essere festeggiato per assonanza assieme a Oddo.*

ORIGINE E SIGNIFICATO - Deriva dalla lingua norvegese dove significa "piccolo" e "ricco".

PERSONALITÀ - Generoso ed estroverso si adatta di buon grado a tutte le situazioni che lo vedono coinvolto. Fiducioso ed affidabile è dotato di un grande carisma che lo rende assai comunicativo, soprattutto sul lavoro, dove tutti lo apprezzano e lo sostengono, anche nelle scelte più impopolari. Ama viaggiare e imprimere i ricordi delle sue esperienze in una miriade di fotografie. In amore è incostante e poco affidabile.

ODILE

📖 *ONOMASTICO - L'onomastico di Odile, traduzione francese di Odette, e incerto. Può essere festeggiata il 13 e il 14 dicembre o il 20 aprile, giorni in cui si rende grazia alla santa Odilia, patrona dei ciechi e degli oculisti.*

ORIGINE E SIGNIFICATO - Assieme a Odette e Odilia, è di origine teutonica e deriva da *odon* che vuol dire "padrone" e "signore" o da *othal* che significa "patrimonio", "possesso".

PERSONALITÀ - In amore ha la "cotta facile", ma non se ne lascia mai coinvolgere completamente; in realtà tende a mantenersi sempre piuttosto distaccato. Un po' mammone, ama coltivare i suoi piccoli riti quotidiani e le sue abitudini da bambinone viziato e non tollera intromissioni in questo campo. Nel lavoro, il suo entusiasmo e il suo spirito di intraprendenza, gli fanno vivere tutto come fosse un divertimento.

OFELIA

📖 *ONOMASTICO - L'onomastico è tradizionalmente festeggiato il 3 febbraio in ricordo di santa Ofelia, martire danese, discepola di sant'Ascario.*

ORIGINE E SIGNIFICATO - Ofelia deriva dal termine greco *ophèleia*, che significa "aiuto", "sostegno", "appoggio". Un'altra possibile interpretazione lega questo nome all'aggettivo *ofela*, che significa "dolce", "tenera", "amorevole".

PERSONALITÀ - Ofelia è una donna romantica e sognatrice. Ama la musica, la poesia e l'arte. Il suo senso estetico è finissimo e sa trasformare qualsiasi situazione in magia. In amore è appassionata e devota, ma non sopporta né gli inganni né, tanto meno, i tradimenti: in questi casi, pur nello sforzo di capire le ragioni altrui e di fare autocritica, non è disposta a perdonare.

CURIOSITÀ - *Sicuramente William Shakespeare ha tratto questo nome dal romanzo arcadico di J. Sannazzaro per la sua infelice Ofelia, l'innamorata di Amleto che impazzisce e muore in uno stagno inghirlandata di fiori.*

OLAF

ONOMASTICO - *Il 29 luglio si festeggia re Olaf II di Norvegia che introdusse il cristianesimo nel suo Paese e ne divenne il patrono.*

ORIGINE E SIGNIFICATO - Deriva dal termine nordico *olafr*, che significa "antenato". La traduzione latina è *olao*, che non ha avuto però un'evoluzione in italiano.

PERSONALITÀ - Olaf è un uomo taciturno e riservato, capace però di infinita tenerezza nei confronti della sua compagna e dei suoi figli. Non sopporta il rumore né il nervosismo e in una donna ricerca principalmente la calma e la profondità di pensiero. Ciò che più ama, infatti, è trascorrere il proprio tempo leggendo saggi o facendo lunghe chiacchierate fino a notte fonda con la persona amata o riposando davanti al camino di casa con un buon bicchiere di rhum.

OLGA

ONOMASTICO - *L'onomastico è tradizionalmente festeggiato l'11 luglio, giorno in cui la Chiesa ortodossa ricorda santa Olga, vedova di Igor principe di Moscovia, fattasi cristiana nel 945 assumendo, con il battesimo, il nome di Elena.*

ORIGINE E SIGNIFICATO - Olga è un nome particolarmente diffuso nelle aree slave, meno in Italia. Contrariamente a quanto si crede, non è però un nome di origine russa. Deriva infatti dall'antico norvegese e islandese *Helge* o *Helgi*, femminile di *Helag*, che a sua volta derivava dall'aggettivo *helager*, "santo". *Helge* fu poi tradotto nello svedese moderno Helga. Importato in Russia dai Variaghi, si trasformò poi in Olga.

PERSONALITÀ - Olga è una donna introversa, solitaria e soprattutto ordinata e un po' pignola. Queste sue caratteristiche ne fanno un'ottima collaboratrice di lavoro. Potrebbe ottenere molti successi come redattrice editoriale, come bibliotecaria e in tutte le attività che comportano precisione e affidabilità. In amore è un po' fredda e distaccata, ma molto comprensiva. Il suo partner solitamente non ha mai nulla da rimproverarle.

CURIOSITÀ - *Olga era la protagonista delle* Tre sorelle *di Cechov e un personaggio del romanzo* Oblomov *di Goncarov. Questi e altri personaggi letterari colpirono l'immaginazione degli italiani che cominciarono a battezzare le loro figlie con questo nome. Contribuì anche alla sua diffusione la strage compiuta dai comunisti sovietici a Ekaterinenburg dove venne sterminata la famiglia degli zar: una delle figlie di Nicola II si chiamava proprio Olga.*

OLIANA

ONOMASTICO - *Si festeggia il 1° novembre, giorno di Ognissanti, perché non esiste un santo patrono.*

ORIGINE E SIGNIFICATO - Questo nome ha un'origine sconosciuta e così è anche per il suo significato.

PERSONALITÀ - Oliana è una donna vanitosa ed egocentrica. Possiede grande stima di sé e se questo, da una parte, è un bene, perché le permette di raggiungere grandi risultati, dall'altra è un ostacolo alla sua vita sociale. Gli uomini sono attratti dalla sua forza e dal suo coraggio, mentre le donne un po' la invidiano, un po' la trovano detestabile.

OLIMPIA / OLIMPIO

ONOMASTICO - *L'onomastico è tradizionalmente festeggiato il 17 dicembre in ricordo di santa Olimpia, vedova di Costantinopoli, discepola di san Crisostomo, vissuta tra il 368 e il 409. La Chiesa ricorda anche una santa con lo stesso nome il 15 aprile.*

ORIGINE E SIGNIFICATO - Evidentemente si tratta di un nome personale di origine greca. Olimpia, infatti, è la città greca dove si svolgevano i giochi sportivi da cui il nome moderno di Olimpiadi. A sua volta la città traeva il nome dall'Olimpo, il monte con la cima circondata da nubi che secondo la mitologia greca era la sede del Pantheon, la dimora degli dei.

PERSONALITÀ - Olimpia: è un'idealista che tende a lasciarsi sfuggire le buone occasioni. In amore conosce la passione in gioventù, facendosi più tranquilla e fredda con la maturità. Olimpio: ricalca i tratti caratteristici di Olimpia ma è più pragmatico e ambizioso. Punta diritto al successo, grazie a una elevata dose di egocentrismo sorretta da grandi doti personali. Fascino ed esclusività sono i suoi tratti distintivi negli affetti.

OLINDA / OLINDO

🕮 *ONOMASTICO - Si festeggia il 1° novembre, giorno di Ognissanti, perché non esiste un santo patrono.*

ORIGINE E SIGNIFICATO - Il nome Olindo fu diffuso dal Tasso, forse inventato dallo stesso poeta, in un episodio della *Gerusalemme liberata.*

PERSONALITÀ - Olinda: di indole mutevole e lunatica, tende a evitare il confronto e non ama le dispute. In amore cerca un rapporto sicuro che non le crei problemi e la rassicuri. Olindo: nella professione, è competitivo ma senza eccessi: vuole solo che gli vengano riconosciuti i suoi meriti e la sua dedizione. In amore è un inguaribile romantico.

OLISA

🕮 *ONOMASTICO - Per assonanza può essere festeggiato assieme ad Oliva, oppure ad Olga.*

ORIGINE E SIGNIFICATO - Deriva dal nome di una divinità africana della quale però non si conoscono con precisione le qualità.

PERSONALITÀ - Introspettiva e sognatrice, Olisa è rispettosa delle tradizioni. Nel lavoro predilige le attività e le professioni che in qualche modo possono stuzzicare la sua creatività e la sua fantasia. In amore sarà tenera e intuitiva ma, se viene ferita, diventa anche dispettosa e vendicativa. Desidera costituire una famiglia numerosa, con almeno tre figli e un marito sempre presente da accudire e coccolare. Ottima cuoca e amante dei primi piatti e dei dolci, dovrà stare attenta alla linea.

OLIVER

🕮 *ONOMASTICO - È la traduzione inglese del nome Oliviero. Può essere festeggiato quindi il 3 febbraio o il 27 maggio o, ancora, il 1° luglio, giorno dedicato a sant'Oliviero di Plunkett martire.*

ORIGINE E SIGNIFICATO - È incerta l'etimologia di questo nome. Un primo significato potrebbe essere legato alla pianta dell'ulivo. Un'altra interpretazione lo vuole invece derivato da un termine danese, *olaver*, che significa "reliquia degli avi" oppure "esercito degli elfi". Una terza spiegazione lega invece Oliver al nome oliva, propendendo quindi per un significato inerente alla pianta in quanto simbolo di pace e di saggezza. Infine il nome potrebbe discendere dal termine celtico *allwer*, composto da *all* che significa "tutto" e da *wer*, che invece vuol dire "ardente". In quest'ultimo caso il significato del nome Oliver sarebbe "tutto ardente".

PERSONALITÀ - Oliver è un uomo affettuoso e molto romantico. È perennemente innamorato, tanto da vivere quasi sempre con la testa tra le nuvole. Possiede una grande immaginazione, senso dell'umorismo e un'eleganza innata.

CURIOSITÀ - *Tra i personaggi famosi con questo nome appaiono particolarmente esemplificativi Oliver Cromwell, lord inglese del Seicento conquistatore e quindi protettore della Scozia e il romanziere Oliver Goldsmith.*

OLIVIA

ONOMASTICO - *L'onomastico è tradizionalmente festeggiato il 3 giugno in ricordo di santa Olivia, vergine di Anagni. Una santa martire, detta "di Brescia", uccisa nel II secolo, viene commemorata il 5 marzo.*

ORIGINE E SIGNIFICATO - Duplice etimologia per questo nome di donna. La prima interpretazione lo fa derivare dal termine latino *oliba*, indicante la pianta dell'ulivo. La seconda ipotesi, invece, riconduce il nome al termine francese *olive*, nome della pianta della pace e della saggezza. Fu introdotto in Sicilia dai Normanni.

PERSONALITÀ - Olivia è una donna spigliata, esuberante, sincera e soprattutto senza peli sulla lingua. Non ha paura della fatica fisica, tanto che spesso sceglie professioni tipicamente maschili. Non sopporta le lamentele e non ama particolarmente le altre donne con cui ha spesso rapporti difficili e conflittuali. Può risultare estrema nei suoi giudizi tanto da apparire intollerante.

OMAR

ONOMASTICO - *Non avendo origine e tradizione cattoliche è privo di protettore e pertanto lo si potrà festeggiare, per assonanza, nel giorno dedicato a Omero.*

ORIGINE E SIGNIFICATO - Questo nome ha una provenienza araba, legata alla forma verbale *amara*, che significa "prosperare"; questo

termine è, a sua volta, derivato dalla radice ebraica *amor*, che significa, invece, "servire".
PERSONALITÀ - È un uomo molto sensibile. Possiede il dono di capire le persone al primo sguardo; è portato per professioni come la psicologia e tutte quelle in cui è necessario stabilire una forte comunicazione con l'altro. In amore è passionale.

CURIOSITÀ - *La prima diffusione in Europa si deve alla sua presenza nella raccolta di favole* Le Mille e una notte.

OMBRETTA

ONOMASTICO - *Si festeggia il 1° novembre, giorno di Ognissanti, perché non esiste un santo patrono.*
ORIGINE E SIGNIFICATO - Questo nome nasce come diminutivo del nome comune "ombra".
PERSONALITÀ - Ombretta è una donna leggermente intrigante. È convinta di essere l'unica a sapere come vanno fatte le cose, qualsiasi cosa, e riempie le persone che la circondano di consigli e suggerimenti. Purtroppo, però, se non viene ascoltata, si offende e si arrabbia. La vita per il suo partner e per i suoi figli non sarà facile perché questa donna ha la tendenza a far sentire chiunque un incapace e costantemente sotto processo.

CURIOSITÀ - *La sua diffusione è dovuta al romanziere Antonio Fogazzaro: nella sua opera* Piccolo mondo antico *ai due giovani protagonisti che avevano una casa sul lago nasce presto una bimba, Maria, che soprannominano Ombretta. Molti genitori, che avevano pianto abbondantemente sulle pagine del Fogazzaro, decisero di chiamare le loro figlio Ombretta, tant'è vero che oggi ve ne sono ben quattromila.*

OMERO

ONOMASTICO - *L'onomastico è tradizionalmente festeggiato il 9 settembre in ricordo di sant'Omer, o Audomer, di Throuanne, vissuto tra il 595 e il 668.*
ORIGINE E SIGNIFICATO - Deriva dal greco *Homeros* latinizzato in *Homerus* e significa "ostaggio", "pegno". È una ripresa classica e letteraria del nome del presunto autore dell'*Iliade* e dell'*Odissea.*
PERSONALITÀ - Omero è un vero giramondo. Ama viaggiare e non fermarsi di fronte ai primi traguardi. Il suo obiettivo è quello di spingersi

sempre oltre a ciò che ha raggiunto. Questa caratteristica fa sì che chi porta questo nome sia poco portato per la famiglia anche se in amore sa essere estremamente romantico.

ONOFRIA / ONOFRIO

🕮 ONOMASTICO - *L'onomastico è tradizionalmente festeggiato il 10 giugno in ricordo di sant'Onofrio anacoreta, figlio di un re di Persia, morto nell'anno 500. Dalla Chiesa sono inoltre ricordati: un martire, il 22 aprile e un beato, monaco basiliano della Calabria, il 12 giugno, commemorato assieme a un martire ucciso nella Tebaide verso il 400.*

ORIGINE E SIGNIFICATO - Il nome ha origine latina, tratto dall'egiziano *Uenofre*, e significa "che è buono" oppure "che è sempre felice". In Egitto era un appellativo di Osiride.

PERSONALITÀ - Onofria: razionale e severa, chi porta questo nome sa controllare le proprie emozioni e valutare con sapienza e senza pregiudizi tutte le situazioni che le si propongono. Onofrio: ama la letteratura e le belle arti. Nella vita cercherà con ogni mezzo di raggiungere il successo così da potersi permettere tutto ciò che desidera.

ONORATA / ONORATO

🕮 ONOMASTICO - *L'onomastico si festeggia l'11 gennaio in onore di santa Onorata, vergine di Pavia, morta nell'anno 500. Onorato, invece, in ricordo di sant'Onorato, vescovo di Amiens in Francia, è patrono dei fornai, dei pasticceri, dei panettieri e viene invocato contro i morsi dei serpenti.*

ORIGINE E SIGNIFICATO - Il nome deriva dal latino e significa "apprezzato", "stimato".

PERSONALITÀ - Onorata: generosa ed estroversa, Onorata è una persona alla moda, sempre attenta alle apparenze, ai condizionamenti sociali e ai giudizi altrui. Onorato: ama viaggiare, ma solo verso mete sicure e consolidate, in cui tutto è organizzato fino all'ultimo dettaglio. In amore non si accontenta facilmente e pertanto è spesso insoddisfatto e sempre a caccia di novità.

ONORIA / ONORIO

🕮 ONOMASTICO - *L'onomastico è festeggiato il 24 aprile in memoria di sant'Onorio, vescovo di Brescia nel VI secolo.*

ORIGINE E SIGNIFICATO - Onorio, con il raro femminile Onoria e l'alterato Onorina, che è invece molto più diffuso, è uno dei nomi oggi in declino. Nella Roma imperiale era abbastanza frequente. Viene da *Honorius* che a sua volta derivava dal sostantivo *honos, honoris* che aveva un duplice significato: da un lato era una carica importante della vita politica e istituzionale che doveva essere ricoperta da una persona di alta dignità morale e universalmente rispettata, dall'altro era anche il merito di una persona, il valore morale non in sé, ma in quanto conferiva alla persona stessa il diritto alla stima e al rispetto da parte degli altri.
PERSONALITÀ - Onoria: ha un carattere forte e deciso, inoltre possiede un fascino magnetico che la rende molto desiderabile e ammirata. Onorio: chi porta questo nome è incline agli affari essendo molto abile nei settori commerciali e in politica dove una buona dose di vanità, ostinazione e capacità di fingere non può che aiutare.

CURIOSITÀ - *I Romani, che amavano trasformare le virtù in dèi, veneravano il dio* Honos, *il dio Onore, e lo celebravano il 29 maggio: data che potrebbe essere l'onomastico laico di tutti gli Onorio che non volessero, per loro convinzioni, festeggiare quello religioso. Nel Medioevo quattro papi presero questo nome: il più celebre fu Onorio III che approvò definitivamente le regole degli ordini francescano e domenicano.*

ORAZIO

ONOMASTICO - *Si festeggia il 1° novembre, giorno di Ognissanti, perché non esiste un santo patrono.*
ORIGINE E SIGNIFICATO - Deriva probabilmente dall'etrusco *Huras*, di cui non conosciamo il significato. Ma c'è chi lo fa derivare dal greco *oratòs* che significa "visibile", o dal nome della dea della bellezza *Hora*. E c'è infine chi lo fa derivare da un popolo del Lazio, i *Foretii*.
PERSONALITÀ - È idealista, vivace nel discorso, emotivo nell'azione. È portato per gli affari; non è romantico, ma può essere sensuale e moralista allo stesso tempo. Gli piace fare colpo sugli altri. Ama la teatralità, ha gusti classici. Se frenasse le sue tendenze dominatrici, riuscirebbe a farsi conoscere ed apprezzare, introducendosi in ambienti influenti.

CURIOSITÀ - *Orazio è un nome impegnativo perché ricorda alcuni eroi della storia romana, primi fra tutti i celebre tre fratelli Orazi di Roma, che sfidarono a duello i tre fratelli Curiazi di Alba Longa per decidere la supremazia delle due città rivali. L'altro leggendario eroe romano è Orazio Coclite, così detto perché era cieco da un occhio. Durante la guerra contro Porsenna, nel primo anno della Repubblica romana, difese la testa del ponte Sublicio contro gli Etruschi, permettendo così ai Romani di tagliare il ponte. Poi si mise in salvo a nuoto. Lo portò, inoltre, uno dei maggiori poeti latini, vissuto in epoca augustea, Quinto Orazio Flacco. Questo nome tornò in auge nel Rinascimento con la moda per i nomi classici e soprattutto per la diffusione della letteratura latina di cui il poeta Orazio era uno dei più conosciuti. In Italia un'ulteriore diffusione del nome si è avuta grazie alla popolarità della tragedia shakespeariana* Amleto, *dove Orazio è il buon amico del principe di Danimarca.*

ORCHIDEA

📖 ONOMASTICO - *Si festeggia il 1° novembre, giorno di Ognissanti, perché non esiste un santo patrono.*

ORIGINE E SIGNIFICATO - Deriva dal greco *orchis* che significa "testicoli" per la forma delle radici dell'elegante bellissimo fiore, che a sua volta è in realtà il simbolo dell'organo genitale femminile e, quindi, trasversalmente, della sessualità e dell'erotismo della donna.

PERSONALITÀ - Forte e combattiva, si esalta nelle lotte che decide di intraprendere anche con temerarietà. La sua eccessiva spericolatezza e la sua caparbietà la portano spesso ad essere una vincente. In amore è impulsiva e passionale, anche se troppo spesso possessiva e soffocante.

ORESTE

📖 ONOMASTICO - *L'onomastico è tradizionalmente festeggiato il 13 dicembre in ricordo di sant'Oreste, martire in Armenia con i santi Aussenzio, Eugenio, Eustrazio e Mardario.*

ORIGINE E SIGNIFICATO - Questo nome deriva dal nome greco *orestes*, legato al termine *oros*, che significa "monte". Significa quindi "abitante dei monti".

PERSONALITÀ - Oreste è un viaggiatore. Profondamente curioso ama essere sempre originale. Possiede una memoria di ferro, in grado di ricordare qualsiasi nozione, fatto o avvenimento; questa caratteristica, unita alla passione per lo studio, ne fa un ricercatore professionista.

CURIOSITÀ - *È il nome del figlio di Agamennone, uccisore, assieme all'amico Pilade, della madre Clitemnestra e del suo amante Egisto per vendicare il padre assassinato da questi. Inseguito dalle Erinni, l'eroe fu salvato dalla sorella Elettra.*

ORFEO

📖 ONOMASTICO - *Si festeggia il 1° novembre, giorno di Ognissanti, perché non esiste un santo patrono.*
ORIGINE E SIGNIFICATO - L'etimologia di questo nome è controversa. Una prima interpretazione lo riconduce al termine greco *orphanos*, che significa "solitario". Secondo un'altra ipotesi, invece, deriverebbe da *orphoì*, nome dato ai pesci del santuario di Apollo in Licia. Infine, una terza interpretazione lo riporta a *orph* che significa "tenebre".
PERSONALITÀ - Orfeo è un uomo malinconico, incapace di staccarsi dal suo passato. Questo implica il fatto che non riesce a vivere la vita per quello che realmente è e si proietta alla ricerca di qualcosa di indefinibile, che difficilmente lo renderà soddisfatto. In amore è egocentrico, pigro e poco capace di ascoltare, è insomma tutto ciò che più le donne odiano in un compagno,

ORIANA

📖 ONOMASTICO - *L'onomastico si celebra il 24 agosto. Ma vi è anche una santa Oria, una spagnola dell'XI secolo che si festeggia l'11 marzo.*
ORIGINE E SIGNIFICATO - Quanto all'etimologia del nome Oriana, potrebbe essere un incrocio fra Oria e Anna. Oria proviene dal nome latino *aureus*, che significa "dorato". Alcuni, invece, ritengono che sia una variante di Laura.
PERSONALITÀ - Oriana è una donna seria e coscienziosa. Non ama i colpi di testa e ogni suo gesto e azione è meticolosamente meditato. Non è che non sia coraggiosa, perché quando è il caso di lottare sa tirare fuori gli artigli, ma preferisce avere sempre la situazione perfettamente sotto controllo. Per questa ragione non ama né fare né ricevere sorprese. Negli affetti è sensibile e generosa.

ORIELLA

📖 ONOMASTICO - *Essendone il diminutivo, si festeggia nello stesso giorno di Oriana.*
ORIGINE E SIGNIFICATO - Possiede il medesimo etimo di Ornella, di cui è una variante.

PERSONALITÀ - Oriella è una donna diafana, delicata, silenziosa e osservatrice. Ha bisogno di tranquillità e stabilità e di un uomo che la faccia sentire sicura e protetta. Per avere questo tipo di vita è disposta a rinunciare anche all'amore. E in effetti non è una grande rinuncia per lei, dal momento che giudica l'innamoramento un sentimento troppo violento ed estremo per lasciarsene coinvolgere completamente.

ORIETTA

📖 ONOMASTICO - *Essendone il diminutivo, si festeggia nello stesso giorno di Oriana.*

ORIGINE E SIGNIFICATO - Questo nome è considerato o come una variante di Laura o come una trasformazione di Oriana: in questi nomi va quindi ricercato il suo significato.

PERSONALITÀ - Orietta è una donna semplice, allegra, leale e schietta. Non ama le situazioni poco chiare e intricate ed è una sostenitrice della verità a tutti i costi, anche quando è dolorosa. Nonostante con il suo comportamento rischi di ferire le persone, è comunque molto amata, perché obiettiva e trasparente. Adora vivere a contatto con la natura, è attratta dalla medicina, dalla psicologia e dall'occulto.

ORION

📖 ONOMASTICO - *Si festeggia il 1° novembre, giorno di Ognissanti, perché non esiste un santo patrono.*

ORIGINE E SIGNIFICATO - Deriva dal nome della costellazione astrale a sud dei Gemelli miticamente formata dal cacciatore Orione, amante di Eos, ucciso da Artemide. Significa propriamente "figlio del fuoco".

PERSONALITÀ - Solido, pratico e ambizioso, è estremamente selettivo e rigoroso nel scegliere chi avere vicino non solo come compagna, ma anche come amico. Per questo motivo spesso Orion si ritrova a vivere una vita solitaria e contemplativa, in cui coltivare i propri interessi e i propri hobby.

CURIOSITÀ - *La costellazione di Orione è ben visibile nel nostro emisfero in autunno e in inverno, guardando verso est.*

ORLANDO

📖 ONOMASTICO - *L'onomastico è tradizionalmente festeggiato il 15 settembre in ricordo del beato Orlando de' Medici, anacoreta morto nel 1386.*

ORIGINE E SIGNIFICATO - Orlando è una trasformazione del termine

composto da *hrod*, che significa "fama" e da *nanthaa*, che vuol dire "ardito". Un'altra interpretazione sostiene che il secondo termine che compone il nome sia *aland*, che significa "paese". Il significato del nome, a seconda delle interpretazioni, può, quindi, essere "famoso per la sua audacia" oppure "famoso nel paese".
PERSONALITÀ - Orlando è un uomo dal carattere focoso e grintoso. Non ama né la disciplina né l'ordine e infatti la sua casa è sempre caotica ma calda e familiare. Molto intelligente e creativo, ha bisogno di spazio e di libertà, altrimenti diventa aggressivo e irascibile. In amore riesce a dare molto alla compagna, a patto che questa non gli chieda nulla e non gli faccia pressioni. Solo nel lavoro riesce a trovare l'autodisciplina necessaria per ottenere successi e fare carriera.

ORLEANA

🕮 ONOMASTICO - *Si festeggia il 1° novembre, giorno di Ognissanti, perché non esiste un santo patrono.*
ORIGINE E SIGNIFICATO - Questo nome significa "bellezza dorata", ma il suo etimo è incerto.
PERSONALITÀ - Orleana è una donna affascinante, vitale, piena di grazia e creatività. Molto romantica, crede che l'unica cosa interessante siano i sentimenti a cui si dedica anima e corpo. È una compagna attenta e dolcissima e un'amica impareggiabile. Adora i fiori e le piante e quella di mirto è il suo portafortuna.

ORLENA

🕮 ONOMASTICO - *Si festeggia il 1° novembre, giorno di Ognissanti, perché non esiste un santo patrono.*
ORIGINE E SIGNIFICATO - L'etimo è lo stesso di Orleana.
PERSONALITÀ - Tranquilla e riflessiva, Orlena è tradizionalista, intuitiva e creativa. In amore è capricciosa ma anche tenera e protettiva. Tendenzialmente solitaria e poco amante delle atmosfere caotiche, è una donna dai pensieri profondi e dalla grande cultura, con cui si parla e si discute volentieri di qualsiasi argomento. Sul lavoro è disciplinata e precisa, ma a volte poco intuitiva e pratica.

ORNELLA

🕮 ONOMASTICO - *L'onomastico di Ornella è festeggiato il 13 giugno.*

ORIGINE E SIGNIFICATO - Pare sia tratto da Ornello, nome popolare che viene dato alla pianta *Faxinus ornus*, in toscano Avornio o Orniello e in Abruzzo Ornellu o Urnielle. Il suo significato, se ci riferiamo a questo albero, potrebbe essere interpretato come "snella e flessibile".
PERSONALITÀ - Ornella è allegra, dinamica, attiva, veramente instancabile. È molto curiosa e, pertanto, non è mai sazia di conoscere, viaggiare e di interessarsi ad ogni tipo di arte. È affascinante e colleziona volentieri cuori infranti poiché preferisce rimanere libera da impegni affettivi per non perdere la sua libertà. Ottiene sempre quello che vuole e nella vita non gli sarà difficile raggiungere i traguardi che si pone.

CURIOSITÀ - *È un nome relativamente giovane. La sua diffusione si può datare all'inizio del secolo scorso, quando Gabriele D'Annunzio pubblicò la* Figlia di Jorio, *in cui il personaggio femminile si chiama appunto Ornella.*

ORSOLA

ONOMASTICO - *L'onomastico celebra il 21 ottobre in ricordo di sant'Orsola, martirizzata a Colonia con undici compagne di fede. Si invoca contro la tachicardia e per ottenere una buona morte.*
ORIGINE E SIGNIFICATO - Deriva da un nome che fu molto in voga in età imperiale; ha trovato ulteriore diffusione grazie al culto di ben otto santi che portano il nome di Orso.
PERSONALITÀ - Ombrosa, diffidente, selvatica come una vera orsacchiotta, Orsola, parca di gesti e parole, preferisce di gran lunga la solitudine alla compagnia. Tuttavia, essendo altruista, si preoccupa per gli altri impegnandosi a fondo per la giustizia sociale. Misticismo, religiosità, interessi per l'archeologia e la matematica, sono i suoi tratti distintivi. Le piace molto viaggiare, soprattutto in luoghi esotici e poco frequentati dal turismo di massa.

CURIOSITÀ - *Sono varianti di questo nome i personali Orsino e Orseolo. Al femminile Orsina, Orsolina e Orsella. In Inghilterra lo si trova tradotto come Orson.*

ORTENSIA

ONOMASTICO - *Si festeggia il 1° novembre, giorno di Ognissanti, perché non esiste un santo patrono.*

ORIGINE E SIGNIFICATO - Antico nome gentilizio romano, particolare di una famiglia plebea, deriva da *hortus* che significa "coltivatore". Si è diffuso nell'Ottocento grazie a Ortensia Beauharnais, la figlia adottiva di Napoleone, regina d'Olanda. Il nome può essere ricordato anche per l'omonimo fiore coltivato per le grandi, belle infiorescenze bianche, rosa, celesti o violette. Rarissimo al maschile.
PERSONALITÀ - Ortensia ama attorniarsi di persone, ma parlare di vera amicizia le riesce difficile, perché è un po' superficiale. Al matrimonio preferisce un rapporto anticonformista, basato sulla complicità e sul senso di responsabilità, piuttosto che sul sentimento e sulla devozione.

OSCAR

📖 *ONOMASTICO* - *L'onomastico si festeggia il 3 febbraio in ricordo di san Anscario o Oscar. Fu vescovo ad Amburgo e a Brema, convertì alla fede gli svedesi e i danesi e morì nell'anno 865.*
ORIGINE E SIGNIFICATO - Deriva dal termine germanico *ansgar*, composto da *ans*, che significa "Dio", e da *ger*, che vuol dire "lancia". Il significato è, quindi, "lancia di Dio". Potrebbe derivare, con lo stesso significato, anche dal gaelico *oscur* o dal sassone *osgar*.
PERSONALITÀ - Oscar è un uomo preciso, ordinato, maniacalmente gravato dal senso del dovere. Continuamente alla ricerca dell'approvazione altrui, vuole essere perfetto e, quando non riesce ad ottenere il massimo da sé, può cadere in gravi momenti depressivi. Anche dalla propria compagna pretende il massimo; questa situazione, già grave di per sé, è ulteriormente peggiorata dal fatto che è una persona estremamente competitiva e che non accetta chi è più bravo di lui.

CURIOSITÀ - *Il nome venne alla ribalta e si diffuse, prima nei paesi anglosassoni e poi in quelli latini, verso la fine del settecento, con i poemi "ossianici" di J. S. Macpherson, dove Oscar è il figlio di Ossian.*

OSIRIDE

📖 *ONOMASTICO* - *Si festeggia il 1° novembre, giorno di Ognissanti, perché non esiste un santo patrono.*
ORIGINE E SIGNIFICATO - Deriva dal nome dell'omonimo dio e faraone egizio. Si narra che Osiride faraone fu ucciso dal fratello, fatto a pezzi e sparpagliato nell'intero Regno. La moglie Iside rimise insieme le parti del corpo in modo che il marito potesse vivere in eterno nel-

l'aldilà. Oggi è utilizzato come nome personale femminile.
PERSONALITÀ - Intelligente, elegante, riflessiva e perfezionista, Osiride è alla continua ricerca dell'armonia. Odia le discussioni e sa valutare con obiettività situazioni, fatti e persone, tranne quando si tratta di se stessa: vagliare una situazione personale e prendere una decisione in merito la mette in crisi, facendola sprofondare in mille dubbi. A volte, per evitare di dilaniarsi nelle incertezze, finisce col non scegliere affatto.

OSVALDO

ONOMASTICO - *L'onomastico è tradizionalmente festeggiato il 5 agosto in ricordo di sant'Osvaldo, re della Normandia, figlio di Etelfredo, morto in battaglia a Maserfield nel 635. In qualche località è venerato il 20 agosto.*
ORIGINE E SIGNIFICATO - Deriva dalla forma anglosassone *osweald*, composta da *os*, che significa "Dio", e da *weald*, che vuol dire "potenza". Il suo significato complessivo è quindi "potenza di Dio".
PERSONALITÀ - Osvaldo è un uomo serio, riflessivo, forse un po' pedante e pignolo. Nel rapporto con il prossimo è altruista, disposto ad aiutare gli altri, ma solo coloro che si dimostreranno meritevoli e degni della sua stima. Il suo passatempo preferito è mettere alla prova le persone per verificare se ci si può fidare di loro. Vivere accanto a lui può risultare stressante, ma per chi è sicuro del proprio comportamento e della propria buona fede, può essere anche gratificante. È incapace di dire di no, per questo motivo è molto ricercato come amico.

CURIOSITÀ - *Il nome si è diffuso in Italia, anche con la variazione Ansaldo, attraverso il romanzo di Madame de Stael* Corinna, *in cui Osvaldo è l'amante della protagonista.*

OTELLO

ONOMASTICO - *Si festeggia il 1° novembre, giorno di Ognissanti, perché non esiste un santo patrono.*
ORIGINE E SIGNIFICATO - Otello è probabilmente nato in Italia, in Veneto, come diminutivo di Oto o Otto. Quest'ultimo è un ipocoristico, cioè una forma abbreviata e modificata di nomi germanici, il cui primo elemento era *audha*, che significava "ricchezza", "potere", "possesso".

PERSONALITÀ - Otello è un uomo di guerra, dal carattere nobile e cavalleresco, intrepido ed equilibrato. Dal carattere burbero ma intimamente molto sensibile, è capace di grandi sentimenti. Ama le persone da carattere simile al suo, e sovente riesce a circondarsi di amici schietti e leali, di cui si fiderà per tutta la vita.

CURIOSITÀ - *William Shakespeare diede questo nome al Moro di Venezia, protagonista della tragedia* Otello, *simbolo della gelosia che conduce alla morte.*

OTTAVIA / OTTAVIO

ONOMASTICO - *L'onomastico è tradizionalmente festeggiato il 20 novembre in ricordo di sant'Ottavio, martire della Legione Tebea, con Avventore e Solutore, durante le persecuzioni di Massimiano, a Torino.*

ORIGINE E SIGNIFICATO - L'origine di questo nome è latina e derivata da *octavus*, il termine con cui si indicava l'ottavo figlio nato in una famiglia. In seguito venne esteso al di là dell'ordine numerico.

PERSONALITÀ - Ottavia: è una donna di classe, una vera signora: mai una parola di troppo o un gesto che non sia necessario. Molto controllata e moderata, rischia di apparire fredda e distaccata. Ciò è vero solo in parte, perché è una persona con molto amore da dare; la sua riluttanza è più che altro timidezza. Ottavio: è un uomo leale, serio e affidabile. Molto legato alla famiglia, crede nel confronto e nella libertà. In amore è un uomo che, per pudore e diffidenza, ha difficoltà ad esprimere i sentimenti profondi che prova. Se trova la donna giusta però non la lascia per tutta la vita.

CURIOSITÀ - *La fortuna di questo nome, ormai un po' in declino, iniziò tra il Seicento e il Settecento con la tragedia di Vittorio Alfieri* Ottavia, *imperniata sulle burrascose vicende della sfortunata famiglia dell'imperatore romano Claudio e Messalina.*

OTTAVIANO

ONOMASTICO - *La tradizione vuole che questo nome festeggi l'onomastico il 2 settembre in onore di sant'Ottaviano confessore, eremita africano vissuto nel VI secolo, patrono di Volterra.*

ORIGINE E SIGNIFICATO - L'etimo di questo nome è lo stesso di Ottavio ed è in quest'ultimo che si deve ricercarne il significato.

PERSONALITÀ - Di carattere simile ad Ottavio e Ottavia, Ottaviano è più deciso ed entusiasta. Aperto e sincero, cerca la partner con la quale vivere un rapporto basato sull'amore e sulla tenerezza. Talvolta è un po' bambino, fa fatica ad assumersi le proprie responsabilità e rifugge dagli impegni troppo gravosi. Ha molti amici.

CURIOSITÀ - *Il nome richiama Caio Cesare Augusto Ottaviano, primo imperatore romano, successore di Giulio Cesare, sotto il cui impero nacque Gesù.*

OTTO

ONOMASTICO - *È una variante di Oddo e pertanto si richiama a quest'ultimo per il suo onomastico.*
ORIGINE E SIGNIFICATO - Per l'etimo e il significato di questo nome si richiama quanto detto per Oddo.
PERSONALITÀ - La personalità di Otto è praticamente identica a quella di Oddo. Egli è solamente più pratico e abile negli affari.

CURIOSITÀ - *Il nome è legato a popolari personaggi della storia germanica. Primo tra tutti, è impossibile non ricordare il cancelliere di ferro Otto von Bismarck, uomo chiave della politica europea del secolo XIX e della Prussia in particolare.*

OTTONE

ONOMASTICO - *L'onomastico è tradizionalmente festeggiato il 30 giugno in ricordo di sant'Ottone von Mistelbach, evangelizzatore della Pomerania, vissuto tra il 1060 e il 1139, che in qualche località è venerato il 2 luglio.*
ORIGINE E SIGNIFICATO - Questo nome deriva dal termine germanico *aud*, che significa "patrimonio". Non è quindi, come si potrebbe invece pensare, un diminutivo di Ottavio. Si richiama, comunque, quanto detto per Oddo.
PERSONALITÀ - Ottone è un uomo dotato di molta praticità e concretezza, qualità che lo rendono portato per gli affari. Infatti potrebbe ottenere molto successo in tutte le attività commerciali che richiedono contatto col cliente. Non esclude però dalla sua vita la componente emotiva, che anzi coltiva con orgoglio, senza alcuna vergogna per il lato più sensibile del suo carattere.

OVIDIO

📖 ONOMASTICO - *L'onomastico è tradizionalmente festeggiato il 3 giugno in ricordo di san Ovidio, vescovo in Gallia.*

ORIGINE E SIGNIFICATO - Deriva dal latino *Ovidius* e significa "proprietario di ovini".

PERSONALITÀ - Dotato di grande personalità, Ovidio è un grande leader. Il carisma è la sua arma migliore e non lo avvantaggia solo nelle relazioni sociali. In amore sarà sempre desiderato e corteggiato, anche se talvolta risulta egocentrico e altero. Raggiunge ciò che vuole senza troppi problemi e con velocità. Questo a volte lo rende un po' troppo sicuro di sé.

CURIOSITÀ - *La diffusione di questo nome è in larga parte dovuta alla fama del grande poeta latino Publio Ovidio Nasone (Sulmona, 43 a.C. - Tomi, 18 d.C.).*

OWEN

📖 ONOMASTICO - *Si festeggia il 1° novembre, giorno di Ognissanti, perché non esiste un santo patrono.*

ORIGINE E SIGNIFICATO - Questo nome deriva da un termine celtico che significa "agnello".

PERSONALITÀ - Owen è un uomo prepotente e viziato. È abituato a ottenere tutto ciò che desidera, perché c'è sempre qualcuno, affascinato dalla sua bellezza e dal suo modo di fare, disposto ad assecondarlo. Instaura rapporti basati sulla dipendenza, che tronca quando non riesce ad ottenere più nulla. In amore non è assolutamente affidabile né credibile, visto che non ha nessuna remora morale nel far uso di menzogne.

P

PABLO

📖 ONOMASTICO - *L'onomastico si festeggia insieme a Paolo.*

ORIGINE E SIGNIFICATO - L'etimo e il significato sono gli stessi di Paolo, di cui è la traduzione spagnola.

PERSONALITÀ - La personalità di Pablo non differisce da quella di Paolo.

CURIOSITÀ - *Pablo merita di essere menzionato a parte da Paolo in quanto questo nome ha avuto un grande incremento di diffusione negli ultimi anni, grazie alla moda esotica dilagante, ma soprattutto alla fama raggiunta dai personaggi pubblici che lo portano: basti ricordare qui il pittore Pablo Picasso e il poeta, detto "del popolo", Pablo Neruda.*

PALMIRA / PALMIRO

📖 ONOMASTICO - *Chi è così chiamato può festeggiare il proprio onomastico il giorno in cui si commemora la domenica delle Palme.*

ORIGINE E SIGNIFICATO - Nel Medioevo il *palmarius*, dal latino *palma*, era colui che andava pellegrino in Terrasanta e ritornava con un bastone avvolto nelle foglie di questa pianta. I nomi Palmario e Palmiro, e da qui i femminili Palma e Palmira, cominciarono a diffondersi nel XII secolo per i nati la domenica precedente la Pasqua, ovvero la domenica delle Palme.

PERSONALITÀ - Palmira: è molto socievole, lavoratrice ed economa, è generosa soltanto con le persone cui è straordinariamente affezionata; quindi, se ricevete da lei un dono costoso, vuol dire che occupate un posto molto alto nella sua stima. Tuttavia, nonostante la sua parsimonia, non resta mai priva di ammiratori, perché irradia un fascino fantastico. Palmiro: è un gran fifone: ossequioso con i superiori sul lavoro, impacciato con le donne e introverso nelle amicizie. Solo quando si sente ben accolto, tira fuori un'indole più spavalda, per quanto sempre contenuta da una profonda timidezza.

PALOMA

🕮 *ONOMASTICO - L'onomastico può essere festeggiato il 6 giugno.*
ORIGINE E SIGNIFICATO - Deriva dallo spagnolo e significa "colomba", simbolo di pace.
PERSONALITÀ - Pratica e concreta, Paloma è ambiziosa e autoritaria. Sa essere equa e franca nei suoi giudizi e per questo le viene riconosciuto un ruolo importante nel gruppo di cui fa parte. Nel lavoro è agitata e, talvolta, troppo severa coi suoi collaboratori: non sono rare quindi le discussioni e le recriminazioni dei colleghi.

PAMELA

🕮 *ONOMASTICO - Si festeggia il 1° novembre, giorno di Ognissanti, perché non esiste un santo patrono.*
ORIGINE E SIGNIFICATO - Questo nome deriva dal termine greco composto da *pan*, che significa "tutto", e da *mèli*, che vuol dire "miele". Il suo significato è "tutta dolcezza".
PERSONALITÀ - Pamela è una donna malleabile, accomodante, senza particolari pretese. L'unico suo sogno è avere una famiglia affettuosa, meglio se non troppo numerosa, e felice. Possiede un istinto materno molto forte, tanto da rischiare di trasformarsi in una madre anche per il compagno della sua vita.

CURIOSITÀ - La prima diffusione di questo nome si ebbe nel 1599 quando Philip Sidney lo utilizzò come personaggio femminile del poemetto Arcadia.

PANDORA

🕮 *ONOMASTICO - Si festeggia il 1° novembre, giorno di Ognissanti, perché non esiste un santo patrono.*
ORIGINE E SIGNIFICATO - Deriva dal nome della mitica donna perfetta inviata a Prometeo dagli dei come castigo per l'umanità. Infatti, curiosa come tutte le donne, Pandora disobbedì al veto di non aprire il vaso consegnatole privando così l'umanità di tutti i privilegi propri dell'età aurea. Solo la Speranza, rimasta sul fondo del vaso, non abbandonò gli uomini.
PERSONALITÀ - Raffinata, fascinosa e seduttiva, Pandora è romantica e creativa. Sempre indecisa, ha paura di sbagliare scelta e, pertanto,

può sembrare pavida o pigra. In compagnia è simpatica, gradevole e molto elegante. Sul lavoro esige molto da se stessa e, pur di trovare il riconoscimento del proprio operato nelle parole di colleghi e superiori, è disposta a qualsiasi sacrificio.

PAOLA / PAOLO

🕮 ONOMASTICO - *L'onomastico di Paola è tradizionalmente festeggiato il 26 gennaio in memoria di santa Paola vedova, matrona romana della famiglia degli Scipioni, nata nel 347 e morta badessa a Betlemme nel 404. L'onomastico di Paolo si celebra invece il 29 giugno in memoria di san Paolo apostolo, morto nell'anno 67. Patrono dei tappezzieri, dei conciatori, della Grecia, di Malta, di Roma e di molte altre città d'Italia. Si invoca contro i morsi di vipera e degli altri animali velenosi. In alcune località viene venerato anche il 25 gennaio e il 18 novembre. Il 6 febbraio si festeggia san Paolo Miki, protettore del Giappone.*

ORIGINE E SIGNIFICATO - *Paulus* era un *cognomen* romano derivato dall'aggettivo omofono significante "piccolo".

PERSONALITÀ - Paola: è una donna dolce ma determinata. La sua forza deriva da un grande equilibrio interiore spesso ottenuto attraverso grandi sofferenze. È molto romantica e sogna il grande amore che non è disposta a svendere con storie di poca importanza. Dotata di fascino, pur non essendo bellissima, cattura gli uomini grazie alla sua grande autoironia. Paolo: è un uomo generoso e altruista. Ottimo amico, dotato di grande senso dell'umorismo, è impagabile nello sdrammatizzare ogni situazione difficile. Si rivela un compagno fedele e tradizionalista, ma spesso sospettoso e autoritario.

CURIOSITÀ - *Così si volle chiamare Saul quando da persecutore dei Cristiani, sulla via di Damasco, si convertì e decise di farsi apostolo di Cristo.*

PARIDE

🕮 ONOMASTICO - *L'onomastico è festeggiato il 5 agosto in ricordo di san Paride vescovo, martirizzato presso Teano, verso il 346.*

ORIGINE E SIGNIFICATO - Trova origine nel nome del figlio di Priamo, re di Troia, ed Ecuba. Paride era un invincibile lottatore e, per amore di Elena, causò la guerra di Troia.

PERSONALITÀ - Disponibilità, generosità, sincerità e devozione sono le caratteristiche di Paride. Socievole e simpatico, attira attorno a sé molte amicizie. È tollerante ma capriccioso, non sopporta chi tende a sottrarsi alle sue pretese.

PASCAL

📖 ONOMASTICO - *Essendo la traduzione francese di Pasquale, a quest'ultimo si richiama per il suo onomastico.*

ORIGINE E SIGNIFICATO - Per il significato e l'origine si rimanda a Pasquale.

PERSONALITÀ - Non vi sono differenze con la personalità di Pasquale, se non in ambito sentimentale dove Pascal si rivela più intraprendente e giocherellone.

PASQUALE / PASQUALINA

📖 ONOMASTICO - *L'onomastico è solitamente festeggiato il 17 maggio in onore di san Pasquale Baylon, morto nel 1592. Secondo la tradizione avrebbe inventato lo zabaione. Patrono dei cuochi, delle donne nubili, dei pastori e dei congressi eucaristici.*

ORIGINE E SIGNIFICATO - Questo nome deriva dal termine latino *pasqualis*, evoluzione di *paschalis*, che significa "relativo alla Pasqua". Quest'ultimo termine ha comunque origine ebraica dal termine *pesah* che significa "zoppicare", "passare oltre". Indicò la festività religiosa perché l'angelo Jahvè passò oltre le case segnate col sangue dell'agnello durante lo sterminio dei primogeniti egiziani.

PERSONALITÀ - Pasquale: è un uomo legato alla tradizione. Ama la buona cucina, il buon vino e la compagnia di amici e parenti. Non ama vivere da solo, tanto da diventare un vero e proprio patriarca, circondato da uno stuolo di figli e nipoti. Pasqualina: è profondamente orgogliosa e molto intransigente.

CURIOSITÀ - *È da ricordare la curiosa leggenda circa la statua monca detta "il Pasquino" che, rinvenuta nei pressi della bottega di un sarto arguto e chiacchierone, di nome Pasquale, ne ha ereditato il nome trasformandosi in un antesignano bollettino di protesta. Molti cittadini, infatti, presero l'abitudine di incollarvi le loro rimostranze, i loro messaggi e le loro facezie su questo o quel capo politico perché tutti potessero leggerli. Con il nome di Pasqualina, esiste anche una classica torta salata genovese con bietoline e uova, che la tradizione vuole composta da 33 strati di pasta sfoglia, a ricordare gli anni di Gesù Cristo.*

PATRICK

🕮 ONOMASTICO - *Essendo la traduzione francese di Patrizio, a quest'ultimo si richiama per il suo onomastico.*

ORIGINE E SIGNIFICATO - Il significato e l'origine di Patrick sono identiche a quelle di Patrizio.

PERSONALITÀ - Quasi nulle le differenze con la personalità di Patrizio, tranne che per un'eccezione: Patrick è un inguaribile ritardatario.

CURIOSITÀ - *Patrick merita di essere citato a parte da Patrizio poiché, negli ultimi anni, l'aumento di popolarità avuto anche in Italia dal Saint Patrick day, festa nazionale irlandese, ha prodotto un incremento della diffusione di questo nome anglosassone fino a qualche tempo fa non pensabile. La leggenda vuole che Patrizio sia stato rapito a 16 anni dai corsari e portato in Irlanda da dove fuggì dopo sei anni.*

PATRIZIA / PATRIZIO

🕮 ONOMASTICO - *L'onomastico femminile si festeggia tradizionalmente il 25 agosto in onore di santa Patrizia, vergine napoletana martirizzata nel VII secolo che è protettrice di Napoli. L'onomastico di Patrizio è invece festeggiato il 17 marzo in memoria di san Patrizio vescovo, primo apostolo dell'Irlanda morto nel 463. Patrono dell'Irlanda e dei minatori, lo si invoca contro i morsi degli animali velenosi.*

ORIGINE E SIGNIFICATO - All'origine del nome c'è un personale latino originato dalla parola *patres* ovvero "gli appartenenti al senato" e poi, per estensione, a una classe libera ed elevata.

PERSONALITÀ - Patrizia: rivela un carattere chiuso, timido e poco naturale. È suscettibile ed orgogliosa. L'amore per lo studio e l'ottima capacità di apprendimento fanno sì che impari facilmente le lingue straniere, meglio se orientali. In amore è fedele, affettuosa e comprensiva. Patrizio: viene giudicato, non di rado, ipocrita e freddo mentre invece è molto fiero. La sua sicurezza lo rende arrogante, perfino provocatore, forse perché desidera farsi credere forte soprattutto di fronte al pubblico femminile. L'ambizione lo può condurre alla ricchezza e al successo.

PENELOPE

🕮 ONOMASTICO - *L'onomastico si festeggia il 5 maggio, in ricordo di santa Penelope, martirizzata nel IV secolo a Lecce.*

ORIGINE E SIGNIFICATO - Dire Penelope equivale a dire "paziente, fedele attesa". Un'attesa ingannata tessendo. Così l'*Odissea* descrive Penelope, dal greco *pene*, "tessitrice"; la saggia moglie di Ulisse, reputata ormai vedova, ingannava i suoi numerosi pretendenti rinviando le nozze al termine della tela che andava tessendo di giorno e che astutamente disfaceva di notte.
PERSONALITÀ - Paziente, serena e, come vuole il poema omerico, fedele, Penelope appare segnata dalle vibrazioni lunari. È interessante notare come in numerose culture sia proprio la mutevole luna, col suo crescere e calare di mese in mese, l'astro collegato alla tessitura e a tutte le questioni femminili in genere. Sotto l'apparente autocontrollo, Penelope nasconde un animo sensibile e passionale. Buona, generosa e facile quindi da amare, tende soprattutto alla tranquillità, all'armonia dell'ambiente e delle persone che le sono care. Altruista fino al masochismo, viene talvolta sfruttata dal suo prossimo.

PERLA

🕮 ONOMASTICO - *Si festeggia il 1° novembre, giorno di Ognissanti, perché non esiste un santo patrono.*
ORIGINE E SIGNIFICATO - Ha radici nel Medioevo, quando veniva usato come nome affettivo augurale dall'ovvio significato, ma il suo preciso etimo è sconosciuto.
PERSONALITÀ - Mistica e riflessiva, Perla ha una personalità profonda. È una sognatrice e spesso si rivela inaffidabile e confusionaria. In amore è altruista e idealista. Sempre alla ricerca del principe azzurro, meglio se "bello e dannato", rischia di non accorgersi di chi le vuole bene veramente.

PERPETUA

🕮 ONOMASTICO - *L'onomastico è tradizionalmente festeggiato il 7 marzo, in onore di santa Perpetua Vibia, nobildonna di Tuburbi nei pressi di Cartagine. Subì il martirio nel 203 durante la persecuzione di Settimio Severo assieme a santa Felicita.*
ORIGINE E SIGNIFICATO - Il nome deriva dal latino e significa "fede immutabile".
PERSONALITÀ - Forte e decisa, Perpetua è dotata di un incrollabile senso del dovere e di una abnegazione al lavoro davvero invidiabili. Il suo ecletti-

smo fa sì che sia portata per le materie scolastiche e per le arti. Poco amante dei bambini, si rivela più una buona moglie che una buona madre.

CURIOSITÀ - *Nei* Promessi sposi, *il Manzoni ha chiamato Perpetua la donna di servizio in casa di don Abbondio; e il nome di quel personaggio letterario così fortemente inciso è passato poi a indicare una categoria: quella, appunto, delle "perpetue", addette alla cura delle canoniche.*

PERSEO

ONOMASTICO - *Si festeggia il 1° novembre, giorno di Ognissanti, perché non esiste un santo patrono.*

ORIGINE E SIGNIFICATO - Deriva dal greco *prethein* che significa "saccheggiare".

PERSONALITÀ - Raffinato e fascinoso, Perseo è romantico, elegante e seduttivo. La famiglia non è il suo ideale di vita poiché ama la libertà. In compagnia è gradevole, gentile e simpatico.

CURIOSITÀ - *Perseo è il nome dell'eroe greco che uccise Medusa e liberò la bella Andromeda.*

PERVINCA

ONOMASTICO - *Si festeggia il 1° novembre, giorno di Ognissanti, perché non esiste un santo patrono.*

ORIGINE E SIGNIFICATO - Si tratta di un nome personale affettivo tratto dal nome della pianta caratterizzata dai fiori azzurro-viola.

PERSONALITÀ - Il lavoro è una dura necessità alla quale si adatta per forza di cose. È un'eccellente commerciante ed è incline a tutte quelle professioni in cui può mettere in luce il suo particolare dono dell'eloquenza, come la giornalista e la scrittrice.

PETER

ONOMASTICO - *Si festeggia il 1° novembre, giorno di Ognissanti, perché non esiste un santo patrono.*

ORIGINE E SIGNIFICATO - L'origine e il significato sono identici a quelli di Pietro, di cui è la traduzione inglese.

PERSONALITÀ - Rivela un temperamento disinvolto, vivace e malizioso. Sotto la sua brillante vernice e le sue continue battute, è leale e riflessivo. Sul lavoro è confusionario anche se molto dotato, in amore spaccone e superficiale.

PETRONILLA

📖 ONOMASTICO - *L'onomastico è festeggiato il 31 maggio in ricordo di santa Petronilla, discepola dell'apostolo san Pietro, martirizzata nel I secolo e sepolta sulla via Ardeatina. Patrona di Assoro.*

ORIGINE E SIGNIFICATO - Non risale come vuole l'etimologia popolare da Pietro (tanto che si giunse a ritenere santa Petronilla discepola di Pietro, addirittura sua figlia) ma piuttosto, con Petronio, dall'etimo etrusco *Petruna* di ignoto significato. La *gens* Petronia apparteneva comunque, nell'antica Roma, alla classe dei plebei e il suffisso *onius* lascia supporre un'origine toponomastica ovvero "residente nel luogo di...".

PERSONALITÀ - Dolce, forte, sincera, ma molto preoccupata della forma e delle apparenze. Petronilla si presenta come una donna poco comunicativa e poco combattiva nella vita come in amore. È un'ottima collaboratrice in ambito professionale purché abbia una guida che compensi la sua mancanza di iniziativa. Troverà la felicità nel matrimonio.

CURIOSITÀ - *Si racconta che santa Petronilla, chiesta in sposa da Flacco e ottenuti tre giorni per riflettere, abbia indossato il cilicio e abbia cessato di alimentarsi tanto che lo sposo, giunto allo scadere del termine con amici e parenti per celebrare le nozze, la trovò morta.*

PETRONIO

📖 ONOMASTICO - *L'onomastico è tradizionalmente celebrato il 4 ottobre in memoria di san Petronio vescovo, morto nel 450, patrono di Bologna. In alcune località viene onorato il 29 ottobre.*

ORIGINE E SIGNIFICATO - Deriva dal latino *Petronio* che vuol dire "di luogo pietroso".

PERSONALITÀ - Saggio e premuroso, Petronio si fa in quattro per aiutare il prossimo. Estremamente altruista e idealista, sa difendere le proprie idee con grande convinzione e forza. In amore ha come obiettivo quello di cercare a lungo la donna amata per giungere al matrimonio.

CURIOSITÀ - *Secondo una tradizione era cognato di Teodosio II. Divenuto vescovo di Bologna, avrebbe ricostruito la città distrutta per ordine di Teodosio I. In realtà, le informazioni sicure su di lui sono molto poche e imprecise. Forse discendente della famiglia consolare Petronia, avrebbe dimorato in Gallia e ricoperto alte cariche civili prima della crisi religiosa in seguito alla quale abbandonò onori e potere. Petronio fu ordinato sacerdote dal vescovo di Milano intorno al 421. Morto il vescovo di Bologna, felice, sarebbe stato il suo successore. Dopo la sua morte, avvenuta sotto Teodosio e Valentiniano, fu molto venerato nella sua città. I bolognesi (che amano definirsi "petroniani"), gli hanno dedicato una grande basilica la cui costruzione iniziata nel 1390 è stata abbellita nei secoli da artisti di grande talento.*

PETUNIA

📖 ONOMASTICO - *Si festeggia il 1° novembre, giorno di Ognissanti, perché non esiste un santo patrono.*

ORIGINE E SIGNIFICATO - Deriva dal nome del fiore color rosso-viola.

PERSONALITÀ - Dinamica, comunicativa ed espansiva, Petunia è brillante e intelligente. Si sa adattare a qualsiasi situazione e questa versatilità la rende una vincente nello sport e sul lavoro. Ama viaggiare per conoscere sempre nuove cose.

PIA / PIO

📖 ONOMASTICO - *L'onomastico femminile è festeggiato il 19 gennaio in ricordo di santa Pia, martire a Cartagine con santa Germana e altri compagni di fede. Essa è pure venerata, in alcuni luoghi, il 19 maggio. L'onomastico di Pio si celebra invece il 30 aprile, in memoria del domenicano san Pio V papa, morto nel 1572, patrono di Roccaforte Mondovì. In qualche località viene venerato il 1° o il 5 maggio.*

ORIGINE E SIGNIFICATO - Questi nomi si riconducono agli aggettivi latini *pia* e *pius*, che indicavano coloro i quali compivano i doveri religiosi verso gli Dei. Il significato è, quindi, "di cuore puro". Dall'aggettivo si passò al *cognomen* e, in seguito, con l'avvento del Cristianesimo divenne un nome proprio.

PERSONALITÀ - Pia: è una donna abile, con un ottimo fiuto per gli affari e, in più, sostenuta da una massiccia dose di fortuna. Inoltre è molto intelligente e intraprendente e ha ottime possibilità di successo. In amore è un po' frivola e incostante. Ama gli animali, soprattutto i cavalli. Pio: è un uomo timido e introverso, che non ama mettersi in mostra e che desidera un'esistenza tranquilla e pacifica come è lui. Nel rapporto di coppia è molto sensibile e non manca mai di ascoltare la propria compagna: anche quando è preoccupato o affaticato da problemi personali, la sua donna è sempre al primo posto.

Pico

📖 *ONOMASTICO - Si festeggia il 1° novembre, giorno di Ognissanti, perché non esiste un santo patrono.*

ORIGINE E SIGNIFICATO - Questo era il nome del dio oracolare italico. La leggenda vuole che sia stato trasformato in picchio dalla maga Circe; quindi, per deduzione, si può concludere che il suo significato sia, appunto, "picchio".

PERSONALITÀ - Pico è un uomo che odia gli schemi precostituiti, i doveri e le responsabilità. Ha l'anima del vagabondo e difficilmente mette radici in qualche luogo. Ama gli spazi aperti e i rapporti intensi e profondi, anche se poco duraturi. Quando c'è, è presente con tutto se stesso, anima e corpo.

Pierfrancesco

📖 *ONOMASTICO - Essendo composto da Piero e Francesco, può essere festeggiato riferendosi all'onomastico di uno di questi due nomi.*

ORIGINE E SIGNIFICATO - Per il suo significato e origine si richiamano i nomi Piero e Francesco.

PERSONALITÀ - Progressista, lungimirante, amante del successo, cerca di esplorare tutto e riesce a sfruttare al meglio ogni evento. Sebbene sia egoista, si rende simpatico e premuroso con gli altri. Ama la sicurezza e guarda al futuro: questa è una delle ragioni per cui lavora molto. Irradia fiducia ed efficienza: è un vero professionista e un buon parlatore. Abile nel promuovere idee e progetti.

Pierluigi

📖 *ONOMASTICO - Essendo composto da Piero e Luigi, può essere festeggiato riferendosi all'onomastico di uno di questi due nomi.*

ORIGINE E SIGNIFICATO - Per il suo significato e origine si richiamano i nomi Piero e Luigi.

PERSONALITÀ - Dinamico, sicuro di sé, indipendente e orgoglioso, Pierluigi è animato dal forte desiderio di emergere. Il suo connaturato ottimismo lo aiuta a uscire vittoriosamente dalle situazioni critiche. Ma la grande fiducia che ripone in se stesso lo porta spesso ad assumere atteggiamenti vanagloriosi che possono risultare fastidiosi.

PIERA / PIERO

📖 ONOMASTICO - *L'onomastico può essere festeggiato in una delle seguenti date: 6 gennaio, in ricordo del beato Pier Tommaso di Costantinopoli, morto nel 1366; 21 o 23 febbraio, giorni dedicati a onorare san Pier Damiani di Ostia, morto nel 1072; 16 marzo in memoria del beato Pier Tecelano, detto "Pettinato", morto nel 1289, oppure 30 luglio, 2 e 4 dicembre, giornate commemorative, secondo le località, di san Pier Crisologo di Ravenna, morto nel 451 e anche il 3 agosto in ricordo del beato Pier Giuliano Eymard, morto nel 1868.*

ORIGINE E SIGNIFICATO - Piero deriva da Pietro e, a sua volta, dal nome personale latino *petrus*, forma derivata dal termine *petra*, traduzione del greco *pétra*, che significa "roccia". Piero ne è quindi solo una trasformazione.

PERSONALITÀ - Piera: è una donna estremamente insicura, tanto da risultare arrogante. Il suo motto è "attacca prima di essere attaccata" e, a volte, la sua aggressività può essere pericolosa. Piero: ha un'alta considerazione di se stesso, tanto che in amore si considera irresistibile e molto "macho", ma le donne non sembrano pensarla nello stesso modo.

CURIOSITÀ - *Piero è uno dei nomi maschili più diffusi in Italia: occupa il nono posto nella graduatoria nazionale della frequenza, con più di mezzo milione, dove si includono anche i vari alterati come Pierino e i moltissimi composti come Piergiorgio o Pierangelo. Anche la variante femminile Piera è diffusa e, insieme con Pierina, raggiunge la cifra di duecentomila nomi, molti dei quali accentrati al sud per il culto di Maria Santissima della Pietra.*

PIERPAOLO

📖 ONOMASTICO - *Essendo composto da Piero e Paolo, può essere festeggiato riferendosi all'onomastico di uno di questi due nomi.*

ORIGINE E SIGNIFICATO - Per il suo significato e origine si richiamano i nomi Piero e Luigi.

PERSONALITÀ - Dotato di una grande simpatia, Pierpaolo è ben voluto da tutti poiché è capace di diffondere allegria e un contagioso buon umore. Nonostante tutto, deve imparare a credere maggiormente in se stesso e nelle sue potenzialità. La sua grande ironia, la sua cultura brillante e il talento nel raccontare, lo faranno diventare, da grande, un giornalista impegnato, uno sceneggiatore teatrale di successo o uno scrittore di grido.

PIERSILVIO

📖 ONOMASTICO - *Essendo composto da Piero e Silvio, può essere festeggiato riferendosi all'onomastico di uno di questi due nomi.*

ORIGINE E SIGNIFICATO - Per il suo significato e origine si richiamano i nomi Piero e Silvio.

PERSONALITÀ - Piersilvio, anche se non troppo dotato, sa sfruttare al massimo le situazioni che gli si propongono e trarne grande profitto. I suoi punti di forza sono la metodicità e la costanza. Come padre è piuttosto autoritario e affettuoso, mentre in amore tende ad essere incostante e poco presente.

PIETRO

📖 ONOMASTICO - *L'onomastico è tradizionalmente festeggiato il 29 giugno in onore di san Pietro, apostolo e primo pontefice, morto nel 66. Patrono di mietitori, orologiai, pescatori, pescivendoli e fabbri, di Roma, Argentera e Arluno. La Chiesa ricorda con questo nome molti santi, beati e martiri, che vengono commemorati al: 3, 6, 9, 10, 11, 16, 18, 28 e 31 gennaio; al 6, 8, 21, 22 e 23 febbraio; al 2, 3, 11, 12, 13, 14, 16, 26, 29 e 30 marzo; al 17, 26, 27, 28, 29 e 30 aprile; al 7, 8, 13, 15, 19, 20 e 29 maggio; al 1°, 2, 7 e 17 giugno; al 7, 10, 19, 25, 27 e 30 luglio; al 1°, 3, 7, 8, 27, e 30 agosto; all'8, 9, 10, 18 e 23 settembre; al 3, 4, 8, 18, 19 e 25 ottobre; al 18, 26 e 28 novembre; al 2, 4, 6, 9, 21 e 25 dicembre. Il santo di Verona, patrono dei fabbricanti di birra, viene commemorato il 29 aprile; il santo di Alcantara, patrono delle guardie notturne, è ricordato il 19 ottobre.*

ORIGINE E SIGNIFICATO - Il nome Pietro deriva dal nome personale latino *petrus*, forma derivata dal termine *petra*, traduzione del greco *pétra*, che significa "roccia".

PERSONALITÀ - Piero è un uomo fantasioso, allegro e simpaticissimo, una di quelle persone che sanno trasformare qualunque occasione in una festa. Nasconde però un velo di malinconia da cui non riesce a staccarsi. Solido, con i piedi ben piantati per terra e sempre presente quando serve, è una persona di cui ci si può fidare a occhi chiusi.

CURIOSITÀ - *Pietro, e la sua variante Piero, hanno annoverato tanti personaggi illustri nel corso di questi duemila anni: basti ricordare il doge di Venezia Pietro Orseolo, il pittore rinascimentale Piero della Francesca, l'architetto, anche lui rinascimentale, Pietro da Cortona. Anche uno zar ha portato questo nome: Pietro I che fu uno degli artefici della modernizzazione della Russia. A Torino il Pietro più celebre è il soldato Pietro Micca che, nella notte del 30 agosto dei 1706, fece saltare in aria, morendo eroicamente, una galleria del forte della sua città per bloccare l'avanzata dei francesi che vi erano penetrati.*

PINUCCIA / PINUCCIO

ONOMASTICO - *L'onomastico di Pinuccia e Pinuccio può essere festeggiato lo stesso giorno di quello di Giuseppe.*

ORIGINE E SIGNIFICATO - Per il significato di questi nomi si richiama quanto detto per Giuseppe. Pinuccio e Pinuccia infatti sono varianti dei diminutivi della sua forma tronca Pino e Pina.

PERSONALITÀ - Pinuccia: poco ligia alle regole sul lavoro, sa trovare la propria gratificazione più nella libera professione che in un impiego da dipendente. È un'ottima madre. Pinuccio: non ha una personalità molto differente da quella di Giuseppe, ma se ne distingue perché caratterizzato da una grande forza interiore. Sa essere sempre di grande conforto e ciò fa di lui un impareggiabile amico.

PIRRO

ONOMASTICO - *Si festeggia il 1° novembre, giorno di Ognissanti, perché non esiste un santo patrono.*

ORIGINE E SIGNIFICATO - Deriva dal greco *pyr* cioè "fuoco" o "ardore" o anche "rosso di capelli".

PERSONALITÀ - Pratico e concreto, Pirro è ambizioso e autoritario. Tra le sue doti ci sono l'equità e la franchezza. Persona insofferente, egli sa però essere estremamente lucido quando il caso lo richiede. La sua forza interiore talvolta lo porta a reagire bruscamente verso chi si pone contro di lui.

CURIOSITÀ - *Pirro è il nome del figlio del mitico eroe Achille e anche del famoso re dell'Epiro che sconfisse i Romani, con una vittoria poco proficua e poco duratura da cui il celebre detto "vittoria di Pirro".*

PISANA

📖 ONOMASTICO - *Si festeggia il 1° novembre, giorno di Ognissanti, perché non esiste un santo patrono.*

ORIGINE E SIGNIFICATO - Si tratta di un personale nobiliare utilizzato nel Veneto dall'uso di battezzare le neonate col cognome del padrino, in questo caso Pisani (etnico di Pisa).

PERSONALITÀ - Raffinata, fascinosa, seduttiva e romantica: così può definirsi Pisana. È una persona gradevole e simpatica, ma anche pavida, pigra e indecisa. Ama vivere in città, perché abituata a godere di ogni comfort: odia pertanto le villeggiature in campagna, le scampagnate sui monti, i campeggi, gli insetti, il silenzio assoluto. La sua attività preferita è lo shopping.

PLACIDIA / PLACIDO

📖 ONOMASTICO - *L'onomastico di Placidia viene festeggiato l'11 ottobre in ricordo di santa Placidia, vergine di Verona, morta nel 531. L'onomastico di Placido viene festeggiato l'11 ottobre in onore di san Placido, monaco benedettino di Messina, martirizzato nel 522.*

ORIGINE E SIGNIFICATO - Placido deriva dai cognomi latini *placidus* e *placidius*, derivati dall'aggettivo *placidus*, che significa "calmo". Secondo un'altra interpretazione, però, il nome deriverebbe da una forma etrusca, *plagallus*, di cui si ignora il significato.

PERSONALITÀ - Placida: è una donna irruenta e appassionata. Le sue passioni, come le sue antipatie, sono estreme, perché la sua natura non conosce le mezze misure. Placido: se come amico è fedele e costante, come compagno di vita è imprevedibile e spesso infedele.

PLINIO

📖 ONOMASTICO - *Si festeggia il 1° novembre, giorno di Ognissanti, perché non esiste un santo patrono.*

ORIGINE E SIGNIFICATO - Deriva dal latino *plenus* che significa "pieno".

PERSONALITÀ - Plinio è un uomo dotato di grande intelligenza e riesce ad eccellere in tutte le discipline classiche: non solo letteratura, ma anche arti figurative. Austero e distaccato, fatica a costruire una famiglia ma, una volta conquistata l'anima gemella, sa amarla fedelmente e dedicarle tutte le attenzioni che merita.

POLISSENA

🕮 ONOMASTICO - *Pur non avendo una tradizione cristiana, questo nome è festeggiato il 23 settembre.*

ORIGINE E SIGNIFICATO - Deriva dal greco *Polyxene* che significa "molto ospitale".

PERSONALITÀ - Tranquilla e riflessiva, Polissena è sognatrice e introspettiva. In amore è tenera e protettiva anche se capricciosa. Sul lavoro si dimostra dotata di grande creatività: se riesce a valorizzare i propri talenti, può diventare un'importante stilista di moda oppure una affermata pittrice.

CURIOSITÀ - *Nella mitologia greca, Polissena è il nome della leggiadra figlia di Priamo, re di Troia, che fu l'amante di Achille. Secondo la leggenda, fu uccisa proprio dal figlio di quest'ultimo sulla tomba del padre.*

POMPEO

🕮 ONOMASTICO - *L'onomastico è tradizionalmente festeggiato il 14 dicembre in memoria di san Pompeo, vescovo di Pavia, seguace di san Siro, vissuto nel IV secolo. La Chiesa ricorda inoltre un santo, martire romano, il 5 aprile; un martire dell'Africa, il 10 aprile e un altro di Durazzo, il 7 luglio.*

ORIGINE E SIGNIFICATO - Il nome Pompeo è di origine latina, deriva da *Pompeius* e significa "quinto figlio".

PERSONALITÀ - Pompeo è una persona particolarmente decisa e amante dell'azione, tanto che talvolta può tendere a sprecare le sue energie. È un amante molto passionale, anche se non sempre fedele e complice.

CURIOSITÀ - *Questo nome è diffuso in tutta Italia, in modo particolare nel Lazio ed in Puglia. Moltissimi personaggi storici hanno dato fama a questo nome, contribuendo notevolmente ad aumentarne la diffusione; possiamo ricordare, a titolo di esempio, Numa Pompilio, secondo re di Roma e san Pompeo (IV sec.).*

PREZIOSA

🕮 ONOMASTICO - *L'onomastico di Preziosa si festeggia il 10 luglio.*

ORIGINE E SIGNIFICATO - Assieme alla variante Preziosilla, deriva da un nome affettivo augurale significante "carissima".

PERSONALITÀ - È una persona ambiziosa e competitiva, creativa e originale. Dotata di una volontà ferrea e di un sangue freddo davvero eccezionali, disprezza le convenzioni sociali, la sete di denaro e di potere. Ha una personalità fondamentalmente tirannica ma a suo modo affascinante. Difficilmente ammette i propri errori. In amore offre dedizione assoluta ma esige di essere ricambiata totalmente.

CURIOSITÀ - *Il nome era caro al romanziere e poeta M. Cervantes che ne fece un personaggio delle sue* Novelle esemplari.

PRIAMO

ONOMASTICO - *L'onomastico viene festeggiato il 28 maggio in onore di san Priamo, martire della Sardegna.*

ORIGINE E SIGNIFICATO - Per molti Priamo avrebbe le stesse origini e lo stesso significato di Primo.

PERSONALITÀ - Priamo è dotato di una personalità forte che gli permette di essere sempre al centro dell'attenzione. È capace di reggere grandi carichi di stress e non è mai superficiale. Sul lavoro è attento e creativo. In amore non ama i compromessi e ricerca il matrimonio e la famiglia.

CURIOSITÀ - *Si tratta del nome che nell'*Eneide *porta il re di Troia, padre degli eroi Paride ed Ettore.*

PRIMAVERA

ONOMASTICO - *Si festeggia il 1° novembre, giorno di Ognissanti, perché non esiste un santo patrono.*

ORIGINE E SIGNIFICATO - Si tratta di un nome affettivo augurante bellezza eterna e giovinezza.

PERSONALITÀ - Pratica e concreta, Primavera è ambiziosa e autoritaria. Sa essere una buona amica poiché è dotata di grande franchezza ed equità.

PRIMO

ONOMASTICO - *L'onomastico è tradizionalmente festeggiato il 9 giugno in onore di san Primo martirizzato nel 287 a Nomento, nella Sabina, con il fratello Felicano. Le sue reliquie sono venerate nella chiesa di santo Stefano, sul monte Celio.*

ORIGINE E SIGNIFICATO - Deriva dal latino *primus*, nel senso generico di "primo".

PERSONALITÀ - Di indole positiva e riflessiva, Primo, come molti derivati dal latino *primus*, sente forte il senso del dovere. Ostinato e deciso, nasconde dietro una maschera rude una vita affettiva sincera, stabile e decisamente appagante.

CURIOSITÀ - *Tradizionalmente il nome personale Primo veniva dato solo ai primogeniti della famiglia. L'usanza al giorno d'oggi s'è persa e il nome è divenuto di tipo augurale.*

PRIMULA

ONOMASTICO - *Non esistono santi con questo nome, quindi Primula, per assonanza, può essere festeggiata assieme a Primo.*
ORIGINE E SIGNIFICATO - Questo nome, anticamente, veniva impartito alle bambine come augurio per crescere belle e sane.
PERSONALITÀ - Primula è una donna forte e sincera. Forse è un po' troppo preoccupata di ciò che gli altri potrebbero pensare di lei e così difetta di spirito d'iniziativa e per troppa paura non riesce mai a sfruttare appieno le opportunità che le capitano. È molto intelligente ed è l'assistente ideale: veloce, ricettiva, efficiente. In questa situazione è felice perché si sente sgravata da ogni responsabilità.

PRISCA / PRISCO

ONOMASTICO - *L'onomastico è tradizionalmente festeggiato il 15 aprile in onore di san Prisco eremita. Patrono di Mirabella Eclano (Avellino), si invoca contro le malattie contagiose.*
ORIGINE E SIGNIFICATO - Come Priscilla deriva dall'aggettivo latino *primus*. In questo caso, però, si allude al più vecchio, al primitivo tra gli uomini.
PERSONALITÀ - Prisca: è una donna estremamente responsabile e determinata. Inoltre è molto sincera e leale e queste doti fanno di lei un ottimo capo. In amore è un po' autoritaria ma sempre disponibile e comprensiva. Prisco: ha una personalità pressoché identica a quella di Primo.

CURIOSITÀ - *L'origine di questo nome trova testimonianza nella discendenza monarchica romana dei Tarquini dove il più anziano venne, appunto, appellato Tarquinio "Prisco".*

PRISCILLA

ONOMASTICO - *L'onomastico si celebra il 18 gennaio in memoria di santa Priscilla, nonna delle sante Prassede e Prudenziana e madre del senatore san Pudente; martire a Roma nell'anno 98. In alcuni luoghi è venerata il 16 gennaio.*

ORIGINE E SIGNIFICATO - Questo nome deriva dal termine latino *primus*, aggettivo con cui si designava il primo fra gli uomini.

PERSONALITÀ - Priscilla è una donna ambiziosa e fortemente competitiva. Possiede un sangue freddo ammirevole e, per questo, potrebbe fare il medico chirurgo, o comunque qualsiasi mestiere dove ciò che conta è la freddezza e la lucidità, doti che certo non le mancano. La cosa che più le preme è la realizzazione professionale, per la quale è disposta anche a sacrificare un progetto di coppia o di famiglia.

PROSPERA / PROSPERO

ONOMASTICO - *L'onomastico è festeggiato il 4 settembre in ricordo di santa Prospera vergine, martirizzata a Roma e assai venerata a Milano. Prospero, invece, è tradizionalmente festeggiato il 25 giugno in memoria del santo vescovo e protettore di Reggio Emilia, morto nel 463.*

ORIGINE E SIGNIFICATO - Il nome deriva dal latino *Prosperus* e significa "fortunato", "felice", "lieto".

PERSONALITÀ - Prospera: al di là di quello che potrebbe far credere il significato del nome, è dotata di un carattere deciso e talvolta arrogante. Prospero: decisissimo a non perdere nulla degli aspetti positivi che gli propone la vita, lotta duramente per difendere la posizione raggiunta.

PUBLIO

ONOMASTICO - *Si festeggia il 1° novembre, giorno di Ognissanti, perché non esiste un santo patrono.*

ORIGINE E SIGNIFICATO - Deriva dal termine etrusco *pupil* che, probabilmente, significava "uomo del popolo".

PERSONALITÀ - Passionale in amore, si lascia spesso coinvolgere dai colpi di fulmine che, quando si spengono, lo lasciano spossato e un po' disilluso. Sul lavoro è meticoloso fino all'ossessione: sarebbe un perfetto archivista e bibliotecario.

Q

QUARTO

📖 ONOMASTICO - *L'onomastico si festeggia il giorno 8 novembre in memoria dei Quattro Martiri Coronati, che in realtà sono cinque e precisamente: Castorio, Claudio, Nicostrato, Simplicio e Sinforniano.*

ORIGINE E SIGNIFICATO - Deriva dal latino *Quartus* e significa "nato dopo il terzo parto".

PERSONALITÀ - Generoso ed estroverso, è una persona che cerca il successo sia sul lavoro sia in amore. Apparentemente amante degli agi e delle comodità, è in realtà molto concreto e raggiunge con convinzione i risultati che si prefigge. Ama viaggiare, conoscere nuove persone, farsi contaminare da culture e usi sconosciuti, che poi traspone, una volta tornato a casa, nella vita di tutti i giorni.

QUENTIN

📖 ONOMASTICO - *È la traduzione anglosassone del nome personale Quinto, quindi può essere festeggiato nel giorno onomastico di quest'ultimo.*

ORIGINE E SIGNIFICATO - Si richiamano l'origine e il significato di Quinto.

PERSONALITÀ - La personalità di Quentin è simile a quella di Quinto, ma se ne differenzia per una minore vivacità e una fantasia straripante. Così, quanto è cocciuto e insistente fino allo sfinimento, tanto è generoso e sempre disponbile.

CURIOSITÀ - *Il nome sta avendo una grande diffusione grazie al successo cinematografico e mediatico del noto regista Quentin Tarantino.*

QUIETA

📖 ONOMASTICO - *L'onomastico viene festeggiato il 28 novembre, in ricordo di santa Quieta, martirizzata con santa Teodora.*

ORIGINE E SIGNIFICATO - Il nome Quieta deriva dal termine latino *quies.* Questi era l'epiteto con cui era conosciuta la dea romana della quiete e della morte.
PERSONALITÀ - Quieta è una donna orgogliosa ma buona. Preferisce non chiedere l'aiuto degli altri per paura di disturbare e di essere considerata noiosa. Questo atteggiamento le procura tanti inutili sforzi e dispiaceri perché la costringe a fare sempre tutto da sola. Lei, contrariamente a come si comporta, è felice quando può aiutare il prossimo. Spesso si dedica al volontariato dove riesce a esprimere al meglio la sua generosità.

QUINLAN

📖 ONOMASTICO - *Non esiste l'onomastico del nome Quinlan. Chi porta questo nome può essere festeggiato, per assonanza, assieme a Quinto.*
ORIGINE E SIGNIFICATO - Il nome Quinlan deriva da un termine gaelico che significa "fisicamente forte".
PERSONALITÀ - Quinlan è un uomo dalla personalità sfaccettata ed eccentrica. Il suo umore non è mai stabile per troppo tempo e può passare attraverso vari estremi più volte nell'arco della giornata. Forse il suo fascino magnetico, di cui le donne sono le vittime predestinate, risiede nel fatto che è imprevedibile e inconoscibile.

QUINTILIA / QUINTILIO

📖 ONOMASTICO - *L'onomastico femminile viene festeggiato il 19 marzo, in ricordo di santo Quintilia, martire sorrentina, uccisa con la sorella Quartilla e altri compagni di fede. Quello maschile è celebrato il giorno 8 marzo, in memoria di san Quintilio o Quintillo, vescovo e martire della Nicomedia.*
ORIGINE E SIGNIFICATO - Si richiamano il significato e l'origine di Quinto, di cui sono delle varianti.
PERSONALITÀ - Quintilia: energica ed eloquente, a volte succede che a prevalere in lei siano slanci confusi, collere inespresse, avventure vagabonde; capita così che, improvvisamente, possa sentire l'esigenza di allontanarsi dalla famiglia per un po' di tempo, per poi farvi ritorno altrettanto inaspettatamente, facendosi perdonare con regali e sorprese di ogni tipo. Quintilio: al contrario della sua omonima femminile, è invece l'immagine stessa della tranquillità e della metodicità; ama le cose semplici, la musica, il relax e la buona musica.

QUINTO

📖 *ONOMASTICO - L'onomastico è festeggiato il 19 marzo, in onore di san Quinto, martirizzato a Sorrento, con le sante Quartilla, Quintilla e san Marco.*

ORIGINE E SIGNIFICATO - Il nome Quinto deriva dal nome personale latino *Quintus*, indicante il quinto figlio in ordine di nascita.

PERSONALITÀ - Quinto è un uomo dai gusti difficili. Per quanto riguarda le amicizie e l'amore è decisamente selettivo e non permette a chiunque di entrare nella sua sfera privata. Una volta, però, che lo si è conquistato, si dimostra impareggiabile. Simpatico e altruista, fa di tutto per rendere la vita piacevole e divertente. Ha una buona memoria, coraggio e attivismo, ma un carattere poco equilibrato.

QUIRINO

📖 *ONOMASTICO - L'onomastico si festeggia il 4 giugno, in onore di san Quirino, martire a Roma nel 309.*

ORIGINE E SIGNIFICATO - Il nome Quirino deriva dal nome della divinità latina identificata con Romolo: *Quirinus*. L'origine latina è rappresentata dal termine *quirites*, nome collettivo forse di origine sabina indicante gli abitanti della città di Cures, significante "cittadini". Si ritiene che possa derivare anche dal latino *couirium* che significa "unione dei cittadini", o da *quiris* ovvero "armato di lancia".

PERSONALITÀ - Quirino è un uomo il cui interesse è incentrato solo su se stesso. A suo vantaggio bisogna però dire che il suo scopo è quello di migliorarsi continuamente e quindi è perfettamente consapevole dei suoi difetti e dei suoi limiti. Forse è un po' intollerante nei confronti degli altri, che rimprovera spesso e volentieri di essere superficiali e rinunciatari.

CURIOSITÀ - Varianti di Quirino, anche se rare, sono Quirico e Quiriaco.

R

Rachele

📖 ONOMASTICO - *L'onomastico viene festeggiato il 30 settembre in ricordo della beata Rachele, seconda figlia di Labano e moglie prediletta di Giacobbe, morta a Rama nei pressi di Ephrata. Patrona delle madri che hanno perso un figlio.*

ORIGINE E SIGNIFICATO - Questo nome deriva dall'ebraico *Rhache'l* e dal latino *Rachél*, termini che significano "pecora".

PERSONALITÀ - Rachele è una donna antica che sembra provenire, per movenze e comportamento, da altre epoche. Possiede una saggezza profonda e un'intuizione notevole, che la mette in grado di dare consigli obiettivi e sinceri. Ama il suo compagno di un amore puro e totale e rimane sempre al suo fianco.

CURIOSITÀ - *Rachele era la seconda moglie di Giacobbe, che gli viene concessa solo dopo aver sposato la sorella maggiore Lia. Secondo la tradizione, i figli di Giacobbe e Rachele avrebbero dato origine ad allevatori di ovini, mentre quelli di Giacobbe e Lia di bovini. Tra le donne di questo secolo di nome Rachele che siano state di una certa notorietà possiamo ricordare l'attrice Rachel Welch, sogno erotico per tante generazioni e la meno nota moglie del dittatore fascista Benito Mussolini.*

Raffaella / Raffaele

📖 ONOMASTICO - *L'onomastico di Raffaella viene festeggiato il 6 gennaio in ricordo della beata Raffaella Maria, fondatrice delle ancelle del Sacro Cuore di Gesù, morta nel 1925. L'onomastico di Raffaele è tradizionalmente festeggiato il 24 ottobre in memoria del santo angelo Raffaele che guidò Tobia nel viaggio verso Rages. Patrono di medici, oculisti, emigranti, farmacisti, pellegrini e protettore delle acque termali, lo si invoca per guarire dall'epilessia. In alcuni luoghi è onorato il 29 settembre.*

ORIGINE E SIGNIFICATO - Questo è un nome di origine ebraica. Il significato ci porta a un termine composto dalla radice *rapha*, che significa "guarire", e da *el*, uno dei nomi di Dio. Il significato del nome è "il Signore mi ha guarito".

PERSONALITÀ - Raffaella: è una donna sportiva e dinamica. Molto femminile e sensuale, tende a trascurare il suo fascino, forse perché totalmente sicura di sé. In amore è una donna fedele che ispira tenerezza. Raffaele: è un uomo vulcanico. Pieno di spirito di iniziativa, ha un'intelligenza molto vicina alla furbizia. Sa come accattivarsi la simpatia delle persone per ottenere ciò che vuole, ma in fondo il suo cuore è grande e generoso.

RAIMONDO

🕮 *ONOMASTICO - L'onomastico è tradizionalmente festeggiato il 31 agosto in onore di san Raimondo cardinale, detto "nonnato", confessore dell'Ordine della Beata Maria della Mercede per la redenzione degli schiavi. Patrono dei neonati, delle gestanti e delle ostetriche. Si invoca contro i dolori del parto e le ingiuste accuse.*

ORIGINE E SIGNIFICATO - Questo nome ha un'origine germanica, ed è composto da *ragin*, che significa "consiglio divino" e da *mund*, ovvero "protettore". Il significato complessivo è, quindi, "protetto dal consiglio divino".

PERSONALITÀ - Tenace, razionale sotto un'apparenza quasi incolore, Raimondo ha sempre pronta una soluzione sensata per tutti. È un uomo portato per il comando. Affascinante, intelligente e carismatico, infatti, è un'ottima guida, perché ispira fiducia e rispetto. È una persona estremamente leale ed educata, forse appena un po' troppo formale. La donna che sceglie come compagna sarà da lui amata in maniera totale e profonda. Crede e rispetta l'istituzione della famiglia, tanto da considerare un onore l'esperienza di genitore.

RAISSA

🕮 *ONOMASTICO - Raissa è la traduzione russa di Rachele, quindi può essere festeggiata nello stesso giorno di quest'ultima.*

ORIGINE E SIGNIFICATO - L'origine e il significato sono identici a quelli del nome Rachele.

PERSONALITÀ - Fiduciosa, allegra ed espansiva, ha una grande disponibilità a socializzare. È, infatti, una donna mondana, sempre attorniata da amici con i quali ama viaggiare. Il suo ottimismo la spinge a non abbattersi mai, anche nelle situazioni più difficili.

CURIOSITÀ - *Raissa ha avuto una grande diffusione grazie all'importanza e alla notorietà raggiunta a cavallo degli anni '80 e '90 dalla* first lady *sovietica Raissa Gorbaciova.*

RAMONA / RAMON

ONOMASTICO - *È la traduzione spagnola di Raimondo, quindi possono essere festeggiati nello stesso giorno di quest'ultimo.*

ORIGINE E SIGNIFICATO - Possiede il medesimo etimo di Raimondo di cui è la versione femminile e spagnola.

PERSONALITÀ - Ramona: è una donna inquieta, sempre alla ricerca di qualcosa di migliore, di diverso, di nuovo. Forse il problema sta nel fatto che è un'eterna indecisa e non riesce mai a essere sicura di se stessa. Dentro di sé conserva gelosamente una grande dolcezza che riversa su coloro che conquistano la sua fiducia. In amore è un po' possessiva. Ramon: la sua personalità è simile a quella di Raimondo, ma se ne differenzia per il fascino prorompente. In amore e negli affetti è molto geloso. Ama tutte le arti, in particolar modo quelle figurative.

RANIERO

ONOMASTICO - *L'onomastico è tradizionalmente festeggiato il 30 dicembre in ricordo di san Raniero, vescovo di Aquila nel XII secolo.*

ORIGINE E SIGNIFICATO - Il nome Raniero trae le sue origini dal tedesco *raganhar*, che significa "esercito consigliato dagli dei".

PERSONALITÀ - Forte e autoritario, Raniero è un vincente. Ambizioso e orgoglioso sul lavoro, è anche affidabile e sincero. Tra i suoi difetti, l'eccessiva competitività e l'esibizionismo sfrenato, che lo inducono, a volte, a emarginarsi dai colleghi.

RAUL

ONOMASTICO - *Raul è festeggiato il 21 giugno e il 16 agosto.*

ORIGINE E SIGNIFICATO - Questo nome deriva dal francese *raoul*, a sua volta disceso dal termine germanico *radwulf*, composto da *rad*, che significa "consiglio", e da *wulf*, che vuol dire "lupo". Il significato complessivo del nome è, quindi, "consiglio del lupo".

PERSONALITÀ - Raul è tutt'altro che un uomo ambizioso. La carriera e il successo non sono questioni che lo riguardano. È molto più interessato all'amore e a godersi la vita, evitando i problemi della quotidianità che provocano in lui una noia mortale. Il suo motto esistenziale è "vivi e lascia vivere".

REBECCA

🕮 ONOMASTICO - *L'onomastico è tradizionalmente festeggiato il 23 settembre in memoria di santa Rebecca, nipote di Abramo, seconda moglie di Isacco, madre di Giacobbe e di Esaù.*

ORIGINE E SIGNIFICATO - Questo nome deriva dal termine ebraico *ribheqah*, connesso al nome *rabhqah*, termine usato per indicare la coppia di buoi aggiogati assieme. Un'altra ipotesi connette Rebecca al termine ebraico *ribaq*, che vuol dire "corda", "rete", probabile emblema del legame tra Israele e Edom, figura dell'Antico Testamento come moglie di Isacco e madre di Giacobbe e Esaù.

PERSONALITÀ - Rebecca è una donna che ama la propria solitudine. Contemporaneamente però possiede un'indole profondamente ottimista, dote che le fa guardare il futuro sempre con un sorriso. Ama le piante e gli animali, soprattutto i gatti. Ha bisogno di un uomo che la rispetti profondamente e la ami teneramente; lei in cambio è pronta a donare tutta se stessa.

REGINA

🕮 ONOMASTICO - *L'onomastico è tradizionalmente festeggiato il 7 settembre, in onore di santa Regina vergine e martire presso Autun nel III secolo. Le sue reliquie sono conservate a Flavigny-sur-Ozerain (Francia). Viene invocata contro le ulcere.*

ORIGINE E SIGNIFICATO - Questo nome possiede una duplice etimologia che con il tempo è venuta a coincidere. Da un lato Regina deriva dal comune omofono, il femminile di *rex*, inteso come "chi governa". Contemporaneamente è una forma germanica risalente al nome *Ragin*, che significa "consiglio" (sottinteso divino).

PERSONALITÀ - Regina è una donna superba e orgogliosa. Solitamente bella e altera, soggioga gli uomini con uno sguardo. Tutto ciò è compensato da una bontà di fondo che le impedisce di servirsi del suo fascino per perseguire scopi oscuri o per far soffrire le persone. In amore è profondamente leale e corretta e, quando è innamorata, non ha occhi che per il suo compagno che riempie di attenzioni e sorprese sempre nuove.

CURIOSITÀ - *I genitori italiani che hanno una figlia di nome Regina avranno forse pensato che questo nome serva ad augurare felicità e ricchezza degne di una regina. Invece Regina era stato adottato dai cristiani dei primi secoli in omaggio alla Madonna, considerata Regina dei Cieli. Papa Pio XII, con l'enciclica* Alla Regina del Cielo, *spiegava che la regalità della Madonna non era dovuta soltanto alla maternità divina, "ma anche per la parte singolare che, per volontà di Dio, ebbe nell'opera della nostra salvezza eterna".*

REMIGIO

ONOMASTICO - *L'onomastico è tradizionalmente festeggiato il 1° ottobre in onore di san Remigio vescovo di Reims, vissuto tra il 437 e il 530. Apostolo dei francesi, battezzò re Clodoveo. Lo si invoca contro il pericolo di rimanere ciechi.*

ORIGINE E SIGNIFICATO - Remigio può essere considerato una alterazione del personale latino *Remedius* che significa "medicina", oppure un derivato da *reme, remegius* che significa "rematore". Non si può scartare l'ipotesi che si tratti di un nome etnico nel senso di "nativo di Reims".

PERSONALITÀ - Remigio è fermo, volitivo, e di buon cuore. È un individuo che dà molto peso alla cultura. Troverà la propria stabilità affettiva e professionale piuttosto tardi nella vita per via di una gioventù turbolenta spesso costellata di guai.

REMO

ONOMASTICO - *L'onomastico viene festeggiato il 22 dicembre in ricordo di san Romolo, detto "Remo", vescovo di Genova nell'anno 641, vissuto e morto a Villa Matuzia, antico nome della città di san Remo che da lui prese poi nome.*

ORIGINE E SIGNIFICATO - Questo nome deriva dal nome latino *Remus*, ovvero da colui che, assieme al fratello *Romolus*, fondò l'antica Roma. Essendo presumibilmente un nome di origine etrusca, si ignora il suo significato. Potrebbe derivare dal greco *rein* che significa "scorrere" o forse "incrocio".

PERSONALITÀ - Remo è una persona estremamente intelligente e spesso molto colta, infatti è fermamente convinto che la cultura renda liberi. È un ottimo insegnante, competente e appassionato. In amore è presente e leale con la propria compagna. Temperamento calmo, riflessivo, attratto dalla letteratura ma capriccioso, brontolone e suscettibile.

RENATA / RENATO

📖 ONOMASTICO - *L'onomastico è tradizionalmente festeggiato il 12 novembre in memoria di san Renato martire, vescovo di Sorrento nel V secolo.*

ORIGINE E SIGNIFICATO - L'origine di questo nome è latina; discende dall'aggettivo del tardo latino *renatus*, participio passato del verbo *renasci* che significava "rinascere": traduzione del greco *Anastàsios*, che letteralmente voleva dire "risorto". I cristiani, che lo avevano ideato, gli diedero il significato di "rinato a nuova vita spirituale mediante il battesimo".

PERSONALITÀ - Renata: è una donna solo apparentemente fredda. Nella realtà è irruenta, specialmente in amore, e ama vivere di contrasti e molto vicina ai propri limiti. Sul lavoro è precisa e pignola e non accetta né giustifica gli errori, né suoi né tanto meno degli altri. Può essere anche molto dura di modi e di giudizio. Renato: è un uomo intelligente e raffinato. Ama l'arte in tutte le sue espressioni e se non diventa un artista sarà un critico competente. Si innamora attraverso colpi di fulmini intensissimi.

CURIOSITÀ - *Renato è uno di quei nomi che non conoscono eclissi. Anzi, negli anni Sessanta diventò di moda per un twist di successo che faceva di Renato il sinonimo dell'uomo desiderato ma che non si concedeva facilmente.*

RICCARDO

📖 ONOMASTICO - *L'onomastico è tradizionalmente festeggiato il 3 aprile in onore di san Riccardo, vescovo di Chichester, in Inghilterra morto nel 1253 e patrono dei carrettieri.*

ORIGINE E SIGNIFICATO - Questo nome è di origine germanica, ed è composto da *rikia*, che significa "potente", e da *hart*, che vuol dire "valoroso". Il significato complessivo del nome è, quindi, "potente e valoroso".

PERSONALITÀ - Riccardo è un uomo calmo e pacato, forse un po' capriccioso, ma comunque affascinante. Tendenzialmente è un introverso ma riesce ad instaurare amicizie profonde e durature. Generoso, dolce, stabile, fedele è un marito di cui andare fieri e un padre davvero premuroso, che ama condividere con i propri figli gran parte della giornata.

RINA / RINO

📖 ONOMASTICO - *Si tratta del diminutivo di Vittorio, pertanto può essere festeggiato nello stesso giorno di quest'ultimo.*

ORIGINE E SIGNIFICATO - Possiede lo stesso etimo di Vittorio, di cui è il diminutivo ufficiale.

PERSONALITÀ - Rina: è una donna diligente e sognatrice e, a volte, fortemente distratta. Possiede un'aria pensierosa, affascinante e intrigante. Solitamente si sposa presto e senza pentimenti. Le sue qualità di grazia, intuito, vivacità e bellezza ne fanno una donna desiderata. Rino: è un uomo anticonvenzionale. Non sopporta le ingiustizie e, nel suo piccolo, combatte perché queste scompaiano o perlomeno vengano smascherate. Fondamentalmente è un solitario.

RINALDO

📖 ONOMASTICO - *L'onomastico è festeggiato il 9 febbraio in ricordo di san Rinaldo vescovo di Nocera Umbra, che viene pure commemorato, in alcuni luoghi, il 5 febbraio.*

ORIGINE E SIGNIFICATO - Rinaldo ha derivazione germanica da *regin*, che vuol dire "consiglio", e *waltan*, dal verbo "comandare". Il nome significa "colui che comanda col consiglio degli dei".

PERSONALITÀ - Volontà, sensibilità e coraggio sono alla base della personalità di Rinaldo. Egli pone queste caratteristiche al servizio dell'ambizione. Avrà una bella vita ricca di soddisfazioni. Ha una personalità molto forte, ma eccessivamente tirannica, disposta a dare molto in amicizia e in amore, ma altrettanto propensa a pretendere.

CURIOSITÀ - *Il nome si diffuse grazie ai poemi del ciclo carolingio nei quali Rinaldo da Montalbano è un paladino di Carlo Magno, cugino di Orlando.*

RITA

📖 ONOMASTICO - *L'onomastico si festeggia il 22 maggio in ricordo di santa Rita da Cascia, monaca agostiniana, nata a Roccaporena nel 1381 e morta nel 1457. Beatificata l'11 ottobre 1627 da papa Urbano VIII e santificata il 24 maggio 1900 da papa Leone XIII. Per la sua popolare fama taumaturgica è chiamata "la santa degli impossibili". Patrona dei pizzicagnoli e dei salumieri. Viene secondo la tradizione, particolarmente invocata per essere protetti dalle calamità naturali.*

ORIGINE E SIGNIFICATO - Possiede lo stesso etimo di Margherita, di cui è il diminutivo diventato autonomo.
PERSONALITÀ - Rita è una donna dalle infinite doti organizzative. Possiede un'ottima memoria e una grande intransigenza che la rendono sempre un po' saccente.

Roberta / Roberto

📖 ONOMASTICO - *L'onomastico è festeggiato il 17 settembre in onore di san Roberto Bellarmino gesuita, cardinale e dottore della Chiesa, nato nel 1542 e morto nel 1621. Patrono di catechisti, maestri e insegnanti, viene pure venerato il 13 maggio.*
ORIGINE E SIGNIFICATO - Deriva dal termine germanico *hdrodebert*, nome composto da *hroth*, che significa "fama", e da *berth*, che vuol dire "illustre". Il significato complessivo è, quindi, "illustre per fama".
PERSONALITÀ - Roberta: è una donna vanitosa, narcisa ed egocentrica, ma dal momento che è assolutamente consapevole di ciò, queste caratteristiche diventano semplicemente un vezzo. Vorrebbe innamorarsi perdutamente, ma, perlomeno in gioventù, incontrerà soltanto uomini sbagliati che la faranno soffrire. Roberto: è un uomo riservato e riflessivo. Molto chiuso e solitario, sembra lontano e distante. Anche lui, come il suo corrispettivo femminile, vorrebbe innamorarsi perdutamente, ma il suo bisogno di aiutare gli altri gli farà incrociare donne poco indipendenti che tenteranno di attaccarsi morbosamente a lui.

CURIOSITÀ - *Roberto è uno dei nomi più diffusi in tutta Europa, e anche in Italia è frequente, soprattutto nel centro-nord perché lo portavano i longobardi e poi i franchi che erano popoli germanici. Venne tradotto nel latino del primo Medioevo in* Rodepenus *e dal IX secolo in* Ropertus *e* Robertus, *da cui derivò poi il nostro Roberto. Nell'XI secolo ha avuto, soprattutto nel sud, un'ulteriore diffusione nella forma francese Robert grazie all'invasione dei Normanni prima e poi grazie agli angioini. Il creatore del regno normanno nel sud fu Roberto il Guiscardo che fra il 1040 e il 1076 unificò sotto la sua corona tutto il sud, compresa la Sicilia, per poi spingersi nella penisola balcanica da cui voleva arrivare fino a Costantinopoli.*

Robin

📖 ONOMASTICO - *Si festeggia il 1° novembre, giorno di Ognissanti, perché non esiste un santo patrono.*

ORIGINE E SIGNIFICATO - L'origine di questo nome deriva dal sassone e significa "pettirosso".

PERSONALITÀ - Pratico e concreto, Robin è anche ambizioso e autoritario. Talvolta, essendo decisamente franco, può sembrare troppo duro con chi lo circonda, ma nel complesso si dimostra una persona amichevole e leale.

ROCCO

ONOMASTICO - *L'onomastico si festeggia il 16 agosto, giorno dedicato a san Rocco, protettore degli animali.*

ORIGINE E SIGNIFICATO - Questo nome deriva dalla latinizzazione del termine germanico *crocus*, che significa "cornacchia". Secondo una seconda interpretazione, invece, deriverebbe dal termine tedesco *roke*, che significa "attenzione".

PERSONALITÀ - Rocco è un uomo che ama chiacchierare e vantarsi di imprese mirabolanti in compagnia degli amici. È una persona molto generosa, forse un po' invadente, sempre pronta ad aiutare chi si trova in difficoltà. Gli piacciono le belle donne anche se, data la sua timidezza, molto spesso si accontenta di osservare da lontano.

CURIOSITÀ - *È un nome molto usato nel Meridione. Eppure san Rocco era un francese di nascita, non andò mai nel sud, ma soltanto a Roma in pellegrinaggio. San Rocco viene rappresentato spesso con un cagnolino che gli offre una pagnotta, perché un giorno san Rocco, che tornava dal pellegrinaggio a Roma (ecco perché ha l'abito e il bastone del pellegrino) cadde malato di peste presso il fiume Trebbia. Era solo e ammalato quando un cane di un nobile della zona, vedendolo in quello stato, cominciò a portargli ogni giorno una pagnotta che rubava alla mensa del suo padrone.*

RODOLFO

ONOMASTICO - *L'onomastico si può festeggiare in due date: il 26 giugno, quando si festeggia san Rodolfo, vescovo di Gubbio nell'XI secolo, e il 1° agosto, quando si ricorda invece il beato Rodolfo, un monaco di Vallombrosa vissuto nell'XI secolo.*

ORIGINE E SIGNIFICATO - Questo nome deriva da un termine germanico, *hrodulf*, composto da *hrothi*, che significa "gloria", e da *wulf*, che vuol dire "lupo". Il significato complessivo del nome è, quindi, "lupo glorioso".

PERSONALITÀ - Rodolfo è un uomo romantico e gentile. Molto riflessivo, forse è un po' troppo riservato, ma la sua anima sensibile, gli porta comunque la compagnia di amici fidati.

CURIOSITÀ - *Fino al secolo scorso Rodolfo ricordava imperatori e sovrani germanici. Il nome era stato portato nel nostro Paese durante le invasioni barbariche.*

RODRIGO

ONOMASTICO - *L'onomastico di Rodrigo si festeggia il 15 marzo.*

ORIGINE E SIGNIFICATO - Il nome è tratto dal germanico *hroth* che significa "gloria" e *rikja* che vuol dire "ricco", "potente", col significato di "ricco di gloria".

PERSONALITÀ - Personalità curiosa, instancabile e coraggiosa, Rodrigo è un uomo schietto e onesto, che si differenzia nettamente dal poco simpatico omonimo di matrice manzoniana, poiché detesta i compromessi e le azioni subdole. Ma anche gli impegni, le responsabilità, i legami.

CURIOSITÀ - *Il nome si è affermato nel Rinascimento, su modello dello spagnolo Rodrigo, di tradizione gotica. Rodrigo è infatti il nome del Cid Campeador e dell'ultimo re visigoto in Spagna ucciso dagli arabi.*

ROGER

ONOMASTICO - *Il nome può essere festeggiato il giorno di Ruggero di cui è la traduzione inglese.*

ORIGINE E SIGNIFICATO - L'origine e il significato sono gli stessi di Ruggero.

PERSONALITÀ - La personalità di Roger è simile a quella di Ruggero, ma essendo più moderato, raggiunge più facilmente i propri obiettivi e vive la vita con felicità.

ROLANDO

ONOMASTICO - *L'onomastico di Rolando cade il 14 ottobre, festa di san Rolando vescovo di Cambrai, oppure il 15 settembre, data in cui si festeggia il beato Rolando de' Medici che visse da eremita nei boschi per ventisei anni.*

ORIGINE E SIGNIFICATO - Il nome francese Roland deriva dal germanico *Hrodland* che potrebbe avere una duplice origine etimologica. *Hro-*

dland è composto da *hroth*, vocabolo germanico che significherebbe "gloria, fama", e da *land* che significa "terra", "patria", e in questo caso il significato complessivo sarebbe "glorioso nel suo paese" o "famoso nel suo paese". Se invece *Hrodland* è composto da *hroth* e da *nanthaz*, "audace, ardito", allora il significato è "famoso per il suo coraggio".
PERSONALITÀ - Ciò che contraddistingue la personalità di Rolando è la furbizia: la si vede negli occhi, sempre attenti e vispi, sempre in movimento alla ricerca di stimoli nuovi.

ROMANO

📖 *ONOMASTICO - L'onomastico è tradizionalmente festeggiato il 9 agosto in onore di san Romano martire. Legionario incaricato di assistere al supplizio di san Lorenzo, si rifiutò dichiarandosi cristiano. Fu sottoposto alla flagellazione e poi decapitato a Roma nel 258. S'invoca contro il pericolo di possessione demoniaca.*
ORIGINE E SIGNIFICATO - I nomi Romano e le sue versioni femminili Romana e Romina sono tutti legati evidentemente al nome della capitale. Roma trova probabilmente origine in *Rumon* che era il nome del fiume Tevere, in *ruma* col significato di "mammella" (da qui la leggenda dei due gemelli allattati da una lupa), o in *rhome* e cioè "forza".
PERSONALITÀ - Romano cerca di creare attorno a sé un *team* di persone capaci e valide che lo appoggino e aiutino. Molto sensibile, riuscirà bene nelle arti, soprattutto musicali. In amore la fanno da padrona la suscettibilità e la gelosia, probabilmente dovute a un'insicurezza di fondo.

CURIOSITÀ - Il soprannome latino di epoca imperiale Romanus *ovvero "abitante di Roma" e più tardi "cittadino dell'impero", ha subito una forte diffusione nel Risorgimento e in epoca fascista.*

ROMEO

📖 *ONOMASTICO - L'onomastico è tradizionalmente festeggiato il 25 febbraio in onore di san Romeo, morto nel 1380, carmelitano di Lucca, che viene anche commemorato il 5 marzo.*
ORIGINE E SIGNIFICATO - Il nome ha una storia curiosa. Nasce dal termine greco *rhomaios*, pronunciato *romèos*, divenuto in latino *romaeus*, che veniva usato originariamente per indicare i cittadini romani, poi tutti i cittadini imperiali. In seguito i due termini, *romèos* e *romaeus*, divennero

una sola cosa e furono utilizzati per indicare coloro i quali si recavano in pellegrinaggio a Roma. Solo in seguito divenne un nome personale.

PERSONALITÀ - Romeo è un uomo buono e accomodante ma, come spesso succede in questi casi, quando perde la pazienza le sue ire sono tremende. Fortunatamente questo non accade praticamente mai. È un giocherellone che ama fare scherzi e dispetti ed è un padre molto amico dei propri figli, anche se sa impartire loro un'educazione impeccabile.

☞ *CURIOSITÀ - A incrementare la diffusione di Romeo è stato il dramma shakespeariano* Romeo e Giulietta, *ambientato a Verona, emblema del romanticismo.*

ROMINA

📖 *ONOMASTICO - Essendo il femminile di Romano, può essere festeggiata nel giorno di quest'ultimo.*

ORIGINE E SIGNIFICATO - Romina deriva dai *cognomina* di tipo etnico Romano e Romana indicanti coloro che vengono da Roma. Romina ne è il diminutivo più diffuso.

PERSONALITÀ - Romina è una donna dinamica e moderna. Grande lavoratrice, non intende però rinunciare agli affetti e alla famiglia, così si barcamena tra mille impegni e responsabilità, riuscendovi benissimo. In amore è molto possessiva e gelosa; il partner, per vivere tranquillo e non creare esasperanti e inutili discussioni, deve dimostrarle una devozione infinita.

ROMOLO

📖 *ONOMASTICO - L'onomastico è tradizionalmente festeggiato il 6 luglio in memoria di san Romolo discepolo di san Pietro, primo vescovo e patrono di Fiesole. Altra festività è quella del 27 marzo che festeggia san Romolo, vescovo di Genova e patrono di Sanremo.*

ORIGINE E SIGNIFICATO - Deriva dal nome del mitico fondatore di Roma.

PERSONALITÀ - Di indole buona e semplice, Romolo è il classico pacioccone allegro, generoso e... un tantino lento. Tutto deve assecondare i suoi tempi: a organizzare i lavori di casa impiega settimane, per prendere una decisione importante deve fare mille considerazioni e così via. In tutte le situazioni cerca di essere simpatico affidandosi alla sorte. Detesta le complicazioni sentimentali e per questo tende a sposarsi presto e a non pensarci più. Di sovente in famiglia si dimostra piuttosto immaturo.

ROMUALDO

🕮 ONOMASTICO - *L'onomastico è tradizionalmente festeggiato il 19 giugno in onore di san Romualdo abate. Nato a Ravenna nel 956, fondò nell'anno 1012 i Camaldolesi. Morto il 19 giugno 1027, viene in alcune località venerato il 7 febbraio. Con questo nome viene pure ricordato il venerabile camaldolese da Fabriano che si commemora il 23 ottobre.*

ORIGINE E SIGNIFICATO - Nome di origine germanica derivante dai termini *hroma*, che significa "gloria", e *hildja* cioè "battaglia", col significato di "glorioso guerriero".

PERSONALITÀ - Tendenzialmente è una persona apparentemente tranquilla che nasconde i sentimenti dietro una facciata sorridente e simpatica. Molto pratico e razionale soprattutto in amore.

ROSA

🕮 ONOMASTICO - *Secondo il calendario cattolico, l'onomastico si celebra il 23 agosto in memoria di santa Rosa di santa Maria di Lima, terziaria domenicana, spentasi a soli trentuno anni nel 617. Fino a poco tempo fa era venerata il 30 agosto. Patrona di Lima, del Perù e dell'America Latina, dei fiorai, dei giardinieri; s'invoca contro le febbri, l'idropisia e il mal di stomaco.*

ORIGINE E SIGNIFICATO - Questo nome, oltre a essere un'abbreviazione di Rosalia, ha un'origine medievale e si riferisce, naturalmente, al fiore omonimo, sia nella sua forma latina *rosa* che in quella greca *rhodòn.*

PERSONALITÀ - Rosa è dolce e timidissima. Possiede una grande sensibilità che però non sempre è in grado di gestire e che spesso le causa grandi sofferenze, perché è come se percepisse la realtà e tutti gli eventi che questa comporta, con molta più profondità delle altre persone. In amore ha bisogno di un uomo che la protegga e la coccoli molto.

ROSALIA

🕮 ONOMASTICO - *L'onomastico viene festeggiato il 4 settembre in ricordo di santa Rosalia vergine, eremita in una grotta di santo Stefano*

Quisquina (Agrigento). Figlia del duca di Sinibalda, discendente di Carlo Magno, morì nel 1160. Patrona di Palermo, in alcuni luoghi è venerata il 15 luglio.

ORIGINE E SIGNIFICATO - Dal provenzale *Rocelin*, latinizzato in Rosalia. È usato anche nella forma maschile Rosolino. Il significato di questo nome è "corona di rose". Secondo altri è il nome composto da Rosa e Lia.

PERSONALITÀ - Rosalia è molto brava a trovare soluzioni ai problemi legati al lavoro, anche se tende a sottovalutarsi perché fondamentalmente insicura.

ROSAMUNDA

🕮 *ONOMASTICO* - *L'onomastico si festeggia il 30 aprile in memoria di santa Rosamunda, vissuta nel XII secolo.*

ORIGINE E SIGNIFICATO - Derivante dal più comune Rosa, di cui è in parte composto, ha in realtà un significato sconosciuto.

PERSONALITÀ - Rosamunda ama sinceramente i suoi amici, i colleghi e i parenti: a volte si ritrova invischiata nella vita e negli affari degli altri perché non è capace di liberarsi dei forti legami affettivi, una volta che li ha stretti. Tuttavia, non si può mai sapere esattamente quale sia la sua vera posizione. La sua capacità di amare può essere sopraffatta soltanto dalla sua avidità e dalla sua passione per il denaro. Molti sono gli uomini che rimangono conquistati dal suo fascino.

ROSANNA

🕮 *ONOMASTICO* - *Essendo il nome composto da Rosa e Anna, ci si può riferire a questi due nomi per il suo onomastico.*

ORIGINE E SIGNIFICATO - Per il significato e l'origine del nome si richiamano quelli di Rosa e Anna.

PERSONALITÀ - Personalità tranquilla e serena, Rosanna ottiene buoni risultati nella vita soprattutto se incoraggiata e stimolata. Dolce ed entusiasta di fronte alle novità, adora viaggiare e conoscere culture e persone diverse.

ROSARIA / ROSARIO

🕮 *ONOMASTICO* - *L'onomastico può essere festeggiato il 7 ottobre ricorrenza del Sacratissimo Rosario della Beata Vergine Maria.*

ORIGINE E SIGNIFICATO - Questo nome deriva dal termine tardo latino *rosarium*, ovvero la ghirlanda rosacea con cui la Madonna veniva solitamente raffigurata; in seguito vennero così chiamate anche la preghiera recitata in onore della stessa, e la collana utilizzata per contare la successione delle preghiere.
PERSONALITÀ - Rosaria: è una donna riservata e malinconica. Non le piace dare confidenza e a volte può sembrare anche sgarbata. È una donna abituata a non lasciar nulla al caso, e solitamente non compie mai azioni gratuite. Anche in amore traspare questa sua freddezza e anche quando è innamorata non si concede mai totalmente. Rosario: è un uomo attaccato al denaro, che vuole a tutti i costi arrivare a una posizione di rilievo, e non guarda in faccia nessuno nel raggiungimento dei suoi scopi. Nei sentimenti, spesso non è sincero mentre nel lavoro è sempre attento a cogliere al volo l'occasione giusta per emergere. Se incontra una donna con le sue stesse caratteristiche, può nascere una storia bella e movimentata.

ROSSANA

ONOMASTICO - L'onomastico si festeggia il 15 luglio in ricordo della beata Roxane o Rossana, nobile abbadessa della Bretagna, vissuta nel XII secolo.
ORIGINE E SIGNIFICATO - Questo nome deriva dal termine persiano *roshan* che significa "lucente". Divenuto *rhoxàne* in greco, si trasforma in *roxane* nella lingua francese, che è la forma con cui è stato conosciuto.
PERSONALITÀ - Rossana è una donna dura e piena di paure, che la tengono lontana dalle persone. Rigida e formale, rischia di soffrire parecchio, perché per sembrare migliore ai suoi stessi occhi denigra coloro che le stanno attorno. In amore è dolce e affettuosa. Ama la natura e soprattutto adora curare fiori e piante.

CURIOSITÀ - In Europa questo nome si diffuse grazie alle storie medioevali sulla vita di Alessandro Magno. Così, infatti, si chiamava la moglie del macedone uccisa col figlio da un pretendente al trono.

ROSSELLA

ONOMASTICO - L'onomastico di Rossella si festeggia il 14 settembre.
ORIGINE E SIGNIFICATO - Forse possiede lo stesso etimo di Rossana,

di cui sarebbe una trasformazione. Peraltro potrebbe derivare da *rosso* oppure *rosula* che in latino indica la pianta di corbezzolo.
PERSONALITÀ - Rossella è una donna vivace e allegra. Tende a non considerare i problemi che le capitano, a non pensarci e a tirare dritto fino a quando non è costretta ad affrontare la realtà. Ha il vizio di minimizzare sempre tutto.

CURIOSITÀ - *La popolarità attuale del nome deve, tra l'altro, ricercarsi nel noto romanzo nelle sue diverse versioni cinematografiche, di Margareth Mitchell,* Via col vento.

RUBINA

ONOMASTICO - *Nella tradizione anglosassone, la traduzione inglese Ruby è festeggiata il 2 ottobre. Non esistono però santi che portino questo nome. Per assonanza Rubina può essere festeggiata il 1° agosto, giorno di san Ruben (traduzione del nome del santo monaco trace Rubil).*
ORIGINE E SIGNIFICATO - Deriva dal termine latino *rubinus*, derivato a sua volta da *ruber* che significa "rosso".
PERSONALITÀ - Rubina è una donna esaltante. Piena di fascino e di simpatia, pare avere un'energia infinita. Molto dotata artisticamente, potrà desiderare ciò che vuole essendo quasi sicura di poterlo ottenere.

RUDY

ONOMASTICO - *È l'abbreviazione di Rodolfo, pertanto si richiama a quest'ultimo per il suo onomastico.*
ORIGINE E SIGNIFICATO - L'origine e il significato sono gli stessi di Rodolfo.
PERSONALITÀ - Dotato di buon cuore e buon senso, Rudy è una persona serena e riflessiva. Per questo, nonostante l'aspetto gradevole e la bella presenza, egli preferisce le parole ai fatti. Adora l'ordine e il pragmatismo. È troppo parsimonioso.

RUFFINO

ONOMASTICO - *Insieme a san Valerio, suo compagno di martirio, è ricordato il 14 giugno; Rufino e Valerio, secondo una leggendaria relazione del loro martirio, vissero nel IV secolo al tempo degli imperatori Diocleziano e Massimiano. Vi è un altro santo con questo nome, san Rufino d'Assisi (III secolo), martire che, contrariamente a quanto si possa pensare, è il patrono principale di Assisi, di cui fu primo vescovo. Viene festeggiato il giorno 11 agosto.*

ORIGINE E SIGNIFICATO - Deriva dal termine latino *rufino* che significa "fulvo" o "rossiccio".

PERSONALITÀ - Ruffino è persona scaltra e abile negli affari commerciali. È dotato di grande intelligenza e carisma unite a una straordinaria empatia. Raggiungerà facilmente buoni risultati sia in amore che sul lavoro.

RUGGERO

🕮 ONOMASTICO - *L'onomastico è tradizionalmente festeggiato il 15 ottobre in onore di san Ruggero vescovo di Canne nel XII secolo.*

ORIGINE E SIGNIFICATO - Il nome Ruggero deriva dal termine germanico *hrodger*, composto da *hrod* che significa "gloria" e da *ger* che vuol dire "lancia". Il suo significato complessivo è, quindi, "uomo glorioso per la lancia".

PERSONALITÀ - Ruggero è un uomo leale e discreto. Dotato di una grande solidità ed equilibrio interiore, è capace di affrontare qualsiasi situazione con calma e pazienza.

RUTH

🕮 ONOMASTICO - *Santa Ruth viene festeggiata il 16 agosto.*

ORIGINE E SIGNIFICATO - Deriva dall'ebraico dove significa "amica". È il nome della bisnonna del re di Israele Davide, cui è attribuito un libro della Bibbia: il libro di Ruth, appunto.

PERSONALITÀ - Competitiva ed esibizionista, Ruth è una vincente e non tollera di essere superata. In amore è sincera e generosa: piena di attenzioni per il proprio compagno, ha bisogno di analoghi stimoli per dare il meglio di se stessa.

S

SABA

📖 ONOMASTICO - *L'onomastico è tradizionalmente festeggiato il 24 aprile, in ricordo di san Saba condottiero, martirizzato sotto Aureliano.*

ORIGINE E SIGNIFICATO - Le sue origini vanno cercate nell'ebraico *Sheba* e significa "convertito di origine araba".

PERSONALITÀ - Dinamico e comunicativo, chi porta questo nome, ormai divenuto personale femminile, è caratterizzato da grande versatilità e intelligenza. Queste caratteristiche permettono di eccellere in tutti gli sport. Ama viaggiare, anche se senza una meta precisa, perché adora sentirsi libero e indipendente. Qualche volta sarà inaffidabile e inconcludente, ma nonostante tutto risulta simpatico a tutti.

SABINA

📖 ONOMASTICO - *L'onomastico viene festeggiato il 29 agosto, in ricordo di santa Sabina, vergine martire con san Pinio nell'anno 119.*

ORIGINE E SIGNIFICATO - Questo nome ha un'origine latina. Sabina, femminile di *sabinus*, originariamente era un *cognomen* indicante coloro che provenivano dalla Sabina, un territorio situato nei pressi di Roma.

PERSONALITÀ - Sabina è una donna inquieta e capricciosa. Molto affascinante e indipendente, è abituata a fare sempre ciò che vuole, incurante di coloro che le stanno intorno. Forse è un po' egoista o forse, più semplicemente, un po' immatura. Non è attaccata ai soldi e non mira a una prestigiosa posizione sociale.

SABRINA

📖 ONOMASTICO - *L'onomastico si festeggia il 29 gennaio, in ricordo di santa Sabrina martire in Gallia.*

ORIGINE E SIGNIFICATO - La genesi di questo nome è abbastanza oscura. Secondo alcuni studiosi di onomastica, Sabrina deriverebbe da *sabra*, una parola ebraica con cui si indicavano gli ebrei nati e rimasti in Palestina dopo la diaspora del popolo d'Israele seguita all'occupazione romana del 70 d.C. Ma *sabra* è anche il nome di un fiore che nasce nelle terre israeliane, un fiore di cactus. Sicché Sabrina significa "piccola sabra" ovvero "piccolo fiore del deserto".

PERSONALITÀ - Sabrina è una donna dalla personalità complessa e leggermente inquietante. È molto intelligente e intuitiva, capace soprattutto nel saper individuare i desideri e le aspettative delle persone che la circondano. È così profondo il suo bisogno di piacere che spesso si adegua a tutto, rischiando di perdere di vista la propria identità personale. Nel rapporto di coppia è frivola e incostante.

CURIOSITÀ - *L'attrice Audrey Hepburn era molto popolare negli anni '50 e '70 per alcuni film di successo, come* Vacanze Romane, Sciarada *e* Sabrina. *E come sempre succede, molti genitori che l'avevano ammirata al cinema, pensarono di chiamare le loro figlie Sabrina, il nome della protagonista dell'omonimo film, uno dei più riusciti. Un nome quindi che si è imposto sulla scia del film* Sabrina *e che è distribuito soprattutto nel centro-nord, concentrato in Toscana perché l'attrice soleva passare le sue vacanze in quella regione.*

SADA

ONOMASTICO - *Si festeggia il 1° novembre, giorno di Ognissanti, perché non esiste un santo patrono.*

ORIGINE E SIGNIFICATO - Deriva dal giapponese che significa "riva del mare".

PERSONALITÀ - Ha un carattere mistico e riflessivo, profondo e sognatore. Altruista e idealista, sul lavoro è un po' inaffidabile perché disordinato e confusionario.

SALOMÈ

ONOMASTICO - *San Salomè si festeggia il 22 ottobre.*

ORIGINE E SIGNIFICATO - Dall'ebraico *Shelomon*, cioè "pacifico", è il nome del re figlio di Davide, proverbiale per la sua saggezza, cui sono attribuiti alcuni libri dell'Antico Testamento. Al femminile il nome si trasforma in Salomè o meglio Salùme, appellativo della madre dei due apostoli Giacomo e Giovanni ma anche della crudele figlia di Erode, colei che pretese in dono il capo di san Giovanni Battista. Salùme può essere considerato come Salomone un nome derivato di *shalòm*, "pace" oppure un personale gratulatorio utilizzato per il secondogenito dopo la morte del primo (in ebraico *shalam yah* significa "Dio ha sostituito").

PERSONALITÀ - Questo nome conferisce furbizia, abilità e intuizione sotto un apparente candore. Spirito di iniziativa e grande volontà caratterizzano Salomè sul lavoro e in amore, anche se il pudore talvolta tende a frenare i suoi sentimenti. Il suo grande fascino fa stragi di cuori.

SALOMONE

📖 *ONOMASTICO* - *L'onomastico si festeggia il 13 marzo in ricordo di san Salomone, martire nell'837 a Cordoba in Spagna.*

ORIGINE E SIGNIFICATO - Per l'origine e il significato si richiama quanto detto per il femminile Salomè.

PERSONALITÀ - Salomone solitamente ha un aspetto massiccio e un atteggiamento rude e granitico dietro cui nasconde rare e sottili qualità. Fedelissimo in amore, lo si può paragonare a una pianta d'edera in quanto a stanzialità e tenacia. Talvolta sembra dotato di qualità soprannaturali che lo spingono a occuparsi di occultismo.

SALVATORE

📖 *ONOMASTICO* - *L'onomastico viene festeggiato il 18 marzo in ricordo di san Salvatore da Horta, laico professo dei frati minori nato nel 150 assai venerato a Cagliari, località in cui morì nel 1567.*

ORIGINE E SIGNIFICATO - Questo nome deriva dal nome personale latino *salvator*, riconducibile all'aggettivo *salvator*, indicante "colui che salva", ovvero la figura di Gesù Cristo. In ebraico si diceva *Yeshua*, forma ridotta di *Yehosua*, che letteralmente significava "Dio è salvezza", "Dio salva". I Greci lo tradussero in *Sotèr* che curiosamente era l'appellativo di un loro dio molto venerato e considerato il patrono della medicina, Ascelepio. Durante l'Impero Romano i cristiani di lingua latina lo tradussero in *Salvator*, dal verbo salvare.

PERSONALITÀ - Salvatore è un uomo pratico e positivo. Vive proiettato nel futuro, facendo mille progetti e sogni. Se questi non si avverano, però, non è un problema, perché per lui il vero piacere sta nel sogno. Possiede coraggio e uno sviluppato senso della giustizia che lo trasforma, spesso e volentieri, in un vero e proprio paladino dei più deboli.

CURIOSITÀ - *Tra le numerosissime varianti è curioso il personale Salve tratto dalla formula iniziale dell'orazione mariana* Salve Regina.

SALVO

ONOMASTICO - *Essendo una variante di Salvatore, si festeggia nello stesso giorno di quest'ultimo.*

ORIGINE E SIGNIFICATO - L'origine e il significato sono gli stessi di Salvatore di cui è una variante tronca.

PERSONALITÀ - Sveglio, abile e ingegnoso, Salvo è il classico opportunista capace di trarre guadagno da ogni situazione. Talvolta, conscio delle proprie doti, è presuntuoso e sottovaluta i problemi. Apprezza la bella vita e in amore è un gran sentimentale.

SAMANTHA

ONOMASTICO - *Si festeggia il 1° novembre, giorno di Ognissanti, perché non esiste un santo patrono.*

ORIGINE E SIGNIFICATO - Questo nome pare derivi da un antico termine ebraico, di cui si ignora l'etimologia, che significa "ascoltatrice".

PERSONALITÀ - Samantha è una donna passionale ed entusiasta e facilmente adattabile a qualsiasi situazione. Questo perché il suo incrollabile buon umore e il suo ottimismo fanno sì che possa star bene in ogni occasione. Uno dei compiti che si prefigge è quello di essere felice e contribuire alla gioia altrui. È una donna attiva, instancabile, molto schietta. Riscuoterà probabilmente un discreto successo nel mondo dello spettacolo, grazie anche alla sua costanza e alla coraggiosa capacità di rischiare.

CURIOSITÀ - *Questo nome compare negli Stati Uniti alla fine del Settecento come nome di una strega.*

SAMUELA / SAMUELE

ONOMASTICO - *L'onomastico è tradizionalmente festeggiato il 16 febbraio in ricordo di san Samuele martirizzato con i santi Daniele, Elia, Geremia e Isaia, tutti egiziani.*

ORIGINE E SIGNIFICATO - Questo nome ha un'origine ebraica: *shemuel*. Esistono diverse interpretazioni per quanto riguarda il suo significato; secondo la prima è connesso alla forma verbale *shaal*, che significa "domandare". La seconda ipotesi, invece, quella più accreditata, considera

shemuel come un composto di *shem*, che vuol dire "nome", e da *el*, uno dei nomi del Signore, in modo da rafforzare il concetto generale di "nome del Signore".
PERSONALITÀ - Samuela: è una donna dolce, romantica e sognatrice. Molto timida e introversa, non dà mai eccessiva confidenza, però riesce a creare attorno a sé un'atmosfera piacevole e rilassata che mette le persone a proprio agio. Samuele: ha bisogno di una compagna che lo sappia comprendere e che lo incoraggi nelle sue scelte, anche quando sembrano azzardate.

SANTA / SANTO

📖 ONOMASTICO - *Le donne che portano questo nome possono festeggiare il loro onomastico il 14 settembre giorno in cui si commemora l'esaltazione della santa Santina martirizzata ad Alessandria. L'onomastico di Santo è tradizionalmente festeggiato il 2 giugno in ricordo di san Santo, diacono di Vienne martirizzato a Lione nel II secolo con alcuni compagni di fede.*
ORIGINE E SIGNIFICATO - Assieme a tutti i loro derivati, riflettono la devozione per i santi, celebrati insieme nella festa di Ognissanti del 1° novembre. Dal latino *sanctus* si è passati all'italiano "santo", da cui si sono formati i vari nomi diminutivi e vezzeggiativi.
PERSONALITÀ - Santa: donna passionale ed emotiva, cambia spesso umore; è sincera, dinamica e un po' presuntuosa. Santo: difficile a decidersi in amore, quando mette su famiglia lo fa senza economia. Ama i bambini e pertanto intende avere una numerosa prole.

CURIOSITÀ - *Questi nomi sono particolarmente diffusi in Sicilia insieme con gli alterati Santino e Santina, mentre sono molto rari nel resto della Penisola, dove oggi la loro presenza si deve solo alle migrazioni interne degli anni Sessanta.*

SANTINA / SANTINO

📖 ONOMASTICO - *L'onomastico di questi nomi viene festeggiato il giorno 11 ottobre in onore di san Santino.*
ORIGINE E SIGNIFICATO - L'origine e il significato sono gli stessi di Santo.
PERSONALITÀ - Le personalità di Santino e Santina sono quelle descritte per Santo.

SARA

📖 ONOMASTICO - *L'onomastico è tradizionalmente festeggiato il 9 ottobre in ricordo di una santa Sara, moglie di Abramo e madre di Isacco.*
ORIGINE E SIGNIFICATO - Questo nome ha un'origine ebraica, *sarah*, che significa "principessa". Era il nome della moglie di Abramo, chiamata *Sarai*.
PERSONALITÀ - Sara è una donna furba, intelligente, abile e intuitiva. Apparentemente sembra ingenua, ma è solo una maschera che le serve per meglio studiare le intenzioni altrui e agire di conseguenza. Non è affatto cattiva o malintenzionata, anzi, ha solo paura di poter soffrire eccessivamente.

SASHA

📖 ONOMASTICO - *È il diminutivo russo del nome Alessandro, quindi lo si festeggia nello stesso giorno di quest'ultimo.*
ORIGINE E SIGNIFICATO - L'origine e il significato sono gli stessi di Alessandro.
PERSONALITÀ - Tollerante e buono d'animo, Sasha è sempre disponibile e generoso. Sa essere comunicativo e affidabile; per questo non gli mancano le amicizie. Fortunato in amore, non lo è altrettanto sul lavoro. Adora viaggiare.

SAVERIO

📖 ONOMASTICO - *L'onomastico può essere festeggiato il 31 gennaio in ricordo di san Saverio Maria Bianchi confessore, chierico regolare di san Paolo. Oppure, il 3 dicembre, giorno in cui viene commemorato san Francesco Saverio, nato nel 1506 e morto nel 1552 vicino a Canton, in Cina. Quest'ultimo è patrono di chi fa lunghi viaggi per mare.*
ORIGINE E SIGNIFICATO - Saverio è la traduzione del nome spagnolo *Javier*, un tempo *Xavier*, nome del castello che diede i natali a san Francisco de Jassu. In seguito il santo prese il nome di Francisco de Xavier, che da toponimo divenne presto un nome personale. Xavier è nome basco composto da *exte*, che significa "casa", e da *berri*, che vuol dire "nuova".
PERSONALITÀ - Saverio è un uomo dolce, forte ed equilibrato. Ha un rapporto sereno con se stesso e con gli altri, ma è leggermente intollerante quando pensa di avere ragione. In questi casi è irremovibile, così come quando prende una decisione. Le donne sono affascinate dal suo senso dell'umorismo.

SAVINA / SAVINO

📖 ONOMASTICO - *L'onomastico viene festeggiato l'11 luglio, in ricordo di san Savino di Brescia.*

ORIGINE E SIGNIFICATO - Due forme, una più colta Sabino/a e un'altra più popolare Savino/a per questo soprannome etnico dal significato di "appartenente al popolo dei Sabini" delle cui donne tutti ricorderanno il famoso *ratto*. Qualcuno lo vuole ricondurre invece al germanico *sippe*, e cioè "tribù", o *swoba*, che significa "svevo" con ipotesi che appaiono però ben poco verosimili.

PERSONALITÀ - Savina: donna, tenace, forte e determinata. Ama l'arte e la poesia. Savino: ha un'indole dolce, quasi effeminata. Una debolezza nei sentimenti fa da contrasto con una buona determinazione nella professione.

SCILLA

📖 ONOMASTICO - *Si festeggia il 1° novembre, giorno di Ognissanti, perché non esiste un santo patrono.*

ORIGINE E SIGNIFICATO - È il nome portato da una mitologica ninfa, innamorata del pescatore Glauco. Venne trasformata dalla maga Circe nel mitico scoglio.

PERSONALITÀ - Tranquilla e riflessiva, Scilla è particolarmente introspettiva e sognatrice. Tenera e protettiva, sempre in cerca di conferme da parte di chi ama, talvolta nei rapporti sentimentali è capricciosa e un po' bambina.

SEBASTIANA / SEBASTIANO

📖 ONOMASTICO - *L'onomastico di Sebastiana si festeggia il 16 settembre in ricordo di santa Sebastiana martirizzata in Tracia. L'onomastico di Sebastiano è tradizionalmente festeggiato il 20 gennaio in ricordo di san Sebastiano, nativo della Lombardia e martire a Roma nel 288, protettore dei tappezzieri, dei vigili urbani, di Assolo, Avella e Roma. Lo si invoca contro la poliomielite e la guerra.*

ORIGINE E SIGNIFICATO - Questo nome ha un'origine greca: *sebastòs*, che significa "venerabile". Originariamente venne usato come appellativo dell'imperatore romano Augusto e, in seguito, dato agli altri imperatori. Successivamente divenne un nome personale.

PERSONALITÀ - Sebastiana: donna intelligente, possiede una grande ironia. Sebastiano: tratta gli altri con un leggero distacco che a volte può risultare irritante.

CURIOSITÀ - *Sebastian era anche il nome di uno dei maggiori musicisti di tutti i tempi: Johann Sebastian Bach. Ma il personaggio che più colpì l'immaginazione della gente, e che fu raffigurato per secoli trafitto dalle frecce, fu San Sebastiano, tant'è vero che a lui fu dedicata persino una città dell'Ucraina, sul Mar Nero: Sebastopoli.*

SELENE

ONOMASTICO - *Le donne che portano questo raro nome festeggiano il proprio onomastico il 2 aprile in ricordo della beata Selene Alleine, primogenita di una nobile famiglia di Reiterstarker, fondatrice e badessa dell'abbazia di sant'Anderswo. Patrona di Seibenenter, Heiligegunstig, Endlich e Derhintere. Nelle due ultime località viene festeggiata il 22 luglio.*

ORIGINE E SIGNIFICATO - Deriva dall'omonima parola greca che designava la Luna. Forse potrebbe derivare dalla parola, sempre greca, *selas* che significa luce col significato di "luminosa".

PERSONALITÀ - Raffinata e fascinosa, Selene è romantica e passionale. Gradevole e simpatica, sa conquistare le compagnie che frequenta. Adora essere elegante. In amore è arrendevole e disponibile: se incontra la persona sbagliata, soffre molto.

SELMA

ONOMASTICO - *Si festeggia il 1° novembre, giorno di Ognissanti, perché non esiste un santo patrono.*

ORIGINE E SIGNIFICATO - Deriva dal termine celtico che significava "ricca" o "felice".

PERSONALITÀ - Sostenuta da un'intelligenza brillante, sfoggia un carattere estremamente adattabile, versatile e curioso. È però anche distratta e inconcludente e, pertanto, raggiunge difficilmente i traguardi che si prefigge. Usa un po' troppo spesso la bugia, soprattutto per salvarsi dalle situazioni imbarazzanti in cui non di rado finisce per trovarsi.

SELVAGGIA

ONOMASTICO - *Si festeggia il 1° novembre, giorno di Ognissanti, perché non esiste un santo patrono.*

ORIGINE E SIGNIFICATO - Il significato di questo nome deve ricercarsi nella parola latina *silvatica*, che significa "abitatrice delle selve". Il suo uso è abbastanza recente.
PERSONALITÀ - Selvaggia è una donna indomita e prepotente. Molto ironica e intelligente, ha il vizio di punzecchiare con battute sarcastiche i suoi amici. Viene solitamente perdonata perché affascinante e simpatica, ma deve stare attenta a non esagerare. Ama viaggiare e visitare paesi lontani.

SENTA

📖 ONOMASTICO - *Santa Senta viene festeggiata il giorno 26 luglio.*
ORIGINE E SIGNIFICATO - Nome di origine slava col significato di "oriunda della città di Zenta", oppure "compagna di viaggio".
PERSONALITÀ - È dotata di grande talento artistico e gusto estetico, ma l'indecisione la frena. Odia sopportare le responsabilità e così, per evitarle, rifugge da ogni presa di posizione apparendo priva di volontà.

SERAFINA / SERAFINO

📖 ONOMASTICO - *L'onomastico è tradizionalmente festeggiato il 29 luglio in ricordo di santa Serafina martire di Mamian. L'onomastico maschile viene festeggiato il 12 ottobre in ricordo di san Serafino cappuccino, nato a Monte Granaro nel 1540 e morto nel 1604. Fu consacrato il 16 luglio 1767.*
ORIGINE E SIGNIFICATO - Questo nome deriva dal termine ebraico *seraphim*, nome connesso alla forma verbale *saraph*, che significa "ardere". Esiste anche la parola *saraph* nel significato di "serpente". In ogni caso i *seraphim* sono le creature che gli ebrei chiamano *malakhim*, cioè "messaggeri", tradotto dai cristiani come "angeli".
PERSONALITÀ - Serafina: è una donna curiosa, attratta da tutto ciò che non capisce. È estremamente razionale e cerca di ricondurre tutto a regole logiche. Serafino: adora viaggiare e studiare molto perché la realtà lo lascia perplesso. In amore è attratto da donne completamente diverse da lui.

CURIOSITÀ - *I serafini erano gli angeli più vicini a Dio e sono descritti da Isaia come creature alate emettenti fuoco dalla bocca. Costituivano il primo dei nove cori angelici.*

SERENA

📖 ONOMASTICO - *L'onomastico di Serena viene festeggiato il 16 agosto in ricordo di santa Serena, moglie di Diocleziano Augusto di Roma.*

ORIGINE E SIGNIFICATO - Serena è la forma femminile derivante dal *cognomen* latino *Serenus*, trasformazione dell'aggettivo *serenus*. L'aggettivo inizialmente significava "secco"; in seguito indicava "chiaro", in riferimento al tempo; infine connotò il sereno, anche in senso psicologico.

PERSONALITÀ - Serena è una donna distratta, coinvolta in mille interessi e attività. Concede poche attenzioni agli altri, anche se nei momenti importanti è sempre presente, perché è buona e generosa. In amore ama essere conquistata con azioni sorprendenti e un po' folli che la facciano sentire speciale e molto desiderata, pertanto non si concede mai immediatamente.

CURIOSITÀ - *Serena è ricordata anche il 2 agosto, il 30 gennaio e il 23 febbraio.*

SERENELLA

📖 ONOMASTICO - *L'onomastico si festeggia il 30 gennaio in memoria di santa Serenella di Spoleto, vissuta nel IV secolo.*

ORIGINE E SIGNIFICATO - Origine e significato sono gli stessi di Serena di cui è una variante.

PERSONALITÀ - La personalità non differisce da quella di Serena.

SERGIO

📖 ONOMASTICO - *L'onomastico è tradizionalmente festeggiato l'8 settembre in ricordo di san Sergio papa, morto nel 701, patrono di Palermo. In alcune località è venerato il 9 settembre.*

ORIGINE E SIGNIFICATO - Questo nome deriva dal nome gentilizio latino *Sergius*, proveniente dagli etruschi e quindi, come tale, il suo significato è ignoto.

PERSONALITÀ - Sergio è un uomo intraprendente e sicuro di sé. Ama sfidare i propri limiti e quindi è continuamente alla ricerca di se stesso. In amore è molto geloso, e questo gli impedisce di vivere serenamente e con piacere la vita di coppia. Dal momento, però, che è molto cosciente di sé, cerca di controllare questa sua caratteristica negativa, così da non infastidire la partner.

SEVERA / SEVERO

📖 ONOMASTICO - *L'onomastico femminile si celebra il 20 luglio in ricordo di santa Severa vergine di Trèviri, cognata di Ciprino di Landen, morta nel 660. L'onomastico maschile è tradizionalmente festeggiato il 1° febbraio in ricordo di san Severo di Ravenna, morto nell'anno 389, patrono dei tessitori in lana e dei cappellai.*

ORIGINE E SIGNIFICATO - Deriva dal termine latino *severus*, cioè "inflessibile".

PERSONALITÀ - Severa: è una donna intraprendente, suscettibile e molto coraggiosa. Crede nel destino, ama la giustizia. Severo: in amore tende a rivelare il suo egoismo e la sua superficialità: insomma un dongiovanni incapace di affezionarsi davvero a qualcuno.

CURIOSITÀ - *È grazie al culto dei diversi san Severo che questo nome si è diffuso. Per lo stesso motivo è festeggiato in molte date tra cui l'11 e il 21 febbraio, il 30 aprile, il 6 e l'8 giugno, il 7 luglio e il 23 ottobre.*

SHARIN

📖 ONOMASTICO - *Si festeggia il 1° novembre, giorno di Ognissanti, perché non esiste un santo patrono.*

ORIGINE E SIGNIFICATO - Questo nome tedesco deriva da un antico termine ebraico che significa "pianura".

PERSONALITÀ - Sharin è una donna solare e allegra. Il suo sorriso e la sua gioia di vivere sono un incanto che conquista tutti, uomini e donne. Al fondo della sua anima si cela però un filo di malinconia che la porta a essere insicura e a ricercare continuamente conferme e attenzioni da parte delle persone che stima.

SHARON

📖 ONOMASTICO - *Si festeggia il 1° novembre, giorno di Ognissanti, perché non esiste un santo patrono.*

ORIGINE E SIGNIFICATO - Il nome ha origine ebraiche e significa "pianura". È anche il nome di una pianta fertile presente in Israele e menzionata nel Vecchio Testamento.

PERSONALITÀ - Generosa ed estroversa, è disponibile e tollerante. Grande comunicatrice, il suo carisma la aiuta a sbrogliare anche le situazioni più difficili.

CURIOSITÀ - Grande impulso alla diffusione del nome è stato dato dal successo mediatico della nota e affascinante attrice Sharon Stone, dopo il suo ruolo nel film-scandalo Basic Instinct.

SIBILLA

ONOMASTICO - L'onomastico si festeggia il 19 marzo in ricordo della beata Sibilla Biscossi, morta nel 1367.

ORIGINE E SIGNIFICATO - Molto frequente in Francia e in Svizzera, Sibilla, da noi piuttosto desueto, è un bel nome da prendere in considerazione. Dal dialetto dorico *Sios* ovvero "Giove", e *ballo*, cioè "volontà", significa propriamente "colei che fa conoscere il volere di Dio".

PERSONALITÀ - Originale, creativa e molto cerebrale. Capace di slanci e di sentimenti sbocciati illogicamente, Sibilla è una donna dalle grandi passioni, categorica ma insicura di sé. Non sa accettarsi e fatica a trovare un vero equilibrio interiore. Tra i suoi difetti non si può scordare l'opportunismo.

CURIOSITÀ - Il nome deve la propria diffusione al mito della Sibilla cumana: la giovane e bella fanciulla che, ornata da una falce di luna, prediceva il futuro in una grotta di Cuma.

SIGFRIDO

ONOMASTICO - L'onomastico è tradizionalmente festeggiato il 15 febbraio in ricordo di san Sigfrido vescovo, evangelizzatore della Svezia, morto nel 1045, che viene popolarmente detto "il santo di Wexiow".

ORIGINE E SIGNIFICATO - Deriva dal germanico *sigu*, che significa "vittoria", e *efrithu*, cioè "pace" col significato di "colui che con la vittoria assicura la pace".

PERSONALITÀ - Dinamico e comunicativo, è brillante e intelligente, qualità che gli permettono di emergere nella vita sociale e sul lavoro. È un uomo che sa adattarsi a tutte le situazioni e questa versatilità lo aiuta nello sport e nelle competizioni in generale.

CURIOSITÀ - È il nome dell'eroe del Canto dei Nibelunghi, *il figlio di Sigmund, discendente di Odino, fatto uccidere da Brunilde e del wagneriano* Oro del Reno, *dove figura come simbolo della vita libera e dell'amore.*

SIGISMONDO

📖 ONOMASTICO - *L'onomastico viene festeggiato il 1° maggio in ricordo di san Sigismondo abate, re di Borgogna, ucciso nel 524 presso Orleans da re Clodomiro. Lo si invoca contro l'elefantiasi.*

ORIGINE E SIGNIFICATO - Deriva dal germanico *sigu* che significa "vittoria" e *munda* cioè "protezione". Il nome prende quindi il significato di "colui che protegge con la vittoria".

PERSONALITÀ - Assieme a chi porta il nome originale Sigmund, ama la musica e la fotografia. Adora il mare e viaggiare. Spesso perde il senso della misura e si perde in sogni e progetti fumosi, quasi utopistici, di cui solo tardivamente riconosce l'irrealizzabilità.

CURIOSITÀ - *Nell'epopea dei Nibelunghi è il padre dell'eroe Sigfrid. È anche il nome dell'inventore della psicanalisi, Sigmund Freud.*

SILVANA / SILVANO

📖 ONOMASTICO - *L'onomastico è tradizionalmente festeggiato il 22 settembre in ricordo di san Silvano di Levroux, confessore presso Bourges. Patrono dei lebbrosi, si invoca per ottenere una pronta guarigione dalle fatture.*

ORIGINE E SIGNIFICATO - Possiede lo stesso etimo di Silvio di cui è una trasformazione.

PERSONALITÀ - Silvana: è una donna molto gelosa di sé e dei suoi sentimenti. È una di quelle persone che non amano condividere nulla con nessuno, nemmeno con il partner. Estremamente libera, non sopporta ricevere né consigli, né tanto meno ordini da nessuno e proprio per questo avrà infatti sempre dei problemi sia con l'autorità sia con il potere. Silvano: ha un concetto di sé molto alto e il suo non accettare aiuti né consigli deriva dal fatto che pensa di essere il migliore. È estremamente egocentrico e vivere accanto a lui non è affatto facile, perché non si chiede mai se il suo comportamento e le sue parole possono far soffrire gli altri.

SILVESTRO

📖 ONOMASTICO - *L'onomastico è tradizionalmente festeggiato il 31 dicembre in ricordo di san Silvestro I papa, morto nel 337, figlio di san Rufino e di santa Giusta. Patrono dei muratori e dei tagliapietre.*

ORIGINE E SIGNIFICATO - Per l'origine e il significato si richiama il nome Silvio di cui è una variante.

PERSONALITÀ - Ordinato, razionale e pratico, Silvestro si presenta come un individuo ostinato e troppo pianificatore anche in amore.

SILVIA / SILVIO

📖 ONOMASTICO - *L'onomastico è tradizionalmente festeggiato il 3 novembre in ricordo di santa Silvia, madre di papa Gregorio Magno, morta nel 592.*

ORIGINE E SIGNIFICATO - Questo nome è connesso con il termine comune e femminile latino *silva*, che significa "bosco". Il significato è "del bosco". Potrebbe anche derivare dal greco *xilon* che significa "legno".

PERSONALITÀ - Silvia: è una donna che non si adatta facilmente. Autoritaria e un po' prepotente, sogna di mollare tutto e ritirarsi in qualche angolo sperduto del mondo. Ha bisogno di un partner tollerante che la lasci libera e le rimanga fedele durante i suoi lunghi viaggi. Silvio: ha la tendenza al risparmio fine a se stesso. Ama accumulare denaro, oggetti e riconoscimenti. Alla qualità preferisce di gran lunga la quantità. Questo succede perché ha uno smodato bisogno di sicurezza.

CURIOSITÀ - *Questi nomi sono legati alla storia mitica di Roma. Si chiamava Silvio il re di Albalonga, figlio di Enea e di Lavinia, e Silvia era la moglie del re Latino. Ma la più celebre Silvia è Rhea Silvia, la madre di Romolo e Remo.*

SIMEONE

📖 ONOMASTICO - *L'onomastico è tradizionalmente festeggiato il 18 febbraio in ricordo di san Simeone martire, vescovo di Gerusalemme e cugino di Gesù, che viene invocato contro i fulmini.*

ORIGINE E SIGNIFICATO - Deriva dall'ebraico *shamah*, termine con il quale si indicava "l'esaudimento". Un'altra spiegazione lega il termine al nome *Shúneòn* o *Shimeòn* che derivava da *shama*, "ascoltare", col significato di "Dio ha ascoltato", nel senso che ha ascoltato le preghiere dei genitori di concedere loro un figlio. *Shúneòn* era stato tradotto nel greco *Symeòn* e nel latino *Symeon, Symeonis*, da cui l'italiano Simeone.

PERSONALITÀ - La personalità di Simeone è simile a quella di Simone, ma se ne distingue per la forza d'animo. In amore vuole condurre la relazione col partner come preferisce e non accetta compromessi.

SIMONA / SIMONE

📖 ONOMASTICO - *L'onomastico è tradizionalmente festeggiato il 28 ottobre in ricordo di san Simone apostolo, fratello di san Giacomo minore, vescovo di Gerusalemme e martire in Persia. È patrono dei conciatori.*

ORIGINE E SIGNIFICATO - Questo nome deriva dall'ebraico *shimeon*, passando attraverso il nome latino *simon* e quello greco *sìmon*. Un'altra interpretazione è però legata alla forma greca *sìmon*, riconducibile all'aggettivo greco *simòs*, che significa "camuso".

PERSONALITÀ - Simona: è una donna dotata di una sensibilità enorme, ai limiti della sensitività. Per difendersi dalle sensazioni troppo forti che le arrivano tende a essere chiusa e riservata. Inoltre è assolutamente inaffidabile. Tende a rimandare le responsabilità e la realizzazione dei suoi progetti all'infinito, procurandosi così un'insoddisfazione duratura e persistente. È però generosa e in caso di necessità si rivela determinata e fondamentale nella risoluzione dei problemi. Simone: è un uomo timido e chiuso. Possiede una vena malinconica e dolcissima che lo rende un compagno tenero e molto presente nella vita della compagna.

SIMONETTA

📖 ONOMASTICO - *Simonetta viene festeggiata nello stesso giorno di Simone.*

ORIGINE E SIGNIFICATO - Il significato e l'origine di questo nome sono identici a quella di Simone.

PERSONALITÀ - Simonetta appare più disinvolta e spigliata di Simone e Simona. È innamorata di se stessa e adora giocare con l'amore. Per questo può apparire, e forse lo è, un po' infantile e crudele. Le piacciono la musica e l'arte in generale. Una volta maturata, la sua inquietudine di fondo troverà calma: Simonetta cercherà a quel punto grandi soddisfazioni nella crescita dei figli.

SINA

📖 ONOMASTICO - *Si festeggia il 1° novembre, giorno di Ognissanti, perché non esiste un santo patrono.*

ORIGINE E SIGNIFICATO - Deriva dal nome di una mitica divinità della Polinesia.

PERSONALITÀ - Mistica e riflessiva, ha un carattere profondo e sognatore. Tende a non raggiungere i suoi sogni perché non ha la costanza e la tenacia per realizzarli. Dotata di grande altruismo, è sempre benvoluta da chi le vive accanto.

SIRA

🕮 ONOMASTICO - *L'onomastico viene festeggiato l'8 giugno in ricordo di santa Sira vergine, martirizzata nel II secolo in Cirenaica. Viene, nella stessa data, pure onorata una martire di Troyes, vissuta tra il IV e il V secolo.*
ORIGINE E SIGNIFICATO - Probabilmente è semplicemente il femminile di Siro, pertanto si richiama quest'ultimo per il suo significato e origine.
PERSONALITÀ - Non differisce in modo sensibile da Siro.

SIRENA

🕮 ONOMASTICO - *L'onomastico si festeggia il 23 febbraio in ricordo del beato Sireno, monaco e martire.*
ORIGINE E SIGNIFICATO - Deriva dal nome della mitica creatura dal volto di donna e dalla coda di pesce.
PERSONALITÀ - Generosa ed estroversa, Sirena è tollerante e disponibile. È buona con gli amici, ma sa essere una vera peste verso chi si schiera contro di lei. Essendo affidabile e carismatica, ha un buon successo sul lavoro.

CURIOSITÀ - *La nota fiaba di H.C. Andersen dedicata alla Sirenetta, simbolo della città di Copenaghen, ha dato un notevole impulso all'affermazione e alla diffusione di questo nome.*

SIRIA / SIRIO

🕮 ONOMASTICO - *È una variante di Siro, quindi si festeggia insieme a quest'ultimo.*
ORIGINE E SIGNIFICATO - Il significato e l'origine sono gli stessi di Siro di cui, assieme a Sira, Sirio, Siriana e Siriano, è una variante.
PERSONALITÀ - Siria: è una donna affascinante e lunatica. Nessuno riesce a comprenderla e a conoscerla in maniera approfondita e molti uomini sono attratti dal mistero della sua personalità. Sirio: ha bisogno di avere accanto persone che non facciano troppo domande e che aspettino, tranquillamente e serenamente, il momento in cui deciderà di confidarsi.

CURIOSITÀ - *Sirio è anche il nome della stella più brillante del cielo. Bianca come un diamante, fa parte della costellazione del Cane maggiore, visibile in tutto l'emisfero boreale.*

SIRO

ONOMASTICO - *L'onomastico è tradizionalmente festeggiato il 9 dicembre in ricordo di san Siro, discepolo di san Pietro. Stabilitosi a Pavia ne divenne il primo vescovo e patrono. Un vescovo di Genova, morto nel 340, è invece commemorato il 29 giugno.*

ORIGINE E SIGNIFICATO - Questo nome deriva dal termine latino *syrius*, nome con cui si identificavano gli abitanti dell'Assiria. È però anche collegato con il termine greco *seirios* che significa "ardente".

PERSONALITÀ - Di temperamento calmo, Siro è intelligente e predisposto allo studio anche se, essendo piuttosto capriccioso, fa sempre fatica a rendere al meglio. Per il suo coraggio e il suo essere sempre attivo risulta simpatico a tutti. Tende a dare troppa importanza all'amore e per questo soffre spesso di depressione, per così dire, "affettiva".

SISTO

ONOMASTICO - *L'onomastico è festeggiato tradizionalmente il 3 aprile in ricordo di san Sisto I, papa dal 119 al 126, martire a Roma. In qualche località è venerato il 6 aprile. È patrono di Alatri.*

ORIGINE E SIGNIFICATO - Deriva dal latino *Sestius*, tratto da *sextus* "sesto", nome dato al sesto figlio.

PERSONALITÀ - Sisto ha un carattere estremamente forte e burbero ed è per questo motivo non trova facilmente le amicizie che cerca. Estremamente esigente anche in amore, in famiglia è un padre autoritario e severo. Sul lavoro raggiunge facilmente i risultati che si prefigge.

SOFIA

ONOMASTICO - *L'onomastico è tradizionalmente festeggiato il 30 settembre in ricordo di santa Sofia vedova, martire a Roma sotto Diocleziano con le figlie Fede, Speranza e Carità. È patrona di santa Sofia di Marecchia, nel comune di Badia Tedalda, in Abruzzo. La Chiesa greca la commemora il 1° agosto.*

ORIGINE E SIGNIFICATO - Sofia è un nome legato al termine latino *sophia* e al vocabolo greco *sophìa*. Questi erano nomi personali connessi al concetto di sapienza, sia come nome della divinità della saggezza, sia come termine che rappresentava la conoscenza in senso filosofico. Quando i cristiani fecero loro questo nome si giunse all'*aghià sophìa*, ovvero alla santa Sofia, nel senso di Sapienza Divina.

PERSONALITÀ - Sofia è capace di creare rapporti intensi e profondi. Molto possessiva con tutto ciò che ritiene suo, persone comprese, tende ad un'aggressività in molti casi solo latente ma sempre pronta a prendere il sopravvento.

SOLANA

ONOMASTICO - Si festeggia il 1° novembre, giorno di Ognissanti, perché non esiste un santo patrono.

ORIGINE E SIGNIFICATO - Deriva dal termine spagnolo che sta ad indicare "la luce del sole".

PERSONALITÀ - Solida e pratica, è capace di costruire la sua vita su forti basi che le danno la forza di raggiungere grandi risultati. Rigorosa in tutte le sue scelte, Solana è diffidente verso i nuovi incontri preferendo privilegiare le relazioni con persone conosciute e affidabili. Parsimoniosa e attenta, avrà buona fortuna negli affari.

SOLEDAD

ONOMASTICO - È festeggiata l'11 di ottobre in onore di santa Maria Soledad Torres. In alcuni calendari è riportata una festa dedicata genericamente a Soledad il giorno 21 novembre.

ORIGINE E SIGNIFICATO - Questo è un nome spagnolo derivato dal termine omofono che significa "solitaria".

PERSONALITÀ - Soledad è una donna indipendente e individualista. Buona e generosa, sogna una società più umana basata sull'educazione e sul rispetto del singolo. Gira il mondo cercando di combattere, come meglio può, le ingiustizie. In amore è passionale ma incostante, ma questo non le impedisce di vivere i rapporti in modo intenso.

SONIA

ONOMASTICO - Si festeggia lo stesso giorno di Sofia.

ORIGINE E SIGNIFICATO - Possiede lo stesso etimo di Sofia, di cui è la versione ipocoristica russa.

PERSONALITÀ - Sonia è una donna estremamente romantica che sogna il grande amore che la riscatterà da un'esistenza grigia e triste. Spera che la salvezza e il riscatto arrivino da fuori invece di cercare dentro di sé quelle doti che le possano permettere di vivere una vita soddisfacente.

CURIOSITÀ - Il nome è stato reso celebre e popolare dai romanzi Delitto e castigo *di F. Dostoevskij e* Lo zio Vania *di A.P. Cechov.*

SPARTACO

ONOMASTICO - L'onomastico viene festeggiato il 22 dicembre in ricordo del beato Spartaco, vescovo in Gallia nel V secolo.

ORIGINE E SIGNIFICATO - Spartaco deriva dal greco *sparton*, "corda", col significato di "fabbricante di funi".

PERSONALITÀ - Orgoglio, ambizione e passionalità contraddistinguono il fiero Spartaco, sensibile alle lodi e all'incoraggiamento altrui. È creativo, originale ma ugualmente dotato di senso pratico. Grazie al suo innato entusiasmo e alla sua contagiosa allegria, Spartaco è circondato da amici, di cui apprezza la compagnia. Amante degli agi e del benessere, è un grande spendaccione; controbilancia però le sue frequenti e ingenti spese con altrettanto facili guadagni.

CURIOSITÀ - Piuttosto diffuso in Toscana e nel Lazio, il nome Spartaco è legato inscindibilmente alle vicende dello schiavo e gladiatore ribelle omonimo che, fuggito dalla scuola gladiatoria di Capua, tenne testa per ben due anni, con alcuni schiavi suoi compagni, agli eserciti consolari di Roma. Sconfitto e ucciso, divenne simbolo della giusta rivolta contro la tirannia.

SPERANZA

ONOMASTICO - L'onomastico si festeggia il 1° agosto in ricordo di santa Speranza vergine, figlia di santa Sofia, martirizzata a Roma con le sorelle Carità e Fede, durante la persecuzione di Diocleziano.

ORIGINE E SIGNIFICATO - Nome augurale e devozionale affermatosi in riferimento a una delle tre virtù teologiche e al culto verso la Madonna della Speranza.

PERSONALITÀ - Speranza maschera, dietro un'apparente dolcezza, una volontà di ferro. Emana una naturale femminilità e nutre una profonda passione per l'insolito. È una personalità vincente, in tutti gli ambiti, nella professione come nell'amore.

STEFANIA / STEFANO

📖 ONOMASTICO - *L'onomastico di Stefania si festeggia il 18 settembre in ricordo della beata Stefania, vergine francese, martirizzata a Vienne. Con lo stesso nome si commemora anche la beata Quinzani, morta nel 1530, il 2 gennaio. L'onomastico di Stefano è tradizionalmente festeggiato il 26 dicembre in ricordo di santo Stefano, protomartire e discepolo di Gesù. Patrono di Rovigo e di Frassino, lo si invoca contro l'amnesia.*

ORIGINE E SIGNIFICATO - Questo nome deriva dalla forma latina *stephanus*, traduzione del greco *stèphanos*, di origine greca, da cui viene il nome italiano. Il vocabolo greco di origine ha come significato "corona".

PERSONALITÀ - Stefania: è una donna dall'animo profondo. Molto appassionata e passionale, possiede creatività e sensibilità in abbondanza. È un'ottima insegnante perché possiede la capacità di trasmettere la conoscenza. In amore è devota e generosa, ma un po' incostante. Il suo maggior difetto è la presunzione che la fa sentire sempre migliore degli altri. Stefano: è un uomo brillante, affascinante e determinato. Sa cosa vuole e come ottenerlo. Possiede una grande tenerezza e generosità che lo rende amato dai più. Può subire l'invidia di chi non lo conosce perché è il prototipo dell'uomo di successo. In amore, anche se non sempre è fedele, è un entusiasta che fa sentire la propria donna costantemente una regina molto amata.

STELLA

📖 ONOMASTICO - *L'onomastico viene festeggiato l'11 maggio in ricordo di santa Stella, martirizzata in Gallia nel III secolo.*

ORIGINE E SIGNIFICATO - Questo nome veniva dato alle bambine per augurare loro la luminosità propria delle stelle.

PERSONALITÀ - Stella è una donna piena di energia e voglia di fare. Possiede una grande femminilità che la porta a vivere amori intensi e appassionati, slanci emotivi incontrollabili e antipatie profonde e insanabili. È una persona estrema, nel bene e nel male, mai scontata, noiosa o superficiale. Vivere accanto a lei, se si è sufficientemente forti ed equilibrati, può essere una grande avventura.

STEVE

📖 ONOMASTICO - *È la traduzione inglese di Stefano, pertanto si festeg-*

gia nello stesso giorno di quest'ultimo.

ORIGINE E SIGNIFICATO - L'origine e il significato sono gli stessi di Stefano.

PERSONALITÀ - La personalità di Steve è simile a quella di Stefano ma, a differenza di quest'ultimo, ha qualche difficoltà nei rapporti affettivi, una scarsa propensione al matrimonio e attrazione per i bambini.

SUSAN

📖 ONOMASTICO - *L'onomastico è festeggiato assieme a Susanna.*

ORIGINE E SIGNIFICATO - L'origine e il significato sono gli stessi di Susanna.

PERSONALITÀ - Raffinata e dotata di grande fascino, sa sedurre con il romanticismo e la simpatia. Adora l'eleganza. A parte ciò, è molto simile a Susanna.

SUSANNA

📖 ONOMASTICO - *L'onomastico è tradizionalmente festeggiato l'11 agosto in ricordo di santa Susanna martirizzata nel 295 a Coazzo nei pressi di Roma.*

ORIGINE E SIGNIFICATO - Questo nome ha un'origine ebraica, legata a *shushan*, che significa "giglio". Potrebbe derivare anche dal termine egizio *soshan* cioè "fiore di loto".

PERSONALITÀ - Susanna è una donna fine e un po' troppo cerebrale. Possiede una volontà di ferro che la porta in breve tempo al successo.

SVEN

📖 ONOMASTICO - *Si festeggia il 1° novembre, giorno di Ognissanti, perché non esiste un santo patrono.*

ORIGINE E SIGNIFICATO - Significa semplicemente "svedese".

PERSONALITÀ - È un uomo raffinato e molto educato. Elegante e seduttivo adora le sfide che accetta sempre con interesse. La sua presenza, sempre discreta, ma percepibile grazie a una spiccata intelligenza, è gradita in tutte le compagnie.

SVENTLA

📖 ONOMASTICO - *Si festeggia il 1° novembre, giorno di Ognissanti, perché non esiste un santo patrono.*

ORIGINE E SIGNIFICATO - Deriva dal termine russo che significa "bianca" o "luminosa".
PERSONALITÀ - Sfugge le responsabilità e le attività pratiche per dedicarsi interamente ai suoi interessi spirituali. È una persona piacevole, ma spesso vive un po' fuori dal mondo.

SVEVO

📖 ONOMASTICO - *Si festeggia il 1° novembre, giorno di Ognissanti, perché non esiste un santo patrono.*
ORIGINE E SIGNIFICATO - Il nome etnico Svevo deriva dal latino *svebus* e significa "abitante della Svevia". La Svevia, regione storica della Germania sud-occidentale, fu la patria della dinastia degli Hohenstaufen.
PERSONALITÀ - È creativo, ma anche indeciso e pavido. La timidezza frena le grandi idee che potrebbero essere vincenti. Il suo carattere si ripercuote anche sulla sfera sentimentale dove fatica a trovare il partner ideale.

T

Taddea / Taddeo

📖 ONOMASTICO - *L'onomastico è tradizionalmente festeggiato il 28 ottobre in ricordo di san Taddeo, detto "Giuda", apostolo in Persia. Si ricorda ancora, con questo nome, il beato vescovo irlandese Maker, detto "Machar" morto nel 1497 a Ivrea che viene commemorato il 21 gennaio e anche il 25 ottobre.*

ORIGINE E SIGNIFICATO - Le origini del nome sono aramaiche, da *thadday* che significa "dono di Dio".

PERSONALITÀ - Taddea, in apparenza, può sembrare riservata, ma non è così. Non è mai tranquilla come può sembrare. Anzi, si agita facilmente, ma riesce a conservare l'autocontrollo, il che spiega perché è tanto popolare e ha una quantità di amici. Taddeo: la sua caratteristica più evidente è il cinismo: ha da ridire sempre su tutto e tutti ed è disincantato nei confronti del futuro, proprio e altrui. In realtà è un grande idealista e un sognatore, che nasconde dietro un'apparente durezza di carattere la paura di essere deluso e una profonda voglia di credere nelle emozioni e nelle persone.

CURIOSITÀ - *Fu il nome di uno degli apostoli.*

Talia

📖 ONOMASTICO - *Si festeggia il 1° novembre, giorno di Ognissanti, perché non esiste un santo patrono.*

ORIGINE E SIGNIFICATO - Deriva dal greco *thalos* che significa "fiorente". Era anche il nome della musa della poesia e della lirica.

PERSONALITÀ - Dinamica e comunicativa, è una persona che non riesce a stare ferma. Il suo bisogno di attività la porta a oberarsi di lavoro e hobbies. È talentuosa negli sport e sul lavoro l'impegno la porta a buoni risultati. Tutti i datori di lavoro vorrebbero averla come dipendente.

TAMARA

🕮 ONOMASTICO - *L'onomastico viene festeggiato il 1° novembre in ricordo della beata Tamara, sorella di Assalonne, violentata dal fratellastro Ammone.*

ORIGINE E SIGNIFICATO - Vi sono interpretazioni diverse sull'origine etimologica di questo nome. Una prima teoria ne riconduce l'origine all'area slava, in particolare russa, da un etimo di origine e significato sconosciuti. Altri, invece, propendono per un'origine ebraica, derivata dal nome comune *thamàr*, che significa "palma".

PERSONALITÀ - Tamara è una donna estremamente corretta e responsabile. Non ama le improvvisazioni e le situazioni poco chiare e ambigue. Inoltre è una persona semplice che si mostra sempre per quello che è. Questo le procura rapporti spesso conflittuali perché forse è eccessivamente intransigente e poco adattabile. In amore si annulla completamente a vantaggio del partner.

CURIOSITÀ - *Tamara è un nome che deve la sua popolarità non tanto alle sue origini bibliche (infatti è il nome della sorella di Assalonne) quanto per motivazioni letterarie e artistiche. Ad esempio, Tamara è presente nei* Demoni *di Fedor Dostoevskij.*

TANCREDI

🕮 ONOMASTICO - *L'onomastico è tradizionalmente festeggiato il 9 aprile in ricordo di san Tancredi, monaco di origine sassone, morto in Francia nel IX secolo.*

ORIGINE E SIGNIFICATO - Deriva dal germanico *thank*, il verbo pensare, meditare e *rat* che significa "consiglio". Il nome prende il significato di "colui che decide con riflessione".

PERSONALITÀ - Carattere molto fantasioso e arguto. La personalità eccezionalmente sensibile lo rende suscettibile ed esclusivista in amore. È anche molto geloso. Ama gli studi legati alla finanza e al commercio.

CURIOSITÀ - *Tancredi è il nome del principe guerriero della famiglia normanna di Altavilla, eroe della prima crociata cantato da Torquato Tasso nella* Gerusalemme Liberata. *Ma è anche il nipote del principe don Fabrizio Salina ne* Il Gattopardo *di Giuseppe Tomasi di Lampedusa, mirabilmente interpretato, nel capolavoro cinematografico di Luchino*

Visconti, da un irresistibile Alain Delon.

TANIA

📖 ONOMASTICO - *Essendo una derivazione di Tatiana, può essere festeggiata nello stesso giorno di quest'ultima.*
ORIGINE E SIGNIFICATO - Possiede il medesimo etimo di Tatiana, di cui è un diminutivo.
PERSONALITÀ - Tania è una donna che difficilmente lascia indifferenti, perché è dotata di un fascino sottile ma insinuante. Possiede una grazia e una dolcezza che fanno di lei una persona amabile e preziosa.

TARA

📖 ONOMASTICO - *Si festeggia il 1° novembre, giorno di Ognissanti, perché non esiste un santo patrono.*
ORIGINE E SIGNIFICATO - Deriva dal termine celtico che indicava sia la parola "torre" che la parola "rupe".
PERSONALITÀ - Pratica, concreta, ambiziosa e autoritaria. Sul lavoro non incontrerà problemi. Con gli amici si distingue per la franchezza e per affidabilità. Talvolta è troppo agitata e ciò la porta a comportarsi con durezza.

TARCISIA / TARCISIO

📖 ONOMASTICO - *L'onomastico si festeggia il 15 agosto in onore di san Tarcisio, il giovanotto ucciso mentre portava l'eucarestia nelle catacombe.*
ORIGINE E SIGNIFICATO - Si tratta dell'alterazione di Tarcisio ovvero "nativo di Tarso".
PERSONALITÀ - Tarcisia: è dotata di buon senso ma di poca volontà. Le esteriorità e le apparenze non la coinvolgono. Tarcisio: è parco e controllato anche nei sentimenti.

TARQUINIO

📖 ONOMASTICO - *Si festeggia il 1° novembre, giorno di Ognissanti, perché non esiste un santo patrono.*
ORIGINE E SIGNIFICATO - Deriva dal nome della *gens Tarquinia*, antica famiglia romana oriunda di *Tarquinium*, città etrusca, che diede a Roma due re Tarquinio. Il nome Tarquinio infatti era la forma latinizzata del nome etrusco *tarcna*.

PERSONALITÀ - Irreprensibile e serissimo, Tarquinio è il classico uomo tutto d'un pezzo. Non cede di fronte a nulla e qualche volta questo modo di fare lo fa sembrare persino ridicolo. Vive per il successo e il lavoro per lui è una vera ossessione.

TATIANA

📖 ONOMASTICO - *L'onomastico si festeggia il 12 gennaio in ricordo di santa Tatiana.*

ORIGINE E SIGNIFICATO - Tatiana è un nome di origine greca. *Tatianè* è il femminile di *tatianòs.* Si diffuse principalmente in Russia nella forma *tatjana* e giunse in Europa grazie alla traduzione dei romanzi russi, nella forma *tatiana.* Si ignora il significato originale del nome greco. Secondo alcuni deriverebbe dalla traduzione latina del nome del re dei sabini *Tatius.*

PERSONALITÀ - Tatiana è una donna fredda, intransigente e oltremodo perfezionista. Molto pignola e sicura di sé, non sopporta la sciatteria che combatte in coloro che le stanno attorno, quasi fosse una malattia. Vivere accanto a lei, insomma, è faticoso.

CURIOSITÀ - *Il nome si è diffuso nel nostro Paese, nei primi del Novecento, in seguito al successo del romanzo Ottocentesco in versi dello scrittore russo A.S. Puskin* Eugenio Onegin, *in cui la protagonista femminile si chiama Tatiana Larina. Certamente ha contribuito alla diffusione del nome anche la celebrità di Tatiana Pavlova, regista e attrice teatrale russa che si trasferì in Italia all'inizio degli anni Venti e vi rimase con la sua compagnia.*

TAZIO

📖 ONOMASTICO - *L'onomastico viene festeggiato il 22 settembre in ricordo di san Tazio, martirizzato a Sebaste, in Armenia.*

ORIGINE E SIGNIFICATO - Il nome ha una precisa derivazione latina da *Tatius,* re dei Sabini.

PERSONALITÀ - Carismatico e autoritario, è capace di farsi ascoltare e convincere ad essere seguito. Resistenza e autocontrollo completano il quadro. Sul lavoro sarà efficiente e in amore assai appassionato.

CURIOSITÀ - *Questo nome ha conosciuto la popolarità solo negli anni Trenta, con la notorietà raggiunta dal corridore automobilistico Tazio Nuvolari.*

TEA / TEO

🕮 ONOMASTICO - *Tea può festeggiare l'onomastico assieme ai nomi di cui è una abbreviazione come Teodora o Dorotea. Una festa collegata al maschile Teo è fissata per il giorno 25 luglio.*

ORIGINE E SIGNIFICATO - Esistono diverse etimologie possibili per questo nome. Costante è il fatto che il significato del nome comprende comunque il termine *dea*; si è molto discusso se potesse esistere una forma latina *thea*, oppure greca, ma in molti escludono questa possibilità, soprattutto per motivi religiosi. L'ipotesi più probabile, quindi, è che si tratti di una riduzione di *dorothea*, femminile di *dorotheus*, nome composto da *doron*, che significa "dono" e da *theus*, che indica "dio". Il significato potrebbe, quindi, essere "dono del dio".

PERSONALITÀ - Tea: è una donna spiritosissima e molto simpatica. Estroversa e generosa, è un'ottima padrona di casa che apre volentieri per amici e parenti. Inoltre ha doti culinarie veramente speciali e riesce ad organizzare cene piacevolissime in ogni occasione. Teo: è estremamente raffinato ed elegante e sa amare in maniera tenera e giocosa.

CURIOSITÀ - *Nella mitologia greca Tea è la figlia di Oceano e Teti e madre della Luna, del Sole e dell'Alba.*

TECLA

🕮 ONOMASTICO - *L'onomastico è tradizionalmente festeggiato il 23 settembre, in ricordo di santa Tecla, vergine discepola di san Paolo, nata a Iconio nell'anno 30 e martirizzata ad Isaura. Patrona di Osimo, viene invocata per ottenere la guarigione dalle malattie delle ossa.*

ORIGINE E SIGNIFICATO - L'etimologia del nome è duplice. Può, infatti, derivare dal greco *theokleia*, il cui significato è "che ha fama divina", oppure da origini germaniche con il significato "lucente".

PERSONALITÀ - Paziente e attenta ai bisogni degli altri, Tecla è rispettosa di tutti e per questo molto amata. Sotto una prima scorza di mielosa dolcezza si nasconde però una grande forza d'animo corroborata, se necessario, da determinazione e decisione degne di un grande lottatore.

CURIOSITÀ - *Il nome si diffuse nel Settecento grazie a un personaggio del* Wallenstein *di Schiller.*

TELGA

📖 ONOMASTICO - *Si festeggia il 1° novembre, giorno di Ognissanti, perché non esiste un santo patrono.*

ORIGINE E SIGNIFICATO - Deriva dall'arabo con il significato di "nata al cadere della neve".

PERSONALITÀ - Forte e coraggiosa, si esalta nelle sfide che la vedono protagonista. In amore è passionale ma anche eccessivamente impulsiva. La sua spericolatezza la rende vincente.

TELICA

📖 ONOMASTICO - *L'onomastico si festeggia il 22 marzo in ricordo di santa Telica, martire d'Africa, uccisa con san Saturnino e altri compagni di fede, durante la persecuzione di Settimio Severo.*

ORIGINE E SIGNIFICATO - Antico nome di origine araba che significa "nata insieme alla neve".

PERSONALITÀ - Sfoggia una personalità inquieta, originale, sempre pronta a sfidare le convenzioni. Distaccata, diffidente in amore, si lega difficilmente perché attratta da una vita indipendente, "diversa", ma gestisce i rapporti all'insegna della sincerità. Ha bisogno di avere vicino degli amici che non le stiano a chiedere troppe cose sulla sua vita privata, che siano discreti e non invadenti; deciderà lei stessa il momento giusto in cui confidarsi.

TEOBALDO

📖 ONOMASTICO - *L'onomastico è tradizionalmente festeggiato il 16 maggio in ricordo di san Teobaldo Rogeri da Vico di Mondovì.*

ORIGINE E SIGNIFICATO - Il nome Teobaldo deriva dal greco e significa "capitano forte, potente".

PERSONALITÀ - Manifesta un carattere introverso e discreto. Non è capace di usare la diplomazia e, per questo, non raggiungerà grandi successi negli ambienti dove questa caratteristica è importante.

CURIOSITÀ - *Con il tempo la forma del nome Teobaldo è passata di moda, e molti hanno preferito "storpiare" il nome in una forma divenuta più comune: Tebaldo.*

TEODOLINDA

📖 ONOMASTICO - *L'onomastico è tradizionalmente festeggiato il 22*

gennaio in ricordo della beata Teodolinda, regina dei Longobardi, sposa di Agilulfo duca di Torino, morta nel 625.

ORIGINE E SIGNIFICATO - Il nome è di origine germanica ed è composto da *thiod* "popolo" e *linde* "tiglio", o "scudo fatto di tiglio": il significato è "difesa del popolo".

PERSONALITÀ - Iperattività e decisione sono le linee guida di questo nome. Non riesce a mantenere la concentrazione a lungo sulla stessa cosa e questo le crea qualche problema soprattutto sul lavoro. Teme la monotonia e ricerca sempre nuove emozioni. Ama viaggiare, non però in luoghi troppo lontani da casa.

TEODORA / TEODORO

🕮 ONOMASTICO - *L'onomastico femminile viene festeggiato il 28 novembre in ricordo di santa Teodora, martirizzata con santa Quieta. Teodoro è invece celebrato il 19 novembre in ricordo di san Teodoro martire, soldato di Tiro, ucciso ad Amasea nel 306, patrono di Brindisi e delle reclute. Forse per le tante varianti, può festeggiare l'onomastico praticamente tutti i mesi: il 17 e il 24 gennaio, il 7 e l'11 febbraio, il 26 e il 29 marzo, il 22 e il 28 aprile, il 5 giugno, il 19 settembre, il 9 e il 12 novembre e il 28 dicembre.*

ORIGINE E SIGNIFICATO - Deriva dal greco *theos dòron* ossia "dono di Dio".

PERSONALITÀ - Teodora: dotata di grandissima immaginazione, ha una personalità forte e al contempo inquieta. Teodoro: è portato a sfidare le convenzioni forse proprio per sentirsi affermato e superiore. In amore è diffidente e si lega difficilmente.

TERENZIO

🕮 ONOMASTICO - *L'onomastico viene festeggiato il 15 luglio, in ricordo di un santo di origine scozzese, quinto vescovo di Luni, vissuto nel IX secolo, patrono di Pesaro e di Sarzana.*

ORIGINE E SIGNIFICATO - Deriva dall'antico sabino *Terentum* oppure da *terenus* che significa "molle", "delicato", "tenero" oppure ancora da *terere* "battere" o "strofinare".

PERSONALITÀ - Dotato di intelligenza brillante, egli è pratico e ordinato. In famiglia e in amore è un individuo altruista e servizievole.

TERESA

📖 ONOMASTICO - *L'onomastico viene festeggiato il 15 ottobre, in ricordo di santa Teresa d'Avila, riformatrice dell'ordine delle Carmelitane, vissuta tra il 1515 e il 1582, patrona di Napoli. La si invoca per guarire i disturbi cardiaci.*

ORIGINE E SIGNIFICATO - Questo nome è arrivato a noi dalla Spagna, in relazione a santa Teresa d'Avila. Originariamente era *Tarasia*, originato dal termine greco *tarasia*, connesso con *therào*, che significa "cacciare".

PERSONALITÀ - Teresa è una donna con un'immensa emotività. Facile al riso così come al pianto, possiede un umore strano e variegato. È una persona forte e sincera.

TESSA

📖 ONOMASTICO - *Si festeggia il 1° novembre, giorno di Ognissanti, perché non esiste un santo patrono.*

ORIGINE E SIGNIFICATO - Abbreviazione di Contessa, venne utilizzato da Boccaccio.

PERSONALITÀ - Forte e autoritaria, è ambiziosa e vincente. In amore è affidabile e sincera, ma pretende di essere ricambiata a costo di cessare il rapporto con il partner.

THELMA

📖 ONOMASTICO - *Nei calendari anglosassoni è festeggiato il 15 marzo.*

ORIGINE E SIGNIFICATO - Questo nome, giunto a noi dai paesi anglosassoni, ha un'origine greca e significa "lattante".

PERSONALITÀ - Thelma è una donna coraggiosa e indipendente. Ama però prendersi cura del prossimo perché possiede un'indole materna e accogliente. Il suo ottimismo è incrollabile, così come la sua voglia di vivere.

THOMAS

📖 ONOMASTICO - *Nei calendari anglosassoni è festeggiato il 4 luglio. In ogni caso può essere festeggiato assieme a Tommaso.*

ORIGINE E SIGNIFICATO - Questo nome è la traduzione anglofona del nome Tommaso, di cui ha pertanto il medesimo etimo.

PERSONALITÀ - Thomas è un uomo buono, che si adatta facilmente a tutte le situazioni e che non crea mai alcun tipo di problema. Questo suo comportamento rischia però di provocargli dei dispiaceri visto che le persone hanno la tendenza ad approfittarsi della sua bontà e della sua disponibilità. Nella famiglia ricerca protezione e comprensione.

TIA

📖 ONOMASTICO - *Il nome non ha tradizione cattolica pertanto è difficile che i nostri calendari ne riportino il giorno onomastico. Nei paesi anglosassoni è festeggiata il 20 aprile.*

ORIGINE E SIGNIFICATO - Deriva dal termine egizio significante "principessa". Era il nome della sorella del faraone Ramses.

PERSONALITÀ - È generosa ed estroversa. Tollerante e disponibile, ha fiducia nel prossimo. Quando serve sfrutta il buon carisma che le permette di essere benvoluta e apprezzata.

TIBERIO

📖 ONOMASTICO - *L'onomastico viene festeggiato il 24 aprile, in ricordo di san Tiberio, milite della legione Tebea, martirizzato nel III secolo, nei pressi di Pinerolo.*

ORIGINE E SIGNIFICATO - Il nome Tiberio deriva dal latino *tiberius* il cui significato può essere "proveniente dal Tevere" o "dedicato al dio Tiberino".

PERSONALITÀ - Passionale in amore, Tiberio non è però il tipo dalla "cotta facile", tende piuttosto a prendere le distanze, fino a quando non è sicuro di aver trovato la persona giusta.

CURIOSITÀ - *Fu il nome di personaggi illustri dell'antica Roma, come l'imperatore Tiberio Claudio Nerone.*

TIFFANY

📖 ONOMASTICO - *Nei paesi anglosassoni è festeggiata il 10 settembre.*

ORIGINE E SIGNIFICATO - Personale inglese ripreso dal greco con il significato di apparizione.

PERSONALITÀ - È una donna volubile e impulsiva. Talvolta eccessiva nelle sue reazioni. Frettolosa ed eccentrica, spesso si ritrova in guai che potevano essere evitati semplicemente usando la calma e l'intelligenza. In amore è passionale e gelosa.

TIMOTEA / TIMOTEO

📖 ONOMASTICO - *L'onomastico viene festeggiato il 26 gennaio, in ricordo di san Timoteo, vescovo di Efeso, discepolo di san Paolo, martirizzato nell'anno 97. In alcune località è venerato il 24 gennaio e anche il 9 maggio.*

ORIGINE E SIGNIFICATO - Questo nome deriva dal termine greco *timòtheos*, composto da *timào*, che significa "onorare" e da *theòs*, che vuol dire "Dio". Il suo significato completo è, quindi, "che onora il Dio". Fu inizialmente un nome pagano, presto però utilizzato anche dal Cristianesimo.

PERSONALITÀ - Timotea: aggressiva e spiritosa, ama le emozioni forti. Si realizza nelle arti e nelle lettere. Timoteo è un uomo presuntuoso, orgoglioso, con un'esagerata stima di sé. Ha la tendenza a trattare gli altri con sarcasmo e superiorità. Rischia di ritrovarsi ben presto da solo perché i suoi modi sono insopportabili.

TITANIA

📖 ONOMASTICO - *Si festeggia il 1° novembre, giorno di Ognissanti, perché non esiste un santo patrono.*

ORIGINE E SIGNIFICATO - Questo personale deriva dalle opere di Shakespeare che lo utilizzò per la sua regina delle fate in *Sogno di una notte di mezza estate.*

PERSONALITÀ - Generosa ed estroversa, è la classica donna in carriera amante delle apparenze, del lusso e delle feste. Ama viaggiare e ama farlo in contesti raffinati, come crociere o alberghi a cinque stelle.

TITO

📖 ONOMASTICO - *L'onomastico viene festeggiato il 26 gennaio in ricordo di san Tito, primo vescovo di Creta, compagno e discepolo di san Paolo, che in alcune località viene venerato il 4 gennaio e in altre il 6 febbraio.*

ORIGINE E SIGNIFICATO - Nome antichissimo, forse di derivazione sabina e di significato oscuro che in latino era stato tradotto con *Titus.* Altre possibili origini sono il prenome romano *tutus*, "protetto" o il nome comune latino *titus*, che significa "colombo selvatico" oppure ancora il vocabolo greco *tio* che significa "onorato".

PERSONALITÀ - Come Tiziano è soggetto a simpatie improvvise e ingiustificate. È impulsivo e fedele nei sentimenti. In gioventù è spesso disorientato e confuso, poi, con la maturità, predilige le professioni impegnative e cariche di responsabilità.

CURIOSITÀ - *La grande diffusione del nome risale al Rinascimento, quando sulla scia della moda dei classici, molti genitori si ricordarono dell'imperatore Tito e dello storico Tito Livio.*

TIZIANA / TIZIANO

ONOMASTICO - *L'onomastico ricorre il 3 marzo, in ricordo di san Tiziano, vescovo di Brescia, morto nel 526.*

ORIGINE E SIGNIFICATO - Il nome Tiziano deriva dal *praenomen* romano *titus*, di origine etrusca e perciò dal significato sconosciuto. Secondo alcune interpretazioni deriverebbe invece dal nome comune latino *titus*, che significa "colombo selvatico". Altre interpretazioni lo riconducono a una forma di raddoppiamento di tipo infantile.

PERSONALITÀ - Tiziana: è una donna molto originale e particolare. Non ama sentirsi costretta né legata e per questo sceglierà la libera professione. Forse è un po' distratta ed egoista perché prima di tutto vengono le sue esigenze e il suo piacere, ma nonostante questo riscuote comunque molto successo perché è rispettosa e generosa.Tiziano: è un uomo geniale ed estroso. Possiede un temperamento artistico di tipo vulcanico, nel senso che sforna idee a ritmo continuo. È difficile vivere accanto a lui perché è continuamente proiettato nel futuro e spesso dà per scontate un po' troppe cose. In amore rivela un temperamento calmo e dolce; di solito è fedele.

CURIOSITÀ - *Tiziano, al contrario di Tiziana, è oggi in decadenza, mentre una volta piaceva molto perché ricordava il pittore rinascimentale. Tiziana, come Tiziano, deriva dal soprannome, cioè secondo cognome latino* Titianus, *che divenne poi un nome individuale durante l'Impero.*

TOBIA

ONOMASTICO - *L'onomastico si festeggia il 2 novembre, in ricordo del beato Tobia suocero di Sara, divenuto celebre per la sua pietà.*

ORIGINE E SIGNIFICATO - Dall'ebraico *Tobjah* cioè "Dio è buono", Tobia rappresenta appunto quel personaggio dell'Antico Testamento, proverbiale per la sua bontà, che predisse la fine della schiavitù di

Israele e la distruzione di Ninive e che, divenuto cieco, fu guarito dal figlio per mezzo del fiele di un pesce miracoloso.
PERSONALITÀ - È un inguaribile chiacchierone e spesso si lascia andare nei racconti di storie vere e proprie, anche se non sempre del tutto reali. Altruista e idealista, tende a esagerare anche in questo e ciò lo porta a soffrire quando non viene ricambiato. Molto tenero, in amore è ingenuo.

TOLOMEO

📖 ONOMASTICO - *L'onomastico è tradizionalmente festeggiato il 24 agosto in ricordo di san Bartolomeo apostolo, martire nell'anno 47, forse scorticato, le sue spoglie sono, secondo un'antica tradizione, conservate a Roma nell'Isola Tiberina. Patrono dei fabbricanti di guanti, macellai, legatori di libri, fattori, pellicciai, sarti e conciatori; di Airasca e Benevento. Lo si invoca contro l'erpete, la resipola e le malattie cutanee.*
ORIGINE E SIGNIFICATO - Il nome deriva dal greco e significa "guerriero" forse dal termine *talmay* cioè "bellicoso".
PERSONALITÀ - Egocentrico e spesso egoista, Tolomeo è una persona arrivista e di successo. Ama studiare e conoscere cose sempre nuove e non sopporta di essere superato in ambito culturale. In amore difficilmente troverà l'anima gemella.

TOMMASO

📖 ONOMASTICO - *L'onomastico si festeggia il 28 gennaio, in ricordo di san Tommaso d'Aquino, detto* "doctor Angelicus", *morto a Fossanova, nel 1274. Patrono dei filosofi, librai, scolari, delle scuole cattoliche, e dei teologi; in alcuni luoghi è venerato il 7 marzo. Viene invocato contro i reumatismi.*
ORIGINE E SIGNIFICATO - Il nome Tommaso deriva dal termine del latino ecclesiastico *thomas*, modellato sul nome greco *Thomas*, a sua volta disceso dall'aramaico *toma*, avente come significato "gemello".
PERSONALITÀ - Tommaso è un uomo magnetico e affascinante. Non è portato per le relazioni durature perché ama eccessivamente la lotta e la conquista sia nella vita privata che negli affari. È un condottiero carismatico, amato e rispettato da coloro che lavorano e collaborano con lui. Un suo difetto è considerare la tenerezza e la dolcezza vere e proprie debolezze.

TORQUATO

ONOMASTICO - *L'onomastico è festeggiato il 15 maggio, in memoria di san Torquato, vescovo di Cadice nel I secolo, uno dei primi evangelizzatori della Spagna.*

ORIGINE E SIGNIFICATO - Deriva dal latino *Torquatus*, tratto dal celtico *torques*. Venne portato per la prima volta, come soprannome, da quel Manlio romano, detto "Capitolino", che uccise in duello un milite gallo e gli tolse la collana d'oro, col significato di "ornato di collana".

PERSONALITÀ - Introspettivo e sognatore, normalmente è tranquillo e pacato.

CURIOSITÀ - *È da ricordare, tra coloro che hanno avuto questo nome, il grande poeta Tasso.*

TOSCA

ONOMASTICO - *Per tradizione è festeggiato il 5 maggio, in ricordo di santa Tosca, vissuta nel VII secolo, assai venerata a Verona.*

ORIGINE E SIGNIFICATO - La sua origine è latina dal nome *Tusca*, forma femminile di *Tuscus*, era un *cognomen* latino che significava "Etrusco", utilizzato dai Romani per indicare chi apparteneva a quella etnia, detta dei *tusci* o dei *turscui*.

PERSONALITÀ - Tosca è una donna molto emotiva; dotata di scarsissima diplomazia, rischia perennemente di dire o fare la cosa sbagliata al momento sbagliato. La paura delle *gaffes* la rende oltremodo controllata e poco naturale. Quando è però circondata dalle persone che ama e che la amano si scatena, diventando la donna passionale e spiritosa che realmente è. È molto generosa nei rapporti affettivi.

CURIOSITÀ - *Il nome deve la sua fama al romanzo omonimo di Vittoriano Sardou, scritto nel 1887, ma soprattutto all'opera di Giacomo Puccini e all'indimenticabile interpretazione data dalla soprano Maria Callas.*

TRISTANO

ONOMASTICO - *L'onomastico è tradizionalmente festeggiato il 15 giugno in ricordo del beato Tristano, abate della Bretagna, vissuto nel VII secolo.*

ORIGINE E SIGNIFICATO - Personale di matrice letteraria e teatrale tratto dalla leggenda medievale dell'infelice amore di Tristano e Isotta elaborata dai poemi del ciclo bretone e poi ripresa da R. Wagner. Il nome, originariamente *Tristan*, pare essere ripreso dall'antico scozzese *Drustan* o *Drystan* col probabile significato di "patto" o di "consolazione".

PERSONALITÀ - Tristano è un individuo magnetico, inventivo, affascinante ma molto riservato, triste e pessimista. Rigido, intransigente sempre controllato si dichiara pronto in ogni frangente a difendere la giusta causa. L'amore per il rischio e il desiderio di successo, gli fanno detestare la vita monotona priva di avventure e di lotte. Se compreso è destinato a vivere amori intensissimi; in caso contrario sceglie la solitudine.

TULLIA / TULLIO

🕮 ONOMASTICO - *L'onomastico di Tullia è tradizionalmente festeggiato il 5 ottobre in ricordo di santa Tullia, martirizzata a Roma nel III secolo. Un'altra, santa di Manosche, vissuta nel VI secolo, viene venerata sempre il 5 ottobre. L'onomastico di Tullio è tradizionalmente festeggiato il 19 febbraio, in ricordo di san Tullio, martirizzato in Africa nel II secolo, con diversi compagni di fede.*

ORIGINE E SIGNIFICATO - Questo nome deriva dal latino *tullius* e *tullia*, a loro volta originati da *Tullus*, *praenomen* e poi *cognomen* romano dal significato sconosciuto, perché di origine etrusca. Alcuni lo riconducono a *tul*, inteso come "pioggia".

PERSONALITÀ - Tullia: è una donna dolce e un po' svagata. Ingenua più per vezzo che per realtà, avrà una vita facile perché ci sarà sempre qualcuno che, cadendo nella sua trappola, si prenderà cura di lei. Non è cattiva, è solo molto pigra e un po' viziata. Tullio: è un uomo intelligente ma superficiale. Non ama la fatica e lo sforzo eccessivo né fisico né mentale. Rischia quindi una certa superficialità e una faciloneria di spìrito niente affatto piacevole.

U

UBALDO

📖 ONOMASTICO - *L'onomastico è tradizionalmente festeggiato il 16 maggio in onore di sant'Ubaldo d'Umbria, nato a Gubbio nel 1084. Canonico regolare di sant'Agostino, morto nel 1160. In alcune località viene detto "di Perugia". È il patrono di Gubbio e di Mondovì.*

ORIGINE E SIGNIFICATO - Nell'alamanno e nel bavarese antico si diceva *Hugibald* o *Hubald*: composto da *hugu*, che significava "pensiero", "senno", e da *baltha*, "ardito", "audace". Sicché Ubaldo è "l'ardito d'ingegno" o "di ingegno ardito".

PERSONALITÀ - È pessimista ma anche coraggioso e perfino temerario perché ripone eccessiva fiducia nelle sue possibilità. Ama la vita libera e lo sport. In amore pretende la libertà e non dà grande importanza ai sentimenti.

UBERTO

📖 ONOMASTICO - *Sant'Uberto si festeggia il 3 novembre ed è ritenuto il patrono dei cacciatori e, paradossalmente, delle guardie forestali: il motivo sta nella conversione di Uberto, grande cacciatore, al quale, durante una battuta, apparvero miracolosamente una croce e un cervo parlante che gli domandò perché lo volesse uccidere.*

ORIGINE E SIGNIFICATO - Deriva dal germanico *hugu*, "spirito" e *behrt*, "chiaro" nel senso di "illustre" e "brillante". Nella variante Oberto deriva da *aud behrt* cioè "illustre per il patrimonio".

PERSONALITÀ - Si presenta come una persona integerrima, distinta e brillante. La sua disinvoltura maschera tuttavia uno spirito poco profondo ma adattabile. È suscettibile e diffidente in amore. Anche in ambito professionale manifesta una certa rigidità con i dipendenti e i colleghi. Per questo non è molto amato nell'ambito lavorativo.

UGA / UGO

🕮 ONOMASTICO - *L'onomastico è tradizionalmente festeggiato il 1° aprile in memoria di sant'Ugo, vescovo di Grenoble, vissuto tra il 1053 e il 1132. Viene invocato contro il pericolo di congestione.*

ORIGINE E SIGNIFICATO - Questo nome deriva dal termine germanico *hugo*, che era la probabile abbreviazione di un antico nome composto di cui si conosce però solo il primo termine, *huhu*, derivata da *hugs*, che significa "intelligenza".

PERSONALITÀ - Uga: è una donna solare e un po' irresponsabile. Ama la vita in ogni sua manifestazione e tende a provare qualsiasi esperienza le venga in mente per semplice curiosità e voglia di mettersi alla prova. Ugo: è un uomo portato per la filosofia, che studia e pratica quotidianamente. È fatalista e segue la teoria del vivi e lascia vivere. Non ama i luoghi chiusi e odia i lavori, ma anche le situazioni, ripetitive. Ama i viaggi e i cambiamenti, meglio se repentini e improvvisi.

CURIOSITÀ - *Si chiamava Ugo il famoso attore Ugo Tognazzi, la cui popolarità ha forse contribuito a un'ulteriore affermazione del nome negli anni Sessanta e Settanta. Anche Ugo Foscolo, uno dei nostri maggiori poeti, ha contribuito alla diffusione.*

ULDERICO

🕮 ONOMASTICO - *L'onomastico è tradizionalmente festeggiato il 4 luglio in onore di sant'Ulderico, vescovo di Augusta nel X secolo, morto nel 973. Viene invocato contro le calunnie, la balbuzie, i morsi dei cani e per tenere lontani i ghiri dai raccolti.*

ORIGINE E SIGNIFICATO - Dal germanico *aud*, "patrimonio", "potere" e *rikja* ovvero "signore", "padrone", significa propriamente "potente signore", oppure "signore dai possessi ereditari". Come nome personale è stato introdotto in Italia pochi secoli or sono dal tedesco *Ulrich*.

PERSONALITÀ - Ulderico: tenero e romantico, ha un carattere dolce e fedele; lascia largo spazio ai sentimenti che tende a mitizzare. Ama la musica, l'arte, circondandosi di amici e ammiratrici perché teme profondamente la solitudine. Poco ambizioso, non aspira al successo; si accontenta di un quieto benessere, di una vita tranquilla e agiata, a patto che gli affetti vi detengano, naturalmente, il posto d'onore.

ULIANA

📖 ONOMASTICO - *Si festeggia il 1° novembre, giorno di Ognissanti, perché non esiste un santo patrono.*
ORIGINE E SIGNIFICATO - Personale ideologico al femminile dal cognome del fondatore del socialismo sovietico Vladimir Ilic Uljanov, detto Lenin.
PERSONALITÀ - Pratica, concreta e ambiziosa, Uliana è anche autoritaria, ma equa. Si circonda facilmente di amici anche se talvolta si comporta duramente.

ULISSE

📖 ONOMASTICO - *Si festeggia il 1° novembre, giorno di Ognissanti, perché non esiste un santo patrono.*
ORIGINE E SIGNIFICATO - In greco *Odisseus*, da *odissomai*, significa "essere adirato". L'astuto eroe di Itaca, protagonista dell'omonimo poema omerico, pare essere stato così chiamato dall'ira del nonno, quando il bimbo nacque.
PERSONALITÀ - Ulisse è una persona avventurosa e frenetica, instancabile nel perseguire i suoi traguardi. Si dibatte spesso tra mille desideri e progetti ma non sempre riesce a realizzarne in pieno uno.

CURIOSITÀ - *Una variante di questo nome è* Ulixes *resa celebre dal pregevole romanzo di James Joyce.*

ULLA

📖 ONOMASTICO - *Essendo possibile la sua origine come ipocoristico di Ursula, lo si può festeggiare nel giorno di san Orso, il 13 aprile.*
ORIGINE E SIGNIFICATO - Deriva dal celtico col significato di "gioiello di mare", oppure ipocoristico svedese per Ursula.
PERSONALITÀ - Forte e autoritaria, Ulla sarà una donna vincente e anche molto ambiziosa. Affidabile e sincera, in amore è pretenziosa e sul lavoro competitiva.

UMBERTINA

📖 ONOMASTICO - *È il diminutivo femminile di Umberto quindi l'onomastico è lo stesso di quest'ultimo.*
ORIGINE E SIGNIFICATO - Origine e significato sono gli stessi di Umberto.

PERSONALITÀ - Umberta è impaziente e dispersiva. Soffre di una cronica e deleteria mancanza di metodo che, il più delle volte, non le fa completare ciò che inizia.

UMBERTO

🕮 *ONOMASTICO* - *L'onomastico è tradizionalmente festeggiato il 6 settembre in memoria di sant'Umberto vescovo, fondatore del monastero di Maroilles, morto nel 682.*

ORIGINE E SIGNIFICATO - Questo nome ha un'origine germanica e deriva dalla forma *umberth*. È quindi un nome composto da un primo termine di difficile interpretazione, e da *berth* che significa "chiaro".

PERSONALITÀ - Umberto è un uomo dalla personalità camaleontica nel senso che riesce ad adattarsi perfettamente e completamente alle esigenze delle persone che lo circondano. Dotato di un fascino carismatico, spesso assumerà la posizione di leader nel gruppo di cui si circonda. Malgrado l'apparenza però è un insicuro. In amore non è molto fantasioso ma sicuramente è una persona sincera e fedele. Ama gli animali e spesso se ne circonda.

URANIA

🕮 *ONOMASTICO* - *Si festeggia il 1° novembre, giorno di Ognissanti, perché non esiste un santo patrono.*

ORIGINE E SIGNIFICATO - Questo nome deriva da un epiteto dato ad Afrodite. È anche il nome della musa dell'astrologia derivato dal greco *Uranos*, dio del cielo, della pioggia e della fecondità.

PERSONALITÀ - Urania è una donna capricciosa e viziata che usa il suo notevole fascino per ottenere tutto ciò che vuole. Ama il lusso e la vita comoda ma non è disposta a lavorare per procurarsi tutto ciò. Negli uomini vede un mezzo per ottenere gratificazioni materiali. Le piace godersi la vita all'aria aperta e soprattutto ama fare sport.

URBANO

🕮 *ONOMASTICO* - *L'onomastico è tradizionalmente festeggiato il 2 aprile in onore di sant'Urbano, vescovo di Langres nel IV secolo, patrono di vignaioli e viticoltori.*

ORIGINE E SIGNIFICATO - Il nome deriva dal latino *Urbanus* e significa "abitante della città".

PERSONALITÀ - Anche se è dotato di una grande intelligenza, Urbano è incapace di stare al passo coi tempi. Difficilmente avrà un buon rapporto con la tecnologia preferendo le materie classiche e umanistiche. Carismatico e dotato di una buona dialettica, riuscirà comunque a non sfigurare sul lavoro e in amore.

URIEL

🕮 *ONOMASTICO* - *L'onomastico si festeggia il 1° ottobre in onore del beato arcangelo Uriele, assai ricordato nelle liturgie orientali e che sant'Ambrogio considerava dello stesso rango degli arcangeli Gabriele e Raffaele.*

ORIGINE E SIGNIFICATO - Uriel è un antico nome germanico di origine ebraica che significa "signore del cielo".

PERSONALITÀ - Uriel è una donna metodica e ordinata e nei sentimenti è disposta a lasciarsi andare solo se si sente amata. Non ama le novità perché ha paura di ogni cambiamento. Forse è per questo che non le piace viaggiare e, cosa strana, non vuole che viaggino neanche le persone a cui è legata.

URSULA

🕮 *ONOMASTICO* - *L'onomastico viene festeggiato il 21 ottobre, in ricordo di santa Ursula, leggendaria principessa vergine del IV secolo, martirizzata dagli Unni mentre tornava da un pellegrinaggio.*

ORIGINE E SIGNIFICATO - Il nome, maggiormente diffuso nei paesi nordici, deriva dal tedesco *ursus*, il cui significato è "piccolo orso".

PERSONALITÀ - Elegante ed esibizionista, Ursula adora stupire e raggiungere la visibilità a ogni costo. È dotata di un carattere forte e passionale. Si lascia travolgere dai sentimenti, ma pretende di essere amata con libertà e senza gelosie.

V

VALENTE

📖 ONOMASTICO - *L'onomastico è tradizionalmente festeggiato il 26 luglio in ricordo di san Valente, vescovo di Verona, morto nel 531.*

ORIGINE E SIGNIFICATO - I Romani lo facevano derivare dal participio presente *valens, valentis,* del verbo *valere,* "stare in salute", "essere sano". Perciò Valente, come Valentino, è "colui che è sano e forte" oppure, in senso augurale significa "che sia sano e forte". Ma secondo alcuni studiosi di onomastica deriverebbe originariamente dal prenome *Valius* o *Vala* di origine etrusca e di significato ignoto.

PERSONALITÀ - La personalità non si distacca da quella di Valentino anche se Valente si dimostrerà più determinato nel raggiungere i traguardi che si propone.

VALENTINA / VALENTINO

📖 ONOMASTICO - *L'onomastico di Valentina è tradizionalmente festeggiato il 25 luglio in ricordo di santa Valentina vergine, martirizzata in Palestina nel 308. L'onomastico di Valentino si festeggia, per antica tradizione, il 14 febbraio in onore di san Valentino, prete romano, martirizzato nel 270 ai tempi di Claudio II il Gotico. Patrono dei fidanzati, viene invocato per guarire dall'epilessia e contro i dolori di ventre.*

ORIGINE E SIGNIFICATO - Questo nome deriva dal nome latino *Valentinus,* derivato dal verbo *valeo,* che significa "esser sano". Secondo altre interpretazioni, invece, deriverebbe da un nome etrusco, presumibilmente *Vala* o *Valius,* dal significato ignoto.

PERSONALITÀ - Valentina: è una donna disinvolta e comunicativa. Molto affascinante e sicura di sé, ama la solitudine e la lettura. Si lega profondamente agli uomini di cui si innamora, anche se non crede al principe azzurro. È molto pratica e ha la grande capacità di rischiare. Valentino: è un uomo che ama sognare. Romantico e seduttore, si innamora spesso e volentieri perché gli piace corteggiare e conquistare una donna. Possiede un'indole coraggiosa e determinata. Adora stare in compagnia e per questo si circonda di amici.

CURIOSITÀ - *Si tratta di un nome molto frequente nel Rinascimento per imitazione del celebre duca Valentino, che in realtà si chiamava Cesare Borgia, modello del "principe rinascimentale". Il nome Valentino gli veniva dal ducato di Valentinois che gli aveva donato il re di Francia. Anche il femminile Valentina è abbastanza diffuso grazie a un romanzo di George Sand,* Valentina, *pubblicato nel 1832, e grazie anche a una celebre canzone di Maurice Chevalier,* Valentina. *Un ulteriore contributo alla sua diffusione lo ha dato un personaggio inventato dal disegnatore Guido Crepax nel 1965, la giovane disinibita fotografa Valentina dell'omonimo fumetto che ha anche ispirato per parecchi anni la moda dei capelli a caschetto.*

VALERIA / VALERIO

ONOMASTICO - *L'onomastico di Valeria è tradizionalmente festeggiato il 28 aprile in memoria di santa Valeria, moglie di san Vitale e madre dei santi Gervaso e Protaso. Assai venerata a Milano dove fondò una chiesa. L'onomastico di Valerio è tradizionalmente festeggiato il 14 giugno in memoria di san Valerio, martirizzato a Soissons, in Francia. S'invoca contro i naufragi e i pericoli del mare.*

ORIGINE E SIGNIFICATO - Deriva dai nomi latini *Valerius* e *Valeria*, nomi tipici riconducibili alla *gens Valeria* e connessi al verbo *valeo*, che significa "star bene". Altre interpretazioni vogliono invece farli risalire ai nomi etruschi *Vala* e *Valius*, dal significato sconosciuto.

PERSONALITÀ - Valeria: è una donna vivace, ottimista ma autoritaria. Non tollera i contrattempi che combatte in maniera decisa e drastica. A volte può essere persino imprudente per la troppa foga con cui affronta le situazioni; solitamente però, anche quando le cose vanno male, cade sempre in piedi perché possiede un grande istinto e un notevole senso della realtà. Valerio: è un inguaribile sognatore. Coltiva con cura e dedizione le proprie amicizie che preferisce quasi ai rapporti amorosi perché li considera più duraturi e affidabili.

VANESSA

ONOMASTICO - *Si festeggia il 1° novembre, giorno di Ognissanti, perché non esiste un santo patrono.*

ORIGINE E SIGNIFICATO - Vanessa è un nome inventato dal poeta inglese Jonathan Swift per la protagonista del poemetto *Cadenus e Vanessa.*
PERSONALITÀ - Vanessa è una donna con un alto senso della responsabilità. Ama buttarsi a capofitto nelle situazioni e lavorare duramente. È esuberante e passionale, ma contemporaneamente ama la solitudine. Pretende molto dal compagno ma è disposta a dare altrettanto e investe molto nei rapporti amorosi. Sa destreggiarsi tra soddisfazioni personali e sentimenti, anche se ogni tanto si fa cogliere dal nervosismo e dall'ansia di non riuscire nei propri obiettivi.

VANNI

📖 ONOMASTICO - *L'onomastico di questo nome può essere festeggiato assieme a Giovanni di cui è un'abbreviazione.*
ORIGINE E SIGNIFICATO - L'origine e il significato sono gli stessi di Giovanni.
PERSONALITÀ - Vanni, come vuole lo spirito della Toscana, regione ove è maggiormente diffuso, è dotato di un carattere gioioso e finemente umorista. Inoltre, è persona di grande intelletto e amante della letteratura.

VASCO

📖 ONOMASTICO - *Si festeggia il 1° novembre, giorno di Ognissanti, perché non esiste un santo patrono.*
ORIGINE E SIGNIFICATO - Vasco nasce come derivazione di Basco. Con questo termine si designavano sia gli abitanti della Guascogna, sia i personaggi bizzarri e originali.
PERSONALITÀ - Vasco è un uomo avventuroso. Se vivesse nel passato, probabilmente sarebbe stato un pirata. Ama l'avventura, il mistero e la conquista. Cerca le situazioni più strane perché detesta la vita facile e comoda, mentre ama le complicazioni per movimentarsi l'esistenza. In amore è un solitario: è diffidente nei confronti delle donne e per questo preferisce la vita da *single.*

CURIOSITÀ - *La diffusione del nome, negli ultimi anni, è stata incrementata dal grande successo mediatico e discografico del cantante Vasco Rossi.*

VEDIA

📖 ONOMASTICO - *Si festeggia il 1° novembre, giorno di Ognissanti, perché non esiste un santo patrono.*

ORIGINE E SIGNIFICATO - Deriva dal nome del *Sacro Spirito* della foresta della mitologia germanica.
PERSONALITÀ - Dinamico e attivo, sul lavoro è versatile e curioso. Indipendente d'animo, non cercherà di formare una famiglia, ma in amore sarà ricercato e amato.

VELANIA

📖 ONOMASTICO - *Non avendo tradizione cattolica non esiste l'onomastico di questo nome.*
ORIGINE E SIGNIFICATO - Il nome deriva dalla mitologia latina dove identificava la moglie del dio Giano.
PERSONALITÀ - Forte, autoritaria e ambiziosa, nella vita sarà una vincente se saprà attenuare l'irruenza che porta in sé. Affidabile e sincera in amore, sul lavoro si dimostra molto competitiva.

VELIA

📖 ONOMASTICO - *L'onomastico viene festeggiato il 12 febbraio in ricordo di san Velio vescovo. Un altro santo, detto anche "Evelio di Roma", martire del I secolo, viene commemorato l'11 maggio.*
ORIGINE E SIGNIFICATO - Velia è la traduzione del nome latino *velius*, usato per indicare gli abitanti di Elea, una città della Lucania.
PERSONALITÀ - Velia è una donna dotata di pochissima fantasia. Per questo motivo il suo atteggiamento è un po' troppo rigido, anche perché ama progettare e definire ogni aspetto della sua vita che risulta quindi essere un po' noiosa.

VENANZIO

📖 ONOMASTICO - *L'onomastico è tradizionalmente festeggiato il 18 maggio in onore di san Venanzio, bimbo di un anno, martirizzato nel 251 a Camerino. Patrono di Camerino e dei deputati. Viene invocato per evitare le cadute e perché protegga gli orti dalle gelate tardive.*
ORIGINE E SIGNIFICATO - Deriva dal latino *Venantius* e significa "cacciatore".
PERSONALITÀ - Il carattere di Venanzio è piuttosto forte e duro, ma talvolta ha delle imprevedibili note di dolcezza che gli donano grande carisma e magnetismo. In amore ha grande successo e non fatica a trovare l'anima gemella.

VENERANDA / VENERANDO

📖 ONOMASTICO - *L'onomastico di Veneranda è tradizionalmente festeggiato il 14 novembre in ricordo di santa Veneranda vergine, martirizzata nel II secolo in Francia durante la persecuzione di Antonino. L'onomastico maschile è tradizionalmente festeggiato il 14 novembre in memoria di san Venerando, martirizzato a Troyes in Francia, nel III secolo, durante la persecuzione di Aureliano.*

ORIGINE E SIGNIFICATO - Il nome deriva dal termine latino *venerabilis* e significa "degno di venerazione".

PERSONALITÀ - Veneranda: è dotata di grande acume e intelligenza. In gioventù stupisce per la sua saggezza che riesce a mantenere nell'età adulta. Venerando: sul lavoro è molto corretto, affidabile e capace. Non ama la vita mondana ma apprezza comunque i piaceri della vita. È un compagno fedele e affettuoso.

VERA / VERO

📖 ONOMASTICO - *L'onomastico è tradizionalmente festeggiato il 24 gennaio in memoria di santa Vera di Clermont-Ferrand, vissuta nel X secolo. C'è anche una santa, di origine slava, che la Chiesa greca onora il 17 settembre. L'onomastico di Vero è tradizionalmente festeggiato il 1° agosto in onore di san Vero, vescovo di Vienne in Francia, morto nel 314.*

ORIGINE E SIGNIFICATO - Questo nome deriva dal *cognomen* latino *Verus*, diventato in seguito un nome personale, corrispondente all'aggettivo omofono che significa "veritiero". Giunge a noi attraverso la versione russa, dove la parola *vera* significa "fede". Nella Chiesa ortodossa è una delle tre figlie di *Sofia*, la Sapienza, insieme a *Liuba*, la carità, e a *Nadja*, la speranza.

PERSONALITÀ - Vera: è una donna stimolante e interessante. Ha la tendenza a diventare un punto di riferimento per coloro che la circondano, perché la sua vita è apparentemente perfetta e ricca di interessi. Ha bisogno di essere al centro dell'attenzione perché lo sguardo della gente e anche la loro invidia la fa sentire importante. Vero: d'indole dolce e affabile è il tipo d'uomo sul quale si può contare. È attratto dall'arte e ama vestire con eleganza. In amore tende a legarsi con donne molto più giovani.

VERBENA

📖 ONOMASTICO - *Non è conosciuto l'onomastico di questo nome. Chi lo porta potrà essere festeggiato per assonanza nel giorno di santa Verena, cioè il 1° settembre.*

ORIGINE E SIGNIFICATO - Questo nome deriva dal nome di una profumatissima pianta officinale.

PERSONALITÀ - Verbena è una donna riservata, ma passionale e romantica. Spesso si fa totalmente carico dei rapporti, specialmente di quelli amorosi, perché non è in grado di sopportarne la rottura. Forse è un po' troppo morbosa e possessiva.

VERDIANA

📖 ONOMASTICO - *Santa Verdiana viene festeggiata il 1° di febbraio.*

ORIGINE E SIGNIFICATO - Verdiana deriva, come Viridiana, dal latino *viridis*, nel senso di "fresco", "giovanile". Era il nome di una mitica vergine del XIII secolo.

PERSONALITÀ - Sensibili, altruiste ma al contempo avare, Verdiana e Viridiana sono riservate, introverse, portate alla riflessione. Sottilmente masochiste ma romantiche, appassionate, rappresentano le mogli ideali, sempre serene, capaci di mantenere il rapporto solido nel tempo. Nella professione si impegnano molto ma mancano di combattività.

VERENA

📖 ONOMASTICO - *L'onomastico è tradizionalmente festeggiato il 1° settembre in ricordo di santa Verena, vergine di Zurigo.*

ORIGINE E SIGNIFICATO - Nome probabilmente derivato dal latino *vereor* col significato di "vereconda", "timorosa".

PERSONALITÀ - Riflessiva e sognatrice, è legata alle tradizioni. In amore è tenera e protettiva, ma anche capricciosa. Sul lavoro si distinguerà per la creatività e le capacità intuitive.

VERILLA

📖 ONOMASTICO - *L'onomastico viene per tradizione festeggiato il 1° ottobre in memoria di santa Verilla, martire dell'XI secolo, annegata nel fiume Leyre, in Francia.*

ORIGINE E SIGNIFICATO - Il significato di questo nome, dall'etimo incerto, è "la guardiana".

PERSONALITÀ - Mistica e contemplativa, è capace di grandi riflessioni. Ama abbandonarsi ai sogni che troppo spesso la distaccano dalla realtà. Talvolta, a causa del suo essere confusionaria e disordinata, risulta inaffidabile, ma ripara col grande altruismo.

VERONICA

📖 ONOMASTICO - *L'onomastico è tradizionalmente festeggiato il 9 luglio in memoria di santa Veronica Giuliani cappuccina, nata nel 1660 e morta nel 1727.*

ORIGINE E SIGNIFICATO - Questo nome deriva dalla contrazione di una frase greca composta da *phere nike*, che significa "apportatrice di vittoria".

PERSONALITÀ - Veronica è una donna che ama circondarsi di amici. Ha una vita sociale molto intensa perché la solitudine le fa paura e la intristisce. Non è una donna da sottovalutare perché è intelligente e scaltra e le sue ire, quando qualcuno la contraddice o la innervosisce, possono essere terribili.

CURIOSITÀ - *Una leggenda medievale narrava che una donna di nome Veronica si avvicinò a Gesù che saliva al Calvario e gli asciugò con un fazzoletto il volto sanguinante. Su quel fazzoletto, che oggi secondo la tradizione sarebbe custodito in Vaticano, rimasero impressi i tratti del volto del Signore.*

VESTA

📖 ONOMASTICO - *Non è conosciuto l'onomastico di questo raro nome.*

ORIGINE E SIGNIFICATO - Era il nome portato nella mitologia greca dalla figlia di Zeus e Rea, *Hestia*; latinizzata in *Vesta*, significa "guardiana del fuoco sacro".

PERSONALITÀ - Il carattere di Vesta è piuttosto originale. È una persona pratica e concreta, ma, allo stesso tempo, in amore è una grande sognatrice capace di perdere la testa dietro veri e propri abbagli. Sa essere una buona amica.

VICTOR

📖 ONOMASTICO - *È la traduzione, o variante, di Vittorio, pertanto l'onomastico può essere riferito a quest'ultimo nome.*

ORIGINE E SIGNIFICATO - L'origine e il significato sono gli stessi di Vittorio.

PERSONALITÀ - La personalità di Victor non è troppo differente da quella di Vittorio, tranne che per l'eccessiva impulsività. Potrebbe raggiungere risultati notevoli se solo si sforzasse di correggere tale difetto.

VICTORIA

📖 ONOMASTICO - *È la traduzione, o variante, femminile di Vittorio, pertanto l'onomastico può essere riferito a quest'ultimo nome.*
ORIGINE E SIGNIFICATO - L'origine e il significato sono gli stessi di Vittorio.
PERSONALITÀ - La personalità non differisce da quella di Vittoria.

CURIOSITÀ - *Victoria era originariamente il nome di una dea romana analoga alla greca* Nike.

VIDA

📖 ONOMASTICO - *L'onomastico di questo nome spagnolo è sconosciuto, ma potrà essere festeggiato il 15 giugno, giorno di san Vito.*
ORIGINE E SIGNIFICATO - Deriva dal termine spagnolo che significa "vita", ma potrebbe anche derivare dal sanscrito *vid* e cioè "conoscenza".
PERSONALITÀ - Severa e disciplinata, diffida di tutti. Vaglia le persone e le situazioni con attenzione e freddo spirito di osservazione. Ama la natura e adora viaggiare per conoscerla meglio. Non sopporta sprecare tempo o denaro e non si concede ad eccessi che ritiene superflui. Per tali motivi, a volte risulta insensibile e avara.

VINCENZA / VINCENZO

📖 ONOMASTICO - *L'onomastico di Vincenza è tradizionalmente festeggiato il 18 maggio in ricordo di santa Vincenza Gerosa vergine, fondatrice, con santa Bartolomea Capitanio, dell'Ordine delle Suore di Maria Bambina, dette "Suore della Carità". Nata nel 1784, morta nel 1847, venne santificata nel 1950. In alcune località è venerata il 4 e il 28 giugno. L'onomastico di Vincenzo è tradizionalmente festeggiato il 22 gennaio in onore di san Vincenzo levita, nato a Saragozza, diacono di Valenza. Subì il martirio a Valenza nel 305, durante la persecuzione di Massimiano, assieme ai santi Oronzio e Vittore. Patrono dei vignaioli e di Vicenza.*
ORIGINE E SIGNIFICATO - Deriva dal nome personale latino *Vincentius*, tratto dal participio *vincens*, che significa "vincente".

PERSONALITÀ - Vincenza: è una donna agitata e nervosa, che però si nasconde dietro una facciata imperturbabile. Vincenzo: tende a essere un abitudinario, amante dei propri piccoli riti quotidiani.

VINICIO

🕮 ONOMASTICO - *Si festeggia il 1° novembre, giorno di Ognissanti, perché non esiste un santo patrono.*
ORIGINE E SIGNIFICATO - Le origini del nome vanno ricercate nell'antica Roma, con la parola latina *vinum* che significa "vino".
PERSONALITÀ - Esuberante e confusionario, non si può certo definire una persona affidabile. Nonostante ciò è considerato amico prezioso per il suo altruismo e per la sua bontà d'animo. Ama gli eccessi e si abbandona ai vizi e agli agi della vita moderna.
CURIOSITÀ - *Il nome è diffuso in tutta la penisola e soprattutto nell'Italia centrale ed è conosciuto grazie al protagonista del romanzo di Sienkiewicz* Quo vadis? *e al famoso poeta e musicista de Moraes. Negli ultimi anni ha contribuito alla sua diffusione il cantautore Vinicio Capossela.*

VIOLA

🕮 ONOMASTICO - *L'onomastico è tradizionalmente festeggiato il 3 maggio in memoria di santa Viola, martire di Verona. La Chiesa ricorda anche una martire in Persia e la commemora l'8 settembre.*
ORIGINE E SIGNIFICATO - Questo nome risale al nome comune latino *viola*, indicante il fiore stesso. Questo termine deriva dal greco *ion*, che significa appunto "viola".
PERSONALITÀ - Viola è una donna sincera, abile e una grande lavoratrice. Non conosce la pigrizia e semmai il suo problema è quello di non riuscire a quietare mai, sia perché ha sempre mille cose da fare, sia perché è incapace di stare con le mani in mano. Non è disposta a tollerare l'ozio che giudica come mollezza morale. Per questo motivo vivere accanto a lei può essere estremamente stressante e complicato, soprattutto per persone molto diverse da lei, ma al contempo anche molto stimolante.

VIOLANTE

🕮 ONOMASTICO - *L'onomastico è tradizionalmente festeggiato il 6 maggio in ricordo della santa Violante Pelletta, monaca clarissa di Asti.*

ORIGINE E SIGNIFICATO - Il nome ha origine latina e significa "simile alla viola". Potrebbe derivare anche dall'antico nome nordico *Yolant.*
PERSONALITÀ - Dopo un primo approccio rude, si rivela persona simpatica e altruista. In amore è estremamente gelosa e vendicativa. Dotata di grande immaginazione, riesce bene nei lavori dove è importante la creatività.

VIOLETTA

🕮 *ONOMASTICO* - *L'onomastico è lo stesso di Viola.*
ORIGINE E SIGNIFICATO - Il significato e l'origine sono gli stessi di Viola.
PERSONALITÀ - Modesta e riflessiva, nasconde sotto la pudica apparenza un carattere forte e possessivo. Per il resto non differisce da Viola.

VIRGILIO

🕮 *ONOMASTICO* - *L'onomastico è tradizionalmente festeggiato il 27 novembre in memoria di san Virgilio, vescovo di Salisburgo, apostolo della Carinzia, detto "Fergal", morto nel 784. La Chiesa ricorda anche un santo vescovo di Arles, morto nel 610, il 5 marzo.*
ORIGINE E SIGNIFICATO - Il nome Virgilio venne ripreso in epoca medievale grazie soprattutto alla popolarità della *Divina Commedia*, e poi si diffuse ulteriormente col Rinascimento e la riscoperta della cultura classica. In origine non era un nome proprio. Il poeta latino si chiamava infatti *Publius Vergilius Marus*, dove il vero nome proprio era *Publius* mentre *Vergilius* era il gentilizio, derivante dall'etrusco *Vercna*, di significato ignoto. Ma qualche studioso sostiene che derivi da *verga*, che in latino significava "bastone", oppure da *virens* cioè "verdeggiante".
PERSONALITÀ - Contemplativo e riflessivo, Virgilio è una persona che non potrà fare a meno di sentire il profondo senso del dovere che lo pervade. Riuscirà bene, pertanto, sul lavoro, ma ciò lo condurrà a livelli di stress e stanchezza intollerabili per sé e per chi gli sta a fianco. Particolarmente presuntuoso, è chiaramente afflitto da un complesso di superiorità che lo danneggia nelle relazioni sociali.

VIRGINIA / VIRGINIO

🕮 *ONOMASTICO* - *L'onomastico di Virginia è tradizionalmente festeggiato il 7 maggio in onore di santa Virginia vergine, pastorella del Poitou, patrona di Saint-Verge, nel Deux-Sèvres in Francia. Viene pure onorata il 7 gennaio. L'onomastico di Virginio è invece celebrato il 22 aprile in ricordo di san Virginio, legionario romano che subì il martirio assieme a santa Euflamia. Patrono di Cherasco.*

ORIGINE E SIGNIFICATO - Questo nome deriva dal latino *Virginia*, nome gentilizio romano di origine etrusca il cui significato non è mai pervenuto.

PERSONALITÀ - Virginia: è una donna che si lamenta facilmente e ha costantemente bisogno di essere gratificata, al punto che non fa un passo senza avere l'approvazione altrui. Virginio: in amore è geloso fino alla paranoia perché è totalmente privo di una propria sicurezza interiore.

VITALE

📖 ONOMASTICO - *L'onomastico è tradizionalmente festeggiato il 4 novembre in memoria di san Vitale, servo di sant'Agricola, martirizzato a Bologna nel 305, assieme al suo padrone. Patrono di Busca e dei domestici.*

ORIGINE E SIGNIFICATO - L'origine e il significato sono gli stessi di Vito.

PERSONALITÀ - Sicuro di sé, attivo e dinamico, presenta un carattere beffardo e intollerante. È dotato di una grande determinazione e decisione. Ama le materie finanziarie e sa investire bene il proprio denaro, garantendo un elevato standard di agiatezza a se stesso e a chi gli vive accanto.

VITALIA

📖 ONOMASTICO - *L'onomastico è festeggiato nel giorno di san Vitale.*

ORIGINE E SIGNIFICATO - L'origine e il significato sono gli stessi di Vito, di cui è una variante.

PERSONALITÀ - Vitalia è piuttosto arrogante e sicura di sé. È sempre tesa a farsi notare mettendo in mostra le proprie capacità e tentando di offuscare quelle degli altri. Non trova facilmente amicizie vere. In amore si trasforma e si dona completamente al partner, che adora e difende a spada tratta.

VITO

📖 ONOMASTICO - *L'onomastico è tradizionalmente festeggiato il 15 giugno in onore di San Vito, detto "di Lucania", martire nel 303 con san*

Crescenzo e Modesto durante la persecuzione di Diocleziano. Patrono di Recanati, di Loreto e dei ballerini. Lo si invoca contro la rabbia, l'insonnia e naturalmente, il "ballo di san Vito" (vedi le CURIOSITÀ*).*

ORIGINE E SIGNIFICATO - Vito ha una genesi duplice. Nel latino tardo imperiale *Vitus* era il maschile di *Vita* e veniva dato ai figli per augurare loro "la vita eterna", la salvezza spirituale" e con questo stesso significato venne adottato dai primi cristiani. Ma nell'alto Medioevo, con l'invasione longobarda, penetrò in Italia anche il nome germanico. In questo caso discendeva dal nome *wito*, una derivazione di *widus*, che significa "legno". Un'altra interpretazione lo vuole invece derivare da *wit*, che significa "lontano". I due nomi, latino e germanico, si sovrapposero nell'unico italiano *Vito* che può significare quindi sia "vita", sia "bosco" sia "lontano": sicché ogni Vito può scegliere il significato che più si addice alla propria personalità.

PERSONALITÀ - Vito è un uomo dalla personalità scoppiettante e vivace. Ama far divertire le persone e ha sempre uno scherzo o una battuta a disposizione. Tende a sdrammatizzare ogni situazione, però ha un grande senso della responsabilità che lo rende una persona estremamente affidabile.

CURIOSITÀ - *Dal nome deriva anche una patologia, popolarmente nota come "il ballo di san Vito", designante la corea di Sydenham, nota anche come corea infettiva o reumatica. Si tratta di un'encefalite che compare in soggetti che presentano o hanno presentato affezioni reumatiche (febbre reumatica, reumatismo articolare ecc.), più spesso nell'infanzia. Inizia con modificazioni del carattere e del comportamento, in seguito insorgono i tipici movimenti coreici (movimenti involontari, bruschi e irregolari, delle mani, degli arti e del tronco), accompagnati da ipotonia e da disturbi psichici di varia gravità. Guarisce in uno o due mesi, spesso con postumi (tic, tremori, ansia, labilità emotiva ecc.). Frequenti le ricadute e le recidive, specie in gravidanza. La terapia consiste nella profilassi e nella cura del reumatismo articolare acuto, nonché nella rimozione chirurgica dei focolai infettivi e nel trattamento sedativo. L'espressione è anche nota come titolo di una celebre canzone di Vinicio Capossela.*

VITTORE

ONOMASTICO - *L'onomastico è tradizionalmente festeggiato l'8 mag-*

gio in memoria di san Vittore, detto "il Moro", morto nel 304. Patrono di Arsago, Arcisate, Canale e Varese.
ORIGINE E SIGNIFICATO - Come Vittorio, è derivato dal termine latino *victor.*
PERSONALITÀ - È intuitivo e predilige l'attività mentale, la complessità del processo razionale. Molto rispettato, riesce ad affermare le proprie doti, grazie all'indole accomodante e comprensiva. Tradizionalista e conservatore, preferisce farsi portare dalla corrente più che contrastarla. È astuto, abile e brillante nel mettere su carta i suoi pensieri; si adopera per perfezionare la propria istruzione e non smette mai di imparare.

VITTORIA / VITTORIO

ONOMASTICO - *L'onomastico di Vittoria è tradizionalmente festeggiato il 23 dicembre in onore di santa Vittoria vergine, martire a Roma nel 249. Viene invocata contro i morsi di ogni animale. Vittorio è tradizionalmente festeggiato il 24 febbraio in onore di san Vittorio, martirizzato in Africa con i santi Lucio, Montano e altri compagni di fede, durante la persecuzione di Valeriano.*
ORIGINE E SIGNIFICATO - Deriva dal nome latino *victor*, nome cristiano derivato dal verbo *vinco*, avente il significato di "vincitore".
PERSONALITÀ - Vittoria: è una donna piena di fascino e di belle qualità. Generalmente è molto ammirata, ma lei non si compiace, anzi riceve i complimenti sempre con un certo imbarazzo. Cordiale ed espansiva, ama contemporaneamente la propria libertà che difende strenuamente. Nel rapporto di coppia ama mantenere la propria individualità e indipendenza. Vittorio: è un uomo serio e compassato. Elegante e misurato in ogni situazione, è sempre un gentiluomo. Possiede un senso dell'onore molto alto ed è estremamente affidabile. In amore tende a essere un po' chiuso e freddo.

VIVIANA / VIVIANO

ONOMASTICO - *L'onomastico è tradizionalmente festeggiato il 2 dicembre in ricordo di santa Viviana, detta "Biliana", martire a Roma nel 250. L'onomastico maschile si festeggia invece il 28 agosto in onore di san Viviano confessore, vescovo in Francia.*
ORIGINE E SIGNIFICATO - Questo nome deriva dalla traduzione italiana del francese *Vivienne*, a sua volta derivato dal nome gentilizio latino

Vibiana. Quest'ultimo nome ha un'origine etrusca ed è connesso con il termine *vipi*, di cui si ignora il significato.
PERSONALITÀ - Viviana: è una donna generalmente molto bella, che possiede un fascino magnetico e intrigante. Le piace innamorarsi perché la fa sentire appagata e felice; anche se le sue relazioni non durano mai molto l'intensità con cui le vive è totale. La sua grazia naturale la difende dalle brutture del mondo. Viviano: nel campo lavorativo, essendo una persona creativa e originale, dovrebbe intraprendere un'attività che gli permetta di dare sfogo alla sua fantasia; in questo caso, avrà sicuramente molto successo.

VLADIMIRO

📖 *ONOMASTICO - San Vladimiro si festeggia il 15 luglio.*
ORIGINE E SIGNIFICATO - Questo nome ha un'origine russa, giunta a noi attraverso la traduzione francese. La forma originaria del nome pare essere quella slava *vladimer*, nome composto da *vlad*, che significa "potenza" e da *mer*, che invece vuol dire "celebre". Il significato complessivo è quindi "celebre per la potenza".
PERSONALITÀ - Vladimiro è un uomo dal fascino misterioso. Apparentemente risulta essere freddo e razionale, mentre invece nasconde un'anima gentile e poetica. In amore si concede totalmente ma sempre con molta ironia. È questa caratteristica che gli impedisce di prendersi troppo sul serio e fa sì che esca vittorioso da ogni situazione conflittuale.

W

Wally

📖 ONOMASTICO - *Non esiste l'onomastico di Wally che, però, potrà essere festeggiato, per assonanza, assieme al nome anglosassone Wallace il 14 aprile.*

ORIGINE E SIGNIFICATO - Wally è un nome che deriva dal termine germanico *walaberg*, composto da *wala*, che significa "campo di battaglia" e da *berg*, che invece vuol dire "proteggere". Il significato complessivo del nome è "colei che protegge i campi di battaglia".

PERSONALITÀ - Wally è una donna fortemente emancipata e libera. Possiede uno spirito dinamico e attivo che fa sì che affronti il mondo come se fosse una continua battaglia. Manca forse di tatto e di un po' di dolcezza che le risparmierebbero sicuramente tanta fatica. Comunque è in grado di ottenere qualsiasi risultato si prefigga, perché la forza di volontà non l'abbandona mai.

Walter

📖 ONOMASTICO - *L'onomastico si festeggia l'8 aprile, in ricordo di san Gualtiero abate di san Martino di Pontoise, o il 22 luglio, in ricordo di san Gualtiero confessore venerato a Lodi, o infine il 15 ottobre, in ricordo di san Gualtiero abate di Quincy.*

ORIGINE E SIGNIFICATO - Questo nome deriva dal termine germanico *waldaharja*, composto da *walda* che significa "potenza" e da *harja*, che vuol dire "esercito". Il significato complessivo del nome è quindi "colui che comanda l'esercito".

PERSONALITÀ - Walter è un uomo molto fortunato. Possiede uno spirito giocoso e fantasioso, qualità queste che lo rendono estremamente popolare e ricercato dagli amici. In amore è invece timido e forse un po' insicuro; ha bisogno di essere conquistato da una donna di carattere. Una compagna forte gli è necessaria anche perché lui non possiede capacità organizzative e si perde in un bicchiere d'acqua.

WANDA

🕮 ONOMASTICO - *L'onomastico si festeggia il 18 aprile in ricordo della beata Wanda, leggendaria principessa polacca, vissuta nell'VIII secolo.*

ORIGINE E SIGNIFICATO - Wanda è un nome di derivazione polacca, originato dal termine *wandeln*, che significa "migrazione". Lo stesso termine originò il termine *vandali*, con cui si indicava una popolazione barbara.

PERSONALITÀ - Wanda è una donna estroversa e generosa. Riesce a trovare il lato positivo di ogni situazione ed è molto tollerante perché tende a giustificare chiunque. Questo comportamento rischia di provocarle grandi delusioni perché spesso la sua fiducia e la sua disponibilità sono mal riposte. Riuscirà in età avanzata a formarsi una famiglia dopo che sarà riuscita a trovare un equilibrio alla sua generosità smodata.

WENDY

🕮 ONOMASTICO - *Nei calendari anglosassoni Wendy viene festeggiata il giorno 15 giugno.*

ORIGINE E SIGNIFICATO - Sono varie le possibili etimologie di questo nome. Secondo alcuni è il diminutivo del nome *gwendolen*, che significava "bianca e luminosa". Sembra che questo fosse il nome della moglie del Mago Merlino. Secondo altre interpretazioni, invece, deriverebbe dal termine, sempre germanico, *wenden*, che vuol dire "piegare".

PERSONALITÀ - Wendy è sincera e disponibile. È esuberante ed è sempre al centro dell'attenzione quando si trova in un gruppo di persone. Questo succede perché è molto intelligente, piacevole e ha una conversazione brillante e mai banale. Adora i bambini e desidera averne almeno due.

WILLIAM

🕮 ONOMASTICO - *Si festeggia il 1° novembre, giorno di Ognissanti, perché non esiste un santo patrono.*

ORIGINE E SIGNIFICATO - Deriva dal germanico *Willhelm*, nome che in Italia ha dato vita al personale Guglielmo.

PERSONALITÀ - Tenace e determinato, eccelle nelle discipline giuridiche. Preferisce realizzarsi in ambito professionale piuttosto che in quello familiare.

WILMA

📖 *ONOMASTICO* - *Si festeggia il 1° novembre, giorno di Ognissanti, perché non esiste un santo patrono.*

ORIGINE E SIGNIFICATO - Wilma è il diminutivo di *Wilhelma*, ed è la più diffusa delle forme femminili derivate dall'antico nome germanico *Willihelm*, che in Italia ha dato vita al personale Guglielma.

PERSONALITÀ - Wilma è intelligente, precisa, pignola e razionale. A causa della sua riservatezza e della sua diffidenza fatica ad avviare rapporti di amicizia e a essere spontanea. In amore tende a esaltarsi all'inizio di una storia, ma non esita a troncarla senza possibilità d'appello, qualora qualcosa dovesse andare storto.

CURIOSITÀ - *Fra le donne italiane il nome Wilma risulta ancora piuttosto frequente e diffuso, per lo più nel centro-nord. Generalmente mantiene l'originaria "W" ma è presente anche con la "V" iniziale, per un adattamento linguistico, dato che nell'alfabeto italiano la "W" non esiste. La sua diffusione è dovuta al suono gradevole, che lo fa preferire al corrispondente italiano Guglielma, molto più raro.*

X

XANTHA

📖 ONOMASTICO - *Nei calendari anglosassoni si festeggia il 23 settembre.*
ORIGINE E SIGNIFICATO - Deriva dal greco e significa "bionda".
PERSONALITÀ - Dinamica e comunicativa, Xantha è brillante e intelligente. Ama gli sport e viaggiare. Sul lavoro è inconcludente, ma si impegna molto.

XENIA

📖 ONOMASTICO - *Il giorno onomastico di questo nome è il 24 gennaio, giorno in cui si celebra santa Eusebia, conosciuta appunto anche col nome di Xenia.*
ORIGINE E SIGNIFICATO - I due nomi Eusebia e Xenia sono di origine greca; Eusebia significa "pia", "religiosa" dal greco *Eysèbios.* Comunque è un nome ormai poco usato al femminile, mentre Xenia, derivante dal greco *xenos,* cioè "ospite", nell'Oriente cristiano e nei paesi ortodossi ha avuto più fortuna.
PERSONALITÀ - Nel lavoro si tuffa con tutte le sue straordinarie energie e facilmente riesce a raggiungere posizioni di prestigio, pur partendo dagli ultimi gradini. I lavori più adatti a lei sono quelli tesi alla leadership e alla libera professione.

XIMENA

📖 ONOMASTICO - *Si festeggia il 1° novembre, giorno di Ognissanti, perché non esiste un santo patrono.*
ORIGINE E SIGNIFICATO - Deriva dallo spagnolo e significa "sconosciuta".
PERSONALITÀ - Ximena ha di solito una personalità vivace, gaia e socievole. Nel complesso ama le feste e la gente. Si darà da fare per entrare nei circoli più esclusivi e di regola la si incontra sempre in una cerchia ristretta di amici e di colleghi.

Y

YARI

📖 ONOMASTICO - *Si festeggia il 1° novembre, giorno di Ognissanti, perché non esiste un santo patrono.*

ORIGINE E SIGNIFICATO - Nome russo il cui significato è "eletto da Dio".

PERSONALITÀ - Yari è dotato di un carattere fermo e deciso. Nel perseguire i suoi obiettivi tralascia di pensare agli altri e, per questo, lo si deve considerare piuttosto egocentrico. Sul lavoro raggiungerà posizioni di importanza, ma faticherà nella sfera affettiva. Le ragazze infatti saranno attratte dalla sua forte personalità ma si staccheranno da lui altrettanto in fretta.

YARIN

📖 ONOMASTICO - *Si festeggia il 1° novembre, giorno di Ognissanti, perché non esiste un santo patrono.*

ORIGINE E SIGNIFICATO - Significa "comprensione", ma il suo etimo è sconosciuto.

PERSONALITÀ - Pratico e concreto, sarà ambizioso e autoritario. Equo e franco nei giudizi, sarà ben voluto da coloro che lo conoscono.

YASMIN

📖 ONOMASTICO - *Si festeggia il 1° novembre, giorno di Ognissanti, perché non esiste un santo patrono.*

ORIGINE E SIGNIFICATO - Deriva dal persiano *yasmin*, nome usato per indicare una pianta dai fiori profumati da cui vengono estratti profumi ed essenze (il gelsomino).

PERSONALITÀ - La personalità differisce da quella di Gelsomina solo per la carica seduttiva che è insita in questo nome.

YASU

📖 ONOMASTICO - *Si festeggia il 1° novembre, giorno di Ognissanti, perché non esiste un santo patrono.*
ORIGINE E SIGNIFICATO - Nella lingua giapponese significa “tranquilla”.
PERSONALITÀ - Fiduciosa e affidabile, fa della comunicazione un punto di forza. Sempre disponibile e altruista, ama viaggiare sia per divertimento sia per lavoro.

YLENIA

📖 ONOMASTICO - *Si festeggia il 1° novembre, giorno di Ognissanti, perché non esiste un santo patrono.*
ORIGINE E SIGNIFICATO - L'etimologia di questo nome è molto discussa, in quanto potrebbe derivare dall'antico ebraico con il significato di “pianta”, sia dal greco con il significato di “simile al sole”.
PERSONALITÀ - Dotata di un gran fascino, Ylenia adora essere elegante e seducente. Sul lavoro è precisa e attenta. Per la sua predisposizione all'analisi e alla sintesi, è particolarmente portata per le materie matematiche.

YOLE

📖 ONOMASTICO - *Per l'onomastico si richiama al nome Iolanda.*
ORIGINE E SIGNIFICATO - È la forma contratta di Iolanda, pertanto per l'origine e il significato si richiama quest'ultimo nome.
PERSONALITÀ - Si discosta da Iolanda per l'irrazionalità e l'innata istintività.

YUMA

📖 ONOMASTICO - *Si festeggia il 1° novembre, giorno di Ognissanti, perché non esiste un santo patrono.*
ORIGINE E SIGNIFICATO - Nel linguaggio dei pellerossa significa “figlia del capo”.
PERSONALITÀ - Raffinata e fascinosa, Yuma è romantica e seduttiva. Gentile e simpatica, è considerato e ben voluto in ogni compagnia. Talvolta sul lavoro può sembrare arrendevole e pigra, ma, in verità, cerca solo di convivere con il prossimo senza creare troppi problemi.

YURI

📖 ONOMASTICO - *Si festeggia il 1° novembre, giorno di Ognissanti,*

perché non esiste un santo patrono.
ORIGINE E SIGNIFICATO - Variante russa del nome Giorgio, si richiama a quest'ultimo per l'origine e il significato del nome.
PERSONALITÀ - Yuri tende a essere un ragazzino scalmanato che, con la crescita, raggiunge uno stato di calma davvero insospettabile. Intelligente e persuasivo, avrà successo sul lavoro. In famiglia sarà un padre autoritario, ma affettuoso.

Z

ZACCARIA

📖 *ONOMASTICO - L'onomastico è tradizionalmente festeggiato il 15 marzo in onore di san Zaccaria papa, morto nel 752. In alcune località viene commemorato il 22 marzo.*

ORIGINE E SIGNIFICATO - Questo è un nome di origine ebraica, derivato dal termine *zekharyàh*, composto dalla radice verbale *zakhar*, che significa "ricordare", e da *jah*, forma ridotta del nome impronunciabile *Jahvè*. Il significato complessivo del nome è quindi "il Signore si è ricordato".

PERSONALITÀ - Zaccaria è un uomo metodico e riflessivo. Le sue azioni e le sue decisioni sono sempre meditate, anche quando si tratta di scegliere la donna che diventerà la sua compagna. Per questo motivo raramente si lascia trasportare dai sentimenti e i suoi innamoramenti rischiano di aver ben poco a che fare con l'amore.

ZAIRA

📖 *ONOMASTICO - L'onomastico è tradizionalmente festeggiato il 21 ottobre in ricordo di santa Zaira, martirizzata in Spagna durante l'occupazione moresca.*

ORIGINE E SIGNIFICATO - L'origine di questo nome potrebbe essere araba, ed è riconducibile al termine *zahir*, che significa "fiorente". Secondo altre interpretazioni, invece, potrebbe risalire alla forma *al-zahir*, che significa "protettore".

PERSONALITÀ - Zaira sembra, apparentemente, una donna docile, remissiva, facilmente influenzabile. Si rivela, invece, caparbia e anche un po' "testona", visto che quando si mette in testa qualcosa non cambia mai idea. La sua dolcezza viene fuori quando deve convincere gli altri, perché questa sua caratteristica è la base del suo grande potere persuasivo.

CURIOSITÀ - Zaira era uno di quei nomi laici, senza santi e onomastici cristiani, che molti padri genitori atei amavano dare ai loro figli.

ZARA

🕮 ONOMASTICO - *Si festeggia il 1° novembre, giorno di Ognissanti, perché non esiste un santo patrono.*

ORIGINE E SIGNIFICATO - Nome ideologico in uso da quando nel 1813 la città di Zara passò dalla sovranità italica a quella austriaca e, dopo il trattato di pace del 1947, entrò a far parte della Repubblica di Croazia, in Iugoslavia.

PERSONALITÀ - Forte, coraggiosa e combattiva, Zara si esalta per gli ideali in cui crede. In famiglia è protettiva e tenera, mentre in amore è troppo capricciosa. Il suo uomo deve essere molto paziente.

ZEFIRO

🕮 ONOMASTICO - *L'onomastico è tradizionalmente festeggiato il 27 novembre in ricordo di san Zefiro martire.*

ORIGINE E SIGNIFICATO - Deriva dal greco, latinizzato in *Zèphyrus* e significa "apportatore della vita". Usato anche nella forma più comune di Zeffiro.

PERSONALITÀ - Creatività e grande fantasia sono alla base della personalità di questo nome. Adora l'arte e la musica in tutte le sue forme. Dotato di buon carisma e fascino sarà un grande seduttore. Ama contornarsi di splendide e affascinanti donne.

ZELIA

🕮 ONOMASTICO - *Si festeggia il 1° novembre, giorno di Ognissanti, perché non esiste un santo patrono.*

ORIGINE E SIGNIFICATO - Deriva dal germanico *segelinde* e cioè "scudo della vittoria".

PERSONALITÀ - Zelia è una persona dibattuta tra idee e sogni contrastanti. Si rivela una persona dolce e amorevole, ma la scarsa espansività la farà apparire fredda e introversa.

ZELINDA

🕮 ONOMASTICO - *L'onomastico è tradizionalmente festeggiato il 1° novembre in ricordo della beata Segelinde, giovane cristiana di origine olandese, martirizzata nei pressi di Karlsruhe nel VI secolo.*

ORIGINE E SIGNIFICATO - Il significato e l'origine sono gli stessi di Zelia.

PERSONALITÀ - È una donna scattante e calcolatrice, portata per le scienze esatte e per l'economia. Ha difficoltà a incontrare il compagno giusto, ma, quando vi riesce, è capace di unirsi a lui con devozione e serietà.

ZENA / ZENO

📖 ONOMASTICO - *L'onomastico viene festeggiato il 23 giugno in ricordo di san Zeno, martirizzato assieme e san Zenone.*

ORIGINE E SIGNIFICATO - Questo nome è la traduzione del nome greco *zènon*, che si pensa fosse la forma ridotta di un nome greco composto probabilmente da *zen*, che significa "cielo".

PERSONALITÀ - Zena e Zeno sono persone disponibili con un animo semplice. Purtroppo non essendo capaci di dire di no, spesso devono fronteggiare situazioni antipatiche che gli procurano stress e nervosismo.

ZITA

📖 ONOMASTICO - *L'onomastico è tradizionalmente festeggiato il 27 aprile in ricordo di santa Zita vergine, nata a Monsacrati nel 1210; prestò servizio come domestica presso la nobile famiglia Fattinelli e morì a Lucca nel 1278.*

ORIGINE E SIGNIFICATO - Questo nome deriva da una forma dialettale toscana, *zita* o anche *zitta*. Questo termine è una variazione del termine dialettale *citta*, che significa "ragazza".

PERSONALITÀ - È una donna creativa, dotata di grande sensibilità artistica. Queste doti le permettono di crearsi un'esistenza indipendente ed estremamente varia.

ZOE

📖 ONOMASTICO - *L'onomastico è tradizionalmente festeggiato il 2 maggio in memoria di santa Zoe, giovane schiava che subì il martirio nel 127 assieme al marito e ai suoi due figli. Vennero tutti bruciati sul rogo per aver rifiutato di adorare gli idoli pagani.*

ORIGINE E SIGNIFICATO - Questo nome deriva dal termine greco *zoe*, che significa "vita". Veniva dato alle bambine per augurare loro la felicità.

PERSONALITÀ - Zoe è una donna capricciosa che ha la tendenza a essere possessiva nei confronti di chi ama. Questo succede perché soffre di un complesso di inferiorità che la rende insicura. Ciò è però compensato da una grande generosità.

Indice dei Nomi